党章内外的故事

李忠杰 著

中共党史出版社

图书在版编目（CIP）数据

党章内外的故事 / 李忠杰著 . -- 北京：中共党史出版社，2017.11（2024.1 重印）

ISBN 978-7-5098-4381-9

Ⅰ.①党… Ⅱ.①李… Ⅲ.①中国共产党 - 党章 - 通俗读物 Ⅳ.①D219-49

中国版本图书馆 CIP 数据核字（2017）第 236398 号

书　　名：党章内外的故事
作　　者：李忠杰

出版发行：中共党史出版社
责任编辑：王兵
责任校对：申宁
责任印制：段文超
社　　址：北京市海淀区芙蓉里南街 6 号院 1 号楼　邮编：100080
网　　址：www.dscbs.com
经　　销：新华书店
印　　刷：北京盛通印刷股份有限公司
开　　本：710mm × 1000mm　1/16
字　　数：464 千字
印　　张：32.5
版　　次：2017 年 11 月第 1 版
印　　次：2024 年 1 月第 11 次印刷
书　　号：ISBN 978-7-5098-4381-9
定　　价：70.00 元

此书如有印装质量问题，请联系中共党史出版社读者服务部　电话：010-83072535

修订再版序言

中国共产党第二十次全国代表大会落下了帷幕。按照党代会的职权和惯例,党的二十大对《中国共产党章程》又进行了一次重要的修改。大会通过十九届中央委员会提出的《中国共产党章程(修正案)》,决定这一修正案自通过之日起生效。

党的二十大结束后,学习、领会、贯彻、执行新修改的党章,成为学习贯彻落实党的二十大精神的重要内容之一。自觉学习党章、遵守党章、贯彻党章、维护党章,是每一个党组织和党员的重要政治任务和政治责任。

5年前,亦即党的十九大刚刚结束之时,我在中共党史出版社出版了《党章内外的故事》一书,以通俗易懂、生动活泼的形式,梳理了中国共产党党章沿革的历史过程,解读了党章每一个部分的丰富内涵,讲述了党章内外很多鲜为人知的故事,以一种过去从未有人尝试过的特殊方法,帮助大家更好地学习和领会党章。

对于党章的内容,我们广大党员和干部是熟悉的。党章字面上的意思也不难理解。但如果问,这一句话是怎么来的？这一个词是什么时候加的？这一条规定作过什么样的修改？为什么要这样修改？一提这样的问题，估计很多人就答不出来了。但如此一问，也很可能激起大家学习、探讨的兴趣。我的《党章内外的故事》，就是要起这样的作用。通过一些小故事，引出党章的某些内容，说明党章某个部分、某个条文的来龙去脉，使大家不仅知其然，而且知其所以然，在饶有兴趣的阅读中，不知不觉加深对党章的理解。

正因为如此，这本书出版后，受到了广泛的好评和欢迎。新华网等很多网站都请我作过介绍和讲解，很多单位请我专门介绍党章。有些教研人员告诉我，他们讲党章课时，把我书中的很多内容直接搬上讲台，很受欢迎。这种反馈告诉我，学习党章是一件很严肃的事，但并不是一定要板着脸说教。严肃深奥的道理也可以在鲜活生动的方式中入耳、入眼、入心、入脑。

按照规定，每一次党代会都要对党章进行修改。为什么每一次都要修改？我在书中作了说明。党的二十大再次修改党章后，《党章内外的故事》也就必然需要修订。我本来的计划也是每开一次党代会就修订一次。唯有如此，《党章内外的故事》才能跟上党代会前进的步伐，继续对大家学习党章提供及时有效的帮助。

这次修订，主要是增写党的二十大对党章所作的修改，介绍其背景，说明修改前后差异所在以及内涵和意义；按照二十大精神，增加了一些条目，原有的条目也调整、增删了一些内容；按照现行政治要求，对所有内容都按二十大精神进一步统一口径；适当增加了一些新的研究成果和深度理论分析；有些内容和文字作了一些调整；为了读者查阅和研究方便，增加了较多注释。所以，全书分量有所增加。

谨以此书与大家在党章的深邃长廊中一起驻足、徜徉、品味和思索。

序[①]

讲故事，学党章

李忠杰

一直想写一本研究党章的书，现在终于写成了。书名叫《党章内外的故事》。

当书写成后，忽然发现书的分类成了一个问题。有四个疑惑，一边写作，一边就在思考。

哪四个疑惑呢？

第一，是身份疑惑：像我这种身份的人能不能写“讲故事”的书？

在中央党校，我当了7年校委委员。在原中共中央党史研究室，我当了12年副主任，是除了胡绳之外，在原中共中央党史研究室主任副主任岗位上任职时间最长的了。其间，主要分管党史科研、重大事件和人物纪念、地方党史等工作。参与了纪念抗战、长征、建党，以及已故党和国家领导同志诞辰纪念等一系列重要活动，也处理了党史工作的很多问题。按理，应该利用工作的积累，写一点“高精尖”的书，给社会提供一点“阳春白雪”的东西。怎么写起这种

① 本次修订时，因党的二十大已开，故将原序言中论述十九大的内容作了删节，对个别文字作了删改。

“讲故事”的书来了呢？按有的朋友的说法，“你是大领导、大专家，干吗写这种通俗读物啊？”其实，这里的“大”字应该去掉。但，当领导的，能不能写这种书呢？

其实，我一直认为，领导也是人，除了应该履行的职责，实际上也是普通之人；专家大不大，都是专家，没人给你分什么等级。当领导的，也要多与下属和常人接触和沟通，多关心和帮助他人，不要把自己看得过高。所谓的权威，应该靠人品和能力来取得，而不是靠摆谱来取得。至于专家，只要有所研究、有所成就、有所作用就行。“小”专家可以写大书，“大”专家也可以写小书。不能说领导和专家就不能写“通俗读物”。

我在工作实践中，特别是在外事活动中，有个很大的体会：好多事情和道理，不能板着脸说话，而要善于把深刻的道理，通过生动的故事讲出来。首先让人能够听得进去，感觉到有趣、有意思，然后再阐发某种道理，让人在心底里认同或产生共鸣。2008 年初，我曾率团到美国、加拿大进行交流访问，以“中国的发展和未来走向”为题，介绍和宣讲中国共产党的十七大精神。后来，我在有关这次交流的报告中提了一些建议。其中有一条是：“对各类对外交流活动，都要提高水平，讲究艺术。演讲和回答问题切忌照本宣科，不要什么场合都念稿子，而要善于融会贯通，用对方容易接受和理解的口语进行讲解。要根据不同对象从不同的角度切入，拉近与听众的距离。要多用事实和数据说话，善于讲道理，更要善于选择和运用最适当的例子，给人留下深刻的印象。要以开放、开明和自信的态度，以及生动活泼的交流方式，赢得听众的信服和尊敬。要善于带着微笑，亲切自然、富有人情味地将我党执政理念和重大决策自然地传递给对方。要敢于面对敏感问题，处理复杂局面，将坚定的原则包裹上柔和的语言，以风趣幽默的方式化解矛盾，调节气氛，掌握交流的主动权。”

党的十八大之后，习近平总书记多次强调要讲好中国故事，而且带头给外国人讲故事。所以，我们其他人，无论领导还是专家，都要一起讲好中国故事。既可以对外国人讲故事，也可以对中国人讲故事。善于把深刻的道理蕴含在生动的故事中来讲，通过生动的故事传输很多深刻的道理。

故事故事，就是“故往之事”。这种故事，只要真实，其实就是历史。

而党的历史，其实也就是一个很长、很大的故事。不要简单地以为党史就是简单的几个结论或几个干巴巴的说教。党的历史，是非常丰富多彩的，有很多很多生动感人的故事。党史的无数道理，都在无数的故事中蕴藏着，也是可以通过无数的故事表达出来的。所以，无论是研究党史，还是介绍党史、宣传党史，都可以把讲故事作为一种有价值的形式。

从党章来说。党章是党的总章程，是全党必须共同遵守的根本行为规范。治国理政，要按宪法和法律办事；建党治党，还要按党章的规定办事。参加中国共产党，当然就要对党的知识和规范有所了解，就要学好党章。所以，党中央一直要求学习党章、尊崇党章。但党章怎么学呢？怎么讲呢？实践中已有很多很好的创造。当然，也有的，简单地背几个条文，再通过考试来检验背功；干巴巴地讲几个道理，让大家在瞌睡中聆听教诲。这种学法、讲法，效果如何，可想而知。

我多次介绍过，1929 年，在著名的古田会议决议中，毛泽东曾专门写了一个部分，讨论党员为什么对开会不感兴趣的问题，分析了不感兴趣的原因，提出了让党员对开会有兴趣的办法。现在时间过去了将近 100 年，毛泽东当年所说的问题有没有解决呢？如果我们关注一下当年毛泽东关注的问题，尝试一下用讲故事的办法，让大家饶有兴味地听点故事，再从中体会感悟某些深刻的道理，这对全党学党章是不是会有所帮助呢？

所以，作为领导和专家，写写《党章内外的故事》，应该是可以的，也是值得的，某种程度上也是一种探索，探索把严肃的党章与鲜活的党史结合起来，探索把深奥的理论与生动的故事结合起来，探索把学术研究的成果与生动有趣的表达结合起来。

因此，这本书，既像领导和专家写的，又不像领导和专家写的。不像，实际是说不该，这是表象之见。像，实际是说应该，这是实际之需。因此，讲讲故事，无论从研究党章，还是解读党章，无论从工作出发，还是从学术来说，恐怕都是值得一试的。

第二，是类型疑惑：这本书是归为通俗类读物呢，还是归为非通俗类读物？

书名叫“故事”，当然可以理解为通俗读物。“故事”不是教科书，是供感兴趣的人读的，有时候还是让人在茶余饭后作为消遣来读的。我没有给本书起名《党章研究》或《党章历程》，而是起名《党章内外的故事》，就是不想板着脸说话，而是首先激发起大家的兴趣。就像古田会议决议所说的兴趣问题一样，党章再好，也要让人多少有点兴趣。尽管即使没有兴趣，该学的还得学。但如果能产生兴趣，那不是更好吗？相反，如果心底都持一种排斥的态度，那这个党章是很难真正学好的。

所以，我的本意是想研究和解读党章，但是想先从讲故事入手。所以，在写作上，尽量多挖掘一点故事，多写一点故事。主要是党史上的故事，大多是涉及党章的故事，也有涉及本人工作或经历但能说明问题的故事，还有其他方面的一些故事。讲故事，大家就比较爱听、爱看。而且，这些故事，蕴含着很多知识。读故事，也是长知识。在饶有兴味的阅读过程中，获得很多知识，进而再懂得很多道理，岂不是一件很好的事情？

当然，如果真要把这本书归为通俗读物，其实也不合适。因为本书并不是完全讲故事，而是把故事作为一个引子，来引出党章发展的历程；作为一种形式，来解读党章的丰富内涵。最终目的，不是消遣，而是学习、感悟，最后是心灵的升华。而且，我这里的故事，也不像那种文学性质的故事，讲得活灵活现，甚至出神入化，让人听得着迷。我没有那种本事，至少本书没有把故事讲到那种惊险曲折的程度。所以，归为通俗读物是名不副实的。

而且，讲故事本身不是目的。这本书的每一个故事背后，都介绍了党章的一段历史，或解读了党章的某个条文。所有的内容，都是真实的历史，不是文学的创作，不是浪漫主义的想象。所有的内容，都不是哪本书上现成的东西，而是做了众多的查寻、考证、分析、比较，之后，在取得某种见解和结论的基础上，再加以编排和撰写。多数故事，都是一篇小的学术短文。全书有很多自己研究的成果，也有很多自己独到的见解。所以，只要大家读一下，就可以发现，本书的学术性其实是很强的。

特别是，考虑到自己毕竟负责过全国的党史工作，是党史研究和党史工作的权威人物，所以，也得保证本书的权威性。不能因为是故事，就凭空想象，添油加醋，甚至胡编乱造。所以，本书的写作采取了非常严肃和严谨的态度。严谨，在以往工作中，是对我自己，也是对我下属们的一个非常严格的要求。党史上的细节特别多，时间、地点、人物、职务、前后顺序等，稍有不慎，都可能出错。特别是为中央服务的工作，任何一篇文稿、任何一个细节、任何一个字词，都必须准确无误，不能有任何一点差错。稍有不慎，都可能酿成一个事故。所以，每个人，干每件事，写每件材料，都必须非常细致，非常严谨，不容有任何疏忽。

写这本书，我也抱持了同样的态度，严肃认真，严谨仔细，一丝不苟。尽最大努力，保证材料的真实性、内容的准确性、观点的权威性。

所以，我尽力对书中多数问题，在总览各种学术成果的基础上作出权威介绍和分析。有的介绍了不同的学术观点，有的肯定了某些地方、单位、专家所作的研究和成果。较多的是在综合各种资料和观点的基础上作出自己的分析，得出更加全面客观的结论。特别是，书中还酌情介绍了某些我做过的工作，介绍了对某些问题的处理意见。这与专家们的见仁见智不同，多少具有较高的权威性。

这个特点，是单纯的专家或单纯的领导难以具有的。既然我有这个条件，那么，我就有责任，运用我长期工作的积累，把最新的、最权威的对于党史和党章研究的成果介绍给读者，从而加深大家对党章、党史的认识和理解（当然，所讲的故事，都不会逾越保密的规矩）。

从这样的角度来说，这本书既像通俗读物，但又很难说是通俗读物。

第三，是标准疑惑：是按照学术标准来写作和衡量，还是按通俗读物标准来写作和衡量，抑或是按照解释宣讲中央文件的标准来写作和衡量？

说是通俗读物，前面说了，有点像，但是也不像。够不上通俗读物的标准。

说是学术著作，骨子里像，但形式上不完全像。因为书名就不像学术著作。学术著作不会用“讲故事”的形式来写。而且，书中不少故事和短文，语言带有一点文学性，这不是学术著作的风格。此外，学术论文和学术著作，都要附上很多参考文献，所有的引文都要注明出处。但本书，考虑到首先面向广大党员，不宜搞得过于复杂，所以没有附文献资料，也没有注太多的引文出处。这些都与学术著作的规范不符,也是本书的不足之处。所以,说本书是学术著作,也不太像。

那,是不是属于专门解释宣讲中央文件的时政类书籍呢?也不是。要说解读、诠释,本书确实是对党章的诠释、解读。但不是纯粹理论性的诠释、解读,更不是用文件来诠释文件,用文件来解读文件。而是通过深入细致的研究、梳理、分析、说明,对党章内容作出比较有深度的解读。其中,当然梳理和引用了很多中央文件,但不是简单地照搬,而是对文件进行分析,将它们与党章的内容联系起来,说明党章这些内容的来龙去脉、时代背景和确切含义。因此,如果要说是对党章进行的诠释、解读,那应该是从历史角度所作的诠释、从研究角度所作的解读,从学理角度所作的宣讲,是史学性诠释、研究性解读、学理性宣讲。其中的学术成分当然是不少的。所以,归为时政类读物多少是勉强的。

第四,是“史”“理”疑惑:这本书是党史书呢,还是党建书呢,抑或是理论书呢?

本书是解读党章的,应该算是党建书。书中讲了很多理论,所以也应算是理论书。但翻开本书,读者看到的又是大量的党史,免不了会疑惑,这不是党史书吗?所以,它也可以算是党史书。

但要真说是党史书,也有点问题。因为整本书都是围绕党章来写的。很多故事或短文里有不少理论阐述。好多还是别人从来没有说过的,有点原创性。无论内容还是结构,都跟通常的党史书籍不太一样。

从我的本意来说,是想把党建与党史、理论与学术结合起来的。单纯从理论角度解读党章的书已经出了不少,不需要我再来掺和了。从历史角度介绍党章发展历程的书,也出了一些。有的书写得还很不错,如叶笃初、李洪峰、黄黎、王坚红、张晓燕、姚桓等人的书,都很有价值。

但是,我还是想做一点自己的创新和探索。所以,在本书中,对党章不是仅仅叙述一个大致的发展过程,而是深入考察党章的所有内容,对其中绝大多数论断、主张、原则、要求、条文,都做了历史的梳理,努力将它们的来龙去脉查寻和梳理清楚。大致上是以史述“章”,以“章”带史。“章”以史来铺展,史为“章”而服务。至于所写的故事,都是“引子”和“珠子”。所谓“引子”,就是用故事引出党章、引出历史。所谓“珠子”,就是将党章内容和历史线索,都集中到一个个故事中,通过故事展示出来。阅读了这些“珠子”,既可见“章”,又可知史,对“章”的理解就更深入了。

在结构上安排上,全书分为上下两编。上编“党章之路”,写了50多个故事,侧重于按照历史线索,把党章整体的发展沿革梳理清楚,并突出其主要亮点。下编“梳史释义”,写了70多个故事,侧重于按照党章的框架和内容,逐个梳理各个论断、条文、规定的来龙去脉,同时做适当的理论分析,说明它们的含义和要求。既是“梳史”,又是“释义”。

所以,要说是纯粹的党建著作,又像又不像;要说是纯粹的党史著作,也是又像又不像;要说是纯粹的理论著作,同样是又像又不像。

当然,从国家对于学科门类的划分来说,党史与党建是同一个学科,两者可以有所侧重,但关联性很强,不必处处都分得那么清楚。

综上所述,这本《党章内外的故事》,确实有点“四像”“四不像”,往哪归类似乎都不算很合适。想必这也会给出版社和书店的分类工作带来一点小麻烦。

那我为什么要这么写呢?很简单,按需要写。所有的书,都是基于某种目的和需要而写的。我的目的,就是帮助大家学习党章、认识党章、理解党章,以后还可以适当发展党章。用什么办法能帮助大家收到这个效果,就用什么办法。好在我的经历、经验、专业、工作,都适合这样写。于是也就写出来了。

在写作中,我的第一个要求,是讲好故事。尽量多讲点故事,尽量使本书有点可读性。最好稍微有点吸引人。太好看,太吸引人做不到。“稍微有点”还是能做到的。

第二个要求,是深入研究。不是照抄党章和文件,而是要做深入的研究,在研究的基础上写作。尽可能写出点学术水平来,要反映现有党史党建界的学术水平,要能走在学术前沿,而不是跟在别人后头炒炒冷饭。

第三个要求,是史实准确。所写的都确实是党史上发生过的事情。对有关的史实和来龙去脉尽可能搞清楚,写准确,尽可能不出差错。按信史要求来写,可以供人查阅和使用。

第四个要求，是解读权威。书中不少事情是我在工作中经历和处理过的，这当然是权威的。其他的，也要综合现有的学术成果，通过进一步梳理分析，提出更加科学合理的观点。还要尽可能挖掘一些以往人们不知道、没研究的史实，努力增强本书的权威性。

写作过程中，这样去努力做了。至于有没有达到这些要求，不好说。由于时间紧张，会有一些疏漏。等以后再争取做增补修订，把质量进一步提高。

本书在研究、写作过程中，参考了中共中央党史研究室编写的多种党史基本著作和其他著作，有的还是我主编或负责编写的，不一一列举了。此外，主要参考了张静如先生主编，原中共中央党史研究室赵勇民、李颖为副主编的《中国共产党全国代表大会史丛书》，黄黎的《党章的历程》，王坚红、张晓燕的《中国共产党章程编介》，以及黄修荣、霍海丹、李蓉、张化、张神根、李颖等人的一些著作，还有有关省、自治区、直辖市委党史研究室的一些书。在此一并致谢。当然也要感谢中共党史出版社提供的帮助和所做的工作。

与这本《党章内外的故事》同时，我还写了一本《领航——从一大到十九大》（现已修订为《领航——从一大到二十大》），主要介绍党代会的历史，分别由中共党史出版社和人民出版社出版。两本书侧重点不一样，其中少量内容略有交叉，但总体不重复，可以互相补充。所以，本书对于党代会的内容，就写得比较少，而那一本，对党章就写得比较少。如果要查，可以看另一本书。

希望通过本书，能对大家学习党章有所帮助。

目录

上编：党章之路

下编：梳史释义

上编：党章之路

一、起点初心

1. 伟大的历史起点

2021年11月11日，党的十九届六中全会通过了《中共中央关于党的百年奋斗重大成就和历史经验的决议》。

再往前4年，2017年的10月31日，中国共产党第十九次全国代表大会①刚刚结束一个星期，习近平总书记就带领新一届中央政治局常委，专程前往上海和浙江嘉兴，瞻仰中共一大会址和南湖红船。这一富有深意的举动，典型地反映了党的十九大"不忘初心，牢记使命"的精神。

党的诞生，是中国共产党历史征程的起点。所以，我们讲党章内外的故事，首先要从100多年前的这个起点讲起。

1921年7月的一个晚上，有一批学者模样的人，陆陆续续走进了上海法租界望志路106号（今兴业路76号）的一栋两层楼房里。这是曾任北洋政府陆军总长李书城兄弟的私宅，而他的弟弟李汉俊就是那天这里的主人。楼房是典型的上海石库门建筑。进门是个小天井，往里就是一个客厅。

晚上大约8点钟，来到这里的15位人士开始举行会议。这15个人是：上海的李汉俊、李达；北京的张国焘、刘仁静；长沙的毛泽东、何叔衡；

---

① 某次党代会的简称，按规范化要求，一般应称"党的×大"，前面须加"党的"二字，如党的八大、党的十八大。但本书是专门写党代会和党章的，文中党代会的称谓非常多。如果每处都这样表述，就会非常累赘。因此，本书在主要和多数场合一般使用党代会全称或"党的×大"，但在具体行文中，为了简洁，有时仿照中央文件在类似情况下的处理方式，直接称一大、七大、十八大等，减用"党的"。为照顾历史，对1949年前的党代会，一般称"中共×大"，1949年后的党代会，一般称"党的×大"。此外，对党的中央全会，除了少数比较重要的场合，一般不用"党的"二字。

武汉的董必武、陈潭秋；济南的王尽美、邓恩铭；广州的陈公博；留日学生周佛海，以及陈独秀委派的包惠僧。另外还有共产国际的代表马林和尼克尔斯基。陈独秀和李大钊因多种原因未出席会议。

在连续 8 天的时间内，这样的会议开了 6 次。

最后一天晚上，一个穿灰色竹布长衫的男子突然闯进会场，大家一惊。男子问了两句，随即说了一声："对不起，找错了地方。"就走了。这时，参加会议的那位叫马林的外国人，用手掌猛击桌面，说道："一定是侦探！我建议会议立即停止，大家迅速离开。"

数日后，这里的多数人，又出现在浙江嘉兴南湖的一艘游船上。南湖古称陆渭池，雅称鸳鸯湖。宋朝苏轼曾写诗道："鸳鸯湖上月如水，夜半孤舟鸳鸯起。"但这天不是夜半，而是白天。经过一天的会议，到下午 6 时许，游船客舱里，响起两声轻轻的口号："共产党万岁！第三国际万岁！"

这就是当年一个不为人知的特殊的故事。故事的名称，就是我们大家熟悉的，中国共产党第一次全国代表大会。由于这次大会的召开，中国共产党宣告正式成立。

时隔 35 年后的 1956 年，曾经参加当年会议的一位老人，叫董必武的，回到旧地，感慨万千，借用《庄子》中的话，挥毫题词："作始也简，将毕也钜"。用到这里，就是说当年的起始似乎简单，但后来却声势浩大、惊天动地。

当然，当年的故事并不真的那么简单，我前面只不过是像素描一样，简单勾勒了几笔淡淡的线条。但在这个故事背后，还套着一个又一个复杂的故事。多年来，我们党史部门对这些故事做了很多深入的研究，厘清了好多事实，当然还有好多至今还没有搞清。这里先告诉大家一个特别重要的故事和历史事实。

首先要问大家：党的一大是哪一天开幕的？这个问题好像简单，但哪一天开幕，关系到重大历史事件的准确性问题，所以一点不能含糊。

一大代表回忆和有关历史资料中说到中共一大开幕的时间，有 7 月 1 日，7 月 10 日左右，7 月 20 日，还有 7 月底等，说法并不一致。

中国共产党成立是一件大事，但在此后 10 多年的时间里党并没有顾得上过自己的生日。到1936年6月23日,共产国际执委会书记处首先作出了一个《关于中国共产党成立15周年的决定》。据此,共产国际举行了一系列活动。《共产国际》杂志还刊登了纪念中国共产党成立15周年的系列文章。

次年,即1937年的7月1日,中共中央召开党的活动分子会议,周恩来作《十六周年的中国共产党》的报告,开了在7月1日进行党员教育的先河,但报告没有提到党诞生的具体时间。

1938年,抗日根据地准备举行纪念建党17周年的活动,为此就需要确定活动的日期。当时,在延安的一大代表有毛泽东、董必武等人。他们回忆,中共一大是7月份召开的,但确切的日期记不清了。于是,就商量将7月1日作为党的诞生纪念日。随即,毛泽东在《论持久战》一文中指出:"今年七月一日,是中国共产党建立的十七周年纪念日。"①1971年,董必武曾谈道:"七月一日这个日子,也是后来定的,真正开会的日子,没有哪个说得到的。"②

到1941年的6月,中共中央发出《关于中国共产党诞生廿周年抗战四周年纪念指示》,第一次以中共中央名义把7月1日作为党的诞生纪念日。此后,在7月1日纪念党的生日就一直延续了下来。1948年7月1日,刘少奇在纪念党的生日的讲话中说:这是我们党最重要的纪念日,也是中国人民、中国民族最重要的纪念日。

新中国成立后,1951年、1961年、1981年、1991年、2001年、2011年、2021年,党中央都举行了庆祝建党的活动。改革开放以来,除了逢十外,逢五还举行过一些庆祝活动。天长日久,人们便习惯性地认为中国共产党是在7月1日诞生的了。

到1972年,有苏联学者发表文章,以共产国际档案为依据,提出中共一大开幕的时间应该是7月23日而不是7月1日。改革开放后,我国党史部门和有关学者对一大开幕时间也进行了研究。1980年,《党史研究》

---

① 《毛泽东选集》第2卷,人民出版社1991年版,第440页。

② 李忠杰:《领航——从一大到十九大》,人民出版社2017年版,第17页。

和《党史资料丛刊》发表了三份共产国际的档案文献。其中一份《中国共产党第一次代表大会》的详细报告明确写道:“代表大会定于6月20日召开,可是来自北京、汉口、广州、长沙、济南和日本的代表,直到7月23日才全部到达上海,于是代表大会开幕了。”

苏联学者公布的《驻赤塔赤色职工国际代表斯穆尔基斯的信件》,则更加明确地记载:“从7月23日到8月5日,在上海举行了中国共产党的代表大会”。

按照胡乔木的指示,著名党史专家邵维正教授在《中国社会科学》杂志上发表文章,对有关资料进行考证分析后提出,一大开幕的时间应该是7月23日。

经过慎重研究,中共中央党史研究室编写、经中央批准、2002年出版、2011年再版的《中国共产党历史》第一卷(1921—1949)明确写道:“中国共产党第一次全国代表大会于1921年7月23日开幕。”2011年,我主持编写并经中央批准的《中国共产党历史大事记》也明确记载:“7月23日,中国共产党第一次全国代表大会在上海法租界望志路106号(今兴业路76号)开幕”。

这是中央已经批准了的定论。但很多领导干部和党员、群众对此并不了解,不经意间就会说错写错,所以,我在工作中已经向各方面领导干部和有关人员多次作了说明和强调,现在再借此机会说明和强调一下。

由于中共一大于7月23日开幕已成定论,所以,中国共产党的成立时间就肯定不是7月1日了。到底应按开幕算还是按闭幕算,很复杂。如果按开幕时间算,就应该是1921年7月23日。而7月1日则是党的诞生纪念日。两个日子有内在联系,但也有差别,不要搞混了。

中共一大开幕的时间已经清楚了,那闭幕时间呢?

很遗憾,很长时间一直没有定论。当事人的回忆及档案资料的记载都不一样。7月31日、8月1日、8月2日、8月3日、8月4日、8月5日,共有六种说法。

多年来,上海、浙江有关部门和单位对党的创建史高度重视,组织开展了多方面的研究。在浙江省委党史研究室的指导下,浙江嘉兴市有关部门和单位专门立项对南湖会议进行调查考证，搜集了几乎所有能够找到的关于中共一大的历史资料，逐个对所有的回忆进行了考证辨析。根据文件和回忆提及的各种细节，核查了当年从上海到嘉兴的列车车次和时刻、8 月 1 日前后几天的天气状况和气象档案、从上海到广州的轮船航班时间等，并参考台湾的国民党有关档案，逐一排除了其他各种日期的可能性，列举多方面证据，认为 8 月 3 日在南湖召开会议最接近于事实。也就是说，他们认为中共一大在南湖召开并闭幕的时间应该是 8 月 3 日。《中共一大嘉兴南湖会议研究》还专门成立了一个学术指导委员会。我任主任，邵维正、金延锋任副主任，成员有（按姓氏笔画）王顺生、王炳林、李颖、肖甡、陈金龙、邵清、姚金果、徐云根、黄修荣、曾林平，都是全国和浙江省对中共一大深有研究的著名党史专家。委员会对课题成果进行了反复多次的审查，提出了指导和修改意见，对最终成果进行了严格的鉴定。委员会成员以及特邀的李玉贞研究员，都签署书面意见，对课题成果给予了分的肯定。

这是一个令人鼓舞的成果。由于这是到目前为止，有组织地对南湖会议进行的最系统、最全面、最深入、最细致的一项研究，是在广泛查阅档案资料，走访有关人士，仔细考证辨析基础上得出的最新结论，所以，虽然还不能绝对肯定，但可信度比较高。他们已经在 2018 年的红船论坛上正式发布了这一成果，并由中共党史出版社出版了《中共一大嘉兴南湖会议研究》一书。我在《人民日报》发表的文章和很多书籍里，也介绍了他们的成果。

中国共产党的成立，是中国共产党迄今 100 多年跋涉奋进的历史起点，也是中国社会发生沧桑巨变的历史起点。

习近平总书记在庆祝中国共产党成立 100 周年大会上的讲话中指出："中国产生了共产党，这是开天辟地的大事变，深刻改变了近代以后中华民族发展的方向和进程，深刻改变了中国人民和中华民族的前途和命运，深刻改变了世界发展的趋势和格局。"①

① 习近平：《在庆祝中国共产党成立 100 周年大会上的讲话》，人民出版社 2021 年版，第 3 页。

2. 上海制造，南湖起航

每逢党的诞生纪念日，很多党组织都要开展活动，有的还会去党代会会址参观、接受教育。那么，如果去中共一大会址，应该去哪里呢？

这涉及中国共产党在哪儿诞生的问题，也就是空间上的起点问题。一个时间上的起点，一个空间上的起点。两个起点都应该搞清楚。

基本事实大家都知道，中共一大先是在上海召开，后来转移到浙江嘉兴南湖举行。这个转移并不是事先计划好的，用现在的话说，完全是计划外的事情。其原因，就是突然有人闯进了会场。于是代表们迅速撤离。不到一刻钟，法租界巡捕房来人搜查。然后，法国警官开始询问，而李汉俊以房主的身份用法语一一作了回答：

"谁是此屋的主人？"

"我。"

"为什么开会？"

"不是开会，只是寻常的叙谈。"

"为什么家里藏着这么多书？"

"我是学校教员，藏书是要用来供参考和研究之用。"

"为什么有许多社会主义的书籍？"

"我兼任商务印书馆的编译，什么书都要看看。"

"那两个外国人是什么人？"

"是英国人，是北大的教授，这次暑假来沪，常常来谈。"

李汉俊通晓日、德、英、法四国外语，又留过学，对付法国警官绰绰有余。接下来，警官又盘问了主动留下陪李汉俊的陈公博，知道这批人有社会主义倾向，但看在都是有知识的人的分上，没有难为他们，侦探也知道这是李书城的公馆，于是便离开了。

其实，当时室内抽屉里就放着一份党纲草案。但因为涂改得很乱，又是中文，侦探们没有注意到。这才化险为夷。

那么，为什么会有人闯进会场呢？为什么巡捕房会来搜查呢？直到今天还有点雾里看花。但我们党史部门和党史工作者还是做了很多研究和查证,有所进展。

闯进会场的这个人,后来查明,叫程子卿,是江苏镇江人,当时是法租界巡捕房的侦探。嘉兴方面最新研究,从当年的档案中,居然发现有两个叫程子卿的人,都是法租界的“包探”。但年龄、地位悬殊。一个1882年出生,江苏镇江人,20世纪20年代到40年代任法租界巡捕房督察长。一个在1937年时29岁,江苏邳县人,1937年12月至1939年9月在巡捕房任职。前往一大会场的应该是前一个,已有资料可以证明。但因有两个程子卿,在研究和介绍时不能搞混了。

侦探为什么会闯进会场?党史界原来大多认为与马林有关。马林是荷兰人,1921年被共产国际派来帮助建立中国共产党。他曾经在多个国家从事秘密活动,早就被警方注意。所以,他进入中国的情报,已经被通报给中国当局和租界。于是,有人认为,侦探是跟踪马林闯进会场的。但这种解释有不少说不通的地方。

近年,浙江嘉兴有关部门组织专家做了更加深入、细致和全面的研究。他们搜集了更多的历史资料,分析认为:当时,无论中国当局还是法国租界,都没有注意到中共一大代表的行踪。倒是注意到当时更活跃的全国学联、全国各界联合会、“救国团”、“大同党”等社团的一批人,甚至还有远东各国的所谓激进分子,正在上海活动。连日本警视厅都向中国当局和租界专门通报了情报,说这批人正准备在租界召开会议成立“支那共产党”。于是,法租界便制定了一个《法租界取缔集会新章》,规定从8月1日起,任何集会必须在48小时前报警方核准,否则就要查处。7月30日晚上,程子卿本是去全国学联和全国各界联合会等团体告知有关规定的。但中共一大会址与联合会会址刚巧是隔壁,听到门里有说话声,于是误闯进门。发现有人开会,乃回去报告。随后才有多个巡捕前来盘问和搜查。

由于被查,在上海开会已经不安全了,但建党的任务还没有完成,于是决定转移地点,把会开完。到哪里去呢?有人建议到杭州西湖,租条船,在船上开会。但有人认为西湖人太多,容易暴露。这时,李达的夫人、参与一大筹备工作的王会悟说，她的家乡嘉兴有个南湖，游人较少，如果租条船在湖上开会，比较安全。万一出什么事，人头熟，也好办。大家认为这个安排比较妥当，于是决定到嘉兴南湖继续开会。也有人认为，到嘉兴还有别的人和别的因素起了重要作用。

于是，党的诞生地就有了两个地方，两地都有贡献，两地都很光荣。但要界定党的诞生地，根据我的直接接触，两地还是有一些不同意见。上海的同志强调上海就是党的诞生地，党就是在上海诞生的。但浙江的同志认为，虽然在上海开了6次会，但最后是在嘉兴南湖宣告成立的，所以，诞生地应该是嘉兴南湖。

我曾经是分管这方面工作的。党史上的这类争议还有很多，处理这些问题要实事求是、客观公正。所以，我一直对他们说，党到底在哪个地方诞生，单说一个不全面，必须包括两个地方。我到各地检查各种展览馆、纪念馆，也都很注意这类史实的表述。凡是只说一个地方的，我都要求他们改成两个。

两个地方各起了什么作用，相互是什么关系？客观地说，在上海召开是历史的必然；在南湖召开是历史的偶然，当然，偶然中也有必然。

上海，无疑是党的主要诞生地。上海是近代以来最大的工商业城市，新文化运动的发源地。工人阶级最为集中，知识分子云集，水陆交通便利，中外各种思潮和风气碰撞，控制上海的军阀与北京不是一个派系，租界分割也易于革命者隐匿和转移。这些客观环境为党在上海诞生奠定了重要基础。创建中国共产党的知识分子以及共产国际和苏俄人士都把上海作为最重要的活动基地。还在1920年，上海就成立了称为“中国共产党”的早期组织。上海党组织实际承担了发起和召集中国共产党第一次全国代表大会的任务。李达等人具体负责筹备工作。中共一大在上海召开了6次会议，研究了主要问题，起草了有关文件。如果不是侦探出现，会议也许就会在30日结束，党也就在上海宣告正式成立了。所以，中共一大在上海召开，中国共产党在上海成立，是历史的必然。

至于中共一大转移到嘉兴南湖召开，确实是历史的偶然，但偶然中也有必然。为什么？浙江近代工商业的发展，辛亥革命后进步思潮的涌现，浙江志士仁人投身革命，嘉兴与上海交通便利，还有可以利用的社会关系等，都是客观的有利条件。党的最早一批党员，特别是参与筹备一大的人中，有不少人，如陈望道、沈玄庐、沈雁冰、沈泽民、俞秀松、施存统等，都是浙江人。到南湖开会的建议，是浙江籍人士王会悟提出来的，会议代表的接待、安排和转移工作都是王会悟操办的。会议在南湖虽然只开了一天，但在上海会议基础上，通过了所有文件，选举了中央领导机构，正式宣告了中国共产党的成立。

所以，说到党的诞生地，两个都要说，两个都光荣，少一个都不完整。

与此相关，还有一个建党的形象化标志问题，即现在通常所说的Logo。说到建党，我们都会想到红船。2005 年 6 月，时任浙江省委书记习近平在论述“红船精神”时指出：“中国共产党第一次全国代表大会在浙江嘉兴南湖的一条游船上胜利闭幕，庄严宣告中国共产党的诞生。这条游船因而获得了一个永载中国革命史册的名字——红船。”①

用红船来做中国共产党成立的标志，非常形象，非常鲜明。但在使用这个标志时，要注意它的完整性。也就是说，如果完整地表达，应该说两句话：这条红船，在上海制造，在南湖起航！如果考虑到北京的作用，还应该加上一句：“北京孕育”。这样就成了“北京孕育、上海制造、南湖起航”。

无论是什么江河，终究流向大海。中国共产党的航船终于在苍茫的历史大海中起航了，于是，党章也就应运而生。

3. 党纲中的党章

按常理，开会总是会有文件资料的。党的一大也不例外。100 多年前的事情，今人怎么知道呢？当然要靠档案资料。但是由于中国共产党一成立就处于秘密状态，后来又经历了无数的波折、坎坷、动荡，所以，早在 1930 年，李立三就说过：“党的第一次大会文件，现在是找不

① 习近平：《弘扬“红船精神”走在时代前列》，《光明日报》2005 年 6 月 21 日。

到了”[①]。

但幸运的是，1957 年，苏联共产党将有关中国共产党驻共产国际代表团的档案资料移交给中共，保存在中央档案馆里。其中第九卷中，包含有中共一大的三份文件。中央档案馆将此译成中文。1959 年 8 月，送请董必武鉴定。董老于 9 月 5 日复信中央档案馆，肯定这三份文件“是比较可靠的材料”。

此后，1960 年，美国哥伦比亚大学中国史教授韦慕廷，在该校图书馆的旧纸堆里，发现了一篇题为《共产主义运动在中国》的硕士论文，作者是陈公博，时间是 1924 年 1 月。最吸引眼球的是，论文附录中收集了六个文件。其中有两个是中共一大的。韦慕廷将这些文件公开发表，并撰写了长篇绪言。后又送给台湾。1982 年 7 月，中国社科院近代史研究所根据 1960 年的英文版译成中文公开出版。这就为我们研究中共一大提供了可供佐证的重要资料。而且据分析，苏联的俄文版可能还是早年从英文版转译过去的。

那么，中共一大通过的文件有哪几件呢？主要有三件。一是一大通过的纲领，后来称《中国共产党第一个纲领》（俄文译稿）、《中国共产党的第一个纲领》（英文译稿），二是工作计划，后来称《中国共产党第一个决议》，三是《中国共产党第一次代表大会》。

经考证，在中共一大召开前，已经有过多个有关党纲党章之类的初稿。在开幕的头两天，又由张国焘综合陈独秀的意见起草了第七份初稿并提交会议讨论。但这些材料大多没有能保存下来。

中共一大到底有没有制定党章呢？在筹备过程中，陈独秀曾起草过一份党章，主张中央集权制。寄到上海，李汉俊看了很不满意，又起草了一份，主张地方分权制。但这两份草案在哪里呢？有没有提交一大讨论呢？迄今为止，我们还没有找到单独称为党章的文件。

---

① 中国社会科学院现代史研究室、中国革命博物馆党史研究室选编:《“一大”前后——中国共产党第一次代表大会前后资料选编（三）》，人民出版社 1984 年版，第 89 页。

但在《中国共产党的第一个纲领》[①]中,可以读到实际属于党章的条文。有人说,这份纲领实际上就是党章。但多数人认为,这是一份纲领。所以,比较通行的观点是,党的一大没有制定单独的党章。

无论如何,文件中确实有很多属于党章的内容,所以,我们姑且称之为"党纲中的党章"吧。

这份党纲共有15条。无论英文版俄文版都缺第十一条。现存14条,共700余字。

第一条规定:"我党定名为'中国共产党'。"

第二条是纲领。我这里主要说党章,所以纲领内容就不细说了。

第三条主要规定"我党采取苏维埃的形式""承认社会革命为我党的首要政策"。既有纲领的内容,也有章程的内容。

第四条到最后的第十五条,基本上都是章程的内容。

其中第四条,规定什么样的人可以入党。

第五条,是入党的手续。其中规定入党要有至多两个月的审查期。

第六条,规定"党的主张以至党员身份都应保守秘密"。

第七条,规定"有五名党员的地方可建立地方委员会"。

第八条,规定党员组织关系如何转移到另外地方。

第九条,规定地方委员会设立哪些机构和职务。

第十条,对党外组织的活动作出规定。

第十一条,空白。而且有意思的是,俄文版和英文版都缺这一条。上哪去了?就像北京周口店的北京猿人头盖骨上哪去了,已成历史之谜。

第十二条,规定财政如何受监督的问题。

第十三条,规定了中央执行委员会的组成。

---

① 中共一大通过的中国共产党的第一个纲领,有《中国共产党第一个纲领》(俄文译稿)和《中国共产党的第一个纲领》(英文译稿)两种版本。党史著作一般多用俄文译稿,我也曾经如此。但多次使用后,发现俄文译稿不太准确,有些地方不合逻辑。比较起来,英文译稿更为准确一些。所以本书修订时,凡涉及一大纲领时,均改用英文译稿。此处引文均见中共中央党史研究室、中央档案馆编:《中国共产党第二次全国代表大会档案文献选编》,中共党史出版社2015年版,第5—6页。

第十四条，规定除非特殊情况，党员不得担任政府官员或国会议员。

第十五条，纲领的修改问题。

上述这些规定都比较简练或者简单。但从中还是可以看出，它已经初步规定了中国共产党的组织形式、党员条件、入党程序、领导机构、党的纪律、群众工作、修改程序等问题。

董必武、陈潭秋、包惠僧和陈独秀等人都称这个文件为党章。李达回忆，南湖会议讨论的议题主要是党章和工作方向。包惠僧特别说明："不过在当时标题不是'党章'，好象是'中国共产党纲领'。"①

我的倾向性意见，如果不是因为文件标了"纲领"二字，完全可以称之为"党章"，虽然是初始和简单的党章。

文件的研究和制定过程是民主的。代表们围绕党的性质、奋斗目标、组织原则、斗争策略、对孙中山的态度等进行了热烈的讨论。通过争论，有的统一了意见。分歧比较大的，则留待以后再作决定。

其中分歧很大的一条，是共产党员能不能到政府和议会里去当官。李汉俊、陈公博认为可以，张国焘、刘仁静坚决反对。一场舌战，颇为激烈。董必武回忆："我记得辩论的一个观点，是党员可以不可以当官和做技术工作。一些人反对这样做。通过的决议是一个'关门'政策，保持党员的秘密和'纯洁'。"②

其实，这个问题，在国际共产主义运动中早就遇到了。1899 年，法国社会党人米勒兰参加政府，担任工商部长，引起了一场巨大的风波，被称为"米勒兰事件"。法国社会党先后在三次代表大会上进行辩论。国际共产主义运动也因此发生分裂。中国共产党在建党时就遇到了这一问题，确实令人头疼。就在当时，陈独秀还在广东担任省教育厅长。后来，党事实上撤销了不许到政府任职的规定。很多在国民党政府担任官员甚至高官的人，都是共产党员，多数是秘密党员，有的则是公开的。这种做法是由客观

① 中国社会科学院现代史研究室、中国革命博物馆党史研究室选编：《"一大"前后——中国共产党第一次代表大会前后资料选编（二）》，人民出版社 1980 年版，第 317 页。

② 中国社会科学院现代史研究室、中国革命博物馆党史研究室选编：《"一大"前后——中国共产党第一次代表大会前后资料选编（二）》，人民出版社 1980 年版，第 293 页。

的历史条件决定的。

纲领中还规定,党员人数超过500人或已成立5个以上地方执行委员会时,应选出10名委员组成中央执行委员会。

列宁曾经说过:“给我们一个革命家组织,我们就能把俄国翻转过来!”[①]结果,列宁做到了。后来,中国共产党也将中国翻转了过来。其中一件巨大的秘密武器,就是组织。1921年,中国共产党建立了自己的组织,并通过制定党章、规范组织、长期锤炼,终于将党建成为一个世界上最庞大、最严密的组织体系。

4. 第一个正式的党章

上海市静安区老成都北路7弄30号(原南成都路辅德里625号),有一栋砖木结构的石库门建筑,一楼一底,面积76平方米。当年是时任中国共产党宣传主任李达的寓所,也是中央宣传部和党的第一个秘密出版机构——人民出版社的所在地,地处英租界内。

1922年7月16日至23日,中国共产党第二次全国代表大会就在这里召开。出席会议的代表共12名(有1名代表姓名不详),代表全国195名党员。这些代表是:中央局委员陈独秀、张国焘、李达,上海的杨明斋,北京的罗章龙,山东的王尽美,湖北的许白昊,湖南的蔡和森,广州的谭平山,中国劳动组合书记部代表李震瀛,中国社会主义青年团临时中央局代表施存统。

当然,现在也有人对二大代表进行更深入的考证研究,认为二大代表不是12人,而是20人,且目前所列人名也不准确。所以这个问题还可以继续研究。

鉴于第一次全国代表大会遭到法国巡捕干扰的教训,中共二大采取了较为严格的保密措施。大会决定以小型的分组会为主,尽量减少全体会议的次数,每次会议都要更换地址。大会共进行了8天,举行了3次全体

① 《列宁全集》第6卷,人民出版社2013年版,第121页。

会议。陈独秀主持大会，并代表中央局向大会作一年来的工作报告；张国焘报告出席远东各国共产党及民族革命团体第一次代表大会的经过以及第一次全国劳动大会的情况；施存统报告社会主义青年团第一次全国代表大会的情况。

时隔87年，2009年的1月1日，在这里的中共二大会址举行了一个隆重而简朴的“中共二大会址纪念馆修缮工程竣工暨对外开放仪式”，上海市委两位领导同志沈红光、杨晓渡为纪念馆揭幕，我代表中共中央党史研究室宣布：“中共二大会址纪念馆修缮竣工暨对外开放！”此时的纪念馆已经扩建到2282平方米，基本保留了1915年始建时的建筑风貌。

中共二大会址的保护和修缮经历了一个长期的过程。1959年，上海市人民委员会核准公布，将这里定为上海市文物保护单位。2001年建党80周年之际，上海市静安区委、区政府对中共二大会址进行了修复。2002年，建立纪念馆并正式对外开放。2003年，被上海市人民政府公布为上海市爱国主义教育基地。2008年，静安区委、区政府再次对纪念馆进行修缮，2009年元旦竣工并免费对外开放。同年5月，被中宣部公布为全国爱国主义教育示范基地。2013年3月5日，被国务院公布为第七批全国重点文物保护单位。

在2008年的修缮过程中，上海党史部门多次向我汇报情况，我也提出了一些意见和要求。修缮完工再次开馆之际，我专程前往，与上海市有关领导一起出席开展仪式。2012年，在中共二大召开90周年之际，我又专门撰写了纪念中共二大的文章，并出席上海有关部门召开的纪念中共二大召开90周年研讨会。

中共二大的历史地位是很重要的。概括起来，中共二大延续了一大的工作，第一次公开发表了《中国共产党宣言》；第一次提出了彻底的反帝反封建的民主革命纲领；第一次提出了统一战线——民主联合战线的思想；第一次比较完整地对工人运动、妇女运动和青少年运动提出了要求；第一次选举产生了中央执行委员会；第一次正式决定加入共产国际。在党的建设问题上，则是制定了第一个比较完备的《中国共产党章程》，并通过了第一个《关于共产党的组织章程决议案》。概括起来,有7个“第一”。如果组织章程决议案单算,还可以说8个“第一”。

谓之第一部党章,自然就为以后的所有党章奠定了基础。中共二大纪念馆紧紧抓住这一关键和特色,专门设置了一个党章历程厅,集中展示了中国共产党的一大党纲,然后是从二大到二十大的党章,用图片、文物等,将党章的发展变化和历史地位直观和形象地展现在人们面前。从一个独特的角度,再现了中国共产党从幼年走向成熟的过程,反映了中国共产党与时俱进、开拓创新的精神。纪念馆珍藏着一本32开的铅印小册子,里面包含了中共二大通过的10个文件,最后10余页收录的就是中共二大通过的《中国共产党章程》。二大党章的诞生,标志着党的创建工作的完成。

中共二大制定的第一个党章,体例上已经与党的纲领明确分开,成为一个比较完备的章程。全文共6章29条,分别对党员的条件和审批程序、党的组织系统及其构成、党的会议和活动方式、党的组织纪律、党的经费来源及使用等方面作了比较详细的规定,初步构建了党的组织体系。

第一章“党员”,规定:“本党党员无国籍性别之分,凡承认本党宣言及章程并愿忠实为本党服务者,均得为本党党员。”入党基本程序:“须有党员一人介绍”,“经区及中央执行委员会次第审查通过,始得为正式党员”。但“凡经中央执行委员会直接承认者,或已经加入第三国际所承认之各国共产党者,均得为本党党员”。①

第二章“组织”,对党的组织体系作了简要的规定,搭建了一个初始的框架。

第三章“会议”,规定了每一级党组织应在多长时间内召开一次会议。其中“全国代表大会每年由中央执行委员会定期召集一次”。②

第四章“纪律”,实际包含了组织原则和具体纪律。规定:“全国代表

---

① 中共中央文献研究室、中央档案馆编:《建党以来重要文献选编》第1册,中央文献出版社2011年版,第164页。

② 中共中央文献研究室、中央档案馆编:《建党以来重要文献选编》第1册,中央文献出版社2011年版,第166页。

大会为本党最高机关。在全国大会闭会期间，中央执行委员会为最高机关。”其“议决，本党党员皆须绝对服从之”。“下级机关须完全执行上级机关之命令”。“本党一切会议均取决多数，少数绝对服从多数。”①

该章规定了六项违反纪律的情况，只要违反其中一项，就要开除党籍。比如，无故连续二次不到会，或欠缴党费三个月，都要开除党籍。

第五章“经费”，规定党员依据不同情况交不同数量的党费。“本党一切经费收支，均由中央执行委员会支配之。”②

第六章“附则”，规定了党章的修改权、解释权和生效时间。

与党章相关联，中共二大还通过了一个《关于共产党的组织章程决议案》，初步提出了先锋队思想。规定中国共产党“应当是无产阶级中最有革命精神的广大群众组织起来为无产阶级利益而奋斗的政党，为无产阶级做革命运动之急先锋”③。为此，党的一切运动都必须深入到广大的群众里面去，党的内部必须有适应于革命的组织与训练。

习近平总书记说：“没有规矩，不成方圆。”党章就是“全党必须遵循的总规矩”。④随着二大党章的制定，党的总规矩基本确立，为此后党章的发展完善、为党的建设的不断发展奠定了重要的基础。

5. 全世界共产党党章的源头

中国共产党的党章，包含着丰富的内容，有很长的发展过程，其中有很多的故事，需要认真学习，仔细琢磨。但需要提醒大家的是，要真正搞懂中国共产党的党章，首先应该知道我们这个党章的源头。

---

① 中共中央文献研究室、中央档案馆编：《建党以来重要文献选编》第1册，中央文献出版社2011年版，第167页。

② 中共中央文献研究室、中央档案馆编：《建党以来重要文献选编》第1册，中央文献出版社2011年版，第168页。

③ 中共中央党史研究室：《中国共产党历史大事记（1919.5—1990.12）》，人民出版社1991年版，第14页。

④ 习近平：《认真学习党章 严格遵守党章》，《人民日报》2012年11月20日第1版。

世界上凡是共产党的党章，追根溯源，都可以追溯到170多年前。

19世纪40年代，一批德国工人流亡者在英国伦敦成立了一个带有国际性的政治组织——正义者同盟。正义者同盟向两位学者请教，并与之建立了联系，邀请他们对同盟的活动给予指导，并帮助起草了两份重要的文件。

这两个人大家都很熟悉，一个是马克思，一个是恩格斯。

这两份文件，一份大家很熟悉，叫《共产党宣言》；另一份很多人就不知道了，它叫《共产主义者同盟章程》。这个章程就是世界上第一个共产党的章程。

1847年6月，正义者同盟在伦敦召开代表大会，决定接受马克思、恩格斯的意见，将同盟改组为共产主义者同盟。1847年11月，共产主义者同盟召开第二次代表大会，决定委托马克思、恩格斯起草新的纲领。这个纲领，就是1848年2月发表的《共产党宣言》。它标志着马克思主义的正式诞生，也标志着国际共产主义运动的兴起。

在帮助正义者同盟改组为共产主义者同盟的过程中，马克思、恩格斯还帮助制定和修改了同盟的章程。1847年6月的共产主义者同盟第一次代表大会首先讨论了恩格斯和沃尔弗起草的章程草案。同年11月的二大又加以修改完善，在马克思、恩格斯指导下，经过讨论，正式通过了《共产主义者同盟章程》。1850年，根据马克思的意见，同盟又总结1848年革命的经验，制定了新的章程。这样，《共产主义者同盟章程》一共形成过三个版本，都可以在《马克思恩格斯全集》中看到。

共产主义者同盟是第一个在马克思主义指导下的共产主义政党。同盟二大正式通过的《共产主义者同盟章程》，也就成为全世界第一个共产党的党章。

100多年来，我们熟知的一句口号“全世界无产者，联合起来！”就是在同盟一大上提出来的，并且标示在章程一开头最醒目的位置。

无产者的联合，需要有纲领的指引，也需要有组织的规范。所以，《共产主义者同盟章程》第一次构建了共产主义政党的组织体系，明确党的组织赖以运行的制度、机制和规范。由于章程是马克思、恩格斯帮助制定的，所以，章程也是马克思主义建党思想的第一次集中体现。

同盟章程一共10章50条，主要内容包括：

第一，规定了同盟的奋斗目标和任务。根据马克思、恩格斯的意见，章程第一条就标明："同盟的目的：推翻资产阶级政权，建立无产阶级统治，消灭旧的以阶级对立为基础的资产阶级社会和建立没有阶级、没有私有制的新社会"①。

第二，规定了吸收盟员的条件和程序。从政治上、思想上和组织上对盟员提出了要求。主要包括：承认共产主义，了解无产阶级革命的条件、发展道路和最终目的；参加同盟的一个组织，服从同盟的一切决议，保守同盟的秘密；积极完成同盟交给的各项任务；交纳一定的盟费。吸收盟员采取支部个别吸收的方式，须经支部事先同意，由支部主席和充当盟员介绍人的盟员办理。

第三，规定了从中央到地方的组织系统和职权。将同盟组织机构分为基层组织、地方组织和中央组织。其名称分别为支部、区部、总区部、中央委员会和代表大会。还规定了各级组织的职权、各级机构之间的相互报告制度。各级机构要定期开会。"支部、区部委员会以及中央委员会至少每两周开会一次"，"代表大会于每年8月举行。遇紧急情况中央委员会得召集非常代表大会"②。

第四，规定了实行民主制的原则。《共产主义者同盟章程》删除了原先正义者同盟章程所有密谋活动和宗派活动的内容，还删除了接受盟员的所有复杂的、半神秘主义的仪式。规定：所有盟员一律平等，都有选举权和被选举权；同盟各级领导人都由民主选举产生，并且可以随时撤换；代表大会是同盟的立法机关，中央委员会是同盟的权力执行机关，对全盟实行统一领导，盟员要服从同盟的一切决议。

后来，恩格斯在回顾共产主义者同盟历史的时候说道："组织本身是

---

① 中共中央马克思恩格斯列宁斯大林著作编译局编译：《马克思恩格斯全集》第4卷，人民出版社1958年版，第572页。

② 中共中央马克思恩格斯列宁斯大林著作编译局编译：《马克思恩格斯全集》第4卷，人民出版社1958年版，第574、575页。

完全民主的，它的各委员会由选举产生并随时可以罢免，仅这一点就已堵塞了任何要求独裁的密谋狂的道路。”①

第五，规定了组织纪律。规定对违反条件的盟员的处理要严肃慎重。最重的处理是开除党籍。

把上述内容与后来世界各国共产党的党章，包括中国共产党的党章比较一下，就可以清楚地看出，《共产主义者同盟章程》的基本框架、基本原则和基本内容，大都在此后世界各国共产党的党章中延续了下来。

比如，苏联共产党从其前身俄国社会民主工党 1903 年通过的第一个组织章程开始，就一直规定：党的最高机关是党代表大会。1919 年改名为俄国共产党（布尔什维克）后制定的章程，将党章分为 12 章 66 条，对党员、党的组织机构、从中央到基层的各级组织体系、党的纪律、党的经费等，都作出了系统的规定。所涉及的问题与《共产主义者同盟章程》涉及的问题基本上差不多。

《共产主义者同盟章程》的基本框架、基本原则和基本内容，在中国共产党的党章中也可以看出来。中共二大制定的第一个党章，涉及的基本问题也是党员、组织机构、会议、纪律、经费等。

《共产主义者同盟章程》体现的马克思主义建党原则，在中国共产党的章程中也得到了体现。比如，党内机构和领导人员的产生实行选举制，全国的组织体系划分为几个层级，党的最高机关是全国代表大会等。

甚至如何开会，都跟同盟章程有类似之处：“各组，每星期由组长召集会议一次；各干部，每月召集全体党员或组长会议一次；各地方由执行委员会每月召集各干部会议一次；每半年召集本地方全体党员或组长会议一次；各区，每半年由执行委员会定期召集本区代表大会一次；全国代表大会每年由中央执行委员会定期召集一次。”②

所以，知道了全世界共产党党章的源头，也就能更加清楚中国共产党

---

① 中共中央马克思恩格斯列宁斯大林著作编译局编：《马克思恩格斯选集》第 4 卷，人民出版社 1972 年版，第 196 页。

② 中国革命博物馆：《中国共产党党章汇编》，人民出版社 1979 年版，第 7 页。

党章的很多原则、规定，究竟来自何处，延续了什么，发展了什么，对这些规定的深层内涵和历史因果也就能更加明白了。

6. 最初的心志和心愿

2016年，在庆祝中国共产党成立95周年大会上，习近平总书记发表重要讲话，提出了“不忘初心，继续前进”八个字的要求。2017年在党的十九大上，又提出“不忘初心，牢记使命”，“不忘初心，方得始终”。

什么叫初心？初心，顾名思义，就是党成立之初的心态、心志、心愿等。

这种初心，在党创立之时制定的纲领、章程和其他文件中都得到了反映。

中共二大通过的第一个正式的章程中明确规定：“凡承认本党宣言及章程并愿忠实为本党服务者，均得为本党党员。”① 换句话说，但凡要求入党者，都得“承认本党宣言及章程并愿忠实为本党服务”。

中共一大通过的纲领，不仅将党的名称定为“共产党”，而且纲领中的内容，都体现了《共产党宣言》的精神。一大代表在讨论党的性质和奋斗目标时，意见也基本一致。所以，虽然俄文版的纲领并没有直接使用“共产主义”“马克思主义”的概念（英文版的纲领有“共产主义”一词），但多年来的党史著作和领导人有关讲话通常都说，党的一大举起了马克思主义、共产主义的旗帜。

初心不是仅仅体现在文件上，更应该体现在实际行动上。最初的建党者们，在自己的行动中体现了什么样的初心呢？

先来看一大代表。参加中共一大的代表有多少人？有的认为是12人，有的认为是13人。主要问题是包惠僧算不算正式代表。我们中共中央党史研究室编写的《中国共产党历史》第一卷（1919—1949）和《中国共产党历史大事记》（1921—2011），都认定代表为13名。除此之外，

① 中国革命博物馆：《中国共产党党章汇编》，人民出版社1979年版，第5页。

还有2位共产国际代表。但2021年出版的《中国共产党简史》又删去了代表人数,只列出姓名,而且将包惠僧前面还加了一个分号,以示差别。

这15人中,陈公博、马林和尼克尔斯基没有参加南湖会议。有的认为李汉俊、何叔衡也没有去南湖,所以参加南湖会议的为10人,比上海少5人。

这些人,年龄最大的45岁,最小的19岁。30岁以下的9人。平均年龄28岁,恰巧是当时毛泽东的年龄。

进而,中共一大时,中国共产党有多少党员呢? 多年来,一直有53人、57人、56人等多种说法。中共中央党史研究室的《中国共产党历史》第一卷(1919—1949)和《中国共产党历史大事记》(1921—2011)均表述为:“代表着50多名党员”。没有说精确的数字,以便留有余地。

浙江嘉兴有关部门和单位对《中国共产党历史》第一卷(1919—1949)中列举的59名成员加以梳理,逐个考证。除了搜集、查阅、辨析历史资料外,还分赴山东、北京、广州、湖南、湖北、上海等中共早期组织成员的主要活动地和原籍家乡进行实地调研,搜集各地最新研究成果,逐条核实有关人员情况,整理出每一个人的生平,并以表格形式列出每一个人的姓名、年龄、文化程度、职业以及去向。剔除重复的,补充未列的,认定:在中国共产党正式成立时,早期组织成员共有58人。我对他们的研究成果表示肯定和认可。

2011年经中央批准出版的《中国共产党的九十年》用表格形式列出了这58名党员的基本情况。但2021年出版的《中国共产党简史》又把58名改回到50多名。2022年出版的《中国共产党的一百年》,还把原来的名单去掉了。

最初的58名(我们要逐个统计分析,所以只能按58名来计算)党员,分布在四面八方,他们以共同的心愿和心志,创建中国共产党,揭开了一个伟大历史进程的序幕。

这58人都是什么样的人呢。首先从学历来看,留学日本的18人,北京大学毕业的17人,其他大学的8人,中师、中学毕业的13人。

从职业来看，担任教授、教师的17人，学生24人，报人（记者）、律师、职员等自由职业者10人，弃官不做的3人，工人4人。

从籍贯来看，湖南20人，湖北11人，浙江7人，广东5人，河北（包括天津）4人，山东4人，江苏2人[①]，安徽、重庆、贵州、江西、山西各1人。

从这些学历和职业可以看出，这些人都有一个小小的共同点，即家境都不算很坏，多数家境可能都还不错。也就是说，不是因为吃不饱饭、穿不上衣而"造反"的。那为什么呢？很显然，是为了改造中国与世界。

所以，如果要说初心，原生态的初心，首先是责任之心。面对灾难深重的中国，许许多多的志士仁人，以高度的历史责任感，博览群书，寻访世界，寻找解救中国的道路和方式。正是这种历史的责任感推动他们走到了中国共产党的历史起点。

经过寻找和比较，这些人选择了马克思主义，这就有了信念之心。有了信念，就为之而进行奋斗，就有了奋斗之心。所有的奋斗，特别是执政，为了谁？为了人民，这就是为民之心。

所以，用我们现在的语言，初心可以说很多很多。但如果要说原生态

---

① 我在任负责已故党和国家领导人的诞辰纪念活动时，曾遇到如何确认籍贯的复杂问题。籍贯的定义本身比较复杂。曾经有按祖籍定义的，有按祖居地定义的，有按本人出生地定义的。按祖籍或祖居地的，算到哪一代？有的算到父辈，有的算到祖父辈。如果算到祖父辈，有的解释为祖父的出生地，有的解释为祖父的长期居住地。不同的人往往按不同的理解填写自己的籍贯，或确定别人的籍贯，造成了籍贯的错综复杂甚至混乱。党史人物的籍贯也就非常复杂。

1999年，全国范围重新填写新版《干部履历表》时，中共中央组织部和国家档案局联合下发的"填写说明"将"籍贯"规定为本人的祖居地（指祖父的长期居住地）。

按照这一规定，周恩来的籍贯就要重新考虑了。迄今较多的研究均认为周恩来的籍贯是浙江绍兴。但根据李海文主编的《周恩来家世》一书的详细考证，周恩来的祖父周起魁1844年出生于浙江绍兴，大约1863年秋19岁时，随二哥周昂骏北上淮安，此后长期在淮安任职。最后任职为"海州直隶州知州"（海州即今连云港），大约在1900年去世。1964年8月，周恩来在与亲属谈话时曾说："我的曾祖下有五个兄弟，都搬到了苏北，大、二、三、四都做过县知事，老五没做过，我祖父（四）从绍兴师爷升为县知事。"

虽然周恩来祖父的出生地是绍兴，但其长期居住地很明确是江苏淮安，所以按照规范化的规定，周恩来的籍贯就应该是江苏淮安，而不是浙江绍兴。对周恩来的成长产生实际影响的也是淮安。所以，我在本书中，将周恩来的籍贯算在了江苏。

的初心，应该就是：责任之心、信念之心、奋斗之心、为民之心。

这种初心，当然，都是为了国家、为了人民、为了中华民族。所以，党的十九大报告明确指出："中国共产党人的初心和使命，就是为中国人民谋幸福，为中华民族谋复兴。这个初心和使命是激励中国共产党人不断前进的根本动力。"①

形成初心不容易，坚持初心同样不容易。参加中共一大的 13 位代表，怀揣救国救民的理想抱负走到中国共产党的历史起点，但后来又因种种原因各奔东西，并没有一路同行到底，而是各自书写了跌宕起伏、命运迥异的人生。

过去，说到这些代表时，多数语焉不详，有时还尽量回避。但随着实事求是原则的贯彻，对这些代表的研究多了起来。近年来，我主持编写的新民主主义革命时期历届党代会代表名录，以及张静如、李蓉、姚金果、刘宋斌、李颖等学者的著作，也都对一大代表的生平进行了详细研究。话剧《谁主沉浮》，电视纪录片《日出东方》《开端》等，形象化地展示了 13 位代表的人生经历。

这些代表的道路和结局大致可分五类。

第一类，毛泽东、董必武，在长期革命斗争中经受考验，发挥重要作用。毛泽东成为党和国家领袖，董必武也成为党和国家领导人。

第二类，陈潭秋、何叔衡、邓恩铭、王尽美，英勇奋斗一生，先后牺牲或病故。

第三类，李达、李汉俊，因不满陈独秀家长制等原因退党，但仍坚持马克思主义信念。李达 1949 年回到党内。李汉俊 1927 年被国民党军阀杀害，1952 年定为烈士。

第四类，包惠僧、刘仁静，经历曲折，一度误入歧途。包惠僧 1927 年脱党，后在国民党政府任职。刘仁静 1926 年后成为托派。1949 年后两人均承认错误，晚年任国务院参事。

第五类，张国焘、陈公博、周佛海，叛变投敌，沦为罪人。张国焘曾任

---

① 习近平：《习近平著作选读》第 2 卷，人民出版社 2023 年版，第 1 页。

党和军队重要领导职务，但在长征中另立"中央"，1938年投奔国民党，成为叛徒。陈公博、周佛海20世纪20年代就脱党，党亦作出开除和准其脱党的决定。两人随后加入国民党，到抗战期间沦为臭名昭彰的大汉奸。

同一个起点，不同的归宿。真是大浪淘沙！

几多激励，几多感慨，几多唏嘘，几多警示！从中共一大代表的人生经历和命运中，我们能得到很多启示。

7. 从"树"德里到"辅"德里

中共一大通过了中国共产党的第一个纲领、决议和宣言，规定了党的目标、任务、所要开展的工作等。这是党的理论和实践活动全面展开的起点。

《中国共产党第一个纲领》（英文译稿[①]）第二条规定，本党纲领如下：

1. 以无产阶级革命军队推翻资产阶级，由劳动阶级重建国家，直至消灭阶级差别；

2. 采用无产阶级专政，以达到阶级斗争的目的——消灭阶级；

3. 废除资本私有制，没收一切生产资料，如机器、土地、厂房、半成品等，归社会所有；

4. 联合第三国际。

时隔一年，又有一批代表会聚上海英租界南成都路辅德里625号（今老成都北路7弄30号），召开中共二大。二大一共通过了9个决议案。

制定党的政治纲领，是中共二大的中心议题。大会起草和通过了《中国共产党第二次全国代表大会宣言》。这是一份具有重要历史意义的文件。《宣言》在分析中国所处国际环境和中国社会性质及现阶段政治经济状况的基础上，指出，中国共产党是中国无产阶级政党，它的目的是要组织

---

① 如前所述，中共一大通过的中国共产党的第一个纲领，因英文译稿比俄文译稿准确一些，所以此处引文，均采用英文译稿。

无产阶级，用阶级斗争的手段，建立劳农专政的政治，铲除私有财产制度，渐次达到一个共产主义的社会。但同时又明确提出，在目前的历史条件下，党的奋斗目标是："消除内乱，打倒军阀，建设国内和平"；"推翻国际帝国主义的压迫，达到中华民族完全独立"；"统一中国本部（东三省在内）为真正民主共和国"。①

这实际上是把党的纲领分成了两步、两个层次。中共二大最突出的贡献，就是把党的纲领分成了最高纲领和最低纲领。

如果把一大纲领与二大宣言作一个比较，可以发现，二大宣言中的这些内容，在一大纲领中是没有的。

为什么会有这种变化？为什么增加了这些内容？

一大纲领是根据当时代表们所接触到和了解到的马克思主义撰写的。还参考了俄、英、美三国共产党的纲领。在遇到争论时，刘仁静还拿出《共产党宣言》，说中共应该按照马克思、恩格斯所说的那样去做。

但仔细推敲一大纲领，可以发现，纲领中的某些要求，与当时中国的国情是有差距的。比如，毛泽东直到1940年的《新民主主义论》，还认为中国的资本主义不是多了，而是少了，我们的任务只是节制资本。由此，如果在20世纪20年代初就要消灭资本私有制，没收机器、土地、厂房和半成品等生产资料，显然是不实际的。

1958年，毛泽东审看1920年上海共产党早期组织起草的《中国共产党宣言》（《党史资料汇报》第一号）后，批示："不提反帝反封建的民主革命，只提社会主义的革命，是空想。作为社会主义革命的纲领则是基本正确的，但土地国有是不正确的，没有料到民族资本可以和平过渡，更没有料到革命形式不是总罢工，而是共产党领导的人民解放战争，基本上是农民战争。"②

所以，中国共产党成立后，如何观察和分析中国面临的实际问题，并

---

① 中共中央党史和文献研究院、中央档案馆编：《中国共产党重要文献汇编》第2卷，人民出版社2022年版，第228页。

② 中央档案馆编：《中共中央文件选集》第1册，中共中央党校出版社1989年版，第551页。

制定符合国情的党的斗争纲领，成为第一位的任务。中共一大之后，中国共产党人深入到实际斗争中后，逐渐认识到，在半殖民地半封建社会条件下，中国人民迫切需要的并不是立即进行社会主义革命，而是反对帝国主义侵略和封建军阀统治。

特别是 1920 年七八月间，在共产国际二大上，列宁系统阐述了关于民族和殖民地问题的理论。当时的苏俄迫切需要得到东方国家的支持，所以 1922 年一二月间，共产国际召开远东各国共产党及民族革命团体第一次代表大会，讨论确定了共产党人在民族和殖民地问题上的立场。中国有 44 人参加这一会议，其中有 14 名共产党员。他们回国后，及时将大会精神向中共中央和各地党组织作了汇报和传达。按照共产国际的要求，党在实际工作中开始强调反帝反封建的任务。1922 年 6 月 15 日，中共中央发表《中国共产党对于时局的主张》，第一次就中国民主革命的重大问题，向社会各界公开自己的政治主张。

到 1922 年，根据共产国际二大精神和中国国情，中共二大明确提出了以打倒军阀、打倒列强为主要内容的反帝反封建的民主革命纲领，同时，也没有放弃党的一大所确定的最终奋斗目标，所以实际上将党的纲领分为了最低纲领和最高纲领，指出了中国革命要分“两步走”。这是党的纲领的重要变化，是把马克思主义与中国实际相结合的产物。

从中共一大确定直接搞社会主义革命，到二大确定先进行民主革命然后再进行社会主义革命，这是党的战略方针的一次重大转变。二大制定出民主革命的纲领，初步阐明了现阶段中国革命的性质、动力、策略、任务和目标，尤其是实际上区分了党的最高纲领和最低纲领，把反帝反封建作为现实的最重要任务。这就把党的一切活动、政策，置于现实的中国国情基础之上。

民主革命纲领的确立，为中国革命指明了正确的方向。所以，确定党的纲领的起点，必须把一大与二大连贯起来。鉴于这种原因，有一种学术观点认为，党的创立的任务，应该是到二大才完成的。

2017 年 7 月 25 日，我再次去中共二大会址，参加上海市委党史研究室和上海市静安区委共同举办的纪念中共二大召开 95 周年学术研讨会。时任静安区委副书记顾云豪与我坐在一起，他告诉我，一大会址叫树德里，二大会址叫辅德里。我一听，感到太有意思了，以前还真没有注意到。

两个都是“德”，但一个叫“树”，一个叫“辅”，真是惟妙惟肖。一“树”一“辅”，虽然是巧合，但却将两个会议的关系表达得清清楚楚了，也将最高纲领与最低纲领的关系表达得清清楚楚了。

8. 一个特殊的决议

在二大制定的第一个党章中，大家是不是注意到了第一章第一条的第一句话：“本党党员无国籍性别之分”？

无性别之分，体现了男女平等的精神。但为什么还无国籍之分呢？是不是外国人也可以参加中国共产党？或者说，中国人也可以参加外国共产党？

要搞懂这些规定，就要了解中国革命与共产国际和苏联共产党的关系。

十月革命胜利后，俄共（布）一方面为了推动世界革命，一方面为了寻求外部对苏维埃俄国的支持，加强了与中国革命者的联系。1919 年，共产国际（又称第三国际）在莫斯科成立，随后便开展了对中国的工作。1920 年 4 月，俄共（布）中央和共产国际派遣全权代表维经斯基来到中国，帮助建立中国共产党。

维经斯基先后会见了李大钊和陈独秀，在上海成立了共产国际东亚书记处，在若干城市建立起革命局。1920 年 7 月，该书记处临时局主席、苏俄外交人民委员部远东事务全权代表维连斯基来华，在北京主持召开在华工作的俄共党员代表会议，研究成立中国共产党事宜。随后，该书记处又在上海召开远东社会主义者会议，提出在中国、日本、朝鲜组建共产党的任务。该书记处直接指导成立了上海、北京、广州的共产党早期组织。

1921 年上半年，维经斯基奉调回国后，共产国际执委会委员马林和接替维经斯基的共产国际远东书记处代表尼克尔斯基到达上海，与李达、李汉俊会谈，一致认为应尽快召开全国代表大会，正式成立中国共产党。马林和尼克尔斯基参与了筹备中共一大的工作，直接帮助和指导了中国共产党的成立。

1921年7月，马林和尼克尔斯基出席了中共一大。在会议开幕式上，马林发表致辞，侃侃而谈，足足讲了三四个小时。他详细介绍了共产国际情况，并认为随着中共的成立，中共自然就成为共产国际的一个支部。代表们对此有点犹豫，担心会失去党的独立自主性，因此，没有马上接受这一意见。但还是把“联合第三国际”作为纲领的四条内容之一，并在第一个决议中规定：“党中央委员会应每月向第三国际报告工作。”①

到1922年，由于种种复杂的原因，中共二大终于专门通过了《中国共产党加入第三国际决议案》，确认：“第二次全国大会议决正式加入第三国际，完全承认第三国际所决议的加入条件二十一条，中国共产党为国际共产党之中国支部。”②

这个决议文字不长，但对以后几十年中国共产党的发展产生了深远的影响。

为了帮助大家理解决议内容，需要先作四点说明：

第一，共产国际不是一般的国际联合组织，而是如它的章程所称，是“全世界共产党”；

第二，共产国际的宗旨和目的，是推动世界革命，保卫俄国的苏维埃共和国；

第三，全世界所有国家的共产党，只要加入共产国际，就只能是它的一个支部；

第四，加入共产国际，必须首先接受它的21个条件，并完全接受共产国际的领导。

所以，中国共产党加入共产国际后，就成了共产国际的一个支部，必须按共产国际的21个条件行事，必须定期不定期向共产国际报告工作，必

① 中央档案馆编：《中共中央文件选集》第1册，中共中央党校出版社1989年版，第8页。

② 中共中央文献研究室、中央档案馆编：《建党以来重要文献选编》第1册，中央文献出版社2011年版，第141页。

须严格执行共产国际的决定和指示，重要的组织人事安排必须经共产国际批准。

由于有这种关系，从一大到六大，基本上都有共产国际的代表参加并给予指导。中共六大则完全是在苏联召开的。从1924年开始，共产国际还大力推行布尔什维克化运动，要求各国共产党严格向苏联党学习。王明那篇小册子《为中共更加布尔塞维克化而斗争》，之所以有那么大的魔力和影响，原因就是它体现和贯彻的正是共产国际的精神和要求。

这种关系在党章和其他重要文件中都有反映和体现。建党开始的几个党章版本，都是在共产国际指导下制定的。1925年1月，共产国际还制定了各国共产党模范章程，要求各国共产党对原有的章程统一加以修改。中国共产党1927年的修正章程和1928年六大制定的党章，基本上套用了模范章程的结构和内容。六大党章的第一章和第一句话，就是套用了模范章程的表述，"定名：中国共产党为共产国际之一部分，命名为'中国共产党'，为共产国际支部。"①

党章对于党员条件的规定也体现了这种关系。一大通过的党纲规定："不分性别、国籍，均可接收为党员，成为我们的同志。"二大制定的党章规定"本党党员无国籍性别之分"，"已经加入第三国际所承认之各国共产党者，均得为本党党员"。②1927年的党章规定："凡党员转移国外，须得中央之同意及第三国际之介绍，始得为所在国共产党党员。"③这方面的规定，直到七大党章才予以取消。

对共产国际与中国革命的关系，党史部门和党史学界早已做了深入研究。原中共中央党史研究室第一研究部与俄罗斯科学院远东研究所等合作，编译出版了22卷《共产国际、联共（布）与中国革命文献资料选

---

① 中国革命博物馆：《中国共产党党章汇编》，人民出版社1979年版，第34页。

② 中共中央文献研究室、中央档案馆编：《建党以来重要文献选编》第1册，中央文献出版社2011年版，第1、164页。

③ 中共中央文献研究室、中央档案馆编：《建党以来重要文献选编》第4册，中央文献出版社2011年版，第267页。

辑》。向青、李玉贞、张中云、周文琪、黄修荣、杨奎松、沈志华等学者也出版了各自研究的成果。而我本人，原先搞的专业就是国际共运史，对共产国际和苏联与中国革命的关系当然非常清楚。我 1984 年完成的硕士论文，就是长达十几万字的《共产国际反对法西斯侵略战争的斗争》。党史部门和学界的研究，基本上揭示了中国共产党与共产国际和联共（布）关系的主要脉络。

与共产国际和联共（布）的这种关系，对中国共产党来说，既有利，也有弊。好处是：大事情由共产国际揽着，能得到共产国际和苏联的帮助指导，也能得到苏联的不少支持。不好之处，就是缺少了独立自主性。所以，中国革命中的胜利或挫折，很多都与这种复杂的关系、与共产国际和苏联有关。共产国际和联共（布）对中国革命给予了巨大帮助，但也是党内屡次出现“左”倾错误的国际背景。我们常说的把共产国际指示神圣化、把苏联经验教条化的错误，其根源，首先就在于这种组织上的关系。

以毛泽东为代表的中国共产党人，正是在艰难地处理这种关系的过程中，走出了一条独特的中国革命道路。了解这种背景，我们才能更加理解党后来几十年走过的艰难曲折历程，也才能更加体会到开创中国特色的革命、建设、改革道路的艰辛和意义。

二、修订充实

9. 最初的三次修订

2005年至2006年间，我参与广州中共三大会址保护修复暨纪念馆建设工程的领导工作。其间，广东党史部门的同志向我请示，纪念馆前将建一座碑墙。但碑上写什么字，希望我能提出指导意见。

我考虑之后，告诉他们，就用："全中国国民革命者，联合起来！"

中国乃至全世界的无数人们，都非常熟悉马克思、恩格斯提出的"全世界无产者，联合起来"的口号，但要说知道"全中国国民革命者，联合起来"口号的，今天恐怕没有几个人了。

这句口号出自1923年8月中共三大结束后发表的《中国共产党对于时局之主张》。该文件的末尾写了三句口号。前两句是："打倒利用军阀侵略中国的列强！""打倒勾结列强压迫人民的军阀！！"这正是中共二大确定的党的最低纲领。而第三句就是："全中国国民革命者联合起来！！！"① 后面还连用了三个惊叹号。这个口号在前两个口号的基础上，非常准确地概括了中共三大的主要内容，概括了国共合作推进国民革命的历史任务。

而中共三大对党章的修订，就是在这样的背景下进行的。大会的中心议题是讨论与国民党合作问题。经过热烈讨论，决定共产党员以个人身份加入国民党，采取党内合作的形式，同国民党建立联合战线，以完成反帝反封建的国民革命任务。

大会通过了7个文件，其中之一，就是《中国共产党第一次修正

---

① 中央档案馆编：《中共中央文件选集》第1册，中共中央党校出版社1989年版，第178页。

章程》。

但中共三大不是重新制定党章，而是对二大制定的党章进行局部修改，所以标题是“修正章程”。其章节体例完全保留不变，仍然是党员、组织、会议、纪律、经费和附则六章。条文数量从29条改为30条，只增加了1条。

在基本保持二大党章内容的基础上，三大所做的主要变动，一是严格入党手续，二是发挥地方委员会一级组织的作用，三是调整召开各类会议的时间。党员入党，由原来只需一个人介绍改为“须有正式入党半年以上之党员二人之介绍”①，但批准程序由原来报告中央执行委员会批准改为区执行委员会批准就行；首次规定了入党的候补期制度，并根据候补党员的不同身份，规定了不同的候补期，时间为3个月到6个月。候补党员只有发言权和选举权，没有被选举权。还首次规定党员可以“自请出党”，即后来所说的自愿退党。

三大的最后一天，全体代表来到黄花岗烈士陵园，由瞿秋白、张太雷教唱《国际歌》。在雄壮有力的歌声中，中共三大胜利闭幕。在党代会闭幕式上唱《国际歌》的惯例，也由此开始。

当然，需要说明，当时唱的《国际歌》，就是瞿秋白本人1923年在北京翻译成中文的。选用了诗中的三段。其中的“国际”一词，单用两个字，不好唱，瞿秋白反复琢磨，改用了音译“英特纳雄耐尔”，遂与曲调同步了。

从中共三大开始，对党章进行局部修改，成了一个惯例。

1925年1月，中共四大在上海召开。会址在闸北淞沪铁路附近，北四川路西的华界与租界毗邻之处。选址的考虑之一，是不能在租界里，又不能离开租界太远，以便一旦发现问题，就可立即撤退疏散，往租界跑。遗憾的是，当年开会的房子在日军侵华战争中已经被炸毁。1987年，上海市人民政府经过寻访、调查，正式确认中共四大召开的地点，并在原址上立了一块纪念牌。此后，上海市及虹口区政府一直注意保护这个会址。2012年9

① 中央档案馆编:《中共中央文件选集》第1册，中共中央党校出版社1989年版，第158页。

月7日上午,中共四大纪念馆举行开馆仪式。我随时任上海市委书记俞正声、市长韩正及中共中央党史研究室主任欧阳淞等一起出席,并参观了纪念馆。

中共四大明确提出了无产阶级在民主革命中的领导权问题和工农联盟问题,对民主革命的内容作了比较完整的规定,对职工、农民、青年、妇女等各项群众运动进行了部署。大会一共通过了11个决议案。同时,通过了《中国共产党第二次修正章程》。

与三大通过的《中国共产党第一次修正章程》比较,四大党章的体例没有根本变化,还是六章,但增加了一条。内容上的主要修改是:

第一,将党的基层组织由"组"改为"支部",并将原规定五人以上可组织一个小组,改为"凡有党员三人以上均得成立一支部,每支部公推书记一人或推三人组织干事会,隶属地方执行委员会"。支部人数过多时,应划分为若干党小组,设组长一人。这些基本的规定一直延续到现在。

第二,下放吸收新党员的审批权限,由原来规定经地方委员会审查、报区委员会批准,改为只由地方委员会审查批准就可。

第三,将原先候补党员有选举权的规定,改为只有发言权而无表决权,即也没有选举权。

第四,将党的中央执行委员会的"委员长"改称为"总书记","总理"全国党务。"各级执行委员会及干事会均须互推书记一人总理各级党务"。这是我们现行的"总书记""书记"称谓及在各级实行书记制的历史源头。

此外,大会还通过《对于组织问题之议决案》,强调了组织工作的重要性和任务、措施,并对党章的修改作了说明,其中明确规定:"我们党的基本组织,应是以产业和机关为单位的支部组织"。同时,将过去先入团后入党的办法,改为"有阶级觉悟的分子,多应该直接加入本党"。

1927年4—5月,中共五大在武汉召开。大会委托中央政治局在会后制定了《中国共产党第三次修正章程决案》。这个文件的内容我们后面介绍。

这样,在中共二大正式制定单独党章的基础上,三大、四大、五大,一共先后通过了三个修正章程。经过三次修订，中国共产党的党章逐步得到扩展和丰富，进一步适应了当时的形势和任务，对党的建设和事业发挥了积极的作用。

10. 特制的《中央执行委员会组织法》

中共三大除了通过《中国共产党第一次修正章程》外，还特别制定了一个《中国共产党中央执行委员会组织法》，对党中央的组织结构和工作制度作出了专门规定。这是党的历史上的第一次，也曾经长期是唯一的一次。10 多年后的 1938 年 11 月，在延安召开的扩大的六届六中全会，通过《中共扩大的六届六中全会关于中央委员会工作规则与纪律的决定》。2020 年 9 月，中共中央发布了最新的《中国共产党中央委员会工作条例》。

为什么会制定这样一个组织法呢？我们先看看陈独秀在三大上的报告。

中共三大一开始，就是陈独秀作主旨报告。报告很坦率，肯定了一年来的成绩，但也毫不避讳地说明了存在的问题。特别有意思的是，报告还指名道姓地批评了中央领导人，说："陈独秀由于对时局的看法不清楚，再加上他很容易激动，犯了很多错误。"这是陈独秀自己用第三人称的方法批评自己。他还说道："张国焘同志无疑对党是忠诚的，但是他的思想非常狭隘，所以犯了很多错误。他在党内组织小集团，是个重大的错误。""邓同志在唐山和科乌矿工罢工时犯了严重错误"。①

党的主要领导人在党代会上作如此尖锐和指名道姓的批评和自我批评，在我们今天看来，简直难以想象。这是当时党内民主氛围浓厚的一个反映。

自然，陈独秀也首先批评了中央执行委员会的错误，说："实际上中央委员会里并没有组织，五个中央委员经常不能呆在一起，这就使工作受到

① 中共中央文献研究室、中央档案馆编：《建党以来重要文献选编》第 1 册，中央文献出版社 2011 年版，第 246 页。

了损失。”“中央委员会也缺乏知识，这是罢工失败的原因。”“我们的政治主张不明确……我们的观点各不相同。”“我们不得不经常改换中央所在地，这使我们的工作受到了严重损失。”①

针对中央执行委员会组织不完善、机构不健全、缺乏工作制度等情况，中共三大制定和通过了《中国共产党中央执行委员会组织法》②，以单项法规的形式，对中央领导机构的体制、任务、工作程序和制度等作出了详尽的规定。

《中国共产党中央执行委员会组织法》一共10条。

第一，中央执行委员会怎样产生？职权是什么？《中国共产党中央执行委员会组织法》中规定：“中央执行委员会由本党常年大会选出。其一切行动对大会负责，在两大会之间为本党最高指导机关，管理各区各地方之行动，发行用本党名义之出版物；并管理派遣做青年，妇女，劳工，农民等工作之职员。”

第二，中央执行委员会怎样组成？“中央执行委员会以九人组织之。中央委员缺职时应以候补委员补缺。大会后之中央执行委员会第一次会议，即应分配工作，并选举五人组织中央局。其余四人分派各地，赞助该地方委员〈会〉一同工作，每星期将所在地情形报告中央局一次。”

第三，中央局怎样组成和分工？其任务和权限是什么？“中央局以中央执行委员会名义行使职权，由执行委员会选出委员长秘书及会计三人”。三人的职务和工作是：“委员长主席一切中央局及中央执行委员会之会议，遇委员长缺席时，由中央局互推一人代理委员长之职权。”“秘书员〔负〕本党内外文书及通信及开会记录之责任，并管理本党文件。本党一切函件须由委员长及秘书签字。”“会计在中央督察之下，管理本党财政行政，并对于各区各地方及本党一切机关之财政行政负责。”

第四，中央执行委员会的会议制度。“中央执行委员会常会每四个月

---

① 中共中央文献研究室、中央档案馆编：《建党以来重要文献选编》第1册，中央文献出版社2011年版，第246页。

② 中央档案馆编：《中共中央文件选集》第1册，中共中央党校出版社1989年版，第156—157页。

开一次，中央局每星期开会一次。”“执行委员会之一切会议，须由委员长与秘书召集之，附加会议之日程。”

第五，中央执行委员会的决策制度。“中央执行委员会及中央局之一切决定，以多数取决，但召集临时全党大会之议决，须以三分之二的多数取决。”

第六，中央执行委员会召集全党大会的职责。“中央执行委员会，须在全党大会开会日期前至少两月通知召集，附寄议事日程草案，并请地方于通知后一月内交齐议案。各地方议案须互换。”“如有本党三分一之区代表全党三分一之党员之请求时，执行委员会必须在接到请求书之一月内召集本党临时大会。”

这些规定，实际上就是给中央执行委员会授权、给任务、立规矩，不仅规范了当时中央执行委员会的工作，而且奠定了之后中央委员会组成及其职权和工作的基本规范。

从上述这些规定中，我们可以看到不少很有意思的举措。比如，全党大会召开至少两个月前，就要把议程通知各个地方党组织。各地党组织都可以提交议案，还可以相互交换。“中央执行委员会之报告，在开会一月之前寄与地方。”“中央执行委员会财政报告，由大会指定审查委员会（中央执行委员不得当选）审查后报告大会。”

中央委员会如何组成，如何工作，应该有哪些制度和程序，按道理，应该是在党章里规定的。但三大却专门制定了一个《中国共产党中央执行委员会组织法》，突出地说明了中共三大对中央领导机构工作及制度建设的重视。除了在党章中作出一些原则性的规定外，再单独制定一个组织法，使对中央领导机构的职权、运行机制的规定更加具体、更加充分、更加规范、更加严格。这是三大在党的建设问题上的一个亮点。

《中国共产党中央执行委员会组织法》是中国共产党历史上第一个关于党中央组织结构和工作程序的法规性文件，是党章发展史上的一个特别举措，更是党的建设史上的一个创举，具有重大而深远的意义。

另外，值得一提的是，《中国共产党中央执行委员会组织法》还对中央局秘书一职的设置和任务作出了规定。这是一大党纲、二大党章、三大修正章程中都没有的。三大特设了这个职务，而第一个按此规定担任秘书的，就是毛泽东。毛泽东在三大上当选为中央执行委员会委员，同时担任中央局秘书。其职责是负责党内外文书、通信及开会记录，管理党内文件，“本党一切函件须由委员长及秘书签字”。虽然到9月份毛泽东就去了湖南，秘书一职由罗章龙兼代，但不管时间长短，它还是意味着，毛泽东首次进入了中央领导机构核心层面从事工作。

11. 党章史上的多个“第一”

武汉是一个具有光荣革命传统的城市。1927年4月27日至5月9日，中国共产党第五次全国代表大会在武汉召开。

时隔80年后的2007年12月1日，我们党史部门和湖北省委、武汉市委隆重举行中共五大会址纪念馆落成典礼，同时召开纪念中共五大和八七会议召开80周年学术研讨会。

在落成仪式当天的研讨会上，我强调，中共五大是在大革命面临失败的危急关头召开的一次重要会议，虽然未能完成挽救大革命失败的任务，但仍然对党作出了重要的贡献，它是幼年的中国共产党在探索中国革命道路历史进程中的重要一环。

从这个角度来看，五大党章在党建史和党章史上都具有特殊的地位。

第一，这是中国共产党历史上唯一一份不是由党代会直接修订的党章。由于大会着重于研究如何解决革命危机问题，所以，没有像第二、第三、第四次大会一样，在会议期间直接研究和修订党的章程，而是根据共产国际第七次扩大执行委员会通过的《关于中国形势问题的决议》中关于组织问题的指示，通过了一个《组织问题议决案》。在这个议决案中，确认：“根据本党自第四次大会以来党员数量激增这一事实并根据本党目前的任务，第五次大会认定必须改正并补充旧时党章”。这一实际修改党章的工作交给了中央政治局在大会之后进行。

随即于1927年6月1日，中央政治局会议通过了《中国共产党第三次修正章程决案》。

第二，内容开创了党章史上的多个“第一”。从序列来说，五大党章是继三大、四大之后对党章的第三次修订。但这一次的修订幅度比较大，无论内容还是体例，都发生了重大变化。体例和结构上，由四大党章的6章31条，改为12章85条，包括党员、党的建设、党的中央机关、省的组织、市及县的组织、区的组织、党的支部、监察委员会、纪律、党团、经费、与青年团的关系。扩充了一倍多。这一结构和内容为以后党章的制定和修改奠定了新的基础。

党章增加的内容很多都是以前没有的，所以，开创了党章史上的很多个“第一”：

第一次规定“党员年龄须在十八岁以上，凡年龄在二十岁以内而愿入党者，必须经过青年团”。“但青年军人不在此例”。①

第一次也是唯一一次在党章中单列了“党的建设”一章。内容共9条。

第一次明确规定“党部的指导原则为民主集中制”。“按照民主集中制的原则在一定区域内建立这一区域内党的最高机关”。②

第一次将党的组织系统划分为全国、省、市或县、区、生产单位五级。

第一次规定了选举原则。“党部之执行机关概以党员大会或代表大会选举，上级机关批准为原则”，将此前某些场合的“互推”“推举”改为“选举”。③

第一次规定了全国代表大会工作内容。主要为：讨论与批准中央委员会中央监察委员会及其他中央各部工作的报告，审查与修改党纲及党章，决定一切重要问题政策的方针，改选中央委员会及监察委员会及其

---

① 中央档案馆编:《中共中央文件选集》第3册，中共中央党校出版社1989年版，第143页。

② 中央档案馆编:《中共中央文件选集》第3册，中共中央党校出版社1989年版，第144页。

③ 中央档案馆编:《中共中央文件选集》第3册，中共中央党校出版社1989年版，第144页。

他，等等。

第一次规定在党的机构内部设置工作部门。“为党的各种专门工作各级党部得设立各部管理之（如组织部，宣传部，妇女部等等）”。①

第一次设立中央委员会并规定其职权，将原先的中央执行委员会改名为中央委员会。“中央委员会得代表党与其他政党及机关发生关系；得组织党的各种机关并指导其行动；得指导与监督中央机关报并指定党的中央机关报的主任；得分配党的人才及支配党的经费。”②

第一次设立中央政治局和中央政治局常务委员会。中央委员会“选举正式中央委员一人为总书记及中央正式委员若干人组织中央政治局，指导全国一切政治工作，并选正式中央执行委员若干人为中央政治局候补委员。”“中央政治局互推若干人组织中央常务委员会处理党的日常事务。”③

第一次设立省、市及县、区的委员会。改变了过去地方执行委员会—区执行委员会—中央执行委员会的架构和组织。分别用专章规定了各级委员会的设置、职权等。

第一次明确规定“支部是党的基本组织”和支部的六项任务。“积极在各该工厂等之内活动，领导该处群众之日常斗争，扩大党的影响；实行党的口号与决议于群众中；吸收新的党员；服从地方党部从事组织与宣传的工作；积极参加地方政治经济的斗争；尽可能讨论党的重要问题。”④

第一次规定设立中央和省的监察委员会，并用一专章加以规范。“为巩固党的一致及威权起见，在全国代表大会及省代表大会选举中央及省监察委员会。”监委与中央和省的委员会之间是相互制约关系；“中央及省监

① 中央档案馆编:《中共中央文件选集》第3册，中共中央党校出版社1989年版，第145页。

② 中央档案馆编:《中共中央文件选集》第3册，中共中央党校出版社1989年版，第146页。

③ 中央档案馆编:《中共中央文件选集》第3册，中共中央党校出版社1989年版，第146、147页。

④ 中央档案馆编:《中共中央文件选集》第3册，中共中央党校出版社1989年版，第150页。

察委员，不得以中央委员及省委员兼任”。“中央及省委员会，不得取消中央及省监察委员会之决议，但中央及省监察委员会之决议，必须得中央及省委员会之同意，方能生效与执行。”①

第一次将对党员的纪律处分划分了等级。将原先单一的开除党籍改为“对党员个人，则加以警告，在党内公开的警告，临时取消其党的，国民党的，国民政府的及其他的工作。留党察看，及开除党籍”②。

第一次规定对党组织也可以给予处分。等级为“警告，改组或举行总的重新登记（解散组织）”③。

第一次设立“党团”一章，对党团的组成、目的和工作等作出了九条规定。

第一次设立专章规定了党与青年团的关系。

上述的不少规定，一直延续到现在；有的则在调整、完善的基础上延续到了现在。

这么多的“第一”足以说明，五大党章在党章发展史上具有里程碑的意义。

12. 早期的中央领导机构

党的领导机构及其权力结构和运行机制，是党的建设的一个关键问题，也是党章中的一个重要内容。从党诞生之日起，就对这个问题开始了实践、探索，经历了一个复杂的演化和发展过程，不同时期的党章也相继作出了不同的规定。

党的中央领导机构关系到党的整体运行，所以在早期党章中，一直是

---

① 中央档案馆编:《中共中央文件选集》第3册，中共中央党校出版社1989年版，第151—152页。

② 中央档案馆编:《中共中央文件选集》第3册，中共中央党校出版社1989年版，第152页。

③ 中央档案馆编:《中共中央文件选集》第3册，中共中央党校出版社1989年版，第152页。

一个重要问题，随着实际情况又不断作了探索和调整。

中共一大规定设立中央执行委员会，但没有实际选举。有的专家查阅资料，认为一大有可能建立了临时中央执行委员会。但因缺乏佐证，现在还难以确认。我的看法是，一大通过的党纲已经规定，党员人数要超过500人或有5个以上的地方执行委员会时，才能选举产生中央执行委员会。当时党员的数量只有58名，还没有达到500名的标准，所以，没有正式成立中央执行委员会是情理之中的事情。至于用临时中央执行委员会的名义发布一些文件，则是有可能的。

党既已成立，毕竟要开展工作，所以，一大选举产生了一个中央局，成员为陈独秀、张国焘、李达3人。陈独秀任书记；张国焘负责组织工作，叫组织主任；李达负责宣传工作，叫宣传主任。如果要问我们党的第一任组织部长是谁？客观地说，应该是张国焘；第一任宣传部长是谁？客观地说，应该是李达。

中共二大制定的第一个党章规定："全国代表大会为本党最高机关；在全国大会闭会期间，中央执行委员会为最高机关"。"中央执行委员会由全国代表大会选举五人组织之，并选举候补委员三人，如委员离职时，得以候补委员代理之。"执行委员会互推产生委员长一人，"总理党务及会计"。"中央执行委员会任期一年"。"中央执行委员会执行大会的各种决议，审议及决定本党政策及一切进行方法"。[①]

中共二大选举产生了中央执行委员会，陈独秀、邓中夏、张国焘、蔡和森、高君宇为中央执行委员会委员，另选出3名候补执行委员。陈独秀被选为中央执行委员会委员长，蔡和森、张国焘分别负责党的宣传和组织工作。

但三大时，党章将中央执行委员会的人数调整为："由全国代表大会选举九人组织之；并选举候补委员五人"[②]。按照党章规定，三大选举

① 中央档案馆编:《中共中央文件选集》第1册，中共中央党校出版社1989年版，第94—96页。

② 中央档案馆编:《中共中央文件选集》第1册，中共中央党校出版社1989年版，第160页。

陈独秀、蔡和森、李大钊、谭平山、王荷波、毛泽东、朱少连、项英、罗章龙等9人为中央执行委员会委员，邓培、张连光、徐梅坤、李汉俊、邓中夏5人为候补委员。由陈独秀、蔡和森、毛泽东、罗章龙、谭平山（后由于谭调职，改为王荷波）5人组成中央局，陈独秀为委员长，毛泽东为秘书，罗章龙担任会计，负责中央日常工作。

1925年1月在上海召开的中共四大选出新的中央执行委员会。新当选的中央执行委员共9人：陈独秀、李大钊、蔡和森、张国焘、项英、瞿秋白、彭述之、谭平山、李维汉；候补执行委员5人：邓培、王荷波、罗章龙、张太雷、朱锦堂。在随后举行的中央执行委员会第一次会议上，陈独秀当选为中央总书记兼中央组织部主任，彭述之任中央宣传部主任，张国焘任中央工农部主任，蔡和森、瞿秋白任中央宣传部委员，以上5人组成中央局。

1927年的中共五大，将中央执行委员会改称为中央委员会，并第一次设立中央政治局和中央政治局常务委员会，这是现在中央领导机构设置及其称谓的起点。

五大后修订的党章与此前的党章比较有很大变化。包括中央领导机构的职权也有不少拓展。对中央委员会的规定增加到六条。其中第二十四条规定了中央委员会的职权，比过去扩大了很多。第二十五条规定了对政府和其他社团的领导关系："中央委员会经过党团指示政府及其他社会团体之工作方针。"①

由于第一次设立了中央政治局及其常务委员会，所以党章第二十七条对这几个机构的组成和职权也第一次作出了明确规定："中央委员会，选举正式中央委员一人为总书记及中央正式委员若干人组织中央政治局，指导全国一切政治工作，并选正式中央执行委员若干人为中央政治局候补委员。候补政治局委员参加政治局会议时，只有发言权而无表决权，正式政治局委员离职时候补政治局委员依次递补。全体中央委员

① 中央档案馆编：《中共中央文件选集》第3册，中共中央党校出版社1989年版，第146页。

会议得改组中央政治局；中央政治局互推若干人组织中央常务委员会（SECRETARIAT）处理党的日常事务。”①

中共五大选出了由31名正式委员和14名候补委员组成的中央委员会。随后举行的五届一中全会选举陈独秀、蔡和森、李维汉、瞿秋白、张国焘、谭平山、李立三、周恩来为中央政治局委员，苏兆征、张太雷等为候补委员；选举陈独秀、张国焘、蔡和森为中央政治局常务委员会委员，陈独秀为总书记。

中共五大还第一次设立中央和省的监察委员会，这是中央纪委设置的起点。大会第一次选举产生了中央监察委员会，由正式委员7人、候补委员3人组成。

对于党的主要领导人，一大时，选举陈独秀任中央局书记。二大设立“委员长”，但委员长不是中央专有的，地方和中央的“各委员会均互推委员长一人总理党务及会计”。二大、三大时，陈独秀均任委员长。

到四大时，各级执行委员会的负责人均不再称“委员长”。地方的称“书记”，中央的改称“总书记”，职权均为“总理”。“中央执行委员会须互推总书记一人总理全国党务，各级执行委员会及干事会均须互推书记一人总理各级党务，其余委员协同总书记或各级书记分掌党务。”②陈独秀改称总书记。到五大时，陈独秀仍任总书记，到当年7月被免职。

此后，中央领导机构还不断有一些变化，也有一些曲折。特别是在十年土地革命战争时期，中央领导机构处于很不稳定的状态。

13. 国共两党党章的有趣比较

下围棋的人，都知道一个词，叫“复盘”。就是每盘博弈之后，双方棋手再回过头来，把刚才下的棋重走一遍。边复边探讨：我为什么走这一步

---

① 中央档案馆编:《中共中央文件选集》第3册，中共中央党校出版社1989年版，第146—147页。

② 中央档案馆编:《中共中央文件选集》第1册，中共中央党校出版社1989年版，第385页。

棋？你为什么那样应对？我的意图是什么？你的判断是否正确？等等。通过这种方式，分析哪一步棋走对了、哪一步棋走错了，哪一种布局是正确的、哪一种战法是错误的。这种复盘的做法，对于总结经验教训，提高博弈水平很有帮助。棋手平时的练习，大多是花在复盘上，通过复盘，琢磨战略战术，总结经验教训，锤炼心理素质，熟悉应对方案。

我把围棋上的“复盘”一词用到了党史研究上。在原中共中央党史研究室副主任岗位上，我多次在开会、作报告时强调，研究党史，就像是在“复盘”，即把过去中国共产党怎么下棋博弈的过程一步步复原再现出来。通过“复盘”，再现历史，留存事实；总结经验，以利未来。

既然是“复盘”，当然是双方的棋子都要复，黑棋一步，白棋一步，你怎么应对我，我再怎么应对你。只有双方的棋子都复了，才能找出失败方的错误、胜利方的原因。单方“复盘”，无论是只用黑子，还是只用白子，都不能算是复盘，也不能算是客观全面。

所以，我一再强调，我们研究中共党史，不能只研究中共单方的，也要研究对方的，首先是国民党的，还有其他势力的，还有日本的、苏联的……中国共产党100多年的历史，很长时间、很大程度上是与国民党博弈的历史。只有把与对方博弈的过程完整地复原出来，才是完整和准确的历史。如果只知道中共单方面的作为，而不知道国民党方面怎么想的、怎么做的，那就很难看出双方博弈的优劣高下，也很难总结出真正的经验教训。如果只写共产党的活动，不写国民党的历史，那就很难算是完整的中共党史。着眼双方，总览全局，准确复盘，分析得失，不仅能使党史更加完整，还能从中获得很多新的发现。

比如，把中共早期党章与国民党一大党章中关于基层组织的规定比较一下，我们马上就能发现双方得失在组织上的重要原因。

2017年7月25日，我去上海参加纪念中共二大召开95周年学术研讨会。开会前，我都习惯先把会议论文浏览一遍。其中，广东省委党史研究室周晓辉的一篇文章引起了我的注意。文章的题目叫《“以俄为师”背景下国共两党早期党章建设及其比较研究》，主要是对两党党章中关于党的最高机关、关于民主集中制原则、关于纪律、关于基层党组织、关于入党、关于上下级关系的规定进行了比较，从中得出了很重要的结论。于是我在大会的主旨演讲中，特意对这篇文章给予了点评和肯定。

受他的启发，我又查阅了国民党的党章。在这里，借用他的一些成果，我再作一点发挥，将国共两党早期党章中关于基层组织的规定比较一下。

首先告诉大家一个很有趣的事实：中国共产党的早期党章和国民党 1924 年一大通过的党章都是在共产国际指导下制定的。中共方面的建党过程和早期党章自不必说。国民党方面呢？俄共中央政治局委派担任孙中山政治顾问的鲍罗廷，在 1924 年前后，帮助孙中山仿照俄共的组织模式改造国民党，并起草了提交国民党一大的党章草案。孙中山明确说，“此稿[①]，为我请鲍君所起，我加审定”[②]。

中共早期党章和国民党一大党章，都参考了 1919 年俄共(布)八大的党章。但基于两党的不同性质和政治主张，两党的党章内容还是有很多不同。其中在基层组织方面，至少有三个重要的差别。

一是基层组织到哪个层级？

中共二大的党章规定，党的基层组织是“组”。“各农村各工厂各铁路各矿山各兵营各学校等机关及附近，凡有党员三人至五人均得成立一组，每组公推一人为组长，隶属地方支部”。“各组组织，为本党组织系统，训练党员及党员活动之基本单位，凡党员皆必须加入。”[③] 到 1925 年的四大，基层组织由“组”向“支部”转移，规定“凡有党员三人以上均得成立一支部”，“支部人数过多时，得斟酌情形分为若干小组”[④]。到 1927 年的五大，

---

① 此稿：指中国国民党党纲、党章等草案。邓泽如等的上书中说：“探闻俄人替我党订定之政纲政策，全为陈独秀之共产党所议定。”

② 《孙中山全集》第 10 卷，人民出版社 2015 年版，第 261 页。

③ 中央档案馆编：《中共中央文件选集》第 1 册，中共中央党校出版社 1989 年版，第 93、94 页。

④ 中央档案馆编：《中共中央文件选集》第 1 册，中共中央党校出版社 1989 年版，第 384 页。

则进一步规定："支部是党的基本组织"①。

而国民党一大通过的第一个党章规定："区分部党员大会——区分部执行委员会——区分部为本党基本组织"。按此规定，国民党的基层组织是在乡镇一类区域，而不在工厂、矿山、兵营、农村等真正的基层，因此离真正的基层和群众还有一大段距离，不像共产党那样把根基扎在最基层的群众之中。这样的组织结构，必然比较松散，不可能很经常地开展活动，也不可能对党员进行比较有效的约束。

二是基层组织的职责和作用是什么？

共产党五大党章对支部作了9条规定。其中明确规定："支部是党与群众直接发生关系的组织"。其任务有6条：积极在各该工厂等之内活动，领导该处群众之日常斗争，扩大党的影响；实行党的口号与决议于群众中；吸收新的党员；服从地方党部从事组织与宣传的工作；积极参加地方政治经济的斗争；尽可能讨论党的重要问题。

而国民党一大党章对区分部只有4条规定。定位是："为党员间或党员与本党主要机关间之联络"。"其职务"有7条：执行党之决议；征求党员；帮助区执行委员会进行党务；分配本党宣传品；收集党捐，分售本党印花、本党纪念相片、本党表记等；选派出席区大会、县大会之代表，及初选省大会、全国大会之代表；执行上级机关之命令。

两相比较，共产党的基层组织，任务明确，内容丰富，多为直接组织群众、开展各种斗争。而国民党的，多为事务性的、被动执行的任务，没有多少组织群众、发动群众的事情。

三是基层组织的活动频次。

共产党二大党章规定："各组，每星期由组长召集会议一次；各干〔支〕部每月召集全体党员或组长会议一次"②。三大党章规定："各小组每星期

① 中央档案馆编：《中共中央文件选集》第3册，中共中央党校出版社1989年版，第150页。

② 中央档案馆编：《中共中央文件选集》第1册，中共中央党校出版社1989年版，第95页。

至少须开会一次”[①]。四大党章规定:“各支部每星期至少须开会一次,由支部书记召集之。但已分成小组之支部,其小组每星期至少须开会一次,由小组组长召集之;至支部全体会议,至少须每月举行一次。”[②]

而国民党一大党章规定:“区分部党员大会至少两星期开会一次。”

拿基层组织一比较,我们就能发现两党的一些奥秘了。

中国共产党历来强调,基层组织是党在基层的战斗堡垒,是党的全部工作和战斗力的基础。通过国共党章三方面的比较,我们可以明显看出,中国共产党的基层组织远比国民党的基层组织坚强有力。共产党的基层组织覆盖面很宽,任务明确具体,与党的目标和任务密切相关,能够深入到广大群众中,把群众工作作为基本职能。而国民党的区分部只设置到乡一级,人员芜杂,纪律松懈,管理混乱,与群众关系很远。

这种基层组织的差异,不能不说是两党凝聚力战斗力差距很远的一个重要原因。

14. 唯一在国外修改通过的党章

中国共产党迄今唯一一次在国外召开的党代会,就是 1928 年的六大;唯一一个在国外修改通过的党章,就是六大通过的党章。

会议地点是莫斯科郊区纳罗法明斯克地区五一村(现称五一镇)的一座称为“银色别墅”的贵族庄园。我曾经组织专家查阅档案资料确认了这个地点,并与其他部委一起,组织推动了对中共六大会址的保护和修复工作。中共中央党史研究室的李颖专门去进行过考察,发表了类似游记的文章。李蓉在保护修复中共六大会址和对六大进行研究上作了很大贡献。黑龙江省绥芬河市委党史研究室的同志也做了很多特殊的工作。此

---

① 中央档案馆编:《中共中央文件选集》第 1 册,中共中央党校出版社 1989 年版,第 160 页。

② 中央档案馆编:《中共中央文件选集》第 1 册,中共中央党校出版社 1989 年版,第 385—386 页。

事故事很多，此处不做细说。

中共六大开会的时间是1928年6月18日至7月11日。但会议文件从当年1月份就开始准备了。

既然中共是共产国际的一个支部，会议自然就得到了共产国际和联共(布)的指导和帮助。共产国际执委第九次扩大会议通过了《关于中国问题的议决案》。在确定会议在莫斯科召开后，共产国际决定由东方书记处米夫负责，沃林、约尔克、塔尔汉诺夫、弗雷耶尔、加伦、马马耶夫等一起参加中共六大的筹备工作。东方书记处成立了11个小组，负责起草文件工作，其中"章程"由瓦西里耶夫、诺林、沃尔克、贝尔曼、苏兆征、向忠发、米夫负责起草。六大代表到达莫斯科后，立即投入文件起草工作。

会前，共产国际执委主席团成员与中共领导人举行了多次会谈。6月9日，斯大林会见中共领导人瞿秋白、苏兆征、李立三、向忠发、周恩来，就中国革命的诸多问题发表了看法。斯大林和布哈林还参加了大会主席团，这是中共党代会历史上绝无仅有的。共产国际执行委员会书记处成立了一个由布哈林、安贝尔·德罗、库西宁、艾尔科里和米夫组成的委员会，加强对中共六大的指导。

大会上，瞿秋白代表第五届中央委员会作《中国革命与共产党》的政治报告，周恩来作组织报告和军事报告，李立三作农民问题报告，向忠发作职工运动报告，共产国际代表布哈林作《中国革命与中国共产党的任务》报告。大会通过了关于政治、军事、组织、苏维埃政权、农民、土地、职工、宣传、民族、妇女、青年团等问题的决议。经过修改的《中国共产党党章》自然也在通过之列。

修改后的党章一共15章53条，比起五大党章的11章85条来说，章数增加了，条数减少了，体例和内容都有较大的变化。主要删去了党的建设、党的中央机关、监察委员会、经费等章，增加了党的名称、党的组织系统、党的全国大会、中央委员会、审查委员会、党的财政等章。

第一，统一界定党的名称。

党章第一句话就很特别："定名：中国共产党为共产国际之一部分，命名为：中国共产党，共产国际支部。”①

对于共产国际来说，这样定名当然并不特别，因为共产国际1925年就制定了一个模范章程，要求每个国家共产党的章程都按这个模式来撰写或修改。其中第一句话就是：“我国共产党是共产国际的一个支部，并定名为：____共产党，共产国际支部。”两个表述，如果不是翻译的原因，甚至连文字都是一模一样的。

对党的名称作统一的规范化界定，实际上就把党更加严格地定位在共产国际的范围和领导之下了。

第二，加强共产国际的领导。

整个六大党章，都突出了共产国际的领导。第二章“党员”第一条就规定：“凡承认共产国际和本党党纲及党章，加入党的组织之一，在其中积极工作，服从共产国际和本党一切决议案且经常缴纳党费者，均得为本党党员”②。在所有这类表述中，共产国际都是排在“本党”前面的。

第三章“党的组织系统”中规定：“共产国际代表大会或本党代表大会，或党内指导机关所提出的某种决议，应无条件的执行”。党的全国代表大会要“得共产国际同意后召集之”。③

我专门数了一下，“共产国际”这个词，在六大党章中一共出现了18次，都是界定其对于党的各种重大事务的权力的。可见其无所不在的权力和影响力。

第三，更加明确地规定民主集中制原则。

六大党章比五大党章更为明确地规定：“中国共产党与共产国际的其他支部一样，其组织原则为民主集中制。”④

---

① 中央档案馆编:《中共中央文件选集》第4册，中共中央党校出版社·1989年版，第468页。

② 中央档案馆编:《中共中央文件选集》第4册，中共中央党校出版社1989年版，第468页。

③ 中央档案馆编:《中共中央文件选集》第4册，中共中央党校出版社1989年版，第470、477—478页。

④ 中央档案馆编:《中共中央文件选集》第4册，中共中央党校出版社1989年版，第470页。

同时，对民主集中制的内容第一次加以展开，规定了三条“根本原则”：（甲）下级党部与高级党部由党员大会、代表会议及全国大会选举之。（乙）各级党部对选举自己的党员，应作定期的报告。（丙）下级党部一定要承认上级党部的决议，严守党纪，迅速且切实的执行共产国际执行委员会和党的指导机关之决议。……党员对党内某个问题，只有在相当机关对此问题的决议未通过以前可以举行争论。共产国际代表大会或本党代表大会或党内指导机关所提出的某种决议，应无条件的执行，即或某一部份的党员或几个地方组织不同意于该项决议时，亦应无条件的执行。

当然，这里的所有表述，都与共产国际制定的模范章程一模一样。

第四，更加明确地规定和增加了中央委员会的职权。

六大党章明确规定：“中央委员会在党的全国大会前后期间内是党的最高机关。”①

中央委员会的职权有所增加，如“代表党与其他政党发生关系”，“指导党的一切政治的组织的工作”。中央委员会“按环境之需要，可派中央特派员于各省党的组织并设立中央执行局”。②

五大党章规定各级委员会都要设立工作部门，六大党章则更加明确和具体地规定：“中央委员会按照各种工作部门而设立各部或各委员会，例如：组织部，宣传鼓动部，职工运动委员会，农民运动委员会，妇女运动委员会等等。各部或各委员会的任务，是由各该工作部门中依照中央的指示进行各项工作。中央委员会指定各部及各委员会主任，这些主任应尽可能的由中央委员会中委员充任之。”③

第五，对党的组织机构进行了若干调整。

六大党章除了关于党的全国大会的规定外，还首次设立了“党的全国

---

① 中央档案馆编：《中共中央文件选集》第4册，中共中央党校出版社1989年版，第479页。

② 中央档案馆编：《中共中央文件选集》第4册，中共中央党校出版社1989年版，第479页。

③ 中央档案馆编：《中共中央文件选集》第4册，中共中央党校出版社1989年版，第479页。

会议”制度，并为此专设了一章。规定“党的全国会议，按通常规例一年召集两次”。但“党的全国会议决议案，经过中央委员会审查后才发生效力”。[①] 也就是说，它的权力小于中央委员会。

六大党章还取消了监察委员会，改设“审查委员会”，主要任务是监督各级党部财政、会计及各机关工作。

党章中没有了党的总书记职务的规定。在六届中央政治局第一次会议进行人事分工时，决定由向忠发担任中央政治局主席、中央政治局常务委员会主席。但党章并无“主席”一职的规定。

此外，六大党章对党员、基层组织、会议制度、纪律处分等也作了一些新的调整和规定。

总之，六大党章是在国外制定和通过的，所以，内容上的一个重要特点，也是体现在“国外”上。

15. 总书记还是“负总责”?

中国共产党成立100多年来，到底出过哪几位领袖？这个问题很不好回答。那就再简单一点，有哪几个人担任过党的最高领导职务？这个问题好像很简单，但其实也很复杂。人数并不多，你可以扳着指头一个一个数。但就是没法确定一个数字。要问原因，很复杂，既有政治的，也有历史的，当然，也与党章的规定有关。

其中有一个人，叫张闻天。中共中央党史研究室的张兆宪，参与过对张闻天的研究，编写出版过张闻天的很多著述。张闻天算不算我们党的领袖？据我所知，迄今都有争议。那么，他有没有担任过党的最高领导职务呢？过去曾经不承认。但改革开放以后，党中央已经为他平反，肯定了他的历史功绩和政治地位，当然也就承认他担任过最高领导职务了。

---

① 中央档案馆编:《中共中央文件选集》第4册，中共中央党校出版社1989年版，第477页。

但他到底担任过什么最高职务呢？是什么头衔呢？直到今天，都没有明确的结论。邓小平说他担任过“总书记”，陈云说他是“负总责”。我们的党史著作没法决定，只能兼顾起来，用一个括弧解决问题：“张闻天代替博古负中央总的责任（习惯上也称之为总书记）”。

张闻天的职务之困，折射出当年中央领导机构的巨大变动及其复杂性。以往的专家大都是从政治和历史的角度分析。但我在这里却想另辟蹊径，撇开政治因素和史实辨析，简单梳理一下党章的有关规定以及党的最高领导职务的变化，再从组织规范的角度来看张闻天到底担任的是什么职务。

中共五大时，党的最高领导人称总书记。但是五大之后，国内政治形势发生巨大变化，大革命很快陷于失败，党的组织和领导机构也随之发生了一连串很大的变动。

1927 年 7 月 12 日，根据共产国际执委会的指示，中共中央进行改组，由张国焘、李维汉、周恩来、李立三、张太雷组成中央临时常务委员会，陈独秀离开中央最高领导岗位。此后到六大，中央委员会总书记一职一直空缺。

8 月 7 日，中共中央召开著名的八七会议，确立了实行土地革命和武装起义的方针。在组织上，选举出中央临时政治局。8 月 9 日，中央临时政治局第一次会议选举瞿秋白、苏兆征、李维汉为常务委员会委员，瞿秋白为中央临时政治局主席。

11 月 9—10 日，在上海召开临时政治局扩大会议，增选罗亦农、周恩来为中央政治局常委。1928 年 2 月增加项英，5 月增加罗登贤、任弼时。

1928 年 6—7 月六大通过的党章，规定支部、县委、省委、党团均设书记，但有关中央委员会“总书记”职务的文字却去掉了。仅规定：“中央委员会由其本身委员中选出政治局，以指导中央委员会全体会议前后期间内之党的政治工作，并选举常务委员会以进行日常工作。”① 为什么去掉总书

① 中央档案馆编：《中共中央文件选集》第 4 册，中共中央党校出版社 1989 年版，第 479 页。

记一职？原因不详。至于由谁来主持中央工作，职务是什么，党章没有明确规定。

由此，便引出了一个实际问题：中共六大有没有选举产生中央委员会总书记呢？现有对六大会议的介绍都未作说明。但由曾庆红任编审委员会主任，中共中央组织部、中共中央党史研究室、中央档案馆共同编纂的《中国共产党组织史资料》明确记载："总书记向忠发（1928.7—1930.12）""总书记向忠发（1931.1—6）"。另外，中共中央组织部、中共中央党史研究室联合编纂了一本《中国共产党历届中央委员大辞典（1921—2003）》。贺国强任编委会主任，孙英、张柏林、赵洪祝、谷安林等任副主任。我担任编委会副主任并直接负责编纂工作。中共中央党史研究室的霍海丹具体操作并为此书立下汗马功劳。该书同样明确载明："中央委员会总书记向忠发（1928年7月—1931年6月）"。

由于《中国共产党组织史资料》具有很高的权威性，我们筹备组织已故党和国家领导同志诞辰纪念活动，涉及职务问题，都是以这套资料为准的。所以向忠发任总书记一职，除非有其他明确的反对资料，我倾向于可以认定。但这也仅仅是实际担任，党章等重要文件并未正式设置总书记一职。

中共六大结束之后，六届一中全会于7月19日召开。由于会议的重要性，布哈林、米夫都出席了。布哈林作了重要讲话。米夫提出了政治局人选名单，并说明以往都是上届中央政治局提出名单，而这次是由共产国际直接提出的。全会选举产生中央政治局和中央政治局常务委员会，常务委员会正式委员是向忠发、周恩来、苏兆征、项英、蔡和森，候补委员是李立三、杨殷、徐锡根。而瞿秋白、张国焘则为中共驻共产国际代表。

7月20日的中央政治局第一次会议决定常委分工，向忠发为中央政治局主席兼中央政治局常务委员会主席，周恩来为常务委员会秘书长兼中央组织部部长。

中共六大之后，由于政治环境的复杂性，也由于党内连续出现几次"左"倾错误，中共中央的领导机构及其成员连带着发生多次变动。

首先是多位中央政治局委员乃至常委因"犯错误"被解除职务，或者被捕叛变，或者牺牲、去世。所以中央政治局、政治局常委会的成员多有减少或增补。

1930年9月扩大的六届三中全会补选中央委员和候补委员。10月的中央政治局会议决定中央政治局常委由向忠发、周恩来、徐锡根三人组成。

1931年1月扩大的六届四中全会改选中央委员会和中央政治局。王明（陈绍禹）进入政治局。政治局常委会由向忠发、周恩来、张国焘、王明组成。此后，由于党的工作重心已经转向根据地和武装斗争，上海政治环境也日益恶化，多位政治局和常委会成员前往根据地工作，中央机构处于不稳定、不健全状态。

特别是1931年6月，向忠发被捕叛变，随即被杀。总书记（中央主要负责人）一职便一直空缺了。据有关资料，从6月到9月，曾由卢福坦主持了一段中央工作（即所谓“代理总书记”）。

1931年9月，中共临时中央政治局在上海成立。由卢福坦、秦邦宪（博古）、张闻天、康生任常委。根据离开上海前往莫斯科任中共驻共产国际代表王明的提议，中央工作由秦邦宪负总责。此时到五中全会的中央称为临时中央。

1934年1月15日至18日，六届五中全会在瑞金召开，改选中央政治局，在党的历史上第一次设立中央书记处，也称中央政治局常委会。选举博古、周恩来、张闻天（洛甫）、陈云、王明、张国焘、项英为中央书记处书记（政治局常委），博古仍负总的责任。

1935年1月15日至17日，中央政治局在遵义召开扩大会议，增选毛泽东为中央政治局常委。随后，又在云南扎西（今威信）连续召开会议，完成了遵义会议的各项任务，并决定以张闻天代替博古负中央总的责任。

遵义会议后，张闻天与毛泽东团结合作。从遵义会议到六届六中全会3年多时间里，中共中央的许多电报，都由“洛毛”或“毛洛”联名发出。1938年9月六届六中全会前，张闻天一直是主持中央常务工作，即负总责的书记。

迄今未能确定的是，从秦邦宪到张闻天，他们到底有没有担任过中央总书记？以往人们大都从政治或史实上加以推导分析。但我认为还要从组织程序和与共产国际关系的角度来考察。按照组织原则，总书记应该是由中央全会选举产生，而六大前后的“主席”一职只需中央政治局选举或决定。因此，总书记的权威性要高于当时的“主席”。这一点，很多人不清楚，应该注意。

秦邦宪的任职，虽然遭到长期诟病，但他经历了五中全会，而且有共产国际和王明支持，担任总书记理论上没有问题。但如果共产国际和王明有其他考虑，让秦邦宪只当总负责，而不当正式的总书记，或者当时博古资历太浅，先不当正式的总书记，这也是有可能的。

张闻天稍有不同，遵义会议是政治局扩大会议，从组织原则来说，并无权力选举中央委员会的总书记，只能选举像瞿秋白、向忠发那样的中央政治局和政治局常务委员会主席。而且，遵义会议事先没有报告共产国际。改变中央主要领导这样的大事，也没有事先报共产国际批准。因此，如果推举张闻天担任中央政治局和政治局常务委员会主席是可能的，但选举张闻天担任总书记，至少从组织手续上来说是不完备的。

鉴于这种原因，陈云到莫斯科去汇报遵义会议情况，仅说张闻天负总责而不是担任了总书记，应该是一种留有余地、合乎情理的选择。如果陈云明确报告共产国际，说我们选举了一位新的总书记。共产国际会作何感想？如果反问一句：“谁让你们改选的？我们批准了吗？你们懂不懂组织原则？”陈云怎么回答？如果共产国际因而恼怒起来，否决遵义会议的决定，事情岂不更糟？

而且，如果由张闻天正式担任党的总书记，那就应该由共产国际批准，并由随后的六届六中全会确认。但到六届六中全会时，毛泽东已经真正崛起，张闻天已经不可能获得这样的批准了。

三、独立成章

16. 第一个独立制定的党章

“众星何灿烂，北斗住延安。大海有波涛，飞上清凉山。”

这是陈毅当年前往延安参加整风运动和中共七大时写的诗句。1943年11月25日，他从淮南黄花塘新四军军部出发，次年3月7日到达延安。一路上，共写了11首诗词，生动地记载了从黄海之滨奔赴延安“飞上清凉山”的情景。

在抗日战争即将取得胜利的前夜，1945年4月23日至6月11日，中国共产党第七次全国代表大会在延安召开。出席大会的正式代表547人，候补代表208人，代表全国121万名党员。

中共七大是中国共产党在新民主主义革命时期召开的最后一次代表大会。此前的1943年，共产国际已经宣告解散，中国共产党结束了与共产国际的组织关系。因而，1945年的七大，是在没有共产国际指导或干预的情况下召开的。大会通过的《中国共产党党章》，也就成为第一部完全由中国共产党独立自主修改制定的党章。

刘少奇在大会上专门作了《关于修改党章的报告》，这也是中共历史上的第一次。

七大党章的修改制定工作，是在刘少奇主持下进行的。1944年2月24日，中央书记处讨论七大议程时，正式决定由刘少奇向大会作组织问题的报告和进行党章的修改。

随后，在长达11个月的六届七中全会期间，刘少奇组织参与起草的同志反复研究，广泛听取党内各方面的意见，对六大党章作了全面和重大的修改。

1945年3月31日,刘少奇将修改完成的党章草案提交六届七中全会讨论,并就修改中的主要问题作了简要的说明。在七大上,刘少奇对这些问题作了更详细的论述。修改后的《中国共产党党章》获得一致通过。

七大党章共11章70条,9200多字,比六大党章的近6400字增加了2800多字。与六大党章相比,章节体例变动很大。最大的变化是增加了总纲部分。条文部分,有的章节作了合并,同时增加了“奖励与处分”“党的地下组织”“党的监察机关”三章。

七大党章有很多重大的亮点和特点,主要是:

第一,第一次增加了总纲部分。这是以前的所有党章没有的。在结构上,七大党章分为总纲和条文两大部分,实际上将纲领和章程合在了一起。这种结构体例一直延续到现在。总纲部分不是组织规范,主要是阐明党的性质、宗旨、指导思想、组织原则等以及中国革命的性质、任务、动力和特点等,绝大多数内容都是第一次在党章中阐述。

第二,第一次确立毛泽东思想为全党的指导思想。七大党章在总纲中明确指出:“中国共产党,以马克思列宁主义的理论与中国革命的实践之统一的思想——毛泽东思想,作为自己一切工作的指针,反对任何教条主义的或经验主义的偏向。”① 刘少奇在《关于修改党章的报告》中说:“这是我们这次修改的党章一个最大的历史特点。”②

第三,第一次对民主集中制原则的内容作出明确的界定。五大、六大党章已规定实行民主集中制。在此基础上,七大党章将“民主的集中制”更加集中地界定为“在民主基础上的集中和在集中领导下的民主”,并规定了四项“基本条件”:①党的各级领导机关由选举制产生。②党的各级领导机关向选举自己的党的组织作定期的工作报告。③党员个人服从所属党的组织,少数服从多数,下级组织服从上级组织,部分组织统一服从中央。④严格地遵守党纪和无条件地执行决议。③

① 中央档案馆编:《中共中央文件选集》第15册,中共中央党校出版社1991年版,第115页。

② 中国革命博物馆:《中国共产党党章汇编》,人民出版社1979年版,第79页。

③ 中国革命博物馆:《中国共产党党章汇编》,人民出版社1979年版,第122—123页。

第四，第一次在党章中写进群众路线的要求。指出："中国共产党人必须具有全心全意为中国人民服务的精神，必须与工人群众、农民群众及其他革命人民建立广泛的联系，并经常注意巩固与扩大这种联系。"随后，连续用了三个"每一个党员都必须"，对党员提出了密切联系群众的要求。并强调："中国共产党必须经常警戒自己脱离人民群众的危险性，必须经常注意防止和清洗自己内部的尾巴主义、命令主义、关门主义、官僚主义与军阀主义等脱离群众的错误倾向。"① 刘少奇说，"在党章的总纲上和条文上，都特别强调了党的群众路线，这也是这次修改党章的一个特点"②。

第五，第一次在党章中规定了党员的四项义务和四项权利。刘少奇说："这些义务与权利的规定，将要保证我们党内的生活更加在正常情况中发展，将要提高党员对党的事业的积极性与责任心，并保证党的行动的统一。"刘少奇在阐明党员权利的时候，特别强调："所有党员的这些权利，应该完全被尊重。"包括"少数人的正当权利，亦必须被尊重"。③

第六，第一次设置中央委员会主席职务。第三十四条规定："由中央委员会全体会议选举中央政治局与中央书记处，并选举中央委员会主席一人。""中央委员会主席即为中央政治局主席与中央书记处主席。"④

第七，第一次在党章中明确规定设立中央书记处。中央书记处由中央全会选举产生。"中央书记处在中央政治局决议之下处理中央日常工作。"⑤

与此同时，规定"中央委员会依工作需要，设组织、宣传等部与军事、党报等委员会及其他工作机关，分别办理中央各项工作，受中央政治局、中

① 中国革命博物馆：《中国共产党党章汇编》，人民出版社 1979 年版，第 118 页。

② 中国革命博物馆：《中国共产党党章汇编》，人民出版社 1979 年版，第 87 页。

③ 中国革命博物馆：《中国共产党党章汇编》，人民出版社 1979 年版，第 107、109 页。

④ 中央档案馆编：《中共中央文件选集》第 15 册，中共中央档党校出版社 1991 年版，第 127 页。

⑤ 中央档案馆编：《中共中央文件选集》第 15 册，中共中央档党校出版社 1991 年版，第 127 页。

央书记处及中央主席之指导监督”①。

第八，第一次在党章中增加“党的地下组织”一章。作出两条规定：“凡本党不能合法存在与活动的地区之党的地下组织形式与工作方法，由中央根据党章通过特别的决议规定之。本党章各条所规定之党的组织形式与工作方法，凡不适用于党的地下组织者，均得变通办理之”。“党的地下组织，在接收党员时，须经更慎重的考察。新党员入党时，只履行在秘密环境下所能允许的手续。”②

第九，第一次规定党代会每三年召开一次。此前的党代会都是每年召开一次，六大党章也如是规定。七大党章则规定：“党的全国代表大会，由中央委员会决定并召集之。在通常情况下，每三年召集一次。在特殊情况下，由中央委员会决定延期或提前召集。”③

第十，七大党章还对党的各级组织的设立、构成、职权、任务进行了调整和充实。重新规定设立了中央监察委员会，并设立地方监察委员会。

七大党章是中国共产党独立制定的第一个党章，反映了当时中国共产党的理念，反映了中国共产党在独立自主道路上迈出的重大步伐。当然，这不是说中国共产党与苏联共产党的关系已经结束了。七大期间，中共中央和毛泽东与苏共中央有很多的电报往来。主要由师哲翻译。苏联驻延安情报组的弗拉基米洛夫和阿洛夫自始至终都参加了大会。毛泽东给师哲的任务是每天把当天大会的内容用俄语告诉他们。他们每天都作了追记。毛泽东将大会的全套文件交给了弗拉基米洛夫，请他转交苏共中央。但他们始终没有对会议表示任何态度。从苏共的态度，也反证了中国共产党越来越明显的独立自主精神。

---

① 中央档案馆编：《中共中央文件选集》第15册，中共中央档党校出版社1991年版，第127—128页。

② 中央档案馆编：《中共中央文件选集》第15册，中共中央档党校出版社1991年版，第132—133页。

③ 中央档案馆编：《中共中央文件选集》第15册，中共中央档党校出版社1991年版，第126页。

17. 党章中的党纲

1921年,中共一大通过了《中国共产党的第一个纲领》,其中至少有10条内容是组织规范,因此,我把它称作是党纲中的党章。时隔24年后,七大的党章中增加了一个总纲,变成了“党章中的党纲”,与一大党纲比,完全倒了过来。

我查了一下,与中国共产党颇有点血缘关系的苏联共产党的党章是什么样子。

苏联共产党的前身是俄国社会民主工党。从1903年的二大到1917年的六大,俄国社会民主工党先后通过了六个党章。查阅这些党章,都是条文式的组织规范。前面没有总纲。

1919年,俄国社会民主工党八大决定改名为俄国共产党(布)。此后到1922年的十二大,通过了两个党章。经查,党章中也没有总纲部分。

1925年,俄国共产党(布)又改名为全苏联共产党(布)。这次大会通过的党章也没有总纲。

但从1934年的十七大开始,党章的开头即条文前面,增加了若干叙述性的文字。十七大党章、十八大党章,都是五段。到1952年的十九大,全苏联共产党(布)改名为苏联共产党。党章条文前面没有了叙述性的文字,但第一章的名称是“党、党员、党员的义务和权利”。其中第一条说的就是党,实际上不是组织规范,而是对党及其任务的界定。文字不多,但属于叙述性的。到1961年的二十二大,条文前面叙述性、政治性、理论性的文字就比较多了,共有八段。

所以,如果与1945年前的苏联共产党党章相比,中共七大党章中总纲部分的分量要重得多。因此,大致可以算是中共七大党章的一个重要特点。

那么,七大党章的总纲部分到底讲了些什么呢?

总纲部分一共1767个字,11个段落。

刘少奇在《关于修改党章的报告》中明确指出:“我们现在制订了党

的总纲，加在党章前面。这就是我们党的基本纲领。这也是党章的组成部分，是党章的前提和总则。”“这个总纲，是概括我们党二十四年斗争的经验，并吸收了世界工人运动中最好的经验，也即是概括我党领袖毛泽东同志的思想而制订的。”“它用简要的文字，说明了我们党的性质与理论；说明了中国革命的性质、动力、任务和特点，以及我们党在中国革命中的基本方针和我们党所必需具备的条件；还说到了在我们党内不能容许机会主义存在；说到了党内的自我批评，党的群众路线和党的组织原则等。所有这些，在党章的总纲内都已提到。”①

关于党的性质。总纲界定：“中国共产党，是中国工人阶级的先进的有组织的部队，是它的阶级组织的最高形式。”

关于党的奋斗目标。总纲宣布：“在现阶段为实现中国的新民主主义制度而奋斗。它的最终目的，是在中国实现共产主义制度。”

关于党的理论。总纲宣布：“中国共产党，以马克思列宁主义的理论与中国革命的实践统一的思想——毛泽东思想，作为自己一切工作的指针，反对任何教条主义的或经验主义的偏向。”“中国共产党以马克思主义的辩证唯物主义与历史唯物主义为基础，批判地接收中国的与外国的历史遗产，反对任何唯心主义的或机械唯物主义的世界观。”

关于中国革命的性质。总纲说明：“中国革命在目前阶段是新式资产阶级民主主义性质的革命，即无产阶级领导的人民大众的反帝反封建的新民主主义的革命。”

关于中国革命的动力。总纲确认：“现时中国革命的动力是工人阶级、农民阶级、小资产阶级及其他民主分子。”

关于中国革命的任务。总纲规定：“中国共产党在目前阶段的任务是：……为解除外国帝国主义对于中国民族的侵略，为肃清本国封建主义对于中国人民大众的压迫，为建立独立、自由、民主、统一与富强的各革命阶级联盟与各民族自由联合的新民主主义联邦共和国而奋斗，为实现世界的和平与进步而奋斗。”

---

① 中国革命博物馆：《中国共产党党章汇编》，人民出版社1979年版，第69、70页。

“在将来阶段，在中国民族革命与民主革命得到澈底胜利后，中国共产党的任务是：根据中国社会经济发展的需要与中国人民的意愿，经过必要步骤，为在中国实现社会主义与共产主义的制度而奋斗。”

关于中国革命的特点。总纲概括：“中国革命的不平衡性，并由此产生了革命的长期性，革命斗争的复杂性”，“武装斗争在极长时期内成为中国革命的主要形式”，“革命在主要城市胜利以前强固的农村革命根据地之重要性”，“党在一切人民群众中进行长期忍耐工作的必要性”。

关于党的领导作用。总纲规定：“中国共产党在革命斗争中，必须努力使自己成为一切革命的群众组织及革命的国家组织之中坚。”

关于与机会主义的斗争。总纲强调：“必须用不调和的但是适当的斗争对待内部的机会主义者、投降主义者、冒险主义者，并将其中坚持错误的人清除出党，以保持自己队伍的统一。”

关于党如何对待自己。总纲规定：“中国共产党应该不掩盖自己工作中的错误与缺点。”“应该用批评和自我批评的方法，经常检讨自己工作中的错误与缺点，来教育自己的党员和干部，并及时纠正自己的错误。”

关于党同人民群众的关系。总纲规定：“中国共产党人必须具有全心全意为中国人民服务的精神，必须与工人群众、农民群众及其他革命人民建立广泛的联系，并经常注意巩固与扩大这种联系。”

关于党的民主集中制。总纲规定：“中国共产党是按民主的集中制组织起来的，是以自觉的、一切党员都要履行的纪律联结起来的统一的战斗组织。”

关于对党员的要求。总纲号召：“每一个党员，积极地自我牺牲地进行工作，以实现党的纲领和党的一切决议，达到中国民族与中国人民的澈底解放。”

从这些内容来看，总纲主要是对党的性质、思想理念、奋斗目标、政治主张、主要政策、自身建设的界定，实际上是党的纲领。因此，从七大党章开始，我们的党章，就不仅仅是组织规范，而是成了党的指导思想、价值体系、纲领政策、规章制度的完整概括和规定了。

18. 第一个修改党章的报告

1945年的中共七大有三个最重要的报告。一个是毛泽东所作的《论联合政府》书面政治报告,但毛泽东没有念,而是另外作了口头报告;一个是朱德所作的《论解放区战场》的军事报告;再一个是刘少奇所作的《关于修改党章的报告》。

1945年5月14日,中共七大举行第十一次会议,执行主席为贺龙。刘少奇作关于修改党章的报告。5月15日,大会举行第十二次会议,执行主席是张闻天。刘少奇继续作关于修改党章的报告。

一个报告分成两天来作,可见其分量。直接的原因,大概是这个报告太长了。根据我现在用电脑计算,《关于修改党章的报告》一共有58320多个字。按照我几十次筹备召开已故党和国家领导同志诞辰纪念活动的经验,正常速度下,每分钟一般能念220个字,当领导的一般都会有意将语速放慢一点,每分钟就是180—200个字。这样计算下来,刘少奇要把报告念完,而且不能脱稿、不能发挥、不能喝茶、不能抽烟,那就至少需要292分钟了,也就是将近5个小时。显然,让代表们连续5个小时坐在那里听报告,是不合适的。当年的那些干部,肯定还没有练就这样的“坐功”。所以,分成两天作这个报告,合情合理。

再查查,以往有没有安排专人作修改党章报告的先例?结果是,从一大到六大,都没有,七大是第一次。可见这是一个创举。

不过,如果扩大些眼界,就会发现,对中国共产党来说,这是第一次,但还不能说是国际共产主义运动的第一次,不能说是世界各国共产党的第一次。因为,1939年3月,联共(布)中央书记日丹诺夫就在联共(布)第十八次全国代表大会上作了专门的《修改联共(布)党章》的报告。想必,中共七大作修改党章的报告,多少也是学习了苏联的经验。

《关于修改党章的报告》分为九个部分:第一,引言;第二,关于党章的总纲;第三,关于党员;第四,关于党员的义务与权利;第五,关于党内的民主集中制;第六,关于干部问题;第七,关于党的基础组织;第八,关于奖励与处分；第九，党的严肃性与灵活性。

在“引言”中，刘少奇主要说明了为什么要修改党章。他回顾党的历史和取得的成绩，说明“我们的党，已经是一个全国范围的，广大群众性的、在思想上、政治上、组织上巩固的并有了自己领袖的马克思列宁主义的党。它在今天，就已经成为中国政治生活中的决定因素了”①。但是，我们还有缺点和弱点，我们前面还有许多困难需要克服。为了完成我们的任务，“就要百倍地加强我们党在一切人民群众中的工作，提高我们党在一切人民群众中的组织作用与领导作用，在思想上、政治上、组织上准备自己，并准备人民，去迎接历史上空前伟大的斗争和空前伟大的胜利”②。这“就是今天我们重新修改党章的出发点”③。

在“关于党章的总纲”中，刘少奇强调总纲“就是我们党的基本纲领”。然后分别说明了总纲涉及的四个问题。第一，是关于我们党的性质问题。第二，是关于党的指导思想问题。第三，是关于中国革命的特点问题。第四，是关于党的群众路线问题。每一个问题都作了充分的理论阐述。比如，强调“党的群众路线，是我们党的根本的政治路线，也是我们党的根本的组织路线”④。一方面，“人民群众必须有自己的先锋队，而且必须有如我们党这种性质的先锋队”；另一方面，“先锋队必须与人民群众建立正确的密切的关系，它必须在各方面，首先在政治上代表人民群众的利益，必须用正确的态度去对待人民群众，必须用正确的方法去领导人民群众”。⑤

随后，刘少奇在后面的几个部分中，分别说明了党的建设和党章修改的几个重要问题，同样作了深刻的理论阐述。其中的很多道理和要求，后来有的执行得很好，有的执行得不好。对我们来说，直到今天，有的还很有启迪意义，有的则是有趣的知识，值得我们重温。试举几个例子：

---

① 中国革命博物馆编:《中国共产党党章汇编》，人民出版社 1979 年版，第 68 页。

② 中国革命博物馆编:《中国共产党党章汇编》，人民出版社 1979 年版，第 69 页。

③ 中国革命博物馆编:《中国共产党党章汇编》，人民出版社 1979 年版，第 69 页。

④ 中国革命博物馆编:《中国共产党党章汇编》，人民出版社 1979 年版，第 87 页。

⑤ 中国革命博物馆编:《中国共产党党章汇编》，人民出版社 1979 年版，第 88—89 页。

关于党内的两种倾向。刘少奇说:“党内反民主的专制主义倾向,和党内极端民主化的现象,是党内生活上的两种极端现象。”“这两种倾向都是错误的,都极大地妨害与破坏党内的真正统一与团结,全党必须警惕,严防这些现象的发生。”①“文化大革命”的悲剧用血的教训,包括刘少奇自己的遭遇,说明了如果不防止这两种倾向,会产生什么后果!

关于领导机关报告工作。刘少奇说:“党章规定:各级党的领导机关和负责人,应该定期地向选举自己的党员和下级组织报告自己的工作。在这种报告中,不只应该说到当前的情况和工作的成绩,而且应该说到缺点和弱点以及工作中的错误,请求自己的选举人和下级组织提出意见和批评。”②这个要求,曾有一段,没有执行。直到今天,仍需努力。

关于新党员的候补期。据我所查,党章变动过好几次。一大规定有至少两个月的考察期。二大党章没有。三大、四大党章规定“候补期劳动者三个月,非劳动者六个月,但地方委员会得酌量情形伸缩之”③。五大后的党章规定:“劳动者(工人,农民,手工工人,店员,士兵等)无候补期;非劳动者(知识分子;自由职业者等)之候补期三个月”④。刘少奇在报告中说:“关于新党员的候补期,在第六次全国代表大会的党章上没有规定,在过去的实际工作中,有规定为两个月至一年者,各地亦不一致。”“在新的党章上规定:新党员候补期为半年、一年、两年三种。”⑤

关于四个服从。刘少奇说:“有些同志在执行这些原则时,是提出条件的,他们或者以同意决议、指示的正确性作为服从的条件,或者以……来作为服从的条件。应该说:所有这些条件,都是不应该有的。”⑥刘少奇的这个观点没有能经受住历史检验。七大之前之后的实践都证明,明明路线错了、决策错了,却几乎没有人敢于提出异议和加以反对,结果,错误日

① 中国革命博物馆编:《中国共产党党章汇编》,人民出版社1979年版,第113—114页。
② 中国革命博物馆编:《中国共产党党章汇编》,人民出版社1979年版,第117页。
③ 中国革命博物馆编:《中国共产党党章汇编》,人民出版社1979年版,第10、16页。
④ 中国革命博物馆编:《中国共产党党章汇编》,人民出版社1979年版,第22页。
⑤ 中国革命博物馆编:《中国共产党党章汇编》,人民出版社1979年版,第106页。
⑥ 中国革命博物馆编:《中国共产党党章汇编》,人民出版社1979年版,第118页。

益扩大。这种盲目的服从造成了巨大的危害,连刘少奇自己都没有能够幸免!

关于党员申辩的权利。“党的组织在决定处分任何党员时,应尽可能使被处分者亲自到会,进行辩护。只有在特殊情形下,才可在本人缺席的会议上作出决定。在处分后,应将处分的理由正式通知被处分者。被处分者对处分不服时,可以要求复议,要求改变处分,党的组织应细心考虑被处分者的这种要求,加以复议。被处分者如要向上级机关申诉,各级党的组织不得抑止,并须援助其上诉。”[①] 这种规定,在以往的干部审查乃至“文化大革命”中,如果真正实行了,应该能减少多少冤假错案!

所以,刘少奇《关于修改党章的报告》,不仅是关于党章,而且是关于党的建设的一份重要文件。中共七大结束后,在传达贯彻七大精神过程中,就有刘澜涛专门打电报:“此间同志渴望中央能很快将七大党章,及你修改党章的报告发表。”1950 年 1 月,经刘少奇本人校阅,报告改名为《论党》出版发行,对党的建设发挥了重要作用。

19. 毛泽东思想写入党章

中共七大一个重大历史性贡献,是将毛泽东思想写在了党的旗帜上,确立毛泽东思想为党的指导思想并写入党章。

毛泽东思想的形成和发展,经历了一个复杂的过程。

第一次大革命时期,毛泽东先后发表《中国社会各阶级的分析》《国民革命与农民运动》《湖南农民运动考察报告》等著作,提出了党在民族民主革命中依靠谁、团结谁、打击谁的基本路线。这些著作,可以看作毛泽东思想形成的萌芽。

土地革命战争前中期,毛泽东发表《中国的红色政权为什么能够存在?》《井冈山的斗争》《星星之火,可以燎原》等文章,阐明了开展武装

① 中国革命博物馆编:《中国共产党党章汇编》,人民出版社 1979 年版,第 140—141 页。

斗争、进行土地革命和建立农村革命根据地三位一体的“工农武装割据”理论，提出了中国革命道路。这是毛泽东思想初步形成的重要标志。1930年5月，毛泽东的《反对本本主义》阐述了实事求是、群众路线和独立自主的观点，毛泽东思想的活的灵魂已具雏形。

土地革命战争后期和抗日战争时期，毛泽东发表《实践论》《矛盾论》《战争和战略问题》《中国革命和中国共产党》《〈共产党人〉发刊词》《新民主主义论》《改造我们的学习》《论联合政府》等一系列著作，阐明了党的思想路线、领导方法、工作方法的哲学基础，统一战线的理论与政策，军事理论，新民主主义革命和新民主主义社会的理论，以及独具特色的建党思想。毛泽东思想得到系统总结和多方面展开，构成了比较完整的理论体系。

20世纪40年代前期的延安整风，使毛泽东的思想理论在全党占据了主导地位，毛泽东思想的概念也呼之欲出。

1941年3月，党的理论工作者张如心用了“毛泽东同志的思想”的提法。同年6月，中共中央北方局、八路军野战政治部指示：要宣传“我党领袖毛泽东同志发展了马列主义的关于中国革命的各项学说和主张”①。9月，中央政治局扩大会议进一步肯定了毛泽东关于中国革命的理论。

1943年7月5日，王稼祥在《中国共产党与中国民族解放的道路》一文中，首先使用了“毛泽东思想”的概念，明确提出：“毛泽东思想就是中国的马克思列宁主义”②。

毛泽东思想这一重要概念提出后，很快被全党所接受。在此前后，朱德、刘少奇、周恩来、陈毅、邓小平等纷纷发表文章或演说，论述毛泽东的思想。

1945年4月，扩大的六届七中全会通过的《关于若干历史问题的决议》，充分肯定和高度评价毛泽东的理论贡献，指出：“中国共产党自1921

---

① 新华日报编：《永远的丰碑（十三）》，人民出版社2006年版，第27页。

② 王稼祥：《中国共产党与中国民族解放的道路》，《解放日报》1943年7月5日。

年产生以来,就以马克思列宁主义的普遍真理和中国革命的具体实践相结合为自己一切工作的指针,毛泽东同志关于中国革命的理论和实践便是此种结合的代表。”①

1945 年 4 月 23 日,中共七大正式开幕。会场的布置向人们传达出极其重要的信息:主席台正中,矗立着毛泽东、朱德的巨幅侧面画像。主席台上方的石拱上,写的是“在毛泽东的旗帜下胜利前进”12 个红色美术字。主席台两侧,挂有两幅缀字红色灯芯绒布幛。其中一幅写的是:“以马列主义理论与中国革命实践之统一的毛泽东思想作为党的一切工作的指导方针”。

在宣布大会开幕之前的讲话中,任弼时强调:“在二十四年的奋斗过程中,我们党产生了自己的领袖毛泽东同志。毛泽东同志的思想,已经掌握了中国广大的人民群众,成为不可战胜的力量。毛泽东三个字不仅成为中国人民的旗帜,而且成为东方各民族争取解放的旗帜!”②

随后,在开幕典礼上,毛泽东、朱德、刘少奇、周恩来、林伯渠等分别讲话。在周恩来讲到毛泽东的时候,全场喊出了此后响彻中国几十年的口号:“毛主席万岁!”周恩来在讲话结尾高呼:“毛泽东同志万岁!”全场连声高呼:“万岁!万岁!……”

林伯渠在讲话中,结合自身经历赞颂了毛泽东的贡献,然后讲道:“我们去年开劳动英雄大会的时候,孙万福说:‘毛主席是我们全边区的太阳,也是全中国的太阳’,党外人士李鼎铭先生说‘毛主席是中国人民的救星’,我想这样的话是非常正确的。”由于有党代会的倡导,之后“太阳”“救星”这样的词汇便迅速流行开来,几十年长盛不衰。

随着这样有力的铺垫,会场气氛到了群情沸腾的程度。5 月 14 日、15 日,在这样的气氛中,刘少奇对毛泽东思想作了最系统、最理论化的阐述。在《关于修改党章的报告》中,刘少奇用整整 4180 字的篇幅,深入论述了毛泽东思想形成的过程、毛泽东的伟大贡献和崇高地位、毛泽东思想

---

① 中共中央文献研究室、中央档案馆编:《建党以来重要文献选编》第 22 册,第 73 页。
② 《任弼时选集》,人民出版社 1987 年版,第 383 页。

的内容和在中国革命中的地位和作用等。其中，最有分量、最有特色的语言有：

“我们的党，已经是一个有了自己伟大领袖的党。这个领袖，就是我们党和现代中国革命的组织者与领导者——毛泽东同志。我们的毛泽东同志，是我国英勇无产阶级的杰出代表，是我们伟大民族的优秀传统的杰出代表。他是天才的创造的马克思主义者”①。

“我们的毛泽东同志，不只是中国有史以来最伟大的革命家和政治家，而且是中国有史以来最伟大的理论家和科学家”②。

“党章的总纲上确定以毛泽东思想作为我党一切工作的指针，在党章的条文上又规定：努力地领会马克思列宁主义、毛泽东思想的基础，是每一个共产党员的义务。这是我们这次修改的党章一个最大的历史特点。”③

“毛泽东思想，就是这次被修改了的党章及其总纲的基础。”④

“学习毛泽东思想，宣传毛泽东思想，遵循毛泽东思想的指示去进行工作，乃是每一个党员的职责。”⑤

在报告中，刘少奇还第一次把毛泽东思想理论体系的主要内容归纳为九个方面。

在这样分析和界定的基础上，七大党章明确规定：“中国共产党，以马克思列宁主义的理论与中国革命的实践之统一的思想——毛泽东思想，作为自己一切工作的指针”⑥。

毛泽东思想在全党的指导地位，就这样终于正式确立。这是中共七大和七大党章的一个最大的特点。

---

① 中国革命博物馆编：《中国共产党党章汇编》，人民出版社 1979 年版，第 67 页。
② 中国革命博物馆编：《中国共产党党章汇编》，人民出版社 1979 年版，第 82 页。
③ 中国革命博物馆编：《中国共产党党章汇编》，人民出版社 1979 年版，第 79 页。
④ 中国革命博物馆编：《中国共产党党章汇编》，人民出版社 1979 年版，第 83 页。
⑤ 中国革命博物馆编：《中国共产党党章汇编》，人民出版社 1979 年版，第 83 页。
⑥ 中国革命博物馆编：《中国共产党党章汇编》，人民出版社 1979 年版，第 46 页。

20. 批评“任何”人的权利

现行党章第一章第四条“党员享有下列权利”中的第四款规定:“在党的会议上有根据地批评党的任何组织和任何党员,向党负责地揭发、检举党的任何组织和任何党员违法乱纪的事实,要求处分违法乱纪的党员,要求罢免或撤换不称职的干部。”[①]

简单的几句话中有一个词,不知大家注意到没有,“任何”一词在两句话里用了四次:“批评党的任何组织和任何党员”,“揭发、检举党的任何组织和任何党员违法乱纪的事实”。

这里的“任何”来自七大党章。七大党章规定:“在党的会议上批评党的任何工作人员。”[②]仅仅16个字,好像很简单。关键就是“任何”两个字,它曾经让主持修改党章的刘少奇绞尽脑汁,辗转难眠。

1945年3月31日,刘少奇将修改完成的党章草案提交六届七中全会讨论,并就修改中的几个问题作了简要说明。他专门讲到,党章中写进了一句:“党员有在一定的会议上批评党的任何工作人员的权利”[③]。对这一条,他动摇了好几回,对其中“任何”二字,写了又圈掉,圈了又写上。最后,仍倾向于给党员这个权利。他认为,这样虽然会出一些乱子,但没有这一条,乱子会更多。

在会议讨论时,对“任何”二字要不要写上,仍有不同意见。周恩来以亲身经历表示,过去就是吃了没有下级批评的亏,如果路线错误早有人说,至少要好一点。写上“任何”二字,是整风经验的总结,实践起来,利多害少。毛泽东也表示,应该相信群众、绝大多数群众是为党好的。因此,最后决定保留了“任何”二字。

在中共七大《关于修改党章的报告》中,刘少奇就这一条强调说:“党

---

① 《中国共产党章程》,人民出版社2022年版,第15页。

② 中国革命博物馆编:《中国共产党党章汇编》,人民出版社1979年版,第49页。

③ 中共中央文献研究室编:《刘少奇年谱(1898—1969)》上卷,中央文献出版社1996年版,第463页。

章规定:在党的会议上批评党的任何工作人员,包括任何负责的党员在内,是每一个党员不可被剥夺的权利。”他说,现在某些地方不许在党的会议上批评负责人员,这种习惯不好,流弊甚多,应该纠正。“应该明白,只有实行‘言者无罪’,才能收到‘知无不言、言无不尽’的效果”。①

从党的历史发展过程来看,特别是总结“左”倾错误造成巨大危害的教训,能不能真正做到“任何”二字,简直关系到党的生命。我们过去正是因为做不到对“任何”人都可以提出批评和不同意见,一旦领导人犯了错误,全党没有一点办法和机制来纠正这种错误,以致造成重大危害,甚至还要动用特殊手段才能解决。这样的教训真是创巨痛深。

当然,党员的民主权利并不仅仅限于这两个字。在七大党章中,非常引人注目的是,第一次明确规定了党员的四项义务和四项权利。刘少奇在《关于修改党章的报告》中作了非常深刻的论述。我们大多数人直到改革开放后,才知道有个“权利与义务相平衡”的法律原则,而在1945年,中共七大早就深入研究了这个问题,并作出了有关规定,这是非常难能可贵的。

刘少奇首先逐条说明了党员必须履行的四项义务。其中还说道,每一个党员,不只是应该遵守党的纪律,而且应该模范地遵守革命政府的一切法纪和一切其他革命组织和革命的事业机关的纪律。这个观点,与我们现在强调的既要遵守党规党纪又要遵守宪法法律的观点是一致的。

随后,刘少奇逐个解释了党员应有的四项权利。①在党的会议上或党的刊物上参加关于党的政策的实施问题之自由的切实的讨论;②党内的选举权与被选举权;③向党的任何机关直至中央提出建议和声明;④在党的会议上批评党的任何工作人员。刘少奇强调:“所有党员的这些权利,应该完全被尊重。”

刘少奇还专门论述了党内民主问题,提出了很多重要的思想。

他说,在一切可以召集大会进行选举的地方,党的各级代表大会及党员大会,必须依照党章的规定来召集,并由大会来选举党的各级领导机关。

---

① 中国革命博物馆编:《中国共产党党章汇编》,人民出版社1979年版,第110页。

扩大党内民主的中心一环，在于启发党员和干部的批评与自我批评。各级领导机关的负责人，必须有充分的接受别人批评的精神准备，万不可在遇到别人批评时，即冲动暴躁，或采取压制打击等办法。

各级党的领导机关和负责人，应该定期地向选举自己的党员和下级组织报告自己的工作。在这种报告中，不只应该说到当前的情况和工作的成绩，而且应该说到缺点和弱点以及工作中的错误，请求自己的选举人和下级组织提出意见和批评。

领导机关的决议、指示，应该允许下级和党员提出意见，提出怀疑，提出修改。如果发现决议、指示有错误，或者与本地情况不合，就应勇于提出意见，请求上级收回或修改；而不是闭着眼睛，硬要去实行，以致劳民伤财，脱离群众。下级这样做，并不是反抗上级，也不是闹独立性，而正是以认真的精神去执行决议与指示。只有这样的党员，才是最好的党员。

七大党章和刘少奇的这些论述，体现了马克思主义的基本思想。马克思、恩格斯对政党建设阐发过很多思想，其中包括要求正确对待党内不同意见。他们说："工人运动的基础是最尖锐地批评现存社会，批评是工人运动生命的要素，工人运动本身怎么能逃避批评，禁止争论呢？难道我们要求别人给自己以言论自由，仅仅是为了在我们自己队伍中又消灭言论自由吗？"

1891年，考茨基主编的《新时代》杂志公开发表了批评党领导机关的文章，有人提出应对《新时代》杂志采取相应组织措施。恩格斯批评说："在国会党团里有人要求对《新时代》进行检查，这确实太妙了。这是非常法时期国会党团独裁（这个独裁当时是必要的而且实行得很好）的幽灵出现了呢，还是对冯·施韦泽过去的严密组织的留恋呢？在德国社会主义科学摆脱了俾斯麦的反社会党人法以后，又要把它置于一个由社会民主党的机关自己炮制和实施的新的反社会党人法之下，这实在是个绝妙的想法。但是，大自然本身总不会叫树木长得戳破了天。"①

① 中共中央马克思恩格斯列宁斯大林著作编译局编：《马克思恩格斯选集》第4卷，人民出版社1972年版，第489—490页。

21. 主席制的确立

无论在正式的文件著作，还是在电影电视片中，我们经常能够看到、听到“毛主席”的称谓。“毛主席”曾经是中国最流行、最广泛、最尊贵、最神圣的称谓。

有没有好奇的人探询过：“毛主席”的称谓到底是什么时候形成的？是怎样形成的？

这当然与党的历史有关，也与党章的有关规定有关。

从一大到六大，中国共产党最高领导人的职务，先后是书记、委员长、总书记。到1928年的六大，不再设置总书记的职务，向忠发在中央政治局和中央政治局常务委员会担任的是“主席”。按照党章，如果是总书记，应由中央委员会选举产生，而六大后向忠发的主席职务，只是由中央政治局推举产生的。可见，当时的主席不是法定的，权威性也低于总书记。

1931年6月向忠发被捕叛变后，据博古整风期间于1943年11月中下旬在中央政治局会议上的讲话称：“向忠发被逮捕后，临时中央政治局‘到酒店开会（明、周、卢、博四人）’决议不设总书记。”[①] 所以，20世纪30年代的很多年，博古、张闻天都被称为负总责，而难以确定是否担任总书记，或许与当时的这一决定有关。

1938年9月，在扩大的六届六中全会上，刚刚从莫斯科回到延安的王稼祥，传达了共产国际总书记季米特洛夫的口信，其中最重要的是：在中共中央领导机关中，要以毛泽东为首解决统一领导问题，中央领导机关要有亲密团结的空气。共产国际的这一指示对确立毛泽东的领导地位发挥了重要作用。

六届六中全会后，张闻天主动逐渐将党内负总责的工作移交给毛泽东。从1939年初起，中央的会议虽然还是由张闻天主持，中央秘书处也一直跟

① 中共中央党史资料征集委员会、中央档案馆编：《遵义会议文献》，人民出版社1985年版，第132—133页。

着张闻天办公，但实际上，张闻天已不再在党内负总责。1939年七八月间政治局会议后，张闻天实际上只负责宣传部与干部教育部的工作。1940年5月，张闻天和中央秘书处搬到毛泽东居住的杨家岭，将中央工作全部交出，只具体负责宣传教育部和马列学院的工作。

1943年3月20日，中央政治局会议通过《关于中央机构调整及精简的决定》，推选毛泽东为政治局主席、书记处主席。书记处会议由主席召集，会议中所讨论的问题，主席有最后决定之权（处理日常工作决定之权）。

这样，毛泽东终于成为党的主要领导人，但从组织程序来说，这时的“主席”还不是由中央委员会选出的主席。如果此前张闻天一直是负总责而不是正式的总书记，那么毛泽东未经中央全会选举，当然也不能是总书记。名正言顺地做全党的主席，还需要有必要的手续。

1944年5月21日至1945年4月20日，六届七中全会召开。在第一天的第一次会议上，通过了由毛泽东、朱德、刘少奇、任弼时、周恩来组成全会主席团。同时决定，会议期间，政治局、书记处停止开会，党的日常工作均由主席团处理。

也正是在第一天的会议上，还作出了一个重要的决定，即通过了刘少奇关于以原政治局主席毛泽东为中央委员会主席的提议。这个决定很多人不知道，或者没有注意。党史著作基本上都没有提到。但这个表面很简单的决定，却关系到一个非常重要的规则和人事。

首先，至此，毛泽东终于不仅担任中央政治局、中央书记处主席，而且正式担任了中央委员会主席。毛泽东的主席职务，经中央全会认定，终于得到扩展。

其次，由于这是六届七中全会作出的决定，因而是完全合乎程序的。这也是党的历史上第一次由中央全会选出的第一位中央委员会主席（而不是总书记）。毛泽东由此成了名副其实的全党最高领导人。

当然，当时仍然有效的六大党章中并没有主席一职的设置。如何将中央委员会的决定和实际生活的需要与党章的规定吻合起来，还有待于党代会的召开和党章的修改。

这样的时刻终于到来。1945 年七大经修改批准后的党章，终于第一次设置了中央委员会主席的职务。细查七大党章，一共有四处使用了“主席”一词：“由中央委员会全体会议选举中央政治局与中央书记处，并选举中央委员会主席一人。”“中央委员会主席即为中央政治局主席与中央书记处主席。”“中央委员会依工作需要，设组织、宣传等部与军事、党报等委员会及其他工作机关，分别办理中央各项工作，受中央政治局、中央书记处及中央主席之指导监督。”

党章还第一次规定设立中央书记处。“中央书记处在中央政治局决议之下处理中央日常工作。”

这些规定，标志着党中央已经名正言顺地实行主席制了。在七届一中全会上，选举产生毛泽东等 13 人组成的中共中央政治局，选举毛泽东、朱德、刘少奇、周恩来、任弼时为中央书记处书记，这就是后来著名的五大书记。毛泽东当选为中央委员会主席，同时为中央政治局主席和中央书记处主席。

这样，如果从 1943 年中央政治局决定算起，到 1976 年，毛泽东一共担任了 33 年的主席。如果从 1944 年正式担任中央委员会主席算起，毛泽东一共担任了 32 年中共中央的主席。如果从 1945 年七大正式当选中央委员会主席算起，毛泽东一共担任了 31 年中共中央的主席。

当然，“毛主席”的称呼从 1931 年就开始用了。为什么会早 12 年或 14 年？因为 1931 年中华苏维埃共和国成立时，经共产国际批准、中共中央决定，由毛泽东担任中华苏维埃共和国中央执行委员会主席和人民委员会主席，由项英和张国焘任副主席。所以，“毛主席”的称呼在中央苏区就叫开了。但那时并不是党中央的主席，而是临时中央政府的主席。

22. 神秘的“地下组织”

七大党章里有一章：“党的地下组织”。此前的党章没有专门的这一章，此后的所有党章更没有这一章。所以，这一章在党章史上是独一无二的。

地下组织，确实是颇为神秘的。但真正了解它，也许未必有那么神秘。

中国共产党从诞生之日起，就把推翻现存的政权和制度作为自己的目标，所以，必然地与现存的政权、秩序和法律发生尖锐的矛盾冲突，也就不得不采取秘密与公开、合法活动与非法斗争相结合的方式。作为一种政党，多数情况下都存在于“地下”。故此，就有了“地下党”“地下组织”之称。

当党分别存在于根据地和敌方统治区的情况下，“地下党”“地下组织”一般特指国民党统治区或日伪统治区的党组织。在土地革命战争时期，“红”“白”尖锐对立，国民党统治区又称之为“白区”。白区的党组织均是“地下党”“地下组织”。刘少奇曾经是白区工作的代表。而周恩来在领导“地下党”“地下组织”等方面，资历、经历和经验同样非常丰富。

我在担任原中共中央党史研究室副主任期间所抓的一项重要工作，就是连续近10年，组织重庆市等南方10省市党史部门开展对中共中央南方局的研究，出版了南方局历史研究丛书，拍摄了电视片《千秋红岩》，召开了多次研讨会，完成了中央部署的任务，受到了宋平的好评。

南方局是抗日战争时期和解放战争初期中共中央派驻国民政府所在地重庆的秘密机关，对外以中共代表团名义出现。从1939年1月至1946年5月，实际存在大约8年之久，先后由周恩来、博古、董必武、王若飞等担任书记或代理书记。

南方局在中共中央领导下，高举抗日、民主两大旗帜，领导南方国民党统治区和部分沦陷区（包括云南、四川、贵州、湖北、湖南、广东、广西、江苏、上海、江西、福建和港澳地区等）的中共党组织，以及在此范围内设立的八路军（新四军）办事处、《新华日报》、《群众》周刊等公开机构，在险恶的政治环境下坚持了长期艰苦卓绝的斗争，为民族独立和人民解放事业建立了不朽功勋。

南方局的很多故事惊心动魄。比如，香港文化人大营救就被誉为“抗战以来最伟大的抢救工作”。

1941年12月8日凌晨，日本在偷袭珍珠港的当天，就开始进攻九龙、香港。当时留在香港的800多名著名文化界人士、爱国民主人士处境十分危险。根据中共中央的指示，南方局立即组织在香港的地下党组织、情报机构、东江游击队等周密策划，开展大规模的营救行动。文化人士们被组织化装成难民，借着黄昏暮霭，冒险绕过日军岗哨，乘小船再转小艇，偷偷驶进大海，开到岸边。由东江游击队和交通员接应，武装护送到游击区，再辗转前往桂林、重庆或苏中抗日根据地。

这次大营救，足迹遍布11个省市，行程万里以上，沿途与日、伪、顽、匪斗智斗勇，把包括何香凝、柳亚子、邹韬奋、茅盾、夏衍、张友渔、胡绳、范长江、黎澍、胡风、沙千里、廖沫沙等在内的800多名爱国民主人士、进步文化人及其家属从虎口中营救出来，没有出一次事故，没有一个人遇险牺牲。创造了一项历史性奇迹。地下工作的威力可见一斑。而且不难想象，如果这些著名文化人士落入虎口，此后几十年的中国文化史、中国社会科学发展史很大程度上就是另外一副模样了。

地下工作有特殊的规律，是斗智斗勇的艺术，因此，地下党组织的建设和活动也与一般的党组织建设有很大的差别。比如，1939年5—6月，南方局先后发出《秘密工作的决定》和《关于组织问题的紧急通知》，要求各地党组织从半公开形式转到秘密形式，建立完全的秘密机关，并实行与此相适应的工作方法。不许举行各种较大的会议，建立秘密的接头、交通、通讯等机关，下决心调离已暴露的干部，各级干部尽可能职业化等。1939年8月，中共中央作出《关于巩固党的决定》。1940年5月，中共中央进一步制定了“隐蔽精干、长期埋伏、积蓄力量、以待时机”的十六字方针。

1928年六大通过的《中国共产党组织决议案草案》曾有一部分专门论述“秘密党的组织原则”。其中指出：

“在白色恐怖厉行之下，中国共产党只能极端秘密的存在。党的指导机关当然要非常秘密，然而，就是党的下级组织（支部，职工会中的党团等等）现在也是在秘密的条件之下工作。在另一方面，党所准备的武装暴动，要不能吸收工农主要群众，终归无望，所以这就需要对这些群众的积极准备工作。应当在工作中严守最秘密的规例，建立起自己的秘密机关，安置与侦探以至奸细斗争的方法等等。”①

“应当使这些机关在日常生活中能够加强与工农群众的联系，以便有系统的准备之下，工农群众走向革命的发动，而不仅是党员和同情者的狭小范围的人作革命的发动。”②

鉴于地下工作的特殊性，七大党章单设了第七章“党的地下组织”，包括两条内容。其中第五十四条规定：“凡本党不能合法存在与活动的地区之党的地下组织形式与工作方法，由中央根据党章通过特别的决议规定之。本党章各条所规定之党的组织形式与工作方法，凡不适用于党的地下组织者，均得变通办理之。”③

党的地下工作也是最考验人的信念、品德、意志、能力、忠诚度的工作。稍有瑕疵，就会酿成大祸。如：1941 年初开始，由于有党员被捕叛变充当内奸，到 1942 年五六月间，江西省委所属 3 个特委、44 个县委及以下 200 多个区委和绝大部分支部都遭破坏，2000 多名党员被投入监狱，2000 多名农村党员被强制“管训”。此后，事态进一步扩大。到 1943 年，在一年半的时间里，中共南方工作委员会和江西省委、粤北省委、广西省工委领导机关及下属组织受到严重破坏。廖承志就是在这次事件中被捕的。这一事件被称为“南委事件”。

这类教训说明，加强地下党员的思想品质和忠诚教育尤为重要。对党员的入口也要严格把关。所以，七大党章的第五十五条规定：“党的地下组织，在接收党员时，须经更慎重的考察。新党员入党时，只履行在秘密环境下所能允许的手续。”④

刘少奇在报告中，对党章的这一章作了简要的说明，指出：我们党

① 中央档案馆编：《中共中央文件选集》第 4 册，中共中央党校出版社 1989 年版，第 447—448 页。

② 中央档案馆编：《中共中央文件选集》第 4 册，中共中央党校出版社 1989 年版，第 448 页。

③ 中国革命博物馆编：《中国共产党党章汇编》，人民出版社 1979 年版，第 59 页。

④ 中国革命博物馆编：《中国共产党党章汇编》，人民出版社 1979 年版，第 59 页。

在许多地区,现在还是处于地下状态。在这种状态下的党的组织,必须采取特别的形式去进行工作。因此党章规定党在公开状态之下的组织形式与工作方法,凡不适用于秘密状态之下的党的组织者,均得变通办理之。这个规定,是必要的,党章所规定的组织原则,全党都必须执行,但党的组织形式与工作方法,应该依照环境和条件的改变而有一定的灵活性。

四、执政规范

23. 新纪元的开始

我们现在使用的纪年法，被称为公元，如公元1921年、公元1945年、公元2000年……虽然公元的本义是指耶稣诞生，具有浓厚的西方宗教色彩，但因为长期使用，已经约定俗成，演化为普通、世俗的纪年方法，所以逐渐为世界多数国家广泛采用。比较起中国历史上按朝代年号计算，如洪武多少年、康熙多少年……也比较起辛亥革命后按民国成立的年份计算，如民国十三年、民国四十年……显然要方便得多。今天的中国大陆，除了画家、书法家在他们的作品上会签上甲申年、丁酉年、癸卯年之类外，都是使用公元纪年了。

那么作为官方规定，正式使用这种纪年法，是从什么时候开始的呢？答案是：1949年。

1949年9月，中国人民政治协商会议第一届全体会议作出几个历史性决定，其中之一，就是规定纪年采用公元。因此，中华人民共和国成立的时间，就不是称民国三十八年，而是称1949年。

1949年，我们通常称之为中国新纪元的开始。实际上有双重含义。一种简单的含义，是开始正式使用公元纪年法，“1949”成为历史性的标志；更主要的，当然就是以此为标志，开始了以中华人民共和国为主体的新的历史了。

那么，“1949”这个历史性的数字是怎样向我们走来的呢？

2016年，习近平总书记在庆祝中国共产党成立95周年大会上的讲话中，概括和阐述了三个“伟大历史贡献”和三个“伟大飞跃”。

第一个贡献和飞跃，就是中国共产党团结带领中国人民进行28年浴血奋战，打败日本帝国主义，推翻国民党反动统治，完成新民主主义革命，建立了中华人民共和国。这一伟大历史贡献的意义在于，彻底结束了旧中国半殖民地半封建社会的历史，彻底结束了旧中国一盘散沙的局面，彻底废除了列强强加给中国的不平等条约和帝国主义在中国的一切特权，实现了中国从几千年封建专制政治向人民民主的伟大飞跃。

这一个贡献和飞跃的取得，用的是“洪荒之力”，成果是“普大喜奔”。

据不完全统计，1842 年至 1949 年，中国历届政府共与外国签订了 1175 个不平等的条约、协定、章程和合同，平均每年 10 个。国家利益由此受到极大损害。特别是英国割去了香港，日本侵占了台湾，沙俄夺去了东北、西北约 150 万平方公里的领土。在 20 世纪 30—40 年代的抗日战争时期，中国军民伤亡 3500 万人，直接经济损失 1000 亿美元，间接经济损失 5000 亿美元。

从 2004 年 10 月开始，我们中共中央党史研究室组织全国党史部门和其他部门、单位的有关人员，开展“抗日战争时期中国人口伤亡和财产损失”的大规模调研。先后有多名时任和在任常委作过批示。有一位常委批示，感谢党史研究室为中华民族做了一件十分有意义的事情。我直接负责这项调研工作，李蓉、霍海丹为此工作殚精竭虑，作出了重要贡献。调研成果及出版的丛书，全部是用事实说话，用档案资料说话，用证人证言说话，直接、具体、全面、系统、立体地还原了当年日本侵略的历史，展示了中国人民遭受的灾难和损失，揭露了日本军国主义的罪行。其中，据我们调查统计，日本侵略军在中国制造的，仅一次性造成平民伤亡 800 人以上的惨案，就有 170 多起。

所以，我经常强调并告诫国人牢记：近代以来，从中国获利最多的是俄国，对中国伤害最大的是日本。

所以，第一个贡献和飞跃，意义非凡。其间可以历数的事件很多。特别应该强调的，是抗日战争的胜利和中华人民共和国的成立。

多年来，我们党和国家一直确认，抗日战争的胜利，是中华民族由衰败走向振兴的转折点。这个转折表现在哪里呢？从历史事实来说，突出地表现在废除不平等条约上。

1941年底太平洋战争爆发后,中国与美英等国结成反法西斯同盟,中国逐渐被美国等认定为四强之一。这时的中国,终于有了取消不平等条约的条件。所以,中国政府与美英等国政府展开交涉和谈判。到1943年,中国与美国、英国终于达成协议,废除不平等条约,取消在华特权,订立新的条约。

由于有美国带头,此后,比利时、挪威、瑞典、荷兰、法国、瑞士、丹麦、葡萄牙等国也都废除了不平等条约,订立了新约。甚至连日本为了诱降中国,也与汪伪政府签订《关于交还租界及撤销废治外法权等之协定》,意大利也宣布废除在华治外法权。

废除不平等条约,是中华民族的伟大胜利。中共中央当时指示各地召开军民大会,庆祝废除不平等条约。

紧接着,当然就是1949年10月1日中华人民共和国的成立了。这件大事书上说得很多,也很规范。我就不多说了。只说几个大家不一定很清楚的事情。

一个是,在此之前的9月,中国人民政治协商会议第一届全体会议,通过《中国人民政治协商会议共同纲领》,这是起临时宪法作用的文件。同时,会议还作出了几个历史性的决定;决定国都定于北平,北平改名为北京;纪年采用公元;在中华人民共和国国歌未正式制定前,以《义勇军进行曲》为国歌;国旗为红地五星旗(原决定如此,后通称五星红旗)。

再一个是国名问题。在研究建国大业时,以董必武为首的起草委员会专门研究了国家名称问题。在最初的组织条例中,考虑到当时东欧国家都是人民民主国家,所以拟将国名定为中华人民民主共和国。毛泽东6月15日致辞时还高呼:“中华人民民主共和国万岁!”但很多代表觉得这个名称太长。黄炎培等人建议用“中华人民民主国简称中华民国或中华民主国,将来进入社会主义阶段即可改称中华社会主义民主国”。但有人认为民主与共和都有民主的意思,不必重复。所以最后确定为“中华人民共和国”。

有人提出,为了方便,可以简称“中华民国”。何香凝认为,中华民国是孙中山先生的革命成果,是用许多烈士的鲜血换来的,如果能照旧使用之,那当然好。但其他很多人认为,中华民国已经被蒋介石弄得不堪言状了,不能再使用。于是最后没有同意使用这个简称。

还有一个,中华人民共和国到底是哪一天成立的?我们都知道,10月1日下午3时,首都30万军民齐集天安门广场,举行隆重的开国大典。但在此之前的9月30日,政协全体会议已经一致通过《中国人民政治协商会议第一届全体会议宣言》,并向全世界庄严宣布:"中华人民共和国现已宣告成立,中国人民业已有了自己的中央政府。"所以,中华人民共和国到底是9月30日成立,还是10月1日成立的呢?

对此,当时的文件、报刊就有不同的说法。后来的专家也有不同的意见。我们经过仔细核查,查到1949年12月2日,中央人民政府委员会第四次会议曾作出决定,将1949年10月1日作为中华人民共和国宣告成立的日子,每年的10月1日则为中华人民共和国国庆日。所以,此后中华人民共和国的国庆日实际上是按照这样一个决定正式确定下来的。

新纪元,确实名正言顺地开始了。

中国共产党随之成为在全国范围内执政的党。新的任务、新的考验摆在中国共产党面前。党的建设、党章建设也进入了一个新的历史时期。

24. 远胜贾岛的"推敲"功夫

"鸟宿池边树,僧敲月下门",这是唐朝诗人贾岛《题李凝幽居》一诗中的两句名句。其中的"敲"字,原为"推"。但贾岛琢磨了半天,还请教了高人,最后改用了"敲"字。一字之改,将月光洒地、万籁俱寂中的幽居之前,清脆敲击屋门的场景和音响,传神地表达了出来。由此,中国语言文字中多了一个传神之词——"推敲"。

但贾岛的故事和"推敲"的意蕴,与我们党修改党章所下的功夫比较起来,简直是小巫见大巫了,甚至无法放在一个平台上来加以比较。

就说说八大党章的修改过程吧。

1956年9月15日至27日,党的八大在北京举行。其间,1956年9月26日,新华社发布电讯报道:中国共产党第八次全国代表大会今天全体一致地通过了《中国共产党章程》，并且以无记名投票方式选举了中国共产党第八届中央委员会委员。

电讯同时称：大会通过的《中国共产党章程》，事先曾经过党的中央和地方组织的长时间讨论和多次修改；在代表大会预备会议期间，又经过代表们的讨论和修改，然后才由党的七届七中全会通过，作为草案提到大会；在大会开会期间，又根据代表们的提议，作了个别文字的修改。当新的章程今天在大会上通过的时候，全场响起了历久不息的掌声。

这一报道真实反映了党章修改过程的特点，如果要用什么词来概括，那就是“群策群力，反复推敲”。

1955 年 3 月 31 日，在全国代表会议的闭幕会上，毛泽东代表中共中央宣布，决定在 1956 年下半年召开党的第八次全国代表大会。随后，筹备工作就紧锣密鼓地展开。其中最重要的准备工作，就是起草大会文件。1955 年，中央组织了三个写作班子，分别负责起草三个文件。

在 1955 年 4 月的七届五中全会上补选为中央政治局委员的邓小平，作为中共中央秘书长具体负责筹备召开八大的各项组织工作，并负责修改党章和起草修改党章的报告。5 月，修改党章和修改党章报告起草委员会经中央政治局批准成立。主要由当时的中央正副秘书长组成。他们是：邓小平、胡乔木、李雪峰、谭震林、马明方、安子文、刘澜涛、宋任穷。

起草委员会随即开始了紧张的工作。9 月，讨论修改党章问题的会议在中南海西楼会议室召开，决定先由胡乔木起草章程。10 月 20 日，胡乔木完成了《中国共产党章程（初稿）》，即党章的第一次修改稿，共分 10 章 78 条。只有条文，总纲部分标明“暂缺”。当天，邓小平批示印发十余份给有关同志。

随后，邓小平对党章修改初稿作了非常细致的推敲和修改，并加写了“人民解放军党组织”一条。后又经过半年的反复修改，于 1956 年 4 月形成了《中国共产党章程（第二次修改稿）》。

1956 年 4 月下旬，中共中央召开政治局扩大会议，主要内容，一是听取毛泽东作《论十大关系》的报告，二是讨论党章第二次修改稿，并提出修改意见。在闭幕会上，毛泽东专门就党章问题发表了意见，其中包括设副主席和常任代表问题，请大家考虑。

根据中央政治局扩大会议和毛泽东的意见，邓小平组织对党章第二次修改稿作了又一次修改。特别是加写了党代表常任制的内容。

1956年5月，中央政治局连续三次开会，讨论党章的修改问题。5月底，邓小平起草了中共中央《关于讨论党章修改稿的通知》，下发要求提出意见。其中特别强调要对两个问题展开认真的讨论，一个是党代会常任制问题，一个是中央机构的设置问题。

在修改党章的基础上，关于修改党章的报告也抓紧进行。由胡乔木起草。7月23日写成了报告的前半部分，主要是对党纲部分进行说明。

7月25日，邓小平在北戴河召开八大修改党章和修改党章报告起草委员会会议，对这两个文件进行讨论。

8月1日晚，毛泽东约见邓小平，谈如何修改党章问题。几天后，邓小平将党章第三十七条草案关于中央领导机构方案报请毛泽东、刘少奇、周恩来、朱德核阅。毛泽东在中央全会选举人选之后加写了"和总书记一人"。

8月11日，胡乔木起草完成了报告的后半部分，内容是对党章一些条文的说明。邓小平作了进一步修改，主要补写了党所处的历史环境的变化，以及由此而引发的党组织出现的新情况和新问题，党的建设的新任务等。8月12日，由中央办公厅印成《关于修改党章的报告（初草）》。随后，邓小平、胡乔木又及时将八大政治报告起草过程中的一些新思想、新提法加进党章和修改党章的报告中。

8月27日晚，毛泽东连夜作了阅改，并批示："此件看了一遍，觉得大体可用。作了一些小的修改，请你们酌定。第23页上批了一点建议修改的意见，请考虑。许多句子太长，不好读。"①

8月28日，胡乔木等即按毛泽东的意见再次修改，最后由邓小平改定。

---

① 中共中央文献研究室编：《毛泽东年谱（1949—1976）》第2卷，中央文献出版社2013年版，第610页。

1956年8月22日、9月8日、9月13日，七届七中全会在北京召开三次会议，经过讨论，原则通过了准备提交第八次全国代表大会的文件。其中包括《中国共产党章程（草稿）》和《关于修改党的章程的报告（草稿）》。

根据9月3日至5日各代表团讨论的意见，邓小平、胡乔木又作了修改。毛泽东于9月10日晚对两个文件细细推敲，写下批语："即退小平同志。两件改处都看过，同意这些修改。我只在党章第三条觉得应当添三个字，请酌定。"①

这样，党章修改工作和关于修改党章的报告的起草工作基本完成。

随后，到了八大上，就有了前面新华社的电讯报道。正如邓小平在《关于修改党的章程的报告》中所说："现在提请大会讨论的党章草案，是经过各地党的组织的讨论和多次修改而成的。"②

八大党章的修改制定过程，具有以下特点：

第一，在不同层面进行了多次反复的认真讨论。

在专负其责的起草委员会内部有分工，有合作，不断就党章内容和修改工作进行研究讨论。

在八大所有文件的起草委员会和有关人员中，也进行了多次审阅和研究，确保了内容的分工和协调。

在中央政治局层面，召开了多次会议和扩大会议，反复对党章进行专题审阅或与其他文件一起进行审阅研究。

党的中央书记处成员即中央政治局常委们也都对党章草案及报告进行了审阅和修改。毛泽东主席听取汇报、亲自修改。

修改讨论的层级和次数大大超过以往所有党章的修改制定过程。

第二，广泛征求了全党的意见。

中央多次召集地方各省市自治区党委负责同志开会，或请这些干部列席中央政治局扩大会议，使他们比较充分地了解党章修改的内容和情

---

① 中共中央文献研究室编：《毛泽东年谱（1949—1976）》第2卷，中央文献出版社2013年版，第621页。

② 中国革命博物馆编：《中国共产党党章汇编》，人民出版社1979年版，第168页。

况,并有机会直接发表意见。

中共中央还专门向全党发出通知,要求对党章修改问题提出意见和建议。特别要求对某些重点问题提出意见,帮助中央决策。

甚至还听取和吸收了党外人士的意见。例如,将过去的“候补党员”名称改为“预备党员”,将“候补期”改为“预备期”,就是听取了一位党外人士的意见。

第三,妥善处理了与七大党章的关系。

七大党章是一个很好的党章,七大关于修改党章的报告讲到的很多内容到八大时仍然管用。但八大党章毕竟是党执政后的第一个党章,必须适应执政的条件和要求对党的组织和党员作出许多新的规定。

所以,邓小平在修改党章的报告中明确说明:“这个草案,同第七次大会所通过的党章比较起来,并没有根本原则上的不同”,“草案的基本精神,正是第七次大会所规定的关于党的工作的各项原理的逻辑发展”。很多问题“在党的第七次大会上都曾经进行深刻的讨论,作出正确的指示”。

“但是,在具体内容上却有了很多的改变,其中包含一些带有原则性的改变。”比如,“党章草案的总纲,同原有的总纲比较起来,有了很大的修改,特别是在政治方面。这是很容易了解的”。

这样的功夫,比起贾岛的“推敲”来,难道还不胜过一千倍吗?

25. 执政后的第一个党章

党的八大是中国共产党执政后的第一次党代会,八大党章则是执政后制定的第一个党章。

走上执政舞台,对中国共产党来说,是一个历史性的转折,也是一个历史性的挑战。所以,八大党章的最大课题、最大特点,就是研究和解决执政条件下党的建设的一系列重大新课题。

在《关于修改党的章程的报告》中,邓小平开宗明义就指出:“从我们党在一九四五年四月召开第七次全国代表大会以来,已经过去十一年多的时间了。在这个期间,我们的国家和我们的党都已经经历了巨大的变化。”

“在第七次大会召开的时候,我国的人民革命在全国大部分地区还没有得到胜利。”“现在,我们的国家的状况完全不同了。我国的人民革命在我们党的领导下,已经在一九四九年获得了全国范围内的胜利,实现了空前未有的国家统一。”

与此相应,“党的状况也有了很大的变化”。最重要的就是,“中国共产党已经是执政的党,已经在全部国家工作中居于领导地位”。

从组织来说,“党的组织分布到全国每一个城镇和县区,每一个重要的企业,并且分布到各个民族。党员的数目,比第七次大会的时候增加了八倍,比一九四九年全国胜利的时候,也差不多增加了两倍,而且多数党员都在各级国家机关、经济组织、文化组织和人民团体中担负了一定的工作”。

这就是从非执政到执政的转变。也有领导说过,是从革命党向执政党的转变。

执政,加重了党的责任;执政,为实现党的抱负和目标创造了更好的条件;执政,使党的许许多多成员感到光荣、自豪和骄傲。

但是,邓小平清醒地指出:“执政党的地位,使我们党面临着新的考验。”“执政党的地位,还很容易在共产党员身上滋长着一种骄傲自满的情绪。”

那么,“我国的政治情况既然发生了根本的变化,我们在目前时期的政治纲领,当然也要有根本的改变”。

所以,围绕着执政地位的变化,党的八大对中国共产党的目标、任务、路线、方针、政策等,作了新的阐述和规定。同时,对党的建设提出了新的任务和要求。围绕着执政之后党的建设问题,党章在总纲和条文中都作了许多新的规定。邓小平《关于修改党的章程的报告》对此作了充分的说明。特别是就总纲内容说明和论述了几个问题。

第一个,关于党的群众路线。

邓小平首先指出:“群众路线在我们党的工作中,并不是新的问题。

刘少奇同志在第七次大会所作的关于修改党章的报告中关于党章的总纲部分,对于群众路线问题都作了精辟的解释。”

但是,“由于我们党现在已经是在全国执政的党,脱离群众的危险,比以前大大地增加了,而脱离群众对于人民可能产生的危害,也比以前大大地增加了。因此,目前在全党认真地宣传和贯彻执行群众路线,也就有特别重大的意义”。所以,“党章草案的总纲,着重地指出了党必须不断地发扬党的工作中的群众路线的传统,并且指出了这个任务由于党成了执政的党而有更加重大的意义”。

邓小平在对党与人民群众的关系作出系统论述、对新形势下脱离群众的表现特别是官僚主义作了深入解剖之后,用五个“必须”说明了党章修改后提出的若干措施:

一是“必须在党的教育系统中,在党员的教育材料中,在党的报刊中,着重进行党的群众路线的教育”。

二是“必须有系统地改善各级领导机关的工作方法,使领导工作人员有足够的时间深入群众,善于运用典型调查的方法,研究群众的情况、经验和意见”,“防止领导机关官僚化的危险”。

三是“必须健全党的和国家的民主生活,使党的和政府的下级组织,有充分的便利和保证,可以及时地无所顾忌地批评上级机关工作中的错误和缺点,使党和国家的各种会议,特别是各级党的代表大会和人民代表大会,成为充分反映群众意见、开展批评和争论的讲坛”。

让党代会、人代会成为“开展批评和争论的讲坛”,这在67年后的今天,都还是我们难以想象的事情。可见当时党中央的思想是多么的“前卫”了。

四是“必须加强党的和国家的监察工作,及时发现和纠正各种官僚主义现象,对于违法乱纪和其他严重地损害群众利益的分子,及时地给以应得的处分”。

五是“必须运用过去整党工作的经验,采取群众性的批评和自我批评的方法,每隔一定时期,对全体党员进行一次工作作风的整顿,特别着重检查群众路线的执行情况”。

第二个，关于党的民主集中制。

民主集中制是党的根本的组织原则，也是党的工作中的群众路线在党的生活中的应用。以前的党章做过相应规定，七大党章和刘少奇的报告作了深刻的论述。八大则根据执政条件下党所面临的问题，做了进一步研究，并在党章总纲和第二章中，作了比较充分的规定。邓小平在报告中，说明根据七大以来多方面的经验，对民主集中制中的上下级关系问题，增加了下列的规定：

一是关于民主集中制的基本条件，增加了："党的各级领导机关必须经常听取下级组织和党员群众的意见，研究他们的经验，及时地解决他们的问题。""党的下级组织必须定期向上级组织报告工作。下级组织的工作中应当由上级组织决定的问题，必须及时向上级请求指示。"

二是关于中央和地方、上级和下级的职权范围问题，增加了："党的中央组织和地方组织的职权应当有适当的划分。凡属全国性质的问题和需要在全国范围内作统一决定的问题，应当由中央组织处理，以利于党的集中统一；凡属地方性质的问题和需要由地方决定的问题，应当由地方组织处理，以利于因地制宜。上级地方组织和下级地方组织的职权，也应当根据同一原则作适当的划分。"

三是关于政策问题的讨论和决议的执行，增加了："关于党的政策问题，在党的领导机关没有作出决议以前，党的下级组织和党的委员会的成员，都可以在党的组织内和党的会议上自由地切实地进行讨论，并且向党的领导机关提出自己的建议。但是党的领导机关一经作出决议，他们就必须服从。下级组织如果认为上级组织的决议不符合本地区、本部门的实际情况，应当向上级组织请求改变这个决议；但是如果上级组织认为仍然应当执行原来的决议，下级组织就必须无条件地加以执行。"

在当时国际共运的大背景下，邓小平在《关于修改党的章程的报告》中，专门说明了坚持集体领导原则和反对个人崇拜问题。他肯定：对这个问题的重要意义，"苏联共产党第二十次代表大会作了有力的阐明，这些阐明不仅对于苏联共产党，而且对于全世界其他各国共产党，都产生了巨大的影响"。"苏联共产党第二十次代表大会的一个重要的功绩，就是告诉我们，把个人神化会造成多么严重的恶果。”

邓小平回顾了我们党如何坚持集体领导、正确处理领袖与群众关系的经验，指出：“我们党从来认为，任何政党和任何个人在自己的活动中，都不会没有缺点和错误，这一点，现在已经写在我们的党章草案的总纲里去了。因为这样，我们党也厌弃对于个人的神化。”中国共产党已经作出了很多具体的规定，但邓小平提醒：“个人崇拜是一种有长远历史的社会现象，这种现象，也不会不在我们党的生活和社会生活中，有它的某些反映。我们的任务是，继续坚决地执行中央反对把个人突出、反对对个人歌功颂德的方针”。

时隔六七十年后再来阅读邓小平的这样一些论述，我们不能不感慨万千！当年，我们党对个人崇拜问题的论述多么清醒、多么及时。如果能够在后来真正做到，我们又能避免多大的危害和损失！可惜呀！

第三个，关于党的团结和统一。

八大党章的总纲指出：“党的团结和统一，是党的生命，是党的力量的所在。经常注意维护党的团结，巩固党的统一，是每一个党员的神圣职责。”邓小平结合当时反对高岗、饶漱石反党集团的斗争，说明了这个问题，强调指出，“党的团结和统一是党的建设的最重要问题之一”。

强调团结，理论上和原则上都是正确的和必要的。但这种团结，不能是以个人专断为前提的“团结”，不能是取消任何批评和不同意见的“团结”，更不能是靠打击、镇压为手段来维系的“团结”。后来的事实证明，如果把团结作为维系错误领导的手段，任意制造所谓的“敌人”和“反党集团”，所造成的后果是十分严重的。

第四个，关于提高党员的标准和保障党员的权利。

邓小平指出：“关于党员的规定，党章草案，同第七次大会通过的党章比较起来，有不少重要的修改。这是因为，党的情况和党员的情况，同第七次大会的时候，有了很大的不同。这些修改，提高了对于党员的要求，同时，也扩大了党员的权利。”

党在取得政权之后，自然需要研究和形成科学合理的执政方式。八大党章规定：“中央委员会通过中央的国家机关和全国性的人民团体中的党组，来领导这些组织的工作。”邓小平在报告中也作了一定的论述。当然，由于实践时间还不长，所以，论述还不是很充分、很透彻。

作为执政后的第一个党章，已经接触和研究了很多新的课题和挑战。虽然还是初步的，但如真正实行，对党的建设的意义将会是巨大的。所以，邓小平在报告中充满信心地表示：“中央委员会认为，党章草案在由党的第八次全国代表大会讨论通过以后，将成为进一步提高党的质量、扩大党内民主、发扬党员的政治积极性、改善党的组织工作、加强党的团结统一和战斗力的有力武器。”可惜的是，预期的愿景并没有成为现实。

26. 一项根本的改革

如果问：党代会多长时间开一次？这个问题还真的不太好简单回答。

1922 年中共二大通过的第一个党章规定：“全国代表大会每年由中央执行委员会定期召开一次”。1923 年、1925 年、1927 年的党章修正案，1928 年六大修改通过的党章，均如此规定。到 1945 年，七大党章改为三年，规定全国党代会“在通常情况下，每三年召集一次。在特殊情况下，由中央委员会决定延期或提前召集”。

执行的情况呢？从一大到六大，都还能做到，大体上一年一次。从 1928 年的六大到 1945 年七大，则相隔了 17 年，大大超过了党章的规定。再从 1945 年的七大到 1956 年的八大，又相隔了 11 年。

1955 年 3 月，在党的全国代表会议上，毛泽东宣布 1956 年下半年召开党的八大，同时说明：党的代表大会十年没有开，很不好。

1956 年 4 月 25—28 日，中共中央召开有各省市自治区党委书记参加的政治局扩大会议。毛泽东专门就党章问题发表讲话时，提出有关问题请大家讨论。其中之一：是否可以仿照人民代表大会的办法，设党的常任代表。我们有人民的国会，有党的国会，党的国会就是党的代表大会。设常任代表有什么好处呢？就是可以一年开一次代表大会。我们已经有十年没有开党的代表大会了。有了常任代表制度，每年就非开会不可。是不是可以考虑采用这个办法，比如五年一任。这还没有写到党章草案上去。提出请大家考虑,看是否可以。

根据毛泽东的意见,邓小平在组织对党章草案的修改中,加写了从中央到县一级的党代表采用“常任制”的内容。

1956年5月,中共中央发出由邓小平起草的《关于讨论党章修改稿的通知》,其中第一条就是:草案中规定全国代表大会和地方各级代表大会每年开会一次,这是一个重大的改变,请你们考虑这种制度是否妥当。

1956年8月22日,七届七中全会在中南海勤政殿举行第一次会议。毛泽东在讲话中再次讲到常任代表制问题。“我们这个党章草案上有个常任代表制。这是鉴于:过去11年没有开会,有各种原因,其中有一种原因,就是惰性。总而言之,战争那么忙是难开的。现在情况改变了,完全可以经常开,有常任代表。这样可以经常展开批评,民主生活可以发展。”

1956年9月15日,党的八大开幕。第二天,大会执行主席是陈毅、李先念、吴玉章、陈郁、柯庆施、欧阳钦、马明方、张鼎丞、蔡畅。邓小平首先作《关于修改党的章程的报告》。

在报告中,邓小平在论述到民主集中制的时候,指出:“党的民主集中制的基本要求之一,是党的各级代表大会的定期召集和充分发挥作用。”但是自1945年以来,虽然中间也开了很多中央全会、中央政治局会议等,但从法律上来说,毕竟不能代替党代会。所以,“党的第八次大会同第七次大会隔了十一年多,当然是迟了”。“地方各级代表大会和代表会议,除了一部分单位已经严格执行了党章的规定以外,多数的单位还是比党章规定的开得少。”邓小平坦承:“这是我们党的民主生活中的一个重要的缺点。”

邓小平进一步指出:“为了彻底克服这个缺点,把党的民主生活提高到更高的水平,党中央委员会在党章草案中,决定采取一项根本的改革,就是把党的全国的、省一级的和县一级的代表大会,都改作常任制,多少类似各级人民代表大会那样。”

在这里,邓小平用的措辞是:“一项根本的改革”,其分量和重要性表述得清清楚楚。

随后,邓小平介绍具体的规定:“党章草案规定全国代表大会每届任期五年,省一级的代表大会每届任期三年,县一级的代表大会每届任期二年。这三级代表大会一律每年开会一次，因此，原有的党的各级代表会议制度就不需要了。”

为什么要实行党代会常任制？或者说，党代会常任制有什么好处呢？

邓小平分析道：“党的代表大会的常任制，大大减少了代表选举工作的负担，代表大会在任期届满以前，可以随时召集。由于每年开会，代表大会的会议也就可以开得简便一些。”

当然，这些还只是形式上的便利。邓小平强调：“代表大会常任制的最大好处，是使代表大会可以成为党的充分有效的最高决策机关和最高监督机关，它的效果，是几年开会一次和每次重新选举代表的原有制度所难达到的。”“按照新的制度，党的最重要的决定，都可以经过代表大会讨论。党的中央、省、县委员会每年必须向它报告工作，听取它的批评，答复它的询问。”“代表由于是常任的，要向选举他们的选举单位负责，就便于经常地集中下级组织的、党员群众的和人民群众的意见和经验，他们在代表大会会议上，就有了更大的代表性，而且在代表大会闭会期间，也可以按照适当的方式，监督党的机关的工作。”

最后，邓小平充满信心地表示：“我们相信，这种改革，必然可以使党内民主得到重大的发展。”

根据这样的思路，大会最后通过的党章规定：“党的全国代表大会每届任期五年。”“全国代表大会会议由中央委员会每年召开一次。在特殊情形下，中央委员会可以决定延期或者提前召开。如果有三分之一的代表的要求，或者有三分之一的省一级组织的要求，中央委员会必须召开全国代表大会会议。”

“党的省、自治区、直辖市代表大会每届任期三年。”“省、自治区、直辖市代表大会会议由省、自治区、直辖市委员会每年召开一次。”

县级党代会也是如此，但任期减为两年。

党代会常任制由此确立。“一项根本的改革”由此实施。

按此规定，党的八大任期五年，每年都要开会一次。所以，1956 年的八大，就是八大一次会议，按顺序，以后将分别召开八大二次会议、八大三次会议……

但是，由于八大之后“左”的倾向迅速发展，党的八大的很多重要决定被改变或否定。1958年5月，时隔两年后，党的八大二次会议才在北京举行。之后，就再也没有召开了。不仅如此，连党代会都相隔了13年，直到1969年才召开党的九大。而这期间，正是“左”倾错误造成严重危害的时期。由于“根本的改革”没有坚持下去，由于党代会没有发挥应有的作用，由于全党没有形成一种可以防止和纠正党内，特别是最高领导人错误的机制，结果使“左”倾错误一直延续、发展了将近20年。其教训不能不说是刻骨铭心！

令我们感到欣慰的是，自十一届三中全会实现伟大的历史转折后，从党的十二大开始到党的二十大，连续9次大会、历时整整40年，党的代表大会每一次都能够按照党章的规定如期召开。这是党的政治生活走上健康和正常轨道的重要标志。

27. 指导思想何以“隐形”？

当代世界，隐形技术日益发展。首先是飞机隐形，随后是舰船隐形、坦克隐形、无人机隐形、人的衣服隐形……

大家可能不知道：在党的八大前后特别是八大党章中，“毛泽东思想”一词也“隐形”了一段时间。

借用“隐形”一词，意即，实际还存在并发挥着作用，但表面上不见了，至少“毛泽东思想”这个词不见了。

1945年，七大党章在总纲中明确指出：“中国共产党，以马克思列宁主义的理论与中国革命的实践之统一的思想——毛泽东思想，作为自己一切工作的指针”。刘少奇在《关于修改党章的报告》中说：“这是我们这次修改的党章一个最大的历史特点。”报告专门用一个部分对毛泽东思想作了阐述。

不过，我们的很多著作和教科书只说了七大，但却没有说八大的情况。所以，好多人不知道，到党的八大时，党章总纲关于党的指导思想里，已经没有了“毛泽东思想”的概念。也就是说，“毛泽东思想”一词又从党章中去掉了。八大党章总纲只是说:“中国共产党以马克思列宁主义作为自己行动的指南。”“党在自己的活动中坚持马克思列宁主义的普遍真理同中国革命斗争的具体实践密切结合的原则,反对任何教条主义的或者经验主义的偏向。”

而且,在刘少奇的政治报告、邓小平关于修改党的章程的报告、党的八大决议中,都没有出现“毛泽东思想”一词。甚至所有大会发言中都不约而同地没有提“毛泽东思想”。

这就是说,在八大党章中,在八大会议上,乃至在八大前后的一段时间里,“毛泽东思想”“隐形”了。

这一“隐形”,无疑是一件天大的事情。所以,后来还成了一桩历史公案。九大上,康生在关于党章的发言中攻击刘少奇、邓小平等人说:“在他们制定的党章中把毛泽东思想删掉”,是“猖狂反对毛主席、反对毛泽东思想,这是别有用心的”。经过“文化大革命”的人都知道,“反对毛泽东思想”这顶帽子有多大的分量!

由于这件事非同小可,所以,即使今天,人们也肯定会奇怪:党的七大已经正式确立了毛泽东思想的地位,而且载入了党章。为什么党的八大还要去掉呢?

或许很多人想不到,历史的真实是:不再使用“毛泽东思想”的概念,这是毛泽东自己的要求。事实上,如果当年不是毛泽东自己的意见,其他任何人,谁有这个权力和胆量能够决定这样天大的事情?

从1948年11月起,毛泽东就多次将送他审阅的文件中“毛泽东思想”的字样删去,改为“马克思列宁主义的普遍真理和中国革命的具体实践相结合”,或者只用“马克思列宁主义”。如:毛泽东写信给刘少奇等人时,就提出将“青年团文件中‘毛泽东思想’改为‘马列主义’”。

1953年出版的《毛泽东选集》第三卷,把六届七中全会通过的《关于若干历史问题的决议》作为附录收入时,根据毛泽东的提议,修改了几百处,特别是将其中凡有“毛泽东思想”用语的地方,都一律删除。有的还是他亲自动手删除的。

1953年9月25日,毛泽东对《人民日报》送审的国庆社论提纲草稿进行审阅时，对有“毛泽东思想”字眼的地方都作了修改，并且批示：“不要将‘毛泽东思想’这一名词与马列主义并提，并在宣传上尽可能不用这个名词。”①

1954年12月，中宣部根据毛泽东的指示精神，专门下发通知，说明：“毛泽东同志曾指示今后不要再用‘毛泽东思想’这个提法，以免引起重大误解。我们认为今后党内同志写文章做报告，应照毛泽东同志的指示办理。”②毛泽东在审阅这个通知稿时加了一句：“在写文章做讲演遇到需要提到毛泽东同志的时候，可用‘毛泽东同志的著作’等字样。”③这个通知不是哪个个人随意所为，而是根据中央书记处指示起草，经毛泽东审阅修改、中央几位主要领导同志传阅后，发到党内一定范围的。

为什么毛泽东自己要求不再用“毛泽东思想”这个词呢？

对这个重大的历史之谜，胡乔木作了回答。

他回忆说：“在七届二中全会上，他曾强调不要把他与马、恩、列、斯并列，说如果平列起来一提，就似乎我们自己有了一套，而请马、恩、列、斯来做陪客，这样不好，我们请他们是做先生的，我们做学生。这个想法是毛主席删去‘毛泽东思想’概念，并在相当长时间内不赞成恢复使用它的一个重要原因。”④

胡乔木还回忆说：“我们党提出毛泽东思想后，苏联党始终拒绝承认这个提法，在苏联报刊上绝口不提毛泽东思想。这成了一个禁区。凡是中共文件中提了的，它在发表时都给删掉。既然苏共是如此态度，而中国革命又离不开苏联的帮助，从大局出发还必须搞好与苏共的团结。出于这样的考虑，不仅‘历史决议’将毛泽东思想提法删去，并且在1956年八大不提了。直到60年代初，中苏两党开始论战后，中共中央才恢复使用毛泽东

---

① 中共中央文献研究室编：《毛泽东年谱（1949—1976）》第1卷，中央文献出版社2013年版，第604页。

② 中共中央文献研究室编：《毛泽东年谱（1949—1976）》第2卷，中央文献出版社2013年版，第319页。

③《建国以来毛泽东文稿》第四册，中央文献出版社1990年版，第623页。

④ 胡齐木：《胡齐木回忆毛泽东》，人民出版社2003年版，第325页。

思想的提法。”[①]

这就是“毛泽东思想”曾经“隐形”的两个原因。

当然,“隐形”不等于不存在了,更不是不发挥作用了。

比如,新中国成立后,党中央陆续编辑出版《毛泽东选集》。1951年出了第一卷,到1960年,四卷出齐。全党全国出现了学习毛泽东思想的热潮,而《毛泽东选集》为全党全国学习毛泽东思想提供了系统的教材。

在实际生活中,毛泽东思想依然发挥着重要的指导作用。

即使“隐形”,也只是在一段特殊时间内的“隐形”。这个特殊性消失了,“隐形”的色彩也就消失了。

当然,我们也知道,从党的九大开始,由于“左”的思潮的泛滥,党章所确认的指导思想一度发生严重的错误,给党的事业带来了消极的影响。

1978年党的十一届三中全会以后,党的历史决议对毛泽东思想作出了科学评价。

28. 中枢系统的新设计

中共六大前的党章上,有“总书记”这样一个职务,六大和七大都没有了,但到八大又出现了。此“总书记”与彼“总书记”是一回事吗?

七大党章第一次出现了“主席”职务,到八大,又增加了“副主席”的职务。这是为什么?

八大党章上还有一个“名誉主席”的职务,但事实上,100多年来,没有任何一个人真的担任过“名誉主席”。这又是为什么?

所有这些,其实都与党的八大对中央领导机构的新设计有关。作为执政后的第一次党代会,不仅对党的政治任务、治国方略进行了新设计,而且对中央领导机构这个中枢神经系统也进行了新设计。

在党的八大筹备过程中,党内最初酝酿中央领导机构和人选时,曾经设想党中央除了原有的主席外,再设副主席一人,由毛泽东和

---

① 胡齐木:《胡齐木回忆毛泽东》,人民出版社2003年版,第326页。

刘少奇分任主席、副主席。但刘少奇不同意由他一人任副主席。

1956 年 4 月 28 日，在中央政治局扩大会议上，毛泽东提出了中央领导机构的新设计问题。他说：中央究竟是设一个副主席还是设几个副主席，也请你们讨论。少奇同志提出设几个副主席，现在的这个党章草案上是说设一个副主席。

5 月底，中共中央下发的《关于讨论党章修改稿的通知》中，除了党代会常任制外，还说明了："第三章第九条中关于中央机构问题，曾考虑到两种形式。一种是保持原来性质的书记处，设一个副主席；一种是不设原来的书记处，增设几个副主席，并且设立另外性质的书记处或者其他名义的组织。请你们考虑哪一种形式较好。"①

这里已经把新设计问题从副主席扩大到书记处了。由于原来的书记处实际就是常委，改变书记处的性质显然不是小事了。

在充分听取各省市自治区党委和中央各部委党组的意见后，7 月，中共中央决定成立一个专门委员会，负责落实中央机构的设置方案。陈云为委员会第一召集人，邓小平为第二召集人。成员包括彭真、彭德怀、董必武等共 20 人。

8 月 5 日，邓小平将专门委员会讨论的中央机构设置方案，上报毛泽东、刘少奇、周恩来、朱德"核发"。这个方案是对于中央整个领导机构的设置方案。变动的地方主要是：增设了书记处，此书记处是"在中央政治局和它的常务委员会领导之下，处理中央日常工作"；增设"副主席若干人"；必要时"可以设立中央委员会名誉主席一人"。

毛泽东对这个方案比较满意，基本没有做什么改动，只是在选举"副主席若干人"之后，亲笔加写了"和总书记一人"。这个方案经毛泽东、刘少奇、周恩来、朱德审阅之后，又经中央政治局讨论通过。

8 月 22 日，七届七中全会在中南海举行第一次会议，毛泽东在对常任制作说明的时候，同时讲了中央机构问题。

他说：为了国家的安全，为了工作的有利，准备设几层屏障，有总书

---

① 石仲泉、沈正乐、杨先材、韩刚主编：《中共八大史》，人民出版社 1998 年版，第 189 页。

记。中央政治局准备向新的中央委员会建议，推举邓小平当总书记。想组织一个书记处，管日常工作。政治局还设一个常委会，相当于过去的书记处。估计到新的政治局委员、候补政治局委员可能会到二十人多一点，我们认为组织一个小的常委会，一个小的“内阁”，是有必要的。还有中央副主席、主席。过去只有中央主席，没有副主席，没有总书记，现在设总书记，又设副主席。

为什么要做这样的调整？毛泽东解释说：“我们这么一个大国，六亿人口，一千一百万党员，一个主席、一个副主席总觉得孤单。准备向新的中央委员会建议，过去的几位书记都当副主席。‘天有不测风云，人有旦夕祸福。’或者是从飞机上掉下来，或者是一个炸弹下来，把主席打死了，还有副主席；把一个副主席打死了，还有三个副主席；把两个副主席打死了，还有两个；把三个副主席打死了，还有一个；统统打死了，还有一个总书记。总而言之是有备无患。……有些人不赞成现在设，也可以考虑，设不设要看对党与国家是否有利。”①

9月13日，毛泽东主持七届七中全会第三次会议，再一次讲到增设几个副主席和总书记问题。他说：“上一次也谈过，中央准备设四位副主席，就是少奇同志，恩来同志，朱德同志，陈云同志。另外，还准备设一个书记处，书记处的名单还没有定，但总书记准备推举邓小平同志。”②

毛泽东还说道：“你们不要以为我现在打退堂鼓，想不干事了，的确是身体、年龄、精力各方面都不如别人了。”“我是准备了的，就是到适当的时候就不当主席了，请求同志们委我一个名誉主席。名誉主席是不是不干事呢？照样干事，只要能够干的都干。”③

邓小平对于自己当总书记问题，曾经诚恳地表示：“我不行，我不行，我的威望和能力都不行，怕难以胜任，还是让别人当吧！”但毛泽东比喻说：“我们是医生，书记处是护士，你是护士长，还是我们的助手嘛！”“其实，还是

---

① 毛泽东：《在中共七届七中全会第一次会议上的讲话》，《党的文献》2006年第5期。

② 《毛泽东文集》第7卷，人民出版社1999年版，第110页。

③ 《毛泽东文集》第7卷，人民出版社1999年版，第111页。

你那个秘书长的差事！”①

毛泽东说：“至于秘书长改为总书记，那只是中国话变成外国话。”邓小平插话说：“我还是比较安于担任秘书长这个职务。”毛泽东继续说：“他愿意当中国的秘书长，不愿意当外国的总书记。其实，外国的总书记就相当于中国的秘书长，中国的秘书长就相当于外国的总书记。他说不顺，我可以宣传宣传，大家如果都赞成，就顺了。”②

毛泽东接着还对邓小平作了评价，说：“我看邓小平这个人比较公道，他跟我一样，不是没有缺点，但是比较公道。他比较有才干，比较能办事。”“大体说来，这个人比较顾全大局，比较厚道，处理问题比较公正，他犯了错误对自己很严格。他说他有点诚惶诚恐，他是在党内经过斗争的。”③

在八大《关于修改党的章程的报告》中，邓小平对中央领导机构问题作了说明。他说：“在党的中央组织中，草案规定，中央委员会除选举中央政治局以外，还选举中央政治局的常务委员会，由它继续担任原有的在党的多年经验中证明为必要和适当的中央书记处的作用；同时，选举中央书记处，使它在中央政治局和中央政治局常务委员会领导下，负责处理中央日常工作。由于党和国家的工作的繁重，原有的中央机构已经不够适应需要了，所以，中央委员会认为有增设中央机构的必要。此外，中央委员会还认为需要增设几个副主席和一个总书记，中央委员会主席和副主席同时是中央政治局主席和副主席。”④

9月26日，大会通过了新的党章，也就是正式决定了中央领导机构的新设计。其中第三十七条规定：

“党的中央委员会全体会议选举中央政治局、中央政治局的常务委员会和中央书记处，并且选举中央委员会主席一人、副主席若干人和总书记

---

① 刘振德：《我为少奇当秘书》，中央文献出版社1994年版，第34页。

② 《毛泽东文集》第7卷，人民出版社1999年版，第111页。

③ 《毛泽东文集》第7卷，人民出版社1999年版，第111、112页。

④ 中国革命博物馆编：《中国共产党党章汇编》，人民出版社1979年版，第201—202页。

一人。”

“中央政治局和它的常务委员会在中央委员会全体会议闭会期间，行使中央委员会的职权。”

“中央书记处在中央政治局和它的常务委员会领导之下，处理中央日常工作。”

“中央委员会的主席和副主席同时是中央政治局的主席和副主席。”

“中央委员会认为有必要的时候，可以设立中央委员会名誉主席一人。”①

1956年9月28日，党的八届一中全会选举产生了新的中央领导机构：除了毛泽东继续担任中央委员会主席外，刘少奇、周恩来、朱德、陈云担任新设的副主席。邓小平担任中央委员会总书记。以上6人组成中央政治局常委会。政治局委员17人，候补委员6人，书记处书记7人。

29. 权利和义务的平衡

权利与义务平衡，这是现代法律的一个重要原则。公民如此，党员要不要也坚持这种平衡呢？当然要。

在党内，必须处理好权利与义务的关系。这是“文化大革命”结束之后我们党特别重视的一个问题。因为在历史上的某些时期，我们曾经严重忽视党员的权利。特别是在审查干部的时候，往往不许本人解释和申辩，对什么人都来一句“坦白从宽，抗拒从严”。很多人屈打成招，酿成了很多冤假错案。许多老干部都吃过这种苦头，所以，对此有深切的体会。

当然，权利与义务不是改革开放以后才有的。

1945年的七大党章，就第一次以条文形式规定了党员的四项义务和四项权利。

1956年的八大党章，将党员义务由4条增加到10条，党员权利由4

① 中国革命博物馆编：《中国共产党党章汇编》，人民出版社1979年版，第159页。

条增加到7条。

八大党章第一章第二条规定,党员有下列义务:

(一)努力学习马克思列宁主义,不断提高自己的觉悟程度;

(二)维护党的团结,巩固党的统一;

(三)认真地执行党的政策和决议,积极地完成党分配给自己的任务;

(四)严格地遵守党章和国家的法律,遵守共产主义道德,一切党员不管他们的功劳和职位如何,都没有例外;

(五)把党的、国家的、也就是人民群众的利益,摆在个人的利益之上;在两种利益发生抵触的时候,坚决地服从党的、国家的、也就是人民群众的利益;

(六)全心全意地为人民群众服务,密切同人民群众的联系,向人民群众学习,虚心地听取并且及时地向党反映人民群众的要求和意见,向人民群众解释党的政策和决议;

(七)在工作中起模范作用,不断地提高生产技术和业务能力;

(八)实行批评和自我批评,揭露工作中的缺点和错误,并且努力加以克服和纠正;向党的领导机关直到党的中央委员会报告工作中的缺点和错误;同党内外一切危害党和人民的利益的现象进行斗争;

(九)对党忠诚老实,不隐瞒和歪曲事实真相;

(十)时刻警惕敌人的阴谋活动,保守党和国家的机密。

同时,八大党章第三条规定,党员有下列权利:

(一)在党的会议上或者在党的报刊上参加关于党的政策的理论和实际问题的自由的、切实的讨论;

(二)对于党的工作提出建议;在工作中充分发挥创造性;

(三)党内的选举权和被选举权;

(四)在党的会议上批评党的任何组织和任何工作人员;

(五)在党组织对自己作出处分或者鉴定性的决议的时候,要求亲自参加;

(六)对于党的决议如果有不同意的地方,除了无条件地执行以外,可以保留和向党的领导机关提出自己的意见;

（七）向党的任何一级组织直到中央委员会提出声明、申诉和控诉。

在这个10条义务和7条权利中，与七大党章相比，有哪些新的要求呢？为什么要有这些要求呢？邓小平在《关于修改党的章程的报告》中作了说明和回答。

邓小平指出："关于党员的规定，党章草案，同第七次大会通过的党章比较起来，有不少重要的修改。""这些修改，提高了对于党员的要求，同时，也扩大了党员的权利。"

党章草案关于党员义务的规定，比原有条文增加了许多新的内容。比如：

把"维护党的团结，巩固党的统一"列为党员的义务。

规定党员必须积极地完成党分配给自己的任务。

要求每一个党员严格地遵守党章和国家的法律，遵守共产主义道德，一切党员，不管他们的功劳和职位如何，都没有例外。邓小平对此特别强调：中央认为，这一规定，"在今天具有特别重要的意义"。

规定每一个党员有义务实行批评和自我批评，揭露工作中的缺点和错误，并且努力加以克服和纠正；有义务向党的领导机关直到党的中央委员会报告工作中的缺点和错误。

规定党员必须对党忠诚老实，不隐瞒和歪曲事实真相。

邓小平说，党的事业的胜利，党对于人民所负的责任的加重，党在人民中间的威信的增长，这一切，都要求党对于党员提出更高的标准。"关于党员义务的这些新规定，表示党对于党员的要求是更为严格了。"

那么，党员的权利呢？邓小平也列举了一系列新的规定。

把在工作中充分发挥创造性，作为党员的一项权利规定下来，邓小平认为，这是有原则意义的。"这个规定，不但可以大大激发广大党员在党的纪律所允许的范围内，在工作中充分集中群众智慧，运用独立思考，实事求是地、创造性地解决问题，而且可以使许多惯于墨守成规、惯于不尊重党员群众创造性的领导人员，学会改变自己的作风，从而促进党内民主的高涨。"

规定在党组织对党员作出处分或者鉴定性的决议的时候，党员有权要求亲自参加。这样,可以使得党组织有机会听到党员本人的陈述,避免根据一种不确实的或者不全面的反映来作出决定。

规定党员对于党的决议如果有不同意的地方,除了无条件地执行以外,有权保留自己的意见,并且有权向党的领导机关提出自己的意见。而“党组织不应该用纪律迫使他们放弃这些意见”。

邓小平还说明:对于党员在党的会议上或者在党的报刊上参加关于党的政策的理论和实际问题的自由的、切实的讨论的权利,对于党员在党的会议上批评党的任何组织和任何工作人员的权利,对于党员向党的任何一级组织直到中央委员会提出声明、申诉和控诉的权利,都比原有的条文规定得更为完满了。

党员的义务与权利是平衡的。

首先,党员既然入党,就必须做一个合格的共产党员,就必须按照先锋队的标准要求自己,严格履行作为一个党员应尽的义务。“如果不遵守这些义务,应当给予批评和教育,如果严重地违背这些义务,破坏党的统一,违犯国家法律,违背党的决议,危害党的利益和欺骗党,就是违反党的纪律,应当给予纪律处分。”

与此同时,党员的权利也必须受到保护。所以,党章也同样规定:“党员和党组织的负责人如果不尊重党员的这些权利,应当给予批评和教育;如果侵害党员的这些权利,就是违反党的纪律,应当给予纪律处分。”邓小平强调:党章“特别规定:侵害党员的权利,就是违反党的纪律,应当给予纪律处分。这是对于党员权利的有力的保障”。

八大党章关于党员义务和权利的这些规定,不仅总结了历史的经验,而且还应该说是相当程度上的先见之明。因为,在“左”倾错误发展过程中,八大的很多规定并没有得到切实的执行,因此酿成了大量的冤假错案。假如都得到执行了,那该减少多少不应有的错误啊!

所以,“文化大革命”结束之后,我们党深刻总结了历史的经验教训。1980年十一届五中全会通过的《关于党内政治生活的若干准则》明确规定,要发扬党内民主,正确对待不同意见,保障党员的权利不受侵犯,选举要充分体现选举人的意志,正确对待犯错误的同志。在后来制定的党章和有关文件中，都突出强调了党员的权利。党员除了选举权和被选举权之外，还有知情权、参与权、建议权、批评权、申辩权、控告权、请求帮助权等等。

随着党内民主的发展，党中央还专门制定了《中国共产党党员权利保障条例》，具体规定了党员的各项权利以及如何加以保障。

五、曲折教训

30. 弃置规矩的教训

习近平总书记说:“没有规矩,不成方圆。”宪法法律就是国家和公民的规矩,而党章党规则是党和党员的规矩。

一个国家、一个政党、一个社会,如果没有了规矩、丢掉了规矩、破坏了规矩,那将会是什么结果?

这里,选录我们中共中央党史研究室编写的《中国共产党历史》第二卷中关于“文化大革命”的少量事实:

“6 月 18 日,北京大学的一些学生避开工作组,将 40 多位干部、教师拉出来批斗,发生了抹黑脸、戴高帽、罚跪、扭打、侮辱妇女等行为。”①

“8 月中下旬,北京的红卫兵率先冲出学校,走上街头,破除‘四旧’”。“这些青少年幼稚而狂热,单纯又盲从,没受过基本的法制教育,没有基本的法律知识不受任何法制的约束。在‘造反有理’的号召下,以简单、粗暴、蛮横的行动打击他们认定的‘牛鬼蛇神’,使‘打碎’、‘火烧’、‘砸烂’等口号和行为风行一时。城市的街道、商店、医院、学校等地方许多有影响的老名称、老字号招牌被当作所谓‘封、资、修’货色,统统取消或砸掉,换上含有‘兴无灭资’等内容的新招牌、新字号。”“街头巷尾到处发生抄家、打人、砸文物、烧‘坏书’、剪长发、剪烫发等严重违法行为。”②

“在批判‘资产阶级反动路线’的高潮中,从中央到地方的各级党委几乎全被冲垮,领导部门陷于瘫痪、半瘫痪,党和团的基层组织停止

---

① 中共中央党史研究室:《中国共产党历史》第 2 卷(1949—1978)下册,中共党史出版社 2011 年版,第 765 页。

② 中共中央党史研究室:《中国共产党历史》第 2 卷(1949—1978)下册,中共党史出版社 2011 年版,第 771、772 页。

活动。"①

"王洪文煽动工人卧轨断路，造成沪宁线全线运行中断30多个小时。这一事件被称作安亭事件。"②

"从地方到中央，从学校到机关，从工矿企业到城市街道、农村社队，夺权狂潮一浪高过一浪。五花八门的造反组织争相占领党政机关，抢夺机关公章，扣押以至绑架领导干部，封闭报社，冲击电台，为所欲为。""大批党政领导干部被揪斗迫害"。"党纪国法被弃置不顾、国家的司法公安机关无法行使职权"。③

"1968年五六月间，广西柳州、桂林、南宁等地连续发生抢劫援越物资、破坏铁路交通、冲击部队指挥机关、抢夺武器装备甚至杀伤解放军指战员的严重事件。在陕西一些地方，出现了抢劫国家银行、仓库、商店，烧毁和炸毁国家仓库、公共建筑以及杀伤解放军指战员等恶性事件。"④

所有这些，都只能说是"文化大革命"的一个"剪影"。实际的动乱程度、破坏程度远远比这还要糟糕。

仅据中央组织部统计，"文化大革命"中全国被立案"审查"的干部共230万人，占"文化大革命"前1200万干部的19.2%。虽未立案"审查"，但被错误批斗关押的干部和受株连的人为数更多。中央、国家机关副部长和地方副省长以上的干部，被立案"审查"的约占同级干部总数的75%；有6万多名干部被迫害致死；集团性的冤假错案近两万件，涉及干部达几十万人。因大量冤假错案受到诬陷、迫害和株连的难以计数。

本来，1949年以来，我们国家已经立了不少规矩。1956年的八大，也为执政条件下的党的建设立了很好的规矩。但是很遗憾，这些规矩都被弃

---

① 中共中央党史研究室：《中国共产党历史》第2卷（1949—1978）下册，中共党史出版社2011年版，第775页。

② 中共中央党史研究室：《中国共产党历史》第2卷（1949—1978）下册，中共党史出版社2011年版，第776页。

③ 中共中央党史研究室：《中国共产党历史》第2卷（1949—1978）下册，中共党史出版社2011年版，第784页。

④ 中共中央党史研究室：《中国共产党历史》第2卷（1949—1978）下册，中共党史出版社2011年版，第798页。

置了、破坏了。其结果,就可想而知了。

科学合理的规矩是不能弃置的。所以,对于这场所谓的“文化大革命”,1981 年十一届六中全会通过的《关于建国以来党的若干历史问题的决议》已经作出了历史性的权威结论。我们无须多说当年的错误,但要牢牢记住《历史决议》的结论,时时向我们自己提出警示。

《历史决议》指出:“‘文化大革命’名义上是直接依靠群众,实际上既脱离了党的组织,又脱离了广大群众。运动开始后,党的各级组织普遍受到冲击并陷于瘫痪、半瘫痪状态,党的各级领导干部普遍受到批判和斗争,广大党员被停止了组织生活,党长期依靠的许多积极分子和基本群众受到排斥。”①

“它根本不是‘乱了敌人’而只是乱了自己,因而始终没有也不可能由‘天下大乱’达到‘天下大治’”。②

《历史决议》深刻、全面地总结了“文化大革命”的教训。其中在党的建设上,决议指出:“根据‘文化大革命’的教训和党的现状,必须把我们党建设成为具有健全的民主集中制的党。”③

为此,要禁止任何形式的个人崇拜,维护党的领袖人物的威信,同时保证他们的活动处于党和人民的监督之下。

在高度民主的基础上实行高度的集中。深入群众,深入实际,谦虚谨慎,和群众同甘共苦,坚决克服官僚主义。

根除派性,反对无政府主义和极端个人主义,纠正特殊化等不正之风。

纯洁党的队伍,清除那些欺压人民的腐化变质分子。

正确处理党同其他组织的关系,保证国家权力机关、行政机关、司法

---

① 中共中央文献研究室编:《十一届三中全会以来重要文献选读》(上册),人民出版社 1987 年版,第 316 页。

② 中共中央文献研究室编:《十一届三中全会以来重要文献选读》(上册),人民出版社 1987 年版,第 317 页。

③ 中共中央文献研究室编:《十一届三中全会以来重要文献选读》(上册),人民出版社 1987 年版,第 350 页。

机关和各种经济文化组织有效地行使自己的职权。

在国家事务的重大问题上同民主党派和无党派人士认真协商，尊重他们和各方面专家的意见。

党的各级组织同其他社会组织一样，都必须在宪法和法律的范围内活动。

“文化大革命”给我们提供了重要的历史警示。中国共产党的伟大、光荣，并不在于从来不犯错误、从来没有曲折，而是在于能够勇敢地承认和正视自己的失误和挫折，郑重、科学地对待这些失误和挫折。

中国共产党正是正确地认识和对待“文化大革命”的严重错误，才实现了从“以阶级斗争为纲”到以经济建设为中心，从封闭半封闭到对外开放的历史性转变。

邓小平说：“我们根本否定‘文化大革命’，但应该说‘文化大革命’也有一‘功’，它提供了反面教训。没有‘文化大革命’的教训，就不能制定十一届三中全会以来的思想、政治、组织路线和一系列政策。”①

31. “文化大革命”的产物

1969 年 4 月 1 日至 24 日，中国共产党第九次全国代表大会在北京举行。出席大会的代表共 1512 人，代表全国 2200 万党员。

这是一次颇具神秘色彩的大会。我记得当年在毫无思想准备的情况下，突然听到广播电台宣布九大已经召开的消息时，大家都颇为惊讶。后来才知道，这次大会采取了异乎寻常的保密措施。会议的时间和日程都是保密的。事先没有公布开会的时间，也没有像八大一样邀请外宾。记者不能自由采访。代表们进京都是保密的。一到北京，就被通知“五不准”：不准外出，不准会客，不准写信，不准打电话，不准透露会议情况。开会时以秘密方式进入会场。直到公报发表，全国人民才知道九大已经召开了。

更重要的是，这是一次在“文化大革命”特殊背景下召开的大会。由

① 《邓小平文选》，人民出版社 1993 年版，第 272 页。

于当时各地党组织处于瘫痪状态，无法正常进行代表的选举，多数代表由革命委员会同各造反组织的头头协商决定或上级指定，以致很多品质恶劣的帮派骨干、打砸抢分子、极左分子成了九大代表。有的人是在确定为九大代表后，才赶办入党手续，或在赴京列车上突击入党的。相当多的原八届中央委员和候补中央委员处在被审查或监禁中，未能作为代表出席九大。

4 月 1 日下午 5 时，毛泽东主持开幕式并讲话。随后林彪宣读政治报告。报告专门以一节论述了党的整顿和建设，认为“无产阶级文化大革命的胜利，为我们在无产阶级专政条件下如何进行党的建设，提供了宝贵的经验”。又说：“离开了无产阶级专政下继续革命，就不能正确地解决党的建设问题，建设一个什么样的党和怎样建设党的问题”；“这次无产阶级文化大革命，是我们党的历史上一次最广泛、最深刻的整党运动”。[1]

修改党章，当然是党代会的主要议程之一。

在筹备九大的过程中，1967 年 11 月间，中央文革小组整理出一份筹备九大的通报，主要内容为：要把社会主义社会阶级斗争的理论写入九大党纲；要写一部党内两条路线斗争史；要大力宣传林彪是“毛主席的亲密战友和接班人”，并写入九大的报告和决议；要把“文化大革命”中涌现的“新生力量”选入党的中央委员会；要把“叛徒、特务、自首分子和反革命修正主义分子”“统统清除出去，以根除隐患”。通报中的这五条，实际上成为准备九大和修改党章的指导思想。12 月，中共中央、中央文革小组又先后发出《关于整顿、恢复、重建党的组织的意见和问题》和《关于进行修改党纲党章工作的通知》。

为准备召开九大，八届扩大的十二中全会于 1968 年 10 月 13 日至 31 日在北京举行。全会在极不正常的情况下，通过《关于第九次代表大会代表产生的决定》和《关于〈中国共产党章程（草案）〉的决定》。

九大没有作关于修改党章的报告，而是由康生作了一个关于党章

① 李忠杰：《领航—从一大到十九大》，人民出版社 2017 年版，第 221 页。

的发言。从4月2日开始，代表对政治报告和党章进行讨论。在4月14日的第二次全体会议上，毫无悬念地通过了政治报告和《中国共产党章程》。

九大党章起草时，就强调字数要少，要精。所以党章内容压缩到只有6章12条。总纲作为第一章。九大党章对八大党章作了大量错误的修改，很多内容不科学，充满了“左”倾错误。

最主要的，是突出“无产阶级专政下继续革命的理论”，高度肯定“文化大革命”，强调“以阶级斗争为纲”，只字不提发展生产力，不提现代化建设。宣称：“社会主义社会是一个相当长的历史阶段。在这个历史阶段中，始终存在着阶级、阶级矛盾和阶级斗争，存在着社会主义同资本主义两条道路的斗争，存在着资本主义复辟的危险性，存在着帝国主义和现代修正主义进行颠覆和侵略的威胁。这些矛盾，只能靠马克思主义的不断革命的理论和实践来解决。”宣称“我国的无产阶级文化大革命，就是在社会主义条件下，无产阶级反对资产阶级和一切剥削阶级的政治大革命”。①

不切实际地规定了“打倒帝修反”、推进世界革命的任务。宣称要“为打倒以美国为首的帝国主义，打倒以苏修叛徒集团为中心的现代修正主义，打倒各国反动派，为在地球上消灭人剥削人的制度，使整个人类都得到解放而共同奋斗”。②

重新恢复使用了毛泽东思想的概念，但对毛泽东思想作了夸大其词的评价，称“毛泽东思想是在帝国主义走向全面崩溃、社会主义走向全世界胜利的时代的马克思列宁主义”。“把马克思列宁主义提高到一个崭新的阶段。”③

取消了八大党章关于党内民主、集体领导、发挥下级组织的积极性创造性等条文，取消了对党的代表大会职权的具体规定，取消了中央书记处的设置和总书记一职。取消了党的监察委员会。

---

① 中国革命博物馆编：《中国共产党党章汇编》，人民出版社1979年版，第207页。
② 中国革命博物馆编：《中国共产党党章汇编》，人民出版社1979年版，第207页。
③ 中国革命博物馆编：《中国共产党党章汇编》，人民出版社1979年版，第206页。

对党员条件、权利和义务以及预备期的规定作了很大改变。在入党条件上，突出强调了阶级成分。在入党手续上，取消了新党员要经过一年的预备期才能转为正式党员的规定。特别是取消了党员的所有权利。还规定"证据确凿的叛徒、特务、死不改悔的走资本主义道路的当权派、蜕化变质分子、阶级异己分子应清除出党，并不准重新入党"。实际上是为那些冤假错案提供制度依据。

此外，还专门写进一段，称："林彪同志一贯高举毛泽东思想伟大红旗，最忠诚、最坚定地执行和捍卫毛泽东同志的无产阶级革命路线。林彪同志是毛泽东同志的亲密战友和接班人。"①

党的九大自始至终被强烈的个人崇拜和"左"倾狂热气氛所笼罩。九大党章是"文化大革命"的产物，充满了"左"的错误。《关于建国以来党的若干历史问题的决议》指出：党的九大使"文化大革命"的错误理论和实践合法化，加强了林彪、江青、康生等人在党中央的地位。九大在思想上、政治上和组织上的指导方针都是错误的。在这种大背景和指导思想下制定的九大党章，当然也只能是历史的倒退。

32. "左"的错误的延续

1971年9月13日，一架中国飞机在蒙古温都尔汗的坠毁，引起中国和世界的巨大震惊。九一三事件的发生，是"文化大革命"一系列大动荡的延续，客观上宣告了"文化大革命"理论和实践的失败。

林彪魂归九天了，但九大党章上林彪是"毛泽东同志的亲密战友和接班人"的文字还留在那里，与林彪关系密切的一大批人正在接受处理，但职务还挂在那里，这实在是个很尴尬的事情。因此，党章要修改，人员要调整。于是，原应在1974年召开的中国共产党第十次全国代表大会，提前到了1973年召开。这是党的历史上第一次提前召开的党代会。

---

① 中国革命博物馆编：《中国共产党党章汇编》，人民出版社1979年版，第206—207页。

1973年3月，中央政治局研究了下半年召开党的十大的问题，决定成立四个工作机构。5月，中共中央召开以筹备十大为主题的工作会议，决定准备三份文件，其中一份是《中国共产党章程》修改草案。张春桥就党章修改问题作了说明。会议通过了《中央政治局关于修改党章问题的请示》和《中共中央关于党的第十次全国代表大会代表产生的决定草案（修改稿）》。

党章修改小组由康生、王洪文、江青、张春桥和姚文元等组成，王洪文负责。修改稿于7月初基本完成，并经中央政治局讨论通过。

党的十大的筹备工作是比较匆忙的，时间只有三个月多一点。代表并不是经过充分酝酿，逐级召开代表大会选举产生的。而是通过所谓的民主协商，由省市自治区和有关选举单位，召开党委扩大会议选举产生的。在代表大会之前，也没有举行中央全会讨论十大的筹备和召开问题。大会也没有设立代表资格审查委员会。

1973年8月24日至28日，中国共产党第十次全国代表大会在北京召开。出席大会的代表共1249人，当时全国有2800万党员。大会的议程有三项：周恩来代表中央作政治报告；王洪文代表中央作关于修改党章的报告，并向大会提出《中国共产党章程（草案）》；选举中国共产党第十届中央委员会。

8月24日，毛泽东主持召开党的十大第一次全体会议。周恩来向大会宣读政治报告。这个报告是在毛泽东领导下，由张春桥主持起草的。报告继续肯定九大路线，肯定“无产阶级文化大革命”，肯定“无产阶级专政下继续革命”的理论。这样的错误指导方针，只能使十大成为继续延续“左”的错误的大会。

第二项议程是王洪文向大会作关于修改党章的报告。

按照王洪文在报告中所说：“根据毛主席、党中央关于修改党章的指示，今年五月召开的中央工作会议，讨论了九大党章的修改问题。会后，各省、市、自治区党委，各大军区党委和中央直属单位的党组织，都成立了党章修改小组，广泛征求了党内外群众的意见，正式向中央报来了四十一份修改稿。在这同时，各地党内外群众还直接寄来了许多修改意见。现在提请大会讨论的修改草案，就是根据毛主席关于修改党章的具体建议，在认真研究了各地修改稿和意见的基础上起草的。”

王洪文着重强调：四年多来的实践充分证明，九大的政治路线和组织路线都是正确的。九大通过的党章，坚持了我们党一贯的根本原则，反映了无产阶级文化大革命的新经验，在全党、全军、全国人民的政治生活中起了积极的作用。修改草案的总纲部分，保留了九大党章关于我们党的性质、指导思想、基本纲领、基本路线等规定，结构和内容作了一些调整。条文部分改的不多，总的字数略有减少。

十大党章删去了九大党章总纲中有关林彪的一段话，但着重“充实了两条路线斗争经验的内容”。

十大党章增写了哪些内容？

第一，充分肯定“无产阶级文化大革命”。王洪文报告充分肯定了“无产阶级文化大革命”的“伟大胜利和重大意义”，强调这不仅是一场政治大革命，也是一次深刻的整党运动。十大党章明确写上了：“我国的无产阶级文化大革命，就是在社会主义条件下，无产阶级反对资产阶级和一切剥削阶级，巩固无产阶级专政，防止资本主义复辟的政治大革命。这样的革命，今后还要进行多次。”王洪文的报告还把“天下大乱，达到天下大治，过七八年又来一次”认定为“客观规律”。

第二，增写了批判修正主义的内容。九大党章只有三处出现“现代修正主义”的字眼，而且指的都是苏联。但王洪文报告一共 11 次使用了“修正主义”字眼，十大党章一共 4 次使用了“修正主义”字眼。其中各有 1 次是指国外的“现代修正主义”，其余都是指国内的。王洪文报告认为，修正主义仍然是当前的主要危险。学习马克思主义，批判修正主义，是我们加强党的思想建设的一个长期任务。

第三，提倡敢于反潮流的革命精神。王洪文报告强调，反潮流是马列主义的一个原则，是党内两条路线斗争中的一个十分重要的问题。一个真正的共产党员，要不怕撤职，不怕开除党籍，不怕坐牢，不怕杀头，不怕离婚，敢于反潮流。所以，党章总纲中写进了“全党同志要有敢于反潮流的革命精神”。一般意义上，敢于反对错误倾向，这是对的。但笼统地说

"反潮流",把正确潮流与错误潮流不加区分,是不对的。时代潮流、文明潮流、科技进步潮流都不能反。只有错误潮流可以反。这里所指的潮流显然是指那种反对"文化大革命"的所谓修正主义潮流。这种"反潮流"是错误的。

第四,要在群众斗争中培养千百万无产阶级革命事业的接班人。十大党章在总纲部分加了要培养接班人的内容。一般意义上,培养接班人是重要的。但 20 世纪 60—70 年代那种由最高领导"钦定"接班人的做法是失败的。接班人的标准到底是什么?更是一个前提问题。像王洪文这样的人成了接班人,就是开了一个超级玩笑。至于王洪文强调,要着重从工人、贫下中农中选拔优秀分子到各级领导岗位上来。这已被实践证明,至少是有失偏颇的。

第五,加强党的一元化领导。王洪文突出论述了一元化领导问题。十大党章第七条规定:"国家机关,人民解放军和民兵,工会、贫下中农协会、妇女联合会,共产主义青年团、红卫兵、红小兵及其他革命群众组织,都必须接受党的一元化领导。"① 一元化领导不仅表述得十分鲜明,而且还出现了"红卫兵""红小兵"的名称。九大党章只出现"红卫兵",十大党章增加了一个"红小兵"。

第六,坚持无产阶级国际主义。王洪文强调,要坚持反对帝国主义、现代修正主义和各国反动派,同时强调,新的世界大战的危险依然存在,务必做好一切反侵略战争的准备,防止帝国主义、社会帝国主义的突然袭击。所以,十大党章不仅重申了九大党章那种世界革命的豪情壮志,而且写上了"备战、备荒、为人民"的方针。

由此可见,十大党章的基本精神与九大通过的党章是一致的,都是"左"倾指导思想的产物,也是"左"倾错误的延续和发展。《关于建国以来党的若干历史问题的决议》明确指出:党的十大继续了九大的"左"倾错误,并且使王洪文当上了党中央副主席。江青、张春桥、姚文元、王洪文在中央政治局内结成"四人帮",江青反革命集团的势力又得到加强。

---

① 中国革命博物馆编:《中国共产党党章汇编》,人民出版社 1979 年版,第 215 页。

33. 在徘徊中前进

我主持编写、最后报中央审定的《中国共产党历史大事记》(1921—2011),简要记载了1921年至2011年90年间党所经历的一系列大事。其中在1977年记录有:“8月12日—18日　中国共产党第十一次全国代表大会举行。出席大会的代表1510人,代表全国3500多万名党员。大会宣告‘文化大革命’已经结束,重申在20世纪内把中国建设成为社会主义的现代化强国,但未能从根本上纠正‘文化大革命’的错误。19日,十一届一中全会选举华国锋为中央委员会主席,叶剑英、邓小平、李先念、汪东兴为副主席,上述5人为中央政治局常委。全会通过中央军委名单,华国锋为主席。”

对每次党代会以及每次党代会修改或制定的党章,我们都可以给以适当的定位。那么,对党的十一大怎么定位呢?

首先要注意到,党的十一大是在粉碎“四人帮”之后召开的,又是在党的十一届三中全会之前召开的。这,就是它定位的难点,但恰恰也就是它的特点。

党的十一大及其党章的定位,是与对1976年10月粉碎“四人帮”到1978年12月十一届三中全会之间两年多的历史评价联系在一起的。

1976年10月6日,“中共中央政治局执行党和人民的意志,采取断然措施,一举粉碎‘四人帮’。消息公布后,全国亿万群众衷心拥护,举行盛大的庆祝游行。延续10年之久的‘文化大革命’结束。”

但对此后两年的历史是怎么评价和定位的呢?

《关于建国以来党的若干历史问题的决议》用了一个判断——“党的工作在徘徊中前进”。这就是对这两年的定位。既有前进,又有徘徊;在徘徊中前进。非常辩证,当然,也非常准确。

比如,仍然看我们《大事记》记载的事实:

1977年2月7日,“《人民日报》、《红旗》杂志、《解放军报》发表社论,提出:‘凡是毛主席作出的决策,我们都坚决维护,凡是毛主席的指示,我们都始终不渝地遵循’。这句话后被称为‘两个凡是’。”

1978年5月10日，“中共中央党校内部刊物《理论动态》第60期发表经胡耀邦审定的《实践是检验真理的唯一标准》一文。11日，《光明日报》以特约评论员名义公开发表此文。此后，在邓小平领导、支持下，关于真理标准问题的大讨论在全国展开，为十一届三中全会作了重要的思想准备，对党和国家的历史进程产生了重大而深远的影响。”

两相对照，一件事是消极的，一件事是积极的；一个是在徘徊，一个是在前进。

党的十一大，也表现出这样一种“在徘徊中前进”的特点。

大会总结了同“四人帮”的斗争，宣告“文化大革命”已经结束，重申在20世纪内把我国建设成为社会主义现代化强国是新时期中国共产党的根本任务。但是，大会没有能够纠正“文化大革命”的错误理论、政策和口号，仍然坚持“以阶级斗争为纲”和“无产阶级专政下继续革命”的错误理论，强调党的任务是“反右”而不是纠“左”，继续肯定党内有“走资派”，并继续说像“文化大革命”这种性质的政治大革命还要进行多次等。因而，这次大会未能完成从理论上和指导方针上拨乱反正的任务。

所以，这次大会是一次“在徘徊中前进”，或“有前进、但仍在徘徊”的大会。

十一大党章呢？当然也表现出这样的特点。

前进的一面：

写入了四个现代化。“在本世纪内，党要领导全国各族人民把我国建设成为农业、工业、国防和科学技术现代化的社会主义强国。”

恢复强调民主集中制的一系列内容。“全党要坚持民主集中制的组织原则，实行在民主基础上的集中和在集中指导下的民主。要充分发扬党内民主，发挥全体党员和党的各级组织的积极性和创造性，反对官僚主义、命令主义和军阀主义。”“在党内同志的关系上，要实行‘知无不言，言无不尽’，‘言者无罪，闻者足戒’的原则”。

第一次写入了党的优良作风。“全党必须保持和发扬群众路线、实事求是的优良传统,保持和发扬理论联系实际、密切联系群众、批评和自我批评的作风,保持和发扬谦虚谨慎、不骄不躁、艰苦奋斗的作风,防止党员、特别是党的领导干部利用职权谋取任何特权”。

恢复了预备期的规定。“预备党员的预备期为一年。党的组织对预备党员应加强教育和考察。”

恢复了八大党章关于对中央委员会的委员、候补委员给予纪律处分的条文。但将八大党章规定这类处分由党代会决定,改为“必须由中央委员会或中央政治局作出决定”。

强调集体领导。“要依靠集体的政治经验和集体的智慧,一切重要问题都由集体决定,同时使个人发挥应有的作用。”

徘徊的一面,主要是沿用了“文化大革命”、九大党章、十大党章的错误观点和主张:

继续肯定“无产阶级专政下继续革命”的理论和路线。“中国共产党在整个社会主义历史阶段的基本纲领,是坚持无产阶级专政下的继续革命”。“社会主义社会是一个相当长的历史阶段。在这个历史阶段中,始终存在着阶级、阶级矛盾和阶级斗争,存在着社会主义同资本主义两条道路的斗争,存在着资本主义复辟的危险性,还存在着帝国主义、社会帝国主义进行颠覆和侵略的威胁。这些矛盾,只能靠无产阶级专政下继续革命的理论和实践来解决。”

继续肯定“文化大革命”。“我国的无产阶级文化大革命,就是在社会主义条件下,无产阶级反对资产阶级和一切剥削阶级,巩固无产阶级专政,防止资本主义复辟的政治大革命。这种性质的政治大革命,今后还要进行多次。”

继续保留总路线的内容。“鼓足干劲,力争上游,多快好省地建设社会主义。”

规定了对党员的八项要求,但仍然没有恢复党员的权利。

继续保留了莫须有的罪名。“证据确凿的叛徒、特务、死不改悔的走资本主义道路的当权派、阶级异己分子、蜕化变质分子、新生资产阶级分子应当开除出党,并不准重新入党。”

叶剑英在《关于修改党的章程的报告》中说明修改党章的指导思想时说:"十大的政治路线和组织路线都是正确的。""我们应该根据毛主席的建党思想,吸取第十一次路线斗争的新经验,对十大党章进行必要的修改。"① 这样的指导思想,在基本的政治路线、组织路线上都没有转过来,所以,十一大党章也就必然保留了"左"的理论和规范。

① 中国革命博物馆编:《中国共产党党章汇编》,人民出版社 1979 年版,第 236 页。

六、伟大转折

34. 伟大的历史转折

1981 年秋冬，我在大学毕业前夕，报考了中共中央党校的硕士研究生。记得考试的内容有一项，写一篇文章，给定的题目是“三中全会以来”。

后来，人们可以看到，中共中央文献研究室编辑的改革开放以来的重要文献，第一套就叫《三中全会以来》。

事实上，“三中全会”早已成了改革开放以来使用频率最高的词汇之一。

为什么如此强调“三中全会以来”？因为，党的十一届三中全会，是一个伟大的标志，是一个伟大的历史转折点。

1976 年 10 月 6 日，中央政治局采取断然措施，一举粉碎“四人帮”。这是执行党和人民意志的结果。也许很多人不知道，1976 年 1 月、2 月，南京大学一位 1949 年参加革命的教师、历史系中国革命史教研室负责人姜平，就曾两次冒险给叶剑英、邓小平写信，建议他们采取果断措施，给张春桥等人致命一击，以挽救党和国家的命运。此事曾被作为重大现行反革命案件进行追查，但还没有查出结果，“四人帮”就已被粉碎，案件也被撤销，姜平的事迹得到肯定。这是当年反映人民意愿的一个典型事例。延续十年之久的“文化大革命”结束，全国人民欢欣鼓舞。

1977 年 7 月 21 日，党的十届三中全会正式宣布：恢复邓小平中共中央副主席、中央军委副主席兼参谋长、国务院第一副总理的职务。73 岁的邓小平再次出山。当年，恢复高考。1978 年 5 月，《光明日报》以特约评论员的名义发表《实践是检验真理的唯一标准》。在邓小平和中央多数领导人支持、指导下，在全国展开了真理标准问题的大讨论，使人们的思想从教条主义和个人崇拜的禁锢下解放出来。

1978年11月10日，中共中央工作会议在北京京西宾馆开始。参会的中央和地方负责同志共212人。

会议一开始，华国锋宣布，会议议题为：(一)讨论如何尽快把农业搞上去；(二)商定1979年、1980年两年的国民经济计划安排；(三)学习讨论李先念在国务院务虚会议上的讲话。

鉴于邓小平等同志在会前建议，在会上讨论自1979年1月1日起实现党的工作重点转移问题，同时对“两个凡是”和真理标准讨论问题作出结论，华国锋宣布，根据中央政治局的决定，在讨论这些议题之前，先用两三天时间，讨论从明年起把全党的工作重点转移到社会主义现代化建设上来的问题。

工作重点转移的话题一提出，立即引起了与会者的极大兴趣和广泛讨论。会议很快脱离了事先设置的轨道，变成了向“文化大革命”及其以前的“左”倾错误发起全面进攻的会议。而在会上发挥关键作用的，是两位年逾七十的老一辈革命家：邓小平、陈云。

陈云首先开了第一炮。11月12日，陈云在东北组发言，提出了6个重大的历史遗留问题需要解决，包括所谓六十一人叛徒集团问题，天安门事件问题，彭德怀、陶铸问题，康生问题，等等。陈云的发言，引起强烈的反响和共鸣。会议很快形成了全面纠“左”的态势。

华国锋作为党的主席，对大家的意见并未采取排斥态度，而是非常重视并诚恳接受。11月25日，中央政治局作出为天安门事件、薄一波等六十一人叛徒集团等错案平反的决定，解决了一大批重大的历史遗留问题。

12月13日，邓小平在会上发表了题为《解放思想，实事求是，团结一致向前看》的重要讲话。邓小平在讲话里指出，一个党，一个国家，一个民族，如果一切从本本出发，思想僵化，迷信盛行，那它就不能前进，它的生机就停止了，就要亡党亡国。邓小平还提出改革经济体制的任务，振聋发聩地告诫全党：“再不实行改革，我们的现代化事业和社会主义事业就会被葬送”。这篇讲话，成了开辟新时期新道路的宣言书。《邓小平文选》专门为这篇讲话加了一个题注，说明这个讲话实际上是三中全会的主题报告。

中央工作会议到12月15日结束，实际开了36天。随即，党的十一届三中全会于1978年12月18—22日在北京举行。全会中心议题是讨论把全党工作重点转移到社会主义现代化建设上来。由于中央工作会议开得很深入、很成功，所以，三中全会开得很顺利，只用短短几天时间就完成了全部议程。

全会重新确立了正确的政治路线，果断停止使用“以阶级斗争为纲”的口号，作出了把全党工作重点转移到社会主义现代化建设上来的战略决策。否定了十一大沿袭的所谓“无产阶级专政下继续革命”的理论，以及“文化大革命”今后还要进行多次等“左”倾错误观点。

全会重新确定了正确的思想路线，批判了“两个凡是”的错误方针，充分肯定了必须完整、准确地掌握和运用毛泽东思想的科学体系，高度评价了关于真理标准问题的讨论，确定了解放思想，开动脑筋，实事求是，团结一致向前看的指导方针。

全会重新确立了正确的组织路线，决定在组织上健全党规党纪，健全党的民主集中制，加强集体领导，反对接受和制造个人崇拜，少宣传个人。党内一律互称同志，不要叫官衔；任何负责党员包括中央领导同志的个人意见，不要叫“指示”。

全会对过分集中的经济管理体制的缺点进行了分析，作出了改革开放的历史性决策。强调，实现四个现代化，要求大幅度地提高生产力，也就必然要求多方面地改变同生产力发展不适应的生产关系和上层建筑，改变一切不适应的管理方式、活动方式和思想方式，因而是一场广泛、深刻的革命。

全会审查和解决了党的历史上一批重大冤假错案和一些重要领导人的功过是非问题，包括1959年庐山会议对彭德怀等人的错误批判和错误结论、薄一波等六十一人叛徒集团案件、“反击右倾翻案风”和天安门事件的错误文件，以及对邓小平1975年工作的评价。全会认为，过去那种脱离党和群众的监督，设立专案机构审查干部的方式，弊病极大，必须永远废止。

全会提出了要注意解决好国民经济重大比例严重失调的要求,制定了加快农业发展的决定,同意将《中共中央关于加快农业发展若干问题的决定(草案)》和《农村人民公社工作条例(试行草案)》发到省、自治区、直辖市讨论和试行。为把农业搞上去,必须首先在农村实行改革,推行联产计酬责任制。

全会提出了健全社会主义民主和加强社会主义法制的任务。强调为了保障人民民主,必须加强社会主义法制,使民主制度化、法律化,使这种制度和法律具有稳定性、连续性和极大的权威,做到有法可依,有法必依,执法必严,违法必究。

这些具有重大意义的转变,标志着党重新确立了马克思主义的思想路线、政治路线和组织路线,也在实际上开始形成了以邓小平同志为核心的第二代中央领导集体。

全会增选陈云为政治局委员、政治局常务委员会委员、副主席,邓颖超(女)、胡耀邦、王震为政治局委员;增补黄克诚、宋任穷、胡乔木、习仲勋、王任重、黄火青、陈再道、韩光、周惠为中央委员(1982 年 8 月 30 日中共十二大预备会议予以通过)。

为了维护党规党法,切实搞好党风,全会决定建立中央纪律检查委员会。全会选举产生了中纪委书记、常务书记、副书记、常委和委员。

党的丨一届三中全会,是在中国面临向何处去的重人历史关头召开的一次极其重要的会议。《关于建国以来党的若干历史问题的决议》指出:“1978 年 12 月召开的十一届三中全会,是建国以来我党历史上具有深远意义的伟大转折。全会结束了 1976 年 10 月以来党的工作在徘徊中前进的局面,开始全面地认真地纠正‘文化大革命’中及其以前的‘左’倾错误。”“从此,党掌握了拨乱反正的主动权,有步骤地解决了建国以来的许多历史遗留问题和实际生活中出现的新问题,进行了繁重的建设和改革工作,使我们的国家在经济上和政治上都出现了很好的形势。”①

---

① 中央档案馆、中共中央文献研究室编:《中共中央文件选集》第 1 册,人民出版社 2013 年版,第 33—34 页。

十一届三中全会标志着中国共产党重新确立了马克思主义的思想路线、政治路线、组织路线，标志着中国共产党人在新的时代条件下的伟大觉醒，显示了党顺应时代潮流和人民愿望、勇敢开辟建设社会主义新路的坚强决心，从此开启了我国改革开放和社会主义现代化建设的历史新时期。

习近平总书记指出："1978 年 12 月召开的党的十一届三中全会，重新确立了解放思想、实事求是的思想路线，停止使用'以阶级斗争为纲'的错误提法，确定把全党工作的着重点转移到社会主义现代化建设上来，作出实行改革开放的重大决策，实现了党的历史上具有深远意义的伟大转折。"①

十九届六中全会通过的《中共中央关于党的百年奋斗重大成就和历史经验的决议》指出："一九七八年十二月，党召开十一届三中全会，果断结束'以阶级斗争为纲'，实现党和国家工作中心战略转移，开启了改革开放和社会主义现代化建设新时期，实现了新中国成立以来党的历史上具有深远意义的伟大转折。"②

这都是党的十八大以来的最新评价，也是一如既往的正确和权威的评价。

35. 历史性会议的启示

在十一届三中全会春风吹拂下，党和国家充满希望、充满活力地踏上了改革开放、实现社会主义现代化的伟大征程。

十一届三中全会成为一个伟大的标志，所以十八大党章在总纲中使用的，是"十一届三中全会以来"的标准用语。

当然，我在工作中也知道，对于改革开放历史新时期到底从何算起，一直有个别专家表示不同意见。他们认为，不能以十一届三中全会，而应

---

① 习近平:《在纪念邓小平同志诞辰 110 周年座谈会上的讲话》,《党的文献》2014 年第 5 期。

② 《中共中央关于党的百年奋斗重大成就和历史经验的决议》,人民出版社 2021 年版，第 15 页。

以粉碎"四人帮"为标志。

这种观点不能说没有一点道理。因为粉碎"四人帮"确实挽救了党、挽救了国家。但问题是,此后的两年,总的还是一个"在徘徊中前进"的过渡时期,党的思想路线、政治路线、组织路线还没有转过来。直到十一届三中全会才真正实现了历史性的大转折。

所以,党和国家一直以来的权威认定和标准观点,毫无疑问,都是以1978年十一届三中全会为标志的。这不仅是一个历史分期问题,更重要的是涉及对十一届三中全会的评价问题、对党的路线的认识和评价问题。

十一届三中全会以其实现的伟大转折,确立了无可争辩的历史地位,成为党和国家历史上具有标志性的重大节点。邓小平明确指出:十一届三中全会是我国历史上的一个伟大的转折。党的十三大、十四大、十五大、十六大都强调"十一届三中全会以来"开辟了历史新时期。党的十七大报告强调:"一九七八年,我们党召开具有重大历史意义的十一届三中全会,开启了改革开放历史新时期。"

所以,无论从政治上,还是学术上看,十一届三中全会都是改革开放新时期的开始,也是中国特色社会主义开始创立的标志。对此,不能有任何动摇。

当我们回顾和纪念十一届三中全会(包括此前的中央工作会议,下同)的时候,不能不思考和回答一个问题:十一届三中全会为什么能够取得这样重大的成就?为什么能够实现这样的历史性转折?从这次会议中,我们应该得到什么样的历史启示?

"山海争水,水必归海。非海求之,其势顺也。"十一届三中全会所以能取得巨大的成功,是由各方面的因素决定的。分析其成功的因素,我们能得到以下五点宝贵的启示:

第一,尊重人民的意志。

十一届三中全会所以能实现历史性的转折,说到底,是人民推动的结果。它在历史上写下辉煌的一页,最根本的原因,是由于它顺应了人民的意志,符合人民的要求。"四人帮"的倒行逆施,极大地损害了人民的利益。"文化大革命"结束以后,人民要求大规模地拨乱反正,平反各种冤假错案，尽快把经济建设搞上去。使国家社会生活走上正确的轨道。党心军心民心所向，其势如大江奔流，旭日喷薄。“两个凡是”无法适应这样的要求，“以阶级斗争为纲”更不符合人民的意愿。十一届三中全会从根本上反映了人民的情绪和要求，所作出的一系列重大决策，符合人民的根本利益。正是这一点，是十一届三中全会永载史册的根本基础和原因。

第二，正确认识领袖的地位和作用。

十一届三中全会的成功召开，是与邓小平、陈云等老一辈革命家所起的作用分不开的。再往宽里说，会议前后的风风雨雨、思想疑惑以及最后终于实现的历史性转折，都是与一个特殊的问题——领袖问题联系在一起的。按照“两个凡是”，领袖的错误不能动，过去的政策不能改，新的方针政策也不能提出。这样的状态，当然不能适应时代和实践的要求。时代呼唤变革。邓小平等同志，顺应这样的要求，既善于坚持，又勇于开拓。既维护以毛泽东同志为核心的第一代中央领导集体创下的伟业，又用实践的成效检验一切路线和政策的是非，敢于从实际出发，提出新的政策，开创新的事业。十一届三中全会的历史地位是与第二代领袖的出现和作用紧紧联系在一起的。

第三，充分发扬党内民主。

党内民主，是党的性质和组织原则的根本要求。但由于“左”的思想的发展，党内民主曾经遭受很大的破坏。痛定思痛，当十年内乱结束时，人们迫切要求恢复和发扬党内民主以及整个社会主义民主。十一届三中全会就是这种呼声的集中表达，也是发扬党内民主的一次重大实践，从根本上来说，也是新时期党内民主和社会主义民主建设的伟大开端。邓小平高度评价：“我们党多年以来没有开过这样的会了，这一次恢复和发扬了党的民主传统，开得生动活泼。”“这些都是党内生活的伟大进步，对于党和人民的事业将起巨大的促进作用。”十一届三中全会的成功，说明了“民主是解放思想的重要条件”。

第四，建立良好的体制基础。

肯定十一届三中全会实现的历史性转折，我们能不能从另外一个角度思考：未来我们的党和国家，能不能少来点“转折”，多来点“持续”？也许必要时可以有不同的阶段，但能不能少一些动荡性的起伏？对此，邓小平明确提出了制度建设问题，强调“必须使民主制度化法律化，使这种制度和法律不因领导人的改变而改变，不因领导人的看法和注意力的改变而改变”。按照这样的思路，以十一届三中全会为开端，我们坚定不移地进行了经济体制改革，努力建设社会主义市场经济，同时还进行了政治体制改革和其他各个方面的改革。随着体制的改革和健全，相信我们抵御风险的能力会越来越强，国家和社会稳定的程度也会越来越高。

第五，赶上时代的潮流。

十一届三中全会的成功和贡献，不仅在于对国内的路线、方针和政策实行了重大的转变，而且在于打开了长期关闭半关闭的大门，推动中国走上了世界的大舞台，与外部世界发生了更加紧密的联系。为什么要打开这扇大门？为什么能够打开这扇大门？因为社会主义不能离开人类文明的大道。中国要发展，就必须到世界的舞台上去纵横驰骋，充分利用外部世界的条件和资源，为自己创造更好的外部环境。打开国门看世界，走出一步天地宽。所以，在十一届三中全会前，邓小平就使用了“开放政策”的用语。正是这种虽属初步但很宝贵的认识，引导着中国迅速打开了国门，融进了世界，顺应了潮流，赶上了时代。总结十一届三中全会的经验，我们深深感到，一个党，一个国家，只有任何时候都走在时代的前列，才能永葆青春的活力。

36. 规范党内政治生活

党章是党内的根本大法，是全党的总规矩。除党章外，还有其他党规，其中就包括准则。习近平总书记说：“准则在党内法规体系中位阶比较高，仅次于党章。”

建党治党，首先要遵循党章，同时，还要遵循根据党章制定的党内准则。

改革开放以来，中国共产党先后制定了两个关于党内政治生活的准则。第一个，制定于改革开放初期。1980 年 2 月 29 日的十一届五中全会,审议通过了《关于党内政治生活的若干准则》。

当年制定《关于党内政治生活的若干准则》,是历史大转折中的必然要求。

以十一届三中全会为标志,党和国家实现了新中国成立以来的一次伟大的历史转折。这种转折,既包括改革开放,也包括在党的建设上拨乱反正、正本清源。在“左”的错误泛滥期间,特别是受“文化大革命”的冲击,党的组织和优良作风都遭到了严重破坏。凡是受过迫害的同志,尤其是那些老一辈革命家,在痛定思痛中都深感,党和国家发生的那些匪夷所思的问题,都与党内政治生活的不正常有关。为了医治“文化大革命”给党的建设造成的巨大创伤,为了防止“文化大革命”这样的悲剧重演,必须改进和完善党和国家各方面的制度,包括恢复党的优良传统和作风,整顿和规范党内政治生活。

所以,在党的十一大之后,党中央就着手考虑制定一部《关于党内政治生活的若干准则》,以此对党内政治生活加以规范。

在中央纪委恢复之前,中组部根据中央的指示,起草了一份《关于党内政治生活的十二条准则》的草稿。1979 年 1 月 4 日,十一届中央纪委第一次全体会议讨论通过了《关于党内政治生活的若干准则(草稿)》,主要内容仍是 12 条。2 月 18 日,中央政治局讨论并原则通过了这一草稿。3 月 19 日,中央向全党公布了《关于党内政治生活的若干准则(草稿)》,并要求全党开展学习讨论,提出修改意见。

与此同时,中央纪委专门成立了《准则》修改组,在近一年的时间里,吸收全国各级党组织提出的 1800 多条意见,对《准则》作了 7 次修改。然后又由中央政治局讨论通过,提交十一届五中全会讨论。

1980 年 2 月 23 日至 29 日,党的十一届五中全会在北京举行。会议的主要议题是加强和完善党的领导。一是讨论通过了《关于党内政治生活的若干准则》;二是讨论通过了准备提交十二大的中国共产党章程修改草案;三是通过了《关于召开党的第十二次全国代表大会的决议》;四是人事,增选中央政治局常委,决定重新设立中央书记处,选举胡耀邦为中央书记处总书记,批准汪东兴等人的辞职请求并免除其职务;五是决定向全国人大建议修改宪法取消“大鸣大放大字报大辩论”的规定；六是通过《关于为刘少奇同志平反的决议》，恢复刘少奇作为伟大的马克思主义者和无产阶级革命家、党和国家领导人之一的名誉。

不无巧合的是，就在会议期间的2月25日，中共中央还刚好发出《关于为“习仲勋反党集团”平反的通知》。

从这次全会的主要内容，不难看出这些事件与文件之间的内在联系：拨乱反正、平反冤假错案需要健全和规范党内政治生活；面向未来，防止历史悲剧重演，更需要健全和规范党内政治生活。

十一届五中全会讨论通过的《关于党内政治生活的若干准则》，一共12条。这12条准则是：

（一）坚持党的政治路线和思想路线；

（二）坚持集体领导，反对个人专断；

（三）维护党的集中统一，严格遵守党的纪律；

（四）坚持党性，根绝派性；

（五）要讲真话，言行一致；

（六）发扬党内民主，正确对待不同意见；

（七）保障党员的权利不受侵犯；

（八）选举要充分体现选举人的意志；

（九）同错误倾向和坏人坏事作斗争；

（十）正确对待犯错误的同志；

（十一）接受党和群众的监督，不准搞特权；

（十二）努力学习，做到又红又专。

《准则》深刻总结了几十年来处理党内关系方面的历史经验，特别是深刻总结了“文化大革命”期间党内政治生活遭到严重破坏的沉痛教训。内容广泛，有很强的针对性。中央重申这些重要准则，向全党主要强调了三个问题：

一是强调要坚持党的政治路线和思想路线。这是党内政治生活的最根本的准则，党的各级组织、每一个共产党员，都要自觉坚持、坚定不移。

二是强调要充分发扬党内民主，维护党的集中统一。从中央到基层的各级党的委员会，都要按照集体领导的原则实行集体领导与个人分工负责相结合的制度，重大问题集体讨论决定，不得由个人专断，书记或第一书记不允许搞“一言堂”、家长制。允许党员发表不同意见，严格实行不抓辫子、不扣帽子、不打棍子的“三不主义”。反对实行残酷斗争、无情打击，绝对禁止采用林彪、“四人帮”的封建法西斯手段解决党内问题。

三是强调要严肃党纪，端正党风。党的领导干部要自觉接受党和人民监督，不准搞特权。要求每一个党员都忠于党的组织和党的原则，忠于党和人民的事业，说老实话，做老实事，当老实人。任何人不得把党的干部当作私有财产，不得把上下级关系变成人身依附关系。坚持真理面前人人平等，在党纪国法面前人人平等，各级领导干部没有在政治上、生活上搞特殊化的权利，党内决不允许有不受党纪国法约束或凌驾于党组织之上的特殊党员。

《准则》的制定和公布，是党中央加强党的建设的重大步骤。全会认为，这个准则是党章必不可少的具体补充，它对发扬党内积极因素，克服消极因素，发挥党员的先锋模范作用，具有重要的意义。全会要求在贯彻执行准则过程中，结合对党章修改草案的讨论，在全党进行一次坚持党的政治路线和思想路线、加强党的团结和统一、加强党的民主集中制和组织性纪律性的思想政治教育；党的各级组织和每一个党员，都要对照准则的规定，认真检查自己的工作和作风，凡是违背准则规定的，必须及时地、切实地纠正过来。

为了更好地贯彻执行《准则》，中央纪委从 1980 年 4 月到 11 月的半年时间里，先后在北京召开了三次座谈会。全党认真学习和贯彻《准则》，努力健全党内政治生活，使党迅速从“左”的错误中走出来，党内政治生态发生了历史性的变化。

《准则》的很多内容，后来被吸收到新的党章中。

2016 年，十八届六中全会又通过了《关于新形势下党内政治生活的若干准则》，提出了新形势下党内政治生活的新的要求。1980 年的《关于党内政治生活的若干准则》依然有效。

37.《历史决议》的基本结论

如果说，党章是党的建设和党内生活的基本规范，那么，《关于建国以来党的若干历史问题的决议》，就是我们研究和处理党史问题的基本规范。

新民主主义革命时期党史的基本事实和评价，要以《历史决议》为准；

新中国成立以来党史国史的基本事实和评价，要以《历史决议》为准；

对毛泽东和毛泽东思想的评价，更要以《历史决议》为准。

其他很多的事实和评价，也都要以《历史决议》为准。

我在中共中央党史研究室副主任岗位上办理了、处理了很多党史事务，凡是《历史决议》涉及的，都要以《历史决议》为准。比如，我组织起草的关于长征、抗战等几个纪念活动的口径，都是按《历史决议》精神来撰写和处理的。

因为《历史决议》是老一辈革命家们集体智慧的结晶，是全党对于历史问题达成的基本共识和最大公约数，也是统一全党对于党史问题认识的思想基础。

十一届三中全会以后，我们党开始从根本上清理和纠正长期以来的"左"倾错误，在思想、政治、组织、经济等领域开展了全面而卓有成效的拨乱反正。其中，正确总结"文化大革命"及新中国成立以来的历史，澄清一些重大历史问题上的是非，是拨乱反正的一项重要内容。

1979 年 11 月，在邓小平主持下，党中央开始起草《关于建国以来党的若干历史问题的决议》。邓小平就决议起草提出三条指导原则：第一，确立毛泽东的历史地位，坚持和发展毛泽东思想，这是最核心的一条；第二，对建国 30 年来历史上的大事，哪些是正确的，哪些是错误的，要进行实事求是的分析，包括一些负责同志的功过是非，作出公正的评价；第三，这个总结宜粗不宜细。总结过去是为了引导大家团结一致向前看。

经过一个非常艰难复杂的起草过程，也经过广泛征求意见，特别是经过 4000 名领导干部的内部大讨论，《历史决议》终于起草完成。

1981 年 6 月 27 日至 29 日，就在中国共产党成立 60 周年即将来临之际，党的十一届六中全会在北京召开。全会审议通过了《关于建国以来党的若干历史问题的决议》。这是关于党的历史的一份重要文献，而它本身也是一份历史性的文献。

需要说明的是，十九大修改党章时，将党章中原有的“建国以后”改成了“新中国成立以后”，将“建国以来”改成了“新中国成立以来”。但《历史决议》是历史文件，所以标题中的“建国以来”已经不能改动。但我们应该注意到这个变化，一般情况下，不能再使用“建国”一词。

《历史决议》首先回顾了新中国成立前 28 年的历史和经验，着重对新中国成立 32 年来党的历史进行了科学总结，对一系列重大事件作了科学评价，根本否定了“文化大革命”和“无产阶级专政下继续革命”的理论；充分肯定了十一届三中全会所实现的伟大历史转折及之后所取得的成就；实事求是地评价毛泽东在中国革命和建设中的历史地位，充分论述了毛泽东思想作为党的指导思想的伟大意义；总结历史经验和教训，指出三中全会以来我们党已经逐步确立了一条适合中国情况的社会主义现代化建设的道路，并从 10 个方面对这条道路作了初步概括。

总结新中国成立以来党的历史，关键是如何正确评价毛泽东的历史地位。为此，邓小平多次强调，对毛泽东功过的评价要实事求是、恰如其分，毛泽东思想这个旗帜丢不得，丢掉了这个旗帜，实际上就否定了我们党的光辉历史。不写或不坚持毛泽东思想，我们要犯历史性的大错误。这些意见，得到了陈云等一批老同志的支持，为全党正确认识和纠正毛泽东晚年的错误，正确对待党和国家的历史，指明了方向。

《历史决议》实事求是地评价了毛泽东在中国革命和建设中的历史地位，指出毛泽东是伟大的马克思主义者，伟大的无产阶级革命家、战略家和理论家。就他的一生来看，他对中国革命的功绩远远大于他的过失。他的功绩是第一位的，错误是第二位的。

《历史决议》恢复了毛泽东思想的本来面目，将毛泽东晚年的错误与他的正确思想加以区别，指出毛泽东思想是马克思列宁主义在中国的运用和发展，是被实践证明了的关于中国革命的正确的理论原则和经验总结，是中国共产党集体智慧的结晶。毛泽东思想是我们党的宝贵的精神财富，它将长期指导我们的行动。

《历史决议》的通过，标志着党在指导思想上的拨乱反正胜利完成，对于改革开放和社会主义现代化建设事业的发展具有重要的历史意义。

由于迄今还有一些人无视历史事实和党的决议，说什么“文化大革命”就是好，甚至说中国还需要再来一次“文化大革命”。这是十分危险的。因此，这里把《历史决议》关于“文化大革命”的主要结论和观点再列举一遍：

（一）1966 年 5 月至 1976 年 10 月的“文化大革命”，使党、国家和人民遭到建国以来最严重的挫折和损失。

（二）毛泽东同志发动“文化大革命”的主要论点既不符合马克思列宁主义，也不符合中国实际。

（三）“文化大革命”不是也不可能是任何意义上的革命或社会进步。历史已经判明，“文化大革命”是一场由领导者错误发动，被反革命集团利用，给党、国家和各族人民带来严重灾难的内乱。

（四）对于“文化大革命”这一全局性的、长时间的“左”倾严重错误，毛泽东同志负有主要责任。但是，就他的一生来看，功绩是第一位的，错误是第二位的。

（五）毛泽东思想是我们党的宝贵的精神财富，它将长期指导我们的行动。企图否认毛泽东思想的科学价值和指导作用，是完全错误的。不愿实事求是地承认毛泽东同志晚年犯了错误，并且还企图在新的实践中坚持这些错误，也是完全错误的。

（六）“文化大革命”所以会发生并且持续十年之久，除了毛泽东同志领导上的错误这个直接原因以外，还有复杂的社会历史原因。其中包括长期封建专制主义在思想政治方面的遗毒，没有能把党内民主和国家政治社会生活的民主加以制度化、法律化，党的权力过分集中于个人，党内个人专断和个人崇拜现象滋长，使党和国家难于防止和制止“文化大革命”的发动和发展。

（七）党和人民在“文化大革命”中同“左”倾错误和林彪、江青反革命集团的斗争是艰难曲折的，是一直没有停止的。我国国民经济虽然遭到巨大损失，仍然取得了进展。当然，这一切决不是“文化大革命”的成果，如果没有“文化大革命”，我们的事业会取得大得多的成就。

这就是《历史决议》对于“文化大革命”的基本结论。我们应该牢牢记住。

38. 党章发展的里程碑

1982年9月1日至11日，中国共产党第十二次全国代表大会在北京举行。出席正式代表1545人，候补代表149人，代表全国3965万多名党员。邓小平主持大会开幕式，并致开幕词。胡耀邦代表党中央作了题为《全面开创社会主义现代化建设的新局面》的报告。叶剑英、陈云作了重要讲话。大会通过决议，批准胡耀邦的报告和《中国共产党章程》及《关于中央纪律检查委员会工作报告的决议》。选举了新的中央委员会、中央顾问委员会、中央纪律检查委员会。李先念致闭幕词。

党的十二大是中国共产党进入改革开放新的历史时期后举行的第一次党代会。会议因而也就制定了实现党和国家伟大历史转折后的第一个党章。

早在十一届三中全会前的中央工作会议上，邓小平就讲道：“国要有国法，党要有党规党法。党章是最根本的党规党法。没有党规党法，国法就很难保障。”

从1979年冬开始，中央政治局就为修改党章问题组织有关单位座谈，并到各地进行调研，拟定了党章的草稿。1980年1月21日，邓小平在中央政治局会议上讲到党章问题说：“中央正在考虑修改党章。九大、十大搞的党章，实际上不大像党章……需要修改。”“我们需要通过讨论党章草案，对全党进行教育，然后在十二大正式通过党章。”①

---

① 《邓小平文选》第2卷，人民出版社1994年版，第269页。

为做好党章修改工作，中央成立了由邓小平、胡耀邦主持，胡乔木具体负责的党章修改小组。随后形成了修改草案第一稿。

1980 年 2 月，党章修改草案提交十一届五中全会讨论。邓小平在会上进一步明确了修改党章的指导思想："修改党章是要进一步明确党在四个现代化建设中的地位和作用。执政党应该是一个什么样的党，执政党的党员应该怎样才合格，党怎样才叫善于领导？""修改草案中关于我们党的政治路线的表述中增加了高度民主、高度文明的内容，这比以前的提法更周到些"。"不管怎样表述，实质是搞四个现代化，最主要的是搞经济建设，发展国民经济，发展社会生产力。"①

根据会议讨论的意见，草案作了第一次修改。4 月，由中央书记处发给全党讨论，同时也发给部分党外人士征求意见。1982 年 5 月，修改小组作了第二次修改。同年 6 月，又发给各省市自治区和各大军区党委、中央党政军各部门的党组织和全体十二大代表征求意见。7 月又作了第三次修改。

胡耀邦在党的十二大报告中，用一个部分阐述了"把党建设成为领导社会主义现代化事业的坚强核心"问题。其中很大篇幅是对党章修改草案加以说明。

胡耀邦说："为了加强新时期党的建设，我们对十一大党章作了许多有根本意义的修改。修改党章的总的原则是，适应新的历史时期的特点和需要，对党员提出更严格的要求，提高党组织的战斗力，坚持和改善党的领导。"②

十二大党章一共有 10 章 50 条。增加了党的干部、党的纪律、党的纪律检查机关、党组、党和共产主义青年团的关系等 5 章。其中"党的干部"一章，是历届党章所没有的。

十二大党章有许多重要修改和重要特点。其中首先表现在总纲中。

第一，清除了十一大党章中"左"的错误，写入了现代化建设的一系

① 《邓小平文选》，人民出版社 1994 年版，第 276 页。

② 《中国共产党第十二次全国代表大会文件汇编》，人民出版社 1982 年版，第 62 页。

列重要任务。

在总纲中，新党章对党的性质和党的指导思想，对现阶段我国社会的主要矛盾和党的总任务，都根据拨乱反正和改革开放以来的新认识，作了大幅度的修改，有删有增。

删，主要是删除了九大到十一大党章中那些“以阶级斗争为纲”的错误观点。包括“无产阶级专政下继续革命”的语言，对现阶段社会主要矛盾的界定，解决这种矛盾的方式，党和国家的总任务，等等。

增，主要是增写了拨乱反正取得的新认识，称为马克思主义的规定，明确肯定“我国社会的主要矛盾是人民日益增长的物质文化需要同落后的社会生产之间的矛盾”。将原来规定的总任务改成了新的表述。强调“中国共产党工作的重点，是领导全国各族人民进行社会主义现代化经济建设”。要求在建设高度物质文明的同时，建设高度的社会主义精神文明。发展社会主义民主，健全社会主义法制，切实保障人民管理国家事务和社会事务、管理经济和文化事业的权利。

第二，修改了九大以来党章中具有浓厚世界革命色彩的语言，加写了和平共处五项原则和处理党际关系的四项原则。

在总纲中明确规定：“在互相尊重主权和领土完整、互不侵犯、互不干涉内政、平等互利、和平共处五项原则的基础上，发展我国同世界各国的关系。”

同时，吸取过去处理党际关系的经验教训，按照改革开放以来邓小平提出的重要思想，规定“在马克思主义基础上，按照独立自主、完全平等、互相尊重、互不干涉内部事务的原则，发展我党同各国共产党和其他工人阶级政党的关系”。

第三，适应新时期面临的任务和特点，对党的建设提出了三个基本要求。

在总纲中，新党章强调，领导全国各族人民实现社会主义现代化的宏伟目标，必须加强党的建设，发扬党的优良传统，提高党的战斗力，坚决实现以下三项基本要求：

一是思想上政治上的高度一致。为此，第一次写进了四项基本原则，写进了党的思想路线。要求反对一切“左”的和右的错误倾向。

二是全心全意为人民服务。强调党的纲领和政策，正是工人阶级和最广大人民群众的根本利益的科学表现。党要始终同群众同甘共苦，保持最密切的联系。

三是坚持民主集中制。要充分发扬民主，在民主的基础上实行高度的集中。实行在党的纪律面前人人平等的原则。

第四，首次系统地从执政方式的角度规定了党如何对政府机构等实施领导的问题。

总纲中第一次用一大段作出规定：党的领导主要是政治、思想和组织的领导。党必须制定和执行正确的路线、方针和政策，做好党的组织工作和宣传教育工作，发挥全体党员在一切工作和社会生活中的先锋模范作用。党必须在宪法和法律的范围内活动。党必须保证国家的立法、司法、行政机关，经济、文化组织和人民团体积极主动地、独立负责地、协调一致地工作。党必须加强对工会、共产主义青年团、妇女联合会等群众组织的领导，充分发挥它们的作用。共产党员只占全国人口中的少数，必须同党外群众亲密合作，共同促进社会主义祖国日益繁荣富强，直至最后实现共产主义。

胡耀邦还说明，在这次党章修改之前，我们党曾经制定了《关于党内政治生活的若干准则》，在党的实际生活中起了很好的作用。这个《准则》今后作为党章的重要补充，将继续保持它的全部效力。

党的十二大通过了《中国共产党章程》和《关于〈中国共产党章程〉的决议》。总的来说，十二大党章清除了十一大党章中“左”的错误，继承和发展了七大、八大党章的优点，适应改革开放和社会主义现代化建设的需要，对新时期执政党建设提出了一系列要求，是七大、八大党章之后的一个里程碑，标志着我们党步入了执政党建设的正确轨道，奠定了迄今历次党代会党章修改完善的基础。以后的党章，都只是在十二大党章的基础上作局部性修改。

39. 新时期的新规范

在总纲各项基本要求的基础上，十二大党章对党的建设，包括对民主集中制、党的组织体制、对党员和干部的要求，以及纪律等，既总结历史的经验教训，又适应新时期更好执政的要求，规定了一系列制度，提出了新的要求。在条文部分主要有：

第一，总结历史经验和党章的有关规定，明确规定了民主集中制的六条基本原则。有的在原来的规定上作了调整或文字改动，有的增加了实质性内容。

（一）党员个人服从党的组织，少数服从多数，下级组织服从上级组织，全党各个组织和全体党员服从党的全国代表大会和中央委员会。

（二）党的各级领导机关，除它们派出的代表机关和在非党组织中的党组外，都由选举产生。

（三）党的最高领导机关，是党的全国代表大会和它所产生的中央委员会。党的地方各级领导机关，是党的地方各级代表大会和它们所产生的委员会。党的各级委员会向同级的代表大会负责并报告工作。

（四）党的上级组织要经常听取下级组织和党员群众的意见，及时解决他们提出的问题。党的下级组织既要向上级组织请示和报告工作，又要独立负责地解决自己职责范围内的问题。上下级组织之间要互通情报、互相支持和互相监督。

（五）党的各级委员会实行集体领导和个人分工负责相结合的制度。凡属重大问题都要由党的委员会民主讨论，作出决定。

（六）党禁止任何形式的个人崇拜。要保证党的领导人的活动处于党和人民的监督之下，同时维护一切代表党和人民利益的领导人的威信。

第二，调整和全面规定了党员的八项义务和八项权利。

对党员的义务，写了绝对不得假公济私、损公利私，坚决反对派性，勇于支持好人好事，反对坏人坏事等内容。

同时，改变了自九大党章以来就没有党员权利的状况，列举了八项权利，在数量上与义务一样。内容上，有的是恢复八大党章的规定，有的是增加的。

如增加“阅读党的有关文件，接受党的培养和训练”。

“在党的会议上有根据地批评党的任何组织和任何党员”，是在八大党章的规定中加了“有根据地”几个字，后面增写了“向党负责地揭发、检举党的任何组织和任何党员违法乱纪的事实，要求处分违法乱纪的党员，要求罢免或撤换不称职的干部”。

在历来就有的选举权和被选举权之外增写了“行使表决权”。

在党组织讨论决定对党员的党纪处分或作出鉴定时，不仅“本人有权参加和进行申辩”，还规定“其他党员可以为他作证和辩护”。

“对党的决议和政策如有不同意见，在坚决执行的前提下，可以声明保留，并且可以把自己的意见向党的上级组织直至中央提出。”其中将原来的“无条件地执行”改为“坚决执行”，加了“可以声明保留”。

在“向党的上级组织直至中央提出请求、申诉和控告”中增写了“提出请求”，“并要求有关组织给以负责的答复”。

最后规定：“党的任何一级组织直至中央都无权剥夺党员的上述权利。”

第三，对党的组织机构及其职权作了重要调整。

恢复了党的八大对党的全国代表大会职权的规定，并由原来的四项增加为六项，主要是增加了“听取和审查中央顾问委员会、中央纪律检查委员会的报告”，“选举中央顾问委员会和中央纪律检查委员会”两项。

在中央委员会中，增加了“中央委员会委员和候补委员必须有五年以上的党龄”。

恢复党的八大建立但从九大党章开始取消的中央书记处。规定“中央书记处在中央政治局和它的常务委员会领导下，处理中央日常工作”。

取消了党的六大、七大以来一直实行的“主席制”，取消中央主席和副主席的设置，设立中央委员会总书记一职。规定“总书记必须从中央政治局常务委员会委员中产生”。“总书记负责召集中央政治局会议和中央政治局常务委员会会议，并主持中央书记处的工作。”

胡乔木在党的十二大上就党章修改问题答新华社记者问时说：在中央的组织制度里面有一个重要的改变，就是党中央只设总书记，不再设主席、副主席。他强调，总书记是中央政治局常务委员会的成员之一，负责召集政治局会议，召集政治局常务委员会会议，主持中央书记处的工作。

胡乔木对为什么用“召集”一词作了言简意赅的说明：“很明显，召集和主持的作用是不一样的。这样，个人过分集权和个人专断的现象就很难再发生。”

另外，设立了中央和省一级顾问委员会，解决干部新老交替问题，并发挥许多富有政治经验的老同志对党的事业的参谋作用。

还规定党的各级组织都必须重视党的建设，经常讨论和检查党的宣传工作、教育工作、组织工作、纪律检查工作、群众工作和统一战线工作。

新党章对改善党的中央和地方组织的体制，对加强党的纪律和纪律检查机关，对加强基层组织的建设，都作了许多新的规定。

第四，对领导干部在思想上、政治上和组织上提出了更加严格的要求。

新增了“党的干部”一章，对各级领导干部提出了六个基本条件，要求正确执行党的路线、方针和政策，反对党内外错误倾向，有胜任领导工作的专业知识和组织能力，坚持党的原则，同任何滥用职权、谋求私利的行为作斗争。这大都是过去的党章所没有的。

根据历史的经验和教训，新党章强调从中央到基层的各级组织都必须严格遵守民主集中制和集体领导的原则，明确规定“禁止任何形式的个人崇拜”。

第五，设立专门的“党的纪律”一章，对党的纪律作出一系列规定。

将党的各级纪律检查委员会由同级党委选举产生，改为由同级党的代表大会选举产生，并对中央以下的同级党委及其成员实行党章规定范围内的监督。

除了党的八大和其他党章中的有关规定外，还增加或强调了：“党组织对违犯党的纪律的党员，应当本着惩前毖后、治病救人的精神，按照错误性质和情节轻重,给以批评教育直至纪律处分。”“违犯政纪国法的党员,必须受到行政机关或司法机关依据政纪或法律的处理。严重触犯刑律的党员必须开除党籍。”

“开除党籍是党内的最高处分。各级党组织在决定或批准开除党员党籍的时候,应当全面研究有关的材料和意见,采取十分慎重的态度。”

“党内严格禁止用违反党章和国家法律的手段对待党员,严格禁止打击报复和诬告陷害。违反这些规定的组织或个人必须受到党的纪律和国家法律的追究。”

“党组织对党员作出处分决定,应当实事求是地查清事实。所要作出的处分决定和所依据的事实材料必须同本人见面,听取他说明情况和申辩。决定后如果本人不服,可以提出申诉,有关党组织必须负责处理或者迅速转递,不得扣压。对于确属坚持错误意见和无理要求的人,要给以批评教育。”

胡耀邦在报告中指出:所有这些规定,都将有利于加强党的集体领导、提高党的战斗力和加强党与群众的联系。现在的党章修改草案,比我们党过去的党章更加充实和完善。它是党的历史经验和集体智慧的宝贵结晶,是在新的历史时期把我们党建设得更加坚强的重要保证。

七、改革开放

40. 改革开放的初步成果

“黄河之水天上来,奔流到海不复回。”如果说十一届三中全会以来中国大地奔流着何种潮流的话,那就是改革开放。

十一届三中全会前后,改革开放开始起步,党的十二大后,改革开放全面展开。1984年10月党的十二届三中全会通过的《关于经济体制改革的决定》,制定了全面进行经济体制改革的纲领性文献。在《决定》精神指导下,以城市为重点的经济体制改革迅速发展。1986年,邓小平又就政治体制改革问题发表一系列重要讲话。改革开放在神州大地蓬勃发展,并取得了初步成果。

在此背景下,1987年10月25日—11月1日,中国共产党第十三次全国代表大会在北京举行。出席大会的正式代表1936人,特邀代表61人,代表全国4600余万名党员。会议主题是加快和深化改革。邓小平主持大会开幕式。大会报告以《沿着有中国特色的社会主义道路前进》为题,阐述了社会主义初级阶段理论,提出了党在社会主义初级阶段的基本路线,制定了分三步走实现现代化的发展战略,并提出了政治体制改革的任务。会议审议并通过了《关于十二届中央委员会报告的决议》《关于〈中国共产党章程部分条文修正案〉的决议》《关于中央顾问委员会工作报告的决议》《关于中央纪律检查委员会工作报告的决议》。

遵循惯例,每次党代会都要修改党章。而这一次,更有必要,因为改革开放已经推进了将近10年,各方面的体制已经发生了程度不等的变化,党对很多重大理论和实践问题的认识取得了很大进展。有些成果、认识和经验还有待实践的检验,但某些比较成熟的,已在实践中实施的一些举措和政策,有必要及时以制度的方式确定下来,从而为改革开放的进一步发展提供制度保障和理论依据。

所以,与起草党的十三大报告相应,党章修改的工作也抓紧进行。但党的十三大没有重新制定党章,也没有对总纲进行修改,而是通过了一个《关于〈中国共产党章程部分条文修正案〉的决议》,对十二大党章的部分条文作了修正,涉及十二大党章的10个条款。修改的主要内容是:

第一,第一次明确规定实行差额选举制度。

选举制度早已有之。但怎么确保选举的过程和结果真正民主、真正反映选举人的意志,一直是一个需要切实解决的问题。改革开放以来,在各种类型的选举中,广大党员和人民群众越来越多地提出这个问题。中央也逐步实行改革。所以,在党章修正案中,将第十一条第一段中“可以经过预选产生候选人名单,然后进行正式选举。也可以不经过预选,采用候选人数多于应选人数的办法进行选举”,改为“可以直接采用候选人数多于应选人数的差额选举办法进行正式选举。也可以先采用差额选举办法进行预选,产生候选人名单,然后进行正式选举”。关键之处是实行差额办法。

第二,完善重大事项决定办法。

将第十六条第一段“党组织讨论决定问题,必须执行少数服从多数的原则。对于少数人的不同意见,应当认真考虑。如对重要问题发生争论,双方人数接近,除了在紧急情况下必须按多数意见执行外,应当暂缓作出决定,进一步调查研究,交换意见,下次再议。如仍不能作出决定,应将争论情况向上级组织报告,请求裁决”,改为“党组织讨论决定问题,必须执行少数服从多数的原则。决定重要问题,要进行表决。对于少数人的不同意见,应当认真考虑。如对重要问题发生争论,双方人数接近,除了在紧急情况下必须按多数意见执行外,应当暂缓作出决定,进一步调查研究,交换意见,下次再表决;在特殊情况下,也可将争论情况向上级组织报告,请求裁决”。主要改动,是规定必须实行表决方式,而且可以有两次表决。通过表决作出决定。只有在特殊情况下,才需要由上级组织裁决。

第三,增加全国代表会议的职权。

党的十二大以来,已经开过一次全国代表会议。根据中央机构增设和变动的情况，确定在第十九条末增加一段："党的全国代表会议的职权是：讨论和决定重大问题；调整和增选中央委员会、中央顾问委员会和中央纪律检查委员会的部分成员。调整和增选中央委员及候补中央委员的数额，不得超过党的全国代表大会选出的中央委员及候补中央委员各自总数的1/5。"

第四，调整中央书记处的性质、职能和产生方式。

由于干部逐渐年轻化，中央政治局及其常委会的工作和会议已经日益规范化、经常化，可以更多地行使它的职权。因此，第二十一条第一段中"党的中央政治局、中央政治局常务委员会、中央书记处和中央委员会总书记，由中央委员会全体会议选举"，改为"党的中央政治局、中央政治局常务委员会和中央委员会总书记，由中央委员会全体会议选举"。即中央书记处不再由中央全会选举产生，而是由常委会提名，中央全会"通过"。中央书记处成为"办事机构"。

所以，第二十一条第三段"中央书记处在中央政治局和它的常务委员会领导下，处理中央日常工作"，改为"中央书记处是中央政治局和它的常务委员会的办事机构；成员由中央政治局常务委员会提名，中央委员会全体会议通过"。

第五，调整中央军委主席、中顾委书记和中央纪委书记的任职条件。

由于从新老交替和国家稳定的大局着想，1986年确定采取"四老"全退，"三老"半退的办法。邓小平、陈云、李先念退出中央委员会，但分别担任中央军委主席、中顾委主任、全国政协主席。为适应这样的人事变化，党章将第二十一条第五段、第二十二条第二段、第四十三条第三段中关于中央军事委员会主席、中央顾问委员会主任、中央纪律检查委员会第一书记"必须从中央政治局常务委员会委员中产生"的规定，全部去掉。

第六，适应基层政权和经济组织改革情况，调整基层党组织设置和任务。

将第三十条第一段"工厂、商店、学校、机关、街道、人民公社、合作社、农场、乡、镇、人民解放军连队和其他基层单位，凡是有正式党员三人以上的，都应当成立党的基层组织"的规定中，去掉"人民公社"，增加"村"。

第三十三条第一段前面增加一段:“企业和实行行政首长负责制的事业单位中党的基层组织,对党和国家的方针政策在本单位的贯彻执行实行保证监督。这些基层党组织应以主要精力加强党的建设,做好思想政治工作和群众工作;支持行政负责人按规定充分行使职权,并对重大问题提出意见和建议。”

第三十三条原第一段中“企业事业单位中党的基层委员会,和不设基层委员会的总支部委员会或支部委员会,领导本单位的工作”,改为“尚未实行行政首长负责制的事业单位中党的基层委员会,和不设基层委员会的总支部委员会或支部委员会,领导本单位的工作”。

第七,调整党组的设置范围。

第四十六条中“在中央和地方国家机关、人民团体、经济组织、文化组织或其他非党组织的领导机关中成立党组”,改为“在中央和地方各级人民代表大会、政治协商会议、人民团体和其他非党组织的经选举产生的领导机关中,可以成立党组”。

第四十八条“在需要对下属单位实行高度集中统一领导的国家工作部门中,党组的职权和工作任务,以及是否把这些部门的党组改为党的委员会,由中央另行规定”,改为“在需要对下属单位实行高度集中统一领导的国家工作部门中,是否建立党委,党委的职权和工作任务,由中央另行规定”。

党的十二大后的历次党代会,都以十三大为前例,没有再制定新的党章,而是根据形势的发展,在十二大党章的基础上作局部性的修改。

41. 东方春潮进党章

1992年1月17日,新年伊始,88岁高龄的邓小平乘坐专列悄然出京,奔驰南下。一路走,一路看。同时,也发表了很多重要的意见。

东方风来满眼春。东方的春潮迅速涌动。2月20日,江泽民召开关于党的十四大报告起草工作的座谈会,要求将邓小平的讲话精神作为贯穿党的十四大报告的主线。6月,江泽民又在中央党校发表重要讲话,阐述了即将召开的党的十四大的主要精神,特别是提出了社会主义市场经济体制的改革目标。

1992年10月12—18日,党的十四大在北京举行。江泽民在《加快改革开放和现代化建设步伐,夺取有中国特色的社会主义事业的更大胜利》的报告中,总结了十一届三中全会以来14年的实践经验,决定抓住机遇,加快发展;确定我国经济体制改革的目标是建立社会主义市场经济体制;提出用邓小平建设有中国特色社会主义理论武装全党。

东风春潮涌动大会堂,也涌进了党的十四大修改的党章中。

当年3月,经中央政治局常委会研究,成立了党章修改小组,开始进行十四大修改党章的准备工作。修改小组在学习领会邓小平关于建设有中国特色社会主义的一系列论述特别是年初视察南方重要谈话的基础上,认真研究了党的工作和党的建设面临的新情况、新问题,起草了党章(修正案)初稿。7月16日和8月27日,中央政治局常委会会议对党章(修正案)初稿进行了讨论。修改小组按照常委会讨论意见,修改形成了党章(修正案)讨论稿。9月17日,中央政治局会议讨论了党章(修正案)讨论稿。在经十三届九中全会讨论后,将《中国共产党章程(修正案)》,提请第十四次全国代表大会审议。

这次修改党章的指导思想是:总结十二大以来社会主义现代化建设和党的建设的新经验,把邓小平建设有中国特色社会主义的理论和党的基本路线及一系列方针、政策写入党章,对党的工作和党的建设提出切合实际的新的要求,把党建设成为领导全国人民沿着有中国特色社会主义道路不断前进的坚强核心。

根据这一指导思想,修改中突出了建设有中国特色社会主义的理论和党的基本路线,并将其贯穿于党章全文;按照基本路线的要求,对部分条文的内容作了修改、调整和充实,使其更加符合现阶段党的工作实际;保持党章原总体框架不变,保留其中一切现在仍然适用的内容和规定,文字上可改可不改的没有修改。

第一,总纲部分修改的主要内容。

这次修改,对总纲部分作了较大的调整和充实。

（一）对总纲原第三、第四自然段的内容作了改写，指出科学社会主义理论是正确的，社会主义具有强大的生命力。写上了邓小平关于社会主义本质的论述。最后指出社会主义必然代替资本主义是社会历史发展不可逆转的总趋势。

（二）增加了十一届三中全会以来历史进程的表述，鲜明地肯定了十一届三中全会的历史地位，肯定了十一届三中全会以来党进行的主要工作和取得的成就，肯定了建设有中国特色社会主义的理论和路线、方针、政策。

（三）增写了我国社会主义初级阶段的基本问题。增写了在初级阶段，必须从我国的国情出发，走有中国特色的社会主义道路；我国社会的主要矛盾是人民日益增长的物质文化需要同落后的社会生产之间的矛盾；我国社会主义建设的根本任务，是进一步解放生产力，发展生产力，逐步实现社会主义现代化，并且为此而改革生产关系和上层建筑中不适应生产力发展的方面和环节；社会主义的根本经济制度是坚持以生产资料公有制为主体、多种经济成分并存的所有制结构，实行以按劳分配为主体、其他分配方式为补充的分配制度；“三个有利于”是各项工作总的出发点和检验标准；我国经济发展的战略目标是分三步走，到 21 世纪中叶实现人均国民生产总值达到中等发达国家水平。

（四）增写了党的基本路线的内容。把总纲原来的总任务改为党的基本路线，并分别对一个中心、两个基本点进行阐述。强调党在领导社会主义事业中必须坚持以经济建设为中心，坚持四项基本原则，从根本上改革束缚生产力发展的经济体制，建立社会主义市场经济体制，并进行政治体制改革和其他领域的改革，实行对内对外的全面开放。

（五）充实了社会主义精神文明建设的内容。加上了社会主义精神文明建设为经济建设和改革开放提供强大的精神动力和智力支持，创造良好的社会环境的内容。强调尊重知识，尊重人才，提高全民族的思想道德和科学文化素质，弘扬民族优秀传统文化，繁荣和发展社会主义文化等。

（六）对民主法制建设的内容作了补充。补充了：坚持人民代表大会制度，坚持共产党领导的多党合作和政治协商制度；积极支持人民当家作主；广开言路，建立健全民主决策、民主监督的制度和程序；加强国家立法和法律实施工作，使国家各项工作逐步走上法制化轨道；加强社会治安综合治理，保持社会长期稳定；坚决打击各种危害国家安全和利益、危害社会稳定和经济发展的犯罪活动和犯罪分子。还要求充分发挥人民解放军在巩固国防、保卫祖国和参加社会主义现代化建设中的作用。加上了实现各民族的共同繁荣和全面进步的内容，增写了“一国两制”的方针。

（七）部分改写了党对国际事务基本立场的一段文字。增写了“中国共产党主张积极发展对外关系，努力为我国的改革开放和现代化建设争取有利的国际环境”。将党对国际事务基本立场的一段文字改为“坚持独立自主的和平外交政策，维护我国的独立和主权，反对霸权主义和强权政治，维护世界和平，促进人类进步”。

（八）对党的建设和党的领导提出了新的要求。明确提出党的建设必须紧密围绕党的基本路线，坚持从严治党，把党建设成为领导全国人民沿着有中国特色的社会主义道路不断前进的坚强核心。对党的建设的基本要求，把原来三项改写为四项。

增加了“坚持党的基本路线”，作为第一项。要求全党用建设有中国特色社会主义的理论和党的基本路线统一思想，统一行动，毫不动摇地长期坚持下去。必须把改革开放同四项基本原则统一起来，全面落实党的基本路线，反对一切“左”的和右的错误倾向，要警惕右，但主要是防止“左”。切实从组织上保证党的基本路线的贯彻落实。

把“坚持解放思想，实事求是”作为第二项，增加了“积极探索，大胆试验，创造性地开展工作，研究新情况，总结新经验，解决新问题，在实践中丰富和发展马克思主义”等内容。

在第三项“坚持全心全意为人民服务”的要求中，增加了党任何时候都坚持把群众利益放在第一位，坚持不懈地反对腐败，加强党风建设和廉政建设等内容。

在第四项要求即“坚持民主集中制”中，把“在民主的基础上实行高度的集中”改为“民主集中制是民主基础上的集中和集中指导下的民主相结合”，并指出这既是党的根本组织原则，也是群众路线在党的生活中的运用。

强调党要适应改革开放和社会主义现代化建设的要求，加强和改善党的领导。要求党必须集中精力领导经济建设，组织、协调各方面的力量，同心协力，围绕经济建设开展工作。必须实行民主的科学的决策，适应形势的发展和情况的变化，不断改进领导方式和方法，提高领导水平。

第二，条文部分修改的主要内容。

（一）对党员和党的干部提出了新的更高的要求。增加了坚决贯彻执行党的基本路线和各项方针、政策的内容，要求党员带头参加改革开放和社会主义现代化建设，带动群众为经济发展和社会进步艰苦奋斗；要求干部立志改革开放，献身现代化事业，在社会主义建设中艰苦创业，开拓创新，做出实绩。对干部的基本条件，除强调必须履行党员义务外，还增加了掌握建设有中国特色社会主义的理论，努力用马克思主义的立场、观点、方法分析和解决实际问题；把党的方针、政策同本地区、本部门的实际相结合，讲实话，办实事，求实效，反对形式主义；有实践经验；正确行使人民赋予的权力，清正廉洁，勤政为民，以身作则，艰苦朴素，密切联系群众；坚持和维护党的民主集中制等要求。还规定党员领导干部必须参加党委、党组的民主生活会。

（二）十四大起不再设立党的中央顾问委员会，也不再设立党的省、自治区、直辖市顾问委员会。所以删去了有关顾问委员会设置和工作任务的条文。

（三）适当调整了党的地方组织和基层组织的任期。将县一级党的委员会的任期由三年改为五年，基层委员会的任期由三年改为三年或四年，总支部委员会、支部委员会的任期由两年改为两年或三年。

（四）进一步明确了党的基层组织的职责。对街道、乡、镇和村基层党组织，规定其领导本地区的工作，支持和保证行政组织、经济组织和群众自治组织充分行使职权。对全民所有制企业基层党组织，要求其发挥政治核心作用，围绕企业生产经营开展工作，并从保证监督党的方针政策的贯彻执行、坚持和完善厂长（经理）负责制、全心全意依靠职工群众、参与重大问题决策和加强自身建设等方面把政治核心作用具体化。规定实行行政领导人负责制的事业单位中党的基层组织“发挥政治核心作用”,实行党委领导下的行政领导人负责制的事业单位中党的基层组织“对重大问题进行讨论和作出决定,同时保证行政领导人充分行使自己的职权”。

（五）对党的纪律和纪律检查机关的工作程序作了个别改动。增写党的纪律是党的各级组织和全体党员必须遵守的行为规则,党组织和党员必须严格执行和维护党的纪律,接受党的纪律的约束。为了及时处理违犯党的纪律的党委成员,规定中央政治局和地方党委常委会对这类处分可以先作决定,然后由全会追认。各级纪委发现同级党委委员有违纪行为,可以先进行初步核实,如果需要立案检查的,报同级党委批准,涉及常委的,经报同级党委后报上级纪委批准。

（六）恢复了十二大党章对党组的规定。十三大党章部分条文修正案取消了在政府机关、经济组织和文化组织中设立党组的规定。根据实际工作需要,这次修正案恢复了十二大党章关于在这些领导机关中成立党组的规定。对党组的任务,增写了讨论和决定本部门的重大问题和指导直属单位党组织的工作的内容。

42. 跨世纪的最大亮点

时钟嘀嗒作响的声音,把人类带到了一个历史性的时刻:20世纪与21世纪之交。在这个时刻,人类将实现两个世纪和两个千年的历史性大跨越。

世纪之交,世界发生了许多重大的历史性变化,提出了许多深刻的时代课题,展现了许多崭新的发展趋势,同时,也交织着许多复杂的社会矛盾。如何抓住跨世纪的关键时机,把一个经济持续发展、社会全面进步、充满生机和希望的中国带入21世纪,这是历史赋予中国共产党的重大战略性课题。

在世纪之交即将到来之际,1997年2月19日,中国改革开放和现代化建设的总设计师邓小平逝世。中国共产党能否继续沿着邓小平开辟的中国特色社会主义道路走下去,成为令中国和世界共同关注的问题。

其实，还在1996年12月11日，江泽民在同起草小组的第一次谈话中，就已对报告的主题、框架、主要内容、基本思路作了明确指示。他指出，大会的报告要紧紧扣住高举邓小平理论伟大旗帜，把建设有中国特色社会主义事业全面推向21世纪这个主题，阐明世纪之交中国共产党和中国人民面临的形势和任务，动员全党和全国各族人民，振奋精神，同心同德，全面实现第二步战略目标，坚定不移地向第三步战略目标迈进，到21世纪中叶，把中国建设成为富强、民主、文明的社会主义国家。

1997年5月29日，江泽民在中共中央党校向来自全国和所有中央部门的省部级主要领导干部发表重要讲话，就即将召开的十五大的精神向高级干部们吹吹风、通通气。当时我在中央党校任校委委员，所以也听了讲话。讲话开宗明义就强调，旗帜问题至关紧要。旗帜就是方向，旗帜就是形象。我们说坚持十一届三中全会以来的路线不动摇，就是高举邓小平建设有中国特色社会主义理论旗帜不动摇。在邓小平逝世后，我们全党，特别是高级领导干部，在这个问题上尤其要有高度的自觉性和坚定性，无论遇到什么困难，什么风险，都不动摇。

9月12日至18日，党的十五大在北京举行。出席大会的代表2048人，特邀代表60人，代表全国5800万名党员。江泽民向大会作《高举邓小平理论伟大旗帜，把建设有中国特色社会主义事业全面推向二十一世纪》的报告。大会首次使用“邓小平理论”的概念，确立邓小平理论为党的指导思想。大会提出了社会主义初级阶段的基本纲领，规划了跨世纪发展的战略部署，将“三步走”的战略设想进一步具体化。

江泽民代表中共中央明确宣告：更高地举起邓小平建设有中国特色社会主义理论的伟大旗帜，更好地贯彻执行党的基本路线，这是中国共产党中央领导集体坚定不移的决心和信念，也是全党全军全国各族人民的共识和愿望。

9月18日，党的十五大通过了《中国共产党章程修正案》。

这次修改党章集中在一个重大问题上，即在党章中明确规定，把邓小平理论确立为党的指导思想。党章总纲规定：“中国共产党以马克思列宁主义、毛泽东思想、邓小平理论作为自己的行动指南。”

党章总纲在原来关于马克思列宁主义的论述和关于毛泽东思想的论述之后，对原来有关建设有中国特色社会主义理论的内容加以调整补充，形成了关于邓小平理论的论述：

十一届三中全会以来，以邓小平同志为主要代表的中国共产党人，总结新中国成立以来正反两方面的经验，解放思想，实事求是，实现全党工作中心向经济建设的转移，实行改革开放，开辟了社会主义事业发展的新时期，逐步形成了建设有中国特色社会主义的路线、方针、政策，阐明了在中国建设社会主义、巩固和发展社会主义的基本问题，创立了邓小平理论。邓小平理论是马克思列宁主义的基本原理同当代中国实践和时代特征相结合的产物，是毛泽东思想在新的历史条件下的继承和发展，是马克思主义在中国发展的新阶段，是当代中国的马克思主义，是中国共产党集体智慧的结晶，引导着我国社会主义现代化事业不断前进。

修正后的党章对第三条第一款、第三十一条第二款、第三十四条第一款的文字作了相应的调整，规定党员和党的干部要认真学习马克思列宁主义、毛泽东思想、邓小平理论。

大会通过的《关于〈中国共产党章程修正案〉的决议》，确认十四届中央委员会提出的《中国共产党章程修正案》自通过之日起生效，强调：“在党章中把邓小平理论确立为党的指导思想，明确规定中国共产党以马克思列宁主义、毛泽东思想、邓小平理论作为自己的行动指南，这对于保证我们党领导人民坚定地走有中国特色社会主义道路，把我国建设成为富强民主文明的社会主义现代化国家，具有重大而深远的意义。”

当时，我在中共中央党校被选为党的十五大代表，有幸参加了十五大。住地在银建饭店。大会期间，听取了江泽民的报告，在中直代表团里参与了对报告的审议，也参加了对党章修正案的审议。

第一次使用“邓小平理论”的概念，并将邓小平理论确定为我们党必须高举的旗帜，这是党的十五大最突出的亮点。无论国内还是国际都高度关注。很多媒体希望大会秘书处就此给予介绍和解读。所以，大会秘书处专门安排了一次中外记者吹风会，由我对邓小平理论作一介绍，并回答记者们提出的问题。

记者吹风会是在晚上举行的。会议室里挤满了中外记者。有文字记者，也有电视记者。好多架摄像机早已架好，将我置于交织着的灯光之下。

直接面对众多中外记者，向他们介绍情况并回答问题，这对我来说，还是第一次。对他们到底会问什么问题，心中无底，但由于对理论和实践问题都非常熟悉，胸有成竹，并不怯场。

吹风会由国务院新闻办公室也是大会秘书处的姚飞主持。由我先向记者们介绍邓小平理论的形成过程、主要内容、大会使用“邓小平理论”这一概念的意义，强调党的十五大高举邓小平理论的伟大旗帜，将会引领中国将中国特色社会主义的伟大事业全面推向21世纪。

然后，由记者们自由提问。中外记者抢着提问。外国记者们提的问题其实并不限于理论，还涉及政治、经济、社会等其他方面，有的还很尖锐、很敏感。但我都彬彬有礼、简要清晰地作了回答。没有一个问题称“无可奉告”。根据所提问题，对邓小平理论问题以及其他一些问题作了进一步的阐发。并未准备什么材料，全是当场灵活应对作答。所以，多少消除了记者们的一些困惑，使他们对邓小平理论等问题有了更多的了解。吹风会不仅受到了在场媒体的良好评价，也受到了大会秘书处的充分肯定。

43. 新世纪的新进展

“十六大在新的历史条件下，对党章再次作出修改，可谓顺理成章，是历史之必然，逻辑之必然，体现了与时俱进的要求。”

“广为各界关注的中共十六大今天落下帷幕，大会的一个重要成果就是通过了对中共党章的修改决议。中共中央党校校务委员、科研部主任李忠杰在接受本社记者专访时作上述解读。”

上面是2002年负责对外报道的中国新闻社记者对我采访所作的报道。当时我还在中央党校工作。

2002年11月8日至14日，党的第十六次全国代表大会在北京举行。出席大会的正式代表2114名，特邀代表40名，代表全国6500万名党员。江泽民向大会作《全面建设小康社会，开创中国特色社会主义事业新局面》的报告。

大会总结了党的十五大以来特别是十三届四中全会以来的奋斗历程和基本经验；阐述了“三个代表”重要思想的时代背景、实践基础、科学内涵、精神实质和历史地位；提出要全面建设惠及十几亿人口的更高水平的小康社会的奋斗目标，对新世纪新阶段全面建设小康社会的各项任务作了部署。大会将“三个代表”重要思想写入党章，与马克思列宁主义、毛泽东思想、邓小平理论一起作为党必须长期坚持的指导思想。

“人事有代谢，往来成古今。”十六大，是中国共产党进入21世纪后召开的第一次全国代表大会，因而，写下了21世纪党代会的第一页。

新世纪的“第一次”，连着20世纪的“十五次”。前后相继，继往开来。既要总结过去，又要开拓创新。既要发扬光大，又要有新的建树。过去与未来，“第一次”与“十五次”，就是这样一个辩证统一的关系。

“第一次”毕竟是“第一次”。没有开拓进取，就称不上是真正有内涵的“第一次”；没有重要创新，也称不上真正有价值的“第一次”。“第一次”要名副其实，就要在其内涵、方式上有重大创新、重大推进，能够创造出一些有价值的“第一”。

党的十六大掀开了中国共产党在新世纪发展进步的新的一页，明确回答了中国共产党在新世纪举什么旗、走什么路、实现什么目标的问题，向世人宣告了中国共产党面向未来的指导思想、基本立场、设计蓝图和发展战略，是中国共产党在新世纪新阶段的政治宣言和行动纲领。

十六大党章在保持党章总体框架不变的前提下，大大小小一共修改了60多处，实现了党章的与时俱进。修改后的党章提出了一些重要的新思想、新观点、新规定。其主要之点有：

第一，对党的性质作了进一步的表述。

修改后的党章规定：“中国共产党是中国工人阶级的先锋队，同时是中国人民和中华民族的先锋队，是中国特色社会主义事业的领导核心，代表中国先进生产力的发展要求，代表中国先进文化的前进方向，代表中国最广大人民的根本利益。党的最高理想和最终目标是实现共产主义。”其中，“同时是中国人民和中华民族的先锋队”“特色”“三个代表”“最高理想”均为新加。

第二，确立了“三个代表”重要思想在全党的指导地位。

修改后的党章规定：“中国共产党以马克思列宁主义、毛泽东思想、邓小平理论和‘三个代表’重要思想作为自己的行动指南。”同时，还鲜明地指出：“‘三个代表’重要思想是对马克思列宁主义、毛泽东思想、邓小平理论的继承和发展，反映了当代世界和中国的发展变化对党和国家工作的新要求，是加强和改进党的建设、推进我国社会主义自我完善和发展的强大理论武器，是中国共产党集体智慧的结晶，是党必须长期坚持的指导思想。始终做到‘三个代表’，是我们党的立党之本、执政之基、力量之源。”

以党规党法的形式，确立“三个代表”重要思想对全党的指导地位，进一步明确了建党治国的战略思路，是十六大的灵魂。

第三，改写了关于人类社会发展规律的一段论述。

根据世界社会主义运动发展的实际情况和经验教训，修改后的党章把对人类社会发展一般进程的论述重点转移到中国发展的实际上来，既坚持共产主义理想，又立足于做好当前的事，做好自己的事，强调“坚持马克思列宁主义的基本原理，走中国人民自愿选择的适合中国国情的道路，中国的社会主义事业必将取得最终的胜利”。

第四，写进了党的基本纲领和全面建设小康社会的目标。

修改后的党章加入了“全面执行党在社会主义初级阶段的基本纲领”的要求。强调“发展是我们党执政兴国的第一要务”。确认“跨入新世纪，我国进入全面建设小康社会、加快推进社会主义现代化的新的发展阶段”。进而，确立了新的“三步走”战略目标，要求“巩固和发展已经初步达到的小康水平，到建党一百年时，建成惠及十几亿人口的更高水平的小康社会；到建国一百年时，人均国内生产总值达到中等发达国家水平，基本实现现代化”。

第五，充实了经济政治文化建设和改革的战略、方针和重大政策。

修改后的党章，根据党的十五大、十六大的有关精神，写入了“科教兴国战略和可持续发展战略”；对社会主义初级阶段的基本经济制度和分配制度作了修改和补充；增写了“建设社会主义政治文明”，“坚持扩大社会主义民主”，“依法治国，建设社会主义法治国家”，“实行依法治国和以德治国相结合”；将原来关于改革的表述改写为“坚持改革开放，是我们的强国之路”，进一步突出了坚持改革开放的重要性。

第六，对坚持党的思想路线增添了与时俱进的新要求。

修改后的党章对思想路线的表述没有变化，仍是：“一切从实际出发，理论联系实际，实事求是，在实践中检验真理和发展真理。”但在思想路线前面的概括性要求中，在“解放思想，实事求是”后面加上了“与时俱进”四个字，变成了三句话。在具体内容中还加上了“开拓创新”。

第七，充实了关于党的建设的基本要求。

修改后的党章吸收了近年来党的建设的许多好思想，增写了“党要管党”，“不断提高党的领导水平和执政水平，提高拒腐防变和抵御风险的能力，不断增强党的阶级基础和扩大党的群众基础，不断提高党的创造力、凝聚力、战斗力，使我们党始终走在时代前列”；强调“我们党的最大政治优势是密切联系群众，党执政后的最大危险是脱离群众”；要求“加强对党的领导机关和党员领导干部的监督，不断完善党内监督制度”；“党必须按照总揽全局、协调各方的原则，在同级各种组织中发挥领导核心作用”。“完善领导体制，改进领导方式，增强执政能力。”

第八，对党的组织制度和组织建设加以改进和完善。

修改后的党章第一次将其他“社会阶层的先进分子”纳入了可以申请入党的对象；规定了党委内部议事和决策的十六字原则：“集体领导、民主集中、个别酝酿、会议决定”；增加了纪委“组织协调反腐败工作”“对党员领导干部行使权力进行监督”“保障党员的权利”等职能；规定“党组发挥领导核心作用”“做好干部管理工作”。

第九，对党的基层组织建设提出了新要求，作出了新规定。

新形势下，党的基层组织建设遇到了很多新情况。所以，修改后的党章写进了“社区、社会团体、社会中介组织”的党建问题；对国有企业和集体企业增加了支持“股东会、董事会、监事会”依法行使职权的内容；对非公有制经济组织整整加写了一段：“非公有制经济组织中党的基层组织，贯彻党的方针政策，引导和监督企业遵守国家的法律法规，领导工会、共青团等群众组织，团结凝聚职工群众，维护各方的合法权益，促进企业健康发展。”基层党委的任期也从三年改为“三年至五年”。

第十，对领导干部提出了一系列新的要求。

根据这些年来的实践，修改后的党章对领导干部增写了不少要求：“认真实践‘三个代表’重要思想”；“坚持讲学习、讲政治、讲正气，经得起各种风浪的考验”；“具有共产主义远大理想和中国特色社会主义坚定信念”；“解放思想”，“与时俱进，开拓创新”；“依法办事”；“做到自重、自省、自警、自励”；等等。

第十一，增加了“党徽党旗”一章。

“李忠杰认为，随着时代发展，中共的政策、战略不断地得到充实、丰富和发展，党章有必要把已经形成的，能够指导实践的一些战略方针、政策补充进去。这也体现了以改革精神推进中共自身建设、不断改进党的领导方式和执政方式、改进党的工作机制的精神。要走在时代前列，对党章作适当的修改是必要的。”

“这位对中共理论、政策、文件精神颇为熟悉的权威人士指出，这次党章修改总体上贯彻了与时俱进的精神，及时吸收总结了中共的重要经验，把已经形成的新的认识、理论创新的成果、发展战略充实进去，反映了中共前进的脚步。对中共面向未来，更好地开拓新局面，有重要的指导意义。”

这两段文字，也是当时报道中的原话。

44. 高高举起的旗帜

2007 年 10 月，党的第十七次全国代表大会在北京举行。出席大会的正式代表 2213 人，特邀代表 57 人，代表全国 7300 多万名党员。胡锦涛向大会作《高举中国特色社会主义伟大旗帜，为夺取全面建设小康社会新胜利而奋斗》的报告。

我参加了党的十七大报告的起草工作。报告的起草和修改工作大致经历了调研、起草、修改、提交七中全会审议、提交十七大审议五个阶段。

确定报告的主题，是报告起草工作最重要的一个环节，也是决定报告和大会政治方向的重要基础。在报告起草过程中，胡锦涛明确指出，确定报告的主题，目的是向党内外、国内外庄严宣示：党的十七大之后，我们党将举什么旗、走什么路、遵循什么样的发展思路、以什么样的精神状态、朝着什么样的目标开拓奋进的问题。

起草组在听取、吸收各方面意见的基础上，经过反复研究，提出建议，中央最后将报告的主题确定为："高举中国特色社会主义伟大旗帜，以邓小平理论和'三个代表'重要思想为指导，深入贯彻落实科学发展观，继续解放思想，坚持改革开放，推动科学发展，促进社会和谐，为夺取全面建设小康社会新胜利而奋斗。"

2007年6月25日，按照以往几次惯例，胡锦涛到中央党校发表讲话，向省部级主要领导干部通报党的十七大将要研究和决定的一些重大问题。通报的第一个问题，就是十七大的主题。胡锦涛指出，中国特色社会主义伟大旗帜，是当代中国发展进步的旗帜，是全党全国各族人民团结奋斗的旗帜。突出强调高举中国特色社会主义伟大旗帜，就是要表明，我们党将始终不渝地坚持以邓小平理论和"三个代表"重要思想为指导，深入贯彻落实科学发展观，毫不动摇地坚持和发展中国特色社会主义。

10月15日至21日，党的十七大召开。大会系统总结了过去五年的工作和改革开放以来的宝贵经验；强调要坚定不移地高举中国特色社会主义伟大旗帜，坚持中国特色社会主义道路和中国特色社会主义理论体系；全面阐述科学发展观的科学内涵、精神实质和根本要求；对继续推进改革开放和社会主义现代化建设、不断夺取全面建设小康社会新胜利作出部署，对以改革创新精神全面推进党的建设新的伟大工程提出明确要求。大会将科学发展观写入党章。

修改党章，一如既往，是党代会的重要任务，也是中央综合各方面意见和建议，适应新形势新任务的要求，从推进党的工作、加强党的建设的大局出发作出的重大决策。考虑到现行《中国共产党章程》总体上能适应指导党的工作和党的建设的需要，中央决定这次只对党章作适当修改。

十七大修改党章工作遵循的原则是：坚持以马克思列宁主义、毛泽东思想、邓小平理论和"三个代表"重要思想为指导，体现科学发展观等十六大以来党中央提出的一系列重大战略思想，把党的十七大报告确立的重大理论观点和重大战略思想写入党章；坚持发扬党内民主，集中全党智慧；保持党章的总体稳定，只修改那些必须改的、在党内已经形成共识的内容，努力使修改后的党章充分体现马克思主义中国化最新成果，充分体现党的工作和党的建设的新鲜经验，以适应新形势新任务对党的工作和党的建设提出的新要求。

这次修改党章共作了15项比较大的修改，主要集中在6个方面：

第一，把科学发展观等重大战略思想写入党章，增写了关于科学发展观的一段表述：十六大以来，党中央坚持以邓小平理论和"三个代表"重要思想为指导，根据新的发展要求，集中全党智慧，提出了以人为本、全面协调可持续发展的科学发展观。总纲和条文部分的其他修改，也体现了科学发展观的要求。

需要说明和注意的是，十七大虽然对科学发展观作出重要评价并写入了党章，但还没有马上把它与毛泽东思想、邓小平理论、"三个代表"重要思想并列作为党的指导思想。在中央征求意见过程中，不少地方和部门建议把科学发展观同邓小平理论、"三个代表"重要思想一道确立为党的指导思想。对此，时任总书记胡锦涛从十七大报告起草工作一开始就反复强调：一个科学理论的形成和发展总是需要一个实践、认识、再实践、再认识的过程。我们党提出的科学发展观等重大战略思想得到了全党同志的认同，在实践中起到了重要指导作用，但这些重大战略思想提出的时间毕竟不长，还需要继续接受实践检验，并在实践中不断完善。所以，应该坚持以邓小平理论和"三个代表"重要思想为指导，继续下大气力抓好科学发展观的贯彻落实。经过认真研究决定，十七大对科学发展观的重要地位作了现在这样的阐述。这一决定，充分体现了胡锦涛的科学态度和谦虚精神。

第二，增写了中国特色社会主义道路和中国特色社会主义理论体系的内容。在总结改革开放的伟大历史进程时，增写了第八自然段，强调改革开放以来我们取得一切成绩和进步的根本原因，归结起来就是：开辟了中国特色社会主义道路，形成了中国特色社会主义理论体系。

第三，充实关于我们党的基本路线的内容。在基本路线的奋斗目标中增加了一个“和谐”；对应党的基本路线“一个中心、两个基本点”，调整和充实了原来的几个自然段的内容。

第四，增写了必须按照中国特色社会主义事业总体布局，全面推进经济建设、政治建设、文化建设、社会建设的内容，并在总纲第十四至第十七自然段，分别论述了经济建设、政治建设、文化建设、社会建设。

第五，充实了军队建设、民族工作、宗教工作、统战工作、外交工作等方面的内容。

第六，充实了党的建设的内容。突出强调加强党的执政能力建设和先进性建设；在制度建设方面增写了一些新规定，如：对党的组织制度作出了三项新规定。一是增写了党的各级组织要按规定实行党务公开的内容。二是增写了党的各级代表大会代表实行任期制的内容。三是增写了党的中央和省、自治区、直辖市委员会实行巡视制度的内容。对党的中央组织和地方组织的工作制度，增写了中央政治局向中央委员会全体会议报告工作、接受监督的内容；增写了党的地方各级委员会的常务委员会定期向委员会全体会议报告工作、接受监督的内容；对党员、干部和党的基层组织也分别提出了一些新的要求。

这些修改，使党章的内容更加科学、更加完善、更加适应加强和改进党的工作和党的建设的需要。

无论是报告，还是修改后的党章，都充分展示和说明了，十七大载入史册的重要标志之一，就是鲜明地把中国特色社会主义作为我们党的伟大旗帜高高举起。这当然也是改革开放以来历史发展的必然结果。

党的十二大以来，每次大会都不同程度地提出旗帜问题。表述上有差异，但主线、内容，都是中国特色社会主义。邓小平理论最初就叫建设有中国特色社会主义理论。党的十五大正式使用邓小平理论的概念，但其基本内容还是建设有中国特色社会主义理论。党的十六大，在党的旗帜上增加了“三个代表”重要思想的内容，“三个代表”重要思想的主题还是中国特色社会主义。

所以，改革开放后的一次次党代会，都非常关注旗帜和道路问题。表述有所不同，但都以中国特色社会主义一线相穿、一脉相承。

那么，党的十七大的旗帜又有哪些新意呢？主要在于，更加集中了旗帜的内涵，扩大了旗帜的外延。

党的十七大报告指出：“高举中国特色社会主义伟大旗帜，最根本的就是要坚持中国特色社会主义道路和中国特色社会主义理论体系。”而“中国特色社会主义理论体系，就是包括邓小平理论、‘三个代表’重要思想以及科学发展观等重大战略思想在内的科学理论体系”。

根据这一界定，中国特色社会主义这一旗帜，包含了邓小平理论、“三个代表”重要思想以及科学发展观等一系列重大理论成果在内，而其主线、主题，则明确集中在中国特色社会主义上。

所以，党的十七大实际上是对旗帜做了一个重要的整合工作。这是党的十七大在思想理论上的一个重要决策，也是一个重要的与时俱进。

八、新的时代

45. 十八大党章的又一次与时俱进

2012 年 11 月 9 日晚，一份散发着墨香的《中国共产党章程（修正案）》讨论稿，被分送到了党的十八大代表手中。

11 月 14 日上午，庄严的人民大会堂又一次见证了一个历史性时刻——12 时 17 分，出席党的十八大闭幕会的 2307 名代表、特邀代表，以举手方式郑重表决关于《中国共产党章程（修正案）》的决议。胡锦涛庄严宣布："通过。"会场立即响起经久不息的掌声。

这是对党的十二大通过的现行党章的第六次修改，体现了党的十七大以来中国共产党人的探索与创新；这是党的第 17 部党章，凝聚了一代代中国共产党人的智慧与心血。

2012 年 11 月 8—14 日，党的第十八次全国代表大会在北京举行。这是在我国进入全面建成小康社会决定性阶段召开的一次十分重要的大会。大会批准了胡锦涛代表第十七届中央委员会所作的报告，批准了中央纪律检查委员会工作报告，审议通过了《中国共产党章程（修正案）》，选举产生了新一届中央委员会和中央纪律检查委员会。

党的十八大一如既往，仍然对党章作了修改。累计起来是第 16 次修改或制定。

修改工作一开始，党中央就明确提出，要坚持解放思想、实事求是，坚持发扬民主、集思广益，努力使修改后的党章更加符合时代进步潮流、更加符合党心民心，成为一个继往开来、与时俱进的党章。

这次修改党章的原则是：坚持以马克思列宁主义、毛泽东思想、邓小平理论、"三个代表"重要思想和科学发展观为指导，把党的十八大报告确立的重大理论观点和重大战略思想写入党章；坚持发扬党内民主，集中全党智慧；保持党章总体稳定，只修改那些必须改的、在党内已经形成共识的内容，努力使修改后的党章充分体现马克思主义中国化最新成果，充分体现党的十七大以来党中央提出的一系列重大战略思想，充分体现党的工作和党的建设的新鲜经验，以适应新形势新任务对党的工作和党的建设提出的新要求。

修改主要集中在六个方面：

第一，对科学发展观作出正式定位和新的阐述。

党的十七大对科学发展观作出了科学评价，但还没有正式定位。党的十八大完成了这一任务。修改后的党章第二自然段改为："中国共产党以马克思列宁主义、毛泽东思想、邓小平理论、'三个代表'重要思想和科学发展观作为自己的行动指南。"增加了"科学发展观"。

有权威人士解读，说这是新的定位。这是不准确的。党的十七大没有定位，而是将定位工作留给了党的十八大。所以党的十八大是正式定位，而不是"新的定位"。

与此相应，第七自然段对十七大党章原文作了改写，对科学发展观作了新的阐述，主要是增写了"以胡锦涛同志为主要代表的中国共产党人""深刻认识和回答了新形势下实现什么样的发展、怎样发展等重大问题"。特别是将原先的"是我国经济社会发展的重要指导方针，是发展中国特色社会主义必须坚持和贯彻的重大战略思想"，重写为"是马克思主义关于发展的世界观和方法论的集中体现，是马克思主义中国化最新成果，是中国共产党集体智慧的结晶，是发展中国特色社会主义必须坚持和贯彻的指导思想"。

把科学发展观列入党的指导思想，把科学发展观写在党的旗帜上，是这次党章修改的最大亮点和最突出的历史贡献。这体现了党的指导思想的与时俱进。

第二，充实完善中国特色社会主义重要成就的内容。

在十七大党章原文基础上，增写了"确立了中国特色社会主义制度"，"这个制度"，从而表述为"改革开放以来我们取得一切成绩和进步的根本原因，归结起来就是：开辟了中国特色社会主义道路，形成了中国特色社会主义理论体系，确立了中国特色社会主义制度。全党同志要倍加珍惜、长期坚持和不断发展党历经艰辛开创的这条道路、这个理论体系、这个制度……”

2011年，胡锦涛第一次提出“中国特色社会主义制度”的概念。党的十八大将此补充写入党章，顺理成章。这样就将中国特色社会主义道路、理论体系、制度作为一个整体，在党章中作了完整的表述。

第三，充实了坚持改革开放的内容。

在征求意见过程中，一些地区和部门建议，在党章中进一步强化改革开放内容的分量。党的十八大采纳这个意见，在党章中增写了“只有改革开放，才能发展中国、发展社会主义、发展马克思主义”的内容。

第四，充实了中国特色社会主义总体布局的内容。

这方面最重要的一个修改，是把生态文明建设同经济建设、政治建设、文化建设、社会建设一道，纳入中国特色社会主义事业总体布局。适应这一修改，党章专门增写一段，对生态文明建设作出阐述，包括总体要求、指导原则和工作着力点。这样，就使中国特色社会主义事业总体布局更加完善，使生态文明建设的战略地位更加明确，有利于全面推进中国特色社会主义事业。

同时，对经济建设、政治建设、文化建设、社会建设内容也作了充实。增写了很多论断、政策和要求。如“促进工业化、信息化、城镇化、农业现代化同步发展”，“发展更加广泛、更加充分、更加健全的人民民主”，“完善中国特色社会主义法律体系”，“建设社会主义文化强国，加强社会主义核心价值体系建设”，“加强和创新社会管理”，“使发展成果更多更公平惠及全体人民”等。

第五，充实完善关于党的建设总体要求的内容。

增写了加强党的纯洁性建设，整体推进党的思想建设、组织建设、作风建设、反腐倡廉建设、制度建设，全面提高党的建设科学化水平，建设学习型、服务型、创新型的马克思主义执政党，求真务实，尊重党员主体地位等内容。

第六，对部分条文作了适当修改。

主要是与总纲部分的修改相衔接,对党员、党的基层组织、党的干部这三条作了一些修改。增加了“积极创先争优”,“坚持五湖四海”,重视“监督”干部,“讲党性、重品行、作表率”等表述。

党的十八大对党章的修改和完善,反映了中国共产党对党的建设规律进行探索的情况,体现了党的理论的与时俱进和丰富发展。有利于更好学习贯彻党章,有利于更好贯彻党的方针政策和重大部署,有利于更好按照党的基本理论、基本路线、基本纲领、基本经验、基本要求及重大方针政策推进党和国家各项工作,有利于全面提高党的建设科学化水平。

党的十八大刚刚闭幕,新任总书记习近平就在11月16日的讲话中,用很大的篇幅论述了党章问题。他肯定,党的十八大对党章的修改,“把我们党在推进中国特色社会主义伟大事业和党的建设新的伟大工程中取得的重大实践成果、理论成果、制度成果体现在党章中,实现了党章又一次与时俱进”。

46. 十九大对党章的重大修改

2017年10月18日至24日,中国共产党第十九次全国代表大会在北京举行。大会界定,这是在全面建成小康社会决胜阶段、中国特色社会主义进入新时代的关键时期召开的一次十分重要的大会。

10月18日上午9点,党的十九大开幕会举行。李克强主持会议。习近平总书记代表十八届中央委员会向大会作题为《决胜全面建成小康社会,夺取新时代中国特色社会主义伟大胜利》的报告。

报告一共13个部分,用时3小时25分钟。报告紧紧抓住坚持和发展中国特色社会主义这条主线,回顾总结了过去五年的辉煌成就和宝贵经验,宣告中国特色社会主义进入新时代,提出了新时代我国社会主要矛盾,阐明了建设新时代中国特色社会主义的思想和基本方略,描绘了全面建设社会主义现代化强国的宏伟蓝图,对决胜全面建成小康社会、夺取新时代中国特色社会主义伟大胜利作了全面部署。

报告号召:“全党同志一定要登高望远、居安思危,勇于变革、勇于创新，永不僵化、永不停滞，团结带领全国各族人民决胜全面建成小康社会，奋力夺取新时代中国特色社会主义伟大胜利。”

到会的代表和特邀代表以无记名投票方式，选举出由204名委员、172名候补委员组成的十九届中央委员会，选举出十九届中央纪律检查委员会委员133名。

随后，大会通过了关于十八届中央委员会报告的决议，通过了关于十八届中央纪律检查委员会工作报告的决议，通过了关于《中国共产党章程（修正案）》的决议。

2017年10月25日，中国共产党第十九届中央委员会第一次全体会议在北京举行。

全会选举了中央政治局委员、中央政治局常务委员会委员、中央委员会总书记；根据中央政治局常务委员会的提名，通过了中央书记处成员，决定了中央军事委员会组成人员；批准了十九届中央纪律检查委员会第一次全体会议选举产生的书记、副书记和常务委员会委员人选。

习近平继续当选为中央委员会总书记。习近平、李克强、栗战书、汪洋、王沪宁、赵乐际、韩正当选为中央政治局常务委员会委员。

全会结束后，新当选的中共中央总书记和各位常委同中外记者见面。习近平总书记发表重要讲话。讲话最后以两句诗结束：“不要人夸颜色好，只留清气满乾坤”。

10月28日，修改后的党章正式公布。

根据新华社的报道，十九大对党章一共修改了107处。其中总纲部分58处，条文部分49处。

首先映入我们眼帘的，是十九大党章的第二段中，增写了“习近平新时代中国特色社会主义思想”。这是党章全文按顺序看到的第一处修改。在这之后，又通过增写的一个完整的自然段，对习近平新时代中国特色社会主义思想作了全面阐述。

在这一段中，党章首先指出：十八大以来，以习近平同志为主要代表的中国共产党人，顺应时代发展，从理论和实践结合上系统回答了新时代坚持和发展什么样的中国特色社会主义、怎样坚持和发展中国特色社会主义这个重大时代课题，创立了习近平新时代中国特色社会主义思想。

然后，党章进一步对这一思想作出评价和定位，指出：习近平新时代中国特色社会主义思想是对马克思列宁主义、毛泽东思想、邓小平理论、"三个代表"重要思想、科学发展观的继承和发展，是马克思主义中国化最新成果，是党和人民实践经验和集体智慧的结晶，是中国特色社会主义理论体系的重要组成部分，是全党全国人民为实现中华民族伟大复兴而奋斗的行动指南，必须长期坚持并不断发展。

最后指出：在习近平新时代中国特色社会主义思想指导下，中国共产党领导全国各族人民，统揽伟大斗争、伟大工程、伟大事业、伟大梦想，推动中国特色社会主义进入了新时代。

紧随指导思想之后，党章对改革开放以来取得一切成绩和进步的根本原因作了充实，将发展了中国特色社会主义文化，同开辟了中国特色社会主义道路、形成了中国特色社会主义理论体系、确立了中国特色社会主义制度一道写入党章。并要求坚定道路自信、理论自信、制度自信、文化自信。

值得注意的是，党章归纳了"党的基本理论、基本路线、基本方略"三个"基本"。基本方略，是党的十九大第一次概括和提炼形成。它将此前的基本纲领、基本经验统筹结合起来，形成了完整的基本方略。相应地，去掉了原有的"基本经验"和"基本纲领"。

修改后的党章，明确写进了为"实现'两个一百年'奋斗目标、实现中华民族伟大复兴的中国梦"而奋斗的内容。要求到建党一百年时，全面建成小康社会；到新中国成立一百年时，全面建成社会主义现代化强国。在现代化目标中，增加了建设美丽中国的要求，形成了"富强民主文明和谐美丽"的整体性内涵。

党章增写了"五位一体"和"四个全面"的内容。要求，必须按照中国特色社会主义事业"五位一体"总体布局和"四个全面"战略布局，统筹推进经济建设、政治建设、文化建设、社会建设、生态文明建设，协调推进全面建成小康社会、全面深化改革、全面依法治国、全面从严治党。在五大建设中，还分别提出了一系列要求，体现了党的十八大以来以习近平同志为核心的党中央在经济建设、政治建设、文化建设、社会建设、生态文明建设方面提出的一系列新理念新思想新战略。

修改后的党章，继续强调改革开放的重大意义，并将十八届三中全会确定的改革目标和要求写进党章，强调要“全面深化改革，完善和发展中国特色社会主义制度，推进国家治理体系和治理能力现代化”。“更加注重改革的系统性、整体性、协同性”。

党章修正案根据党的十八大以来习近平总书记关于国防和军队建设、民族工作、统一战线和外交工作的重要思想观点，对相关部分作了修改。

修改后的党章充实了很多全面从严治党的要求，将党的十九大关于党的建设的总要求写进党章，把坚持从严管党治党作为党的建设必须坚决实现的基本要求，使原来的四条基本要求变成了五条。

与总纲部分的修改相衔接，十九大党章总结吸收十八大以来党的工作和党的建设的成功经验，对党章部分条文作了适当修改。

十九大党章修改工作最突出的特点有两个，一是反映十八大以来的理论和实践成果，二是反映了十九大的最新精神。以往党代会，对本次党代会提出的重要思想和部署并不马上都全部写入党章，有不少是要到下一次党代会才写进去，比如，基本路线，十三大提出，十四大才写进。但十九大是马上提出、马上写进，这与以往有所不同。

十八大党章 1.7 万字左右，十九大修改后的党章 1.9 万多字，净增了 2000 余字。十九大通过的关于《中国共产党章程（修正案）》的决议，正文 3497 字，是党的历史上最长的一份关于修改党章的决议。

可见，党的十九大对党章修改的幅度是非常大的。

47. “时代”概念的新用新解

2015 年，北京时代华语图书股份有限公司在美国成立的全资子公司美国时代出版公司出版了一本英文图书。编者是享有很高声望的纽约大学政治系终身教授熊玠（James C. Hsiung）。该书的书名非常醒目地叫

《习近平时代》。

《习近平时代》一书，以近 600 页的篇幅，全面介绍了习近平主席的从政经历、中国梦，以及“四个全面”战略布局等内容。

《习近平时代》首次发行 87500 册。在英文版畅销美国、加拿大的同时，外文版权已销售到其他 16 个国家和地区，13 个语种，其中日本、德国、韩国等地出版商签约数量都在 2 万册以上。

美国《纽约时报》9 月 7 日在第五版推出彩色整版宣传广告，推介《习近平时代》和《习大大说如何读经典》两本英文图书。

美国总统奥巴马及全体内阁成员、参众两院议员、联合国 192 个成员代表处、200 个美国大型跨国公司 CEO、300 家全球大型媒体、美国大型智库等，共 1700 人，都收到了英文图书《习近平时代》和《习大大说如何读经典》。

无独有偶，中共十九大召开之际，亚太地区排名第一的国际电视频道探索频道出品的三集纪录片《中国：习近平时代》，在东南亚等地区首播。这部片子用国际视角透视小人物的故事，解读了在习近平主席领导下，中国砥砺奋进的五年。而且非常显眼的是，片名直接使用了“习近平时代”，把时代与习近平联系在了一起。

这本书和这部电视片，都是由外国人编写和拍摄的，但都取名“习近平时代”，是否预示着什么呢？“时代”一词会不会跃上一个特殊的位置呢？

美国时代出版公司是北京时代华语图书股份有限公司在美国成立的全资子公司，所以，其背后的操作和动因，中国人和外国人都心知肚明。

宋朝大诗人苏轼有诗曰：“竹外桃花三两枝，春江水暖鸭先知。”到了 2017 年，“鸭先知”的预知就成了现实。

在党的十九大上，“时代”成为全体代表关注的热词，“新时代”也跃然而出，成为传输给世界的最重要的新词之一。

党的十九大报告的标题中，醒目地嵌入了“新时代”。

人民大会堂二楼眺台上悬挂的横幅是：“不忘初心，牢记使命，高举中国特色社会主义伟大旗帜，决胜全面建成小康社会，夺取新时代中国特色社会主义伟大胜利，为实现中华民族伟大复兴的中国梦不懈奋斗！”这几句话正是党的十九大的主题。而其中，“新时代”几个字，是所有代表在开幕时第一次见到，而此后，天天见到或听到。

习近平总书记的报告明确指出：“经过长期努力，中国特色社会主义进入了新时代，这是我国发展新的历史方位。”

“新时代”，这是改革开放以来第一次出现的概念。使用这一崭新的概念，无疑是服务某种意图而作出的一个重大决策。

因为十九大的“时代”内涵与“时代”一词的本意是很不相同的。

1969年，党的九大制定的党章，在党章历史上第一次出现了“时代”的概念，原话是：“毛泽东思想是在帝国主义走向全面崩溃、社会主义走向全世界胜利的时代的马克思列宁主义。”

1973年的十大党章去掉了这句话，因而“时代”概念一直到十四大党章，都没有再出现过。

到1997年，十五大党章重新出现，说的是“邓小平理论是马克思列宁主义的基本原理同当代中国实践和时代特征相结合的产物”。

十六大党章进一步要求：“使我们党始终走在时代前列”。

十七大党章又增加了：“弘扬以爱国主义为核心的民族精神和以改革创新为核心的时代精神”。

不言而喻，这里的“时代”是一个很大的概念。

“时代”，本来是一个用于揭示和反映世界历史进程的大概念。这个概念，可以从不同角度进行归纳和使用。比如，从生产力发展的角度，可以归纳为石器时代、铁器时代、工业时代、知识经济时代；从武器类别的角度，可以归纳为冷兵器时代、热兵器时代、核时代；从阶级关系和制度转换的角度，可以归纳为封建时代、资产阶级时代、帝国主义和无产阶级革命时代；从运行状态和突出问题的角度，可以归纳为战争与革命时代、和平与发展时代……它们各有自己的出发点和标准，但又可以相互补充，构成我们对世界的整体性的认识。

但是，到党的十九大，跃入眼帘的“时代”概念，有了特殊的新用法、新解释。

从事物本身的发展来说，中国特色社会主义是一个漫长的过程。其间必然要经历一个个有所不同的发展阶段。党的十八大之后，在以习近平同志为核心的党中央领导下，中国的发展，无论理论还是实践，都表现出与此前不同的许多特点。如果使用新阶段来界定，很好理解，也切合实际。但十九大报告没有使用“新阶段”的概念，也就是，没有把这个阶段当作一般的新阶段，而是将其提升到前所未有的高度，明确宣告，这是一个“新时代”。

显然，这是在清晰地告诉我们，这个“新时代”大大不同于以前的各种阶段，是大大超越于以前各种阶段而具有划时代意义的特殊的“阶段”。

“新时代”虽然是党的十九大第一次提出来的，但起始时间并不是十九大，而是从十八大开启的。

十九大报告强调，党的十八大以来的五年，是党和国家发展进程中极不平凡的五年。五年来，以习近平同志为核心的党中央以巨大的政治勇气和强烈的责任担当，提出一系列新理念新思想新战略，出台一系列重大方针政策，推出一系列重大举措，推进一系列重大工作，解决了许多长期想解决而没有解决的难题，办成了许多过去想办而没有办成的大事，推动党和国家事业发生历史性变革。五年来的成就是全方位的、开创性的，五年来的变革是深层次的、根本性的。经过长期努力，中国特色社会主义进入了新时代。

这就是对于为什么使用“新时代”概念的最权威的解释。

这是一个什么“新时代”？报告从五个方面作了界定。“这个新时代，是承前启后、继往开来、在新的历史条件下继续夺取中国特色社会主义伟大胜利的时代，是决胜全面建成小康社会、进而全面建设社会主义现代化强国的时代，是全国各族人民团结奋斗、不断创造美好生活、逐步实现全体人民共同富裕的时代，是全体中华儿女勠力同心、奋力实现中华民族伟大复兴中国梦的时代，是我国日益走近世界舞台中央、不断为人类作出更大贡献的时代。”

五个方面，是五个角度，汇总起来，既是“新时代中国特色社会主义”的基本内涵，也是“新时代中国特色社会主义”的任务和要求。

党的十九大所称的新时代，至少现在还难以取代世界范围那种“和平与发展的时代”。所以，报告仍然肯定：“和平与发展仍然是时代主题。”

宣告中国特色社会主义进入新时代，是高度自信和豪迈的产物。党的十九大报告评价，中国特色社会主义进入新时代，在中华人民共和国发展史上、中华民族发展史上具有重大意义，在世界社会主义发展史上、人类社会发展史上也具有重大意义。

修改后的十九大党章，明确将新时代中国特色社会主义写进了党章，宣布：“在习近平新时代中国特色社会主义思想指导下，中国共产党领导全国各族人民，统揽伟大斗争、伟大工程、伟大事业、伟大梦想，推动中国特色社会主义进入了新时代。”

48. 敲响初心使命的警世钟

党的十九大报告中的“不忘初心，牢记使命”八个字，对理解十九大精神和习近平总书记的治国理念，起着画龙点睛的作用。

“初心”一词，以往的党代会并未使用过。许许多多的人们，对此都很陌生。

2016年，在庆祝中国共产党成立95周年大会上，习近平总书记引人注目地提出了“不忘初心、继续前进”八个字。尤其是以“不忘初心、继续前进”为领句，提出了八个方面的要求。

为什么要“不忘初心”？习近平总书记的回答是：“一切向前走，都不能忘记走过的路；走得再远、走到再光辉的未来，也不能忘记走过的过去，不能忘记为什么出发。”因此，“面向未来，面对挑战，全党同志一定要不忘初心、继续前进。”

所以，党的十九大报告概括的主题，第一句话就是：“不忘初心，牢记使命”。

报告就此进一步展开指出：“不忘初心，方得始终。中国共产党人的初心和使命,就是为中国人民谋幸福,为中华民族谋复兴。这个初心和使命是激励中国共产党人不断前进的根本动力。全党同志一定要永远与人民同呼吸、共命运、心连心,永远把人民对美好生活的向往作为奋斗目标,以永不懈怠的精神状态和一往无前的奋斗姿态,继续朝着实现中华民族伟大复兴的宏伟目标奋勇前进。"

报告还指出:96 年来,为了实现中华民族伟大复兴的历史使命,无论是弱小还是强大,无论是顺境还是逆境,我们党都初心不改、矢志不渝,团结带领人民历经千难万险,付出巨大牺牲,敢于面对曲折,勇于修正错误,攻克了一个又一个看似不可攻克的难关,创造了一个又一个彪炳史册的人间奇迹。

在工作部署上,报告要求以县处级以上领导干部为重点,在全党开展"不忘初心、牢记使命"主题教育,用党的创新理论武装头脑,推动全党更加自觉地为实现新时代党的历史使命不懈奋斗。

"不忘初心,方得始终","不忘初心、牢记使命",是向中国共产党敲起的一声接一声的警世钟。

"不忘初心,方得始终"八个字,有人考证,认为出自《华严经》的有关内容。不过,《华严经》并没有这样的原句,而是从《华严经》的部分经文中解读而来的。如《大方广佛华严经》卷第十七:三世一切诸如来,靡不护念初发心;《大方广佛华严经》卷第十九:如菩萨初心,不与后心俱。

初心,又称"初发心",就是踏入佛门之始,心中秉持的那颗成佛利生之心,那份最真诚质朴的求法向道之愿。初心是菩萨修行的开始,觉悟成佛是菩萨修行的结果,初心与正果是密不可分的。"初心为始,正觉为终。"在佛门中,最看重的就是这份初心。在纷扰变化的世界中,发心最真实;一切发心中,菩提心最稳固;相续的菩提心中,初发之心最珍贵。只要有了它,就能开始成佛之路,也只有怀着这份初心,才能成为真正同心同愿的人,一起穿越生死。

唐代白居易《画弥勒上生帧记》有:"所以表不忘初心,而必果本愿也。"意思是说时时不忘记最初的发心,最终一定能实现其本来的愿望。

唐代魏扶有:"梧桐叶落满庭阴,锁闭朱门试院深。曾是昔年辛苦地,不将今日负初心。”

如果按照马克思主义的基本原理,所有的哲学思想都分为唯物主义和唯心主义两大阵营。宗教思想中的“初心”论,应该属于哪一类?毋庸置疑,属于唯心主义,而且属于主观唯心主义。即使撇开宗教的含义,完全从世俗的意义上来说,“初心”也难归结到唯物主义性质上来。因为它强调的是主观的“心”,而不是客观的“物”。人的一生命运、世界万事万物,均可通过内心的修炼而获得和决定,而不是靠社会、靠实践。这样的主客观关系,这样的意识与存在的关系,是难以划归到唯物主义阵营中来的。

“不忘初心,方得始终”,不仅看重内心,而且更看重初心。认为初心最重要,最宝贵。一切都要从初心出发,任何时候都要牢记初心,所有行为都要与初心对照,用初心来衡量。这种主张,忘记了世界是一个不断发展的过程。按照马克思主义的观点,任何人、任何事物都是在不断发展和变化的。任何人、任何思想、任何事物,都不可能在其初始是最完备、最完美的。恰恰相反,所有的一切都要在实践中不断丰富、不断发展、不断完善。只有随着实践和时代的发展变化,不断加深对现实世界的认识,不断修炼自己的思想和品格,不断调整原定的方向和目标,不断解决遇到的问题和困难,不断在改造客观世界的同时改造自己的主观世界,作为个人才能渐趋完善,作为事业才能取得成功。如果忽视这一切,仅仅寄希望于原始的初心,那就无异于刻舟求剑,无异于倒退至时光隧道的出发点。

所以,借用“初心”一词,显然不是、也不能是主张佛法修行那种主观唯心主义世界观,而是古为今用、佛为人用,赋予其新的含义,强调保持初始的理想、信念、目标、方向、责任感、事业心的重要性。从这样的意义来说,牢记初心是非常必要和重要的。

从历史的角度来说,所谓初心,就是中国共产党成立之初的心态、心志、心愿。其原生态的表现,按照我的解读,就是责任之心、信念之心、奋斗之心、为民之心。

这样的初心,不可能一开始就是完备的,而是在实践中不断丰富发展的。如果以为初心最完美,今天的我们,都必须回到过去、回到最初的出发点，这是不符合历史事实的，也是对党百年来巨大进步的否定。但是，党在成立之初所抱的理想、信念，所呈现的责任之心、信念之心、奋斗之心、为民之心，确实是宝贵的，值得我们敬重的，即使过去了 100 多年，也不能忘记和否定，必须时时加以提醒，经常警示自己。

从政治的角度来说，所谓初心，可以从不同的角度加以解释。如果从建党者的初衷、党的一大纲领、党在初期的理想来说，无疑是按照苏俄的模式实现共产主义，建立世界苏维埃共和国。而十九大报告归纳的，是“为中国人民谋幸福，为中华民族谋复兴。”这种初心和使命，并没有局限于最初的出发点，而是对党的 100 多年的历史作了必要的抽象。100 多年来，党的初心和使命经历了不断丰富和发展的过程，在不同的时期有不同的表现，最终形成了这样两句集中的概括。

所以，不忘初心、牢记使命，并不是定位于历史上的某一点，而是要从整整 100 多年的历史来认识和铭记，既全面解析，又全面把握，特别要严格区分唯物主义与唯心主义两种不同的世界观和认识论，防止在政治上走偏方向。

从这样的意义上来学习和理解“不忘初心、牢记使命”，我们毋宁把它当作习近平总书记给全党敲响的警钟。警钟长鸣，促使我们时时记住从何而来、向何而去，为何而来、要干何事。以初心为出发点，以使命为历史责任，坚持不懈地探索、奋斗，为中国人民的幸福、为中华民族的复兴创造更多的业绩，把初心和使命牢牢建立在辩证唯物主义和历史唯物主义的基础之上。

所以，在庆祝中国共产党成立 95 周年大会上，习近平总书记要求：

——坚持不忘初心、继续前进，就要坚持马克思主义的指导地位，坚持把马克思主义基本原理同当代中国实际和时代特点紧密结合起来，推进理论创新、实践创新，不断把马克思主义中国化推向前进。

——坚持不忘初心、继续前进，就要牢记我们党从成立起就把为共产主义、社会主义而奋斗确定为自己的纲领，坚定共产主义远大理想和中国特色社会主义共同理想，不断把为崇高理想奋斗的伟大实践推向前进。

——坚持不忘初心、继续前进，就要坚持中国特色社会主义道路自信、理论自信、制度自信、文化自信，坚持党的基本路线不动摇，不断把中国特色社会主义伟大事业推向前进。

——坚持不忘初心、继续前进，就要统筹推进“五位一体”总体布局，协调推进“四个全面”战略布局，全力推进全面建成小康社会进程，不断把实现“两个一百年”奋斗目标推向前进。

——坚持不忘初心、继续前进，就要坚定不移高举改革开放旗帜，勇于全面深化改革，进一步解放思想、解放和发展社会生产力、解放和增强社会活力，不断把改革开放推向前进。

——坚持不忘初心、继续前进，就要坚信党的根基在人民、党的力量在人民，坚持一切为了人民、一切依靠人民，充分发挥广大人民群众积极性、主动性、创造性，不断把为人民造福事业推向前进。

——坚持不忘初心、继续前进，就要始终不渝走和平发展道路，始终不渝奉行互利共赢的开放战略，加强同各国的友好往来，同各国人民一道，不断把人类和平与发展的崇高事业推向前进。

——坚持不忘初心、继续前进，就要保持党的先进性和纯洁性，着力提高执政能力和领导水平，着力增强抵御风险和拒腐防变能力，不断把党的建设新的伟大工程推向前进。

党的十九大之后，以习近平同志为核心的党中央把“不忘初心、牢记使命”贯穿到了新时代中国特色社会主义事业中，贯穿到了党和国家的各项工作中。

2017 年 10 月 31 日，习近平带领十九届中共中央政治局常委李克强、栗战书、汪洋、王沪宁、赵乐际、韩正，瞻仰上海中共一大会址和浙江嘉兴南湖红船，强调只有不忘初心、牢记使命、永远奋斗，才能让中国共产党永远年轻。

2019 年 5 月 21 日，中共中央印发《关于在全党开展“不忘初心、牢记使命”主题教育的意见》。从 2019 年 5 月底至 2020 年 1 月，全党分两批开展“不忘初心、牢记使命”主题教育。这一教育的总要求是守初心、担使命，找差距、抓落实；根本任务是深入学习贯彻习近平新时代中国特色社会主义思想,锤炼忠诚干净担当的政治品格,团结带领全国各族人民为实现伟大梦想共同奋斗;具体目标是理论学习有收获、思想政治受洗礼、干事创业敢担当、为民服务解难题、清正廉洁作表率。到 2020 年 9 月 5 日,中共中央办公厅又印发了《关于巩固深化 “不忘初心、牢记使命” 主题教育成果的意见》。

2021 年 6 月 18 日,中国共产党历史展览馆开馆。习近平总书记参观 “‘不忘初心、牢记使命’ 中国共产党历史展览”,并带领党员领导同志重温入党誓词。习近平总书记强调,回望过往的奋斗路,眺望前方的奋进路,必须把党的历史学习好、总结好,把党的宝贵经验传承好、发扬好,铭记奋斗历程,担当历史使命,从党的奋斗历史中汲取前进力量。

“不忘初心” 甚至还用到了国际舞台上。

2019 年 6 月 20 日至 21 日,习近平主席对朝鲜进行国事访问。在同金正恩会谈时,双方一致同意,在新的历史起点上,中朝双方愿不忘初心、携手前进,共同开创两党两国关系的美好未来。

2021 年 9 月 17 日,习近平主席以视频方式出席上海合作组织成员国元首理事会第二十一次会议,并发表了《不忘初心,砥砺前行,开启上海合作组织发展新征程》的讲话。

到了 2022 年,在新修改的二十大党章中,增写了:“中国共产党自成立以来,始终把为中国人民谋幸福、为中华民族谋复兴作为自己的初心使命” 的内容。同时,还写进了 “弘扬坚持真理、坚守理想,践行初心、担当使命,不怕牺牲、英勇斗争,对党忠诚、不负人民的伟大建党精神” 的内容。

49. 我国社会主要矛盾的新界定

党的十九大对于党章一个引人注目的修改,就是对原来我国社会主要矛盾的判断作了重要调整,并作出了新的界定。

整个 20 世纪和 21 世纪,如何界定我国社会的主要矛盾,一直是革命、建设、改革所要解决的重大的基础性问题,也是制定一系列路线方针政策的基础。特别是新中国成立后,如何界定我国社会的主要矛盾,更是一个复杂的问题。

早在1956年,党的八大就提出:生产资料私有制的社会主义改造基本完成以后,国内的主要矛盾不再是工人阶级和资产阶级之间的矛盾,而是人民对于建立先进的工业国的要求同落后的农业国的现实之间的矛盾,是人民对于经济文化迅速发展的需要同当前经济文化不能满足人民需要的状况之间的矛盾。这一矛盾的实质,在中国社会主义制度已经建立的情况下,就是先进的社会主义制度同落后的社会生产力之间的矛盾。

党的八大关于主要矛盾实质的界定,在理论上有不完全准确的地方,但其着眼点,是强调工作重心的转移,强调集中力量发展生产力。因此,八大对主要矛盾的界定基本上是正确的,而且具有重大的历史意义。但遗憾的,这一判断和界定没有能坚持下来,以致后来"左"的错误逐渐发展,造成了严重后果。

"文化大革命"结束之后,在理论和政治上所要解决的一个重大问题,就是重新确定我国社会的主要矛盾。

1978年,十一届三中全会断然停止使用"以阶级斗争为纲"的口号,作出把工作重点转移到社会主义现代化建设上来的战略决策,实际上就从根本上改变了20世纪50年代中后期以来对我国社会主要矛盾的错误认识。

到1981年,十一届六中全会通过的《关于建国以来党的若干历史问题的决议》,进一步规范和明确表述了我国社会的主要矛盾,指出:"在社会主义改造基本完成以后,我国所要解决的主要矛盾,是人民日益增长的物质文化需要同落后的社会生产之间的矛盾。"

这一界定,顺应了历史发展进程的客观要求,顺应了广大人民群众的普遍愿望,成为拨乱反正的一个重大成果。这一界定,成为十一届三中全会实行工作中心转移的基础,成为社会主义初级阶段基本路线的基础,成为改革开放以来我们几乎所有方针政策的基础。

我国社会主要矛盾的科学界定,如果从1956年算起,到2017年,已经60多年了,如果从1981年算起,到十九大,也已经36年了。改革开放40年来,我国国情和社会现实已经发生了很大变化。

仅从党的十九大报告列举的部分成就，我们就可以充分感受到国家的发展和进步：

——国内生产总值从54万亿元增长到80万亿元，稳居世界第二，对世界经济增长贡献率超过30%。

——数字经济等新兴产业蓬勃发展，高铁、公路、桥梁、港口、机场等基础设施建设快速推进。

——创新型国家建设成果丰硕，天宫、蛟龙、天眼、悟空、墨子、大飞机等重大科技成果相继问世。

由此，我国社会主要矛盾的表现也出现了新情况、新特点。

一方面，我国稳定解决了十几亿人的温饱问题，总体上实现小康，到2020年全面建成小康社会，人民美好生活需要日益广泛，不仅对物质文化生活提出了更高要求，而且在民主、法治、公平、正义、安全、环境等方面的要求日益增长。

另一方面，我国社会生产力水平总体上显著提高，社会生产能力在很多方面进入世界前列，更加突出的问题是发展不平衡不充分，这已经成为满足人民日益增长的美好生活需要的主要制约因素。

针对这种新情况、新特点，党的十九大对中国特色社会主义进入新时代后的基本国情作了新的分析，对我国社会主要矛盾状况作了新的判断，对此前关于我国社会主要矛盾的界定作了重要的调整，明确指出："中国特色社会主义进入新时代，我国社会主要矛盾已经转化为人民日益增长的美好生活需要和不平衡不充分的发展之间的矛盾。"

据此，党的十九大在修改后的党章中确认："在现阶段，我国社会的主要矛盾是人民日益增长的美好生活需要和不平衡不充分的发展之间的矛盾。"

党的十九大报告使用的是"转化"一词。

哪里发生了转化呢？原来的"物质文化需要"转化成了"美好生活需要"；原来的"落后的社会生产"转化成了"不平衡不充分的发展"。矛盾的两方面都发生了变化、转化。

对我国社会主要矛盾作出新界定，是与时俱进作出的一个重大理论创新,也是应时而为作出的一个重大政治决策。

党的十九大关于《中国共产党章程(修正案)》的决议强调:大会认为,党的十九大作出的我国社会主要矛盾已经转化为人民日益增长的美好生活需要和不平衡不充分的发展之间的矛盾的重大政治论断,反映了我国社会发展的客观实际,是制定党和国家大政方针、长远战略的重要依据。党章据此作出相应修改,为我们把握我国发展新的历史方位和阶段性特征、更好推进党和国家事业提供了重要指引。

对我国社会主要矛盾作出的新界定,与改革开放之初的界定,可以说,既一脉相承,又与时俱进。

所谓一脉相承,就是原来的界定是"日益增长的物质文化需要"同"落后的社会生产"之间的矛盾,而现在是"日益增长的美好生活需要"与"不平衡不充分的发展"之间的矛盾。两个界定都是需求与供给的矛盾,矛盾双方大体上可算是"量"和"程度"的提升,而不是"质"和"本源"的转变,也就是说,并没有作根本的甚至颠覆性的改变。所以,它们是一脉相承的。

所谓与时俱进,就是40年来,人民需求的层次已经大大提高,现在主要已不再是温饱的需求,而是对于更加美好生活的需求;我国的发展,也已经到了较高水平,主要问题已不是整体"落后",而是发展还不够平衡、不够充分。这种新情况、新特点,要求我们在更高层次上研究和解决主要矛盾,更加充分、更加均衡、更加公平、更高质量地满足人民群众对于美好生活的需求和向往。

这一调整和界定,反映了社会主义初级阶段不断发展和提升的过程。按照邓小平的分析和预计,从1949年到2049年,都将是社会主义初级阶段。初级阶段长达100年。这100年,不会是静止不动的。它总是处在不断地发展进步过程之中。因此,必然会有一个从低往高的上升过程。相应地,社会主要矛盾的表现形式也必然会有一定的变化。这是正常的,也是必然的。

因此,对我国社会主要矛盾作新的调整和界定,更加准确地反映了改革开放以来中国社会发展变化和进步的现实,更加准确地反映了中国特色社会主义进入新时代后的新形势、新特点,是完全符合实际的。

我国社会主要矛盾的变化是关系全局的历史性变化,也是新时代中国特色社会主义的理论和实践基础。党的十九大宣布开启全面建设社会主义现代化强国的新征程,并制定了“两步走”战略。其中第二步的战略目标设定为“富强民主文明和谐美丽”五个方面,较之此前更加全面。所有这些,都是解决新时代我国社会主要矛盾的必然要求。

所以,对我国社会主要矛盾作出新的界定,具有重大的理论意义、政治意义和现实意义。它对党和国家的工作提出了许多新的要求,对未来党和国家发展的战略方向、战略举措将会发挥重大的指导作用。

对我国社会主要矛盾的新界定,必然涉及对党在社会主义初级阶段的基本路线的认识和理解。因此,党的十九大特别强调,我国社会主要矛盾的变化,没有改变我们对我国社会主义所处历史阶段的判断,我国仍处于并将长期处于社会主义初级阶段的基本国情没有变,我国是世界最大发展中国家的国际地位没有变。

这“两个没有变”,符合党的十一届三中全会以来的认识、判断和路线,也同样符合“新时代”的中国实际。

确认“两个没有变”,在政治上的目的和必然结论,就是“三个牢牢”:牢牢把握社会主义初级阶段这个基本国情,牢牢立足社会主义初级阶段这个最大实际,牢牢坚持党的基本路线这个党和国家的生命线、人民的幸福线。

党的十九大郑重强调“三个牢牢”,说明对社会主要矛盾的判断作出适当调整,并不是精髓之变,不是根本之变,不是对党在社会主义初级阶段的基本路线作出根本改变。如果说这是一个重要的变化,那也应该如邓小平所说:变得更好。

50. 百年庆典的回顾和总结

2021 年是中国共产党成立 100 周年,这是一个历史性的节点。所以党和国家举行了历史性的庆典。这次庆典与以往比较起来,有一系列重要特点。

第一，把党史学习教育作为庆祝活动的主要内容之一。

中国共产党在历史上曾经开展过两次重要的党史学习活动。一次是在延安，组织高级干部对土地革命战争时期的党史进行深入研究，最后形成了第一个历史决议。一次是1951年，结合建党30周年学习党史，形成了一次比较广泛的学习热潮。2021年，在中国共产党成立100周年之际，党中央决定在全党开展党史学习教育。习近平总书记指出："在庆祝我们党百年华诞的重大时刻，在'两个一百年'奋斗目标历史交汇的关键节点，在全党集中开展党史学习教育，正当其时，十分必要。"相较以往的党史学习，这一次党史学习教育，规模最大、时间最长，也更为深入。

第二，庆祝活动构成了一个丰富的系列。

6月18日，中国共产党历史展览馆开馆，习近平总书记参观"'不忘初心、牢记使命'中国共产党历史展览"，并带领党员领导同志重温入党誓词。6月25日，十九届中央政治局举行第三十一次集体学习，采取参观和讨论相结合的形式，参观北大红楼和中南海丰泽园毛泽东故居。6月28日晚，在国家体育场举行庆祝中国共产党成立100周年文艺演出《伟大征程》。6月29日，在北京人民大会堂金色大厅举行"七一勋章"颁授仪式，习近平总书记向"七一勋章"获得者颁授勋章并发表重要讲话。7月1日的庆祝大会把整个庆祝活动推向了高潮。7月1日至2日，中央宣传部等部门和单位召开庆祝中国共产党成立100周年理论研讨会，认真学习习近平总书记的"七一"讲话。

第三，庆祝大会规模和形式与以往有很大不同。100周年的庆祝大会安排在天安门广场举行。参加人数达到7万。其中除各方面领导外，还有国家勋章和国家荣誉称号获得者，"全国脱贫攻坚楷模"荣誉称号、"国家最高科学技术奖"、"航天英雄"、"英雄航天员"获得者等各类代表。

天安门广场的布置，从空中俯瞰，就像一艘"巨轮启航"。6型71架战机飞向天安门广场。5架直升机分别悬挂中国共产党党旗和写有标语的条幅迎风向前。随后，直升机、战斗机分别组成“100”“71”字样掠过长空，15 架歼 -20 飞机组成 3 个梯队呼啸而过，教练机拉出 10 道彩烟。歼 -20 飞机编队以最大规模集中亮相飞过天安门广场尚属首次。

天安门广场上的大型电子屏幕中出现了钟摆的画面。1921、1931、1941……2021，随着钟摆，年份数字依次显现。8 时整，象征着巨轮启航的汽笛声响起，庆祝大会开始。全体肃立，鸣响 100 发礼炮，标志中国共产党走过了 100 年；国旗护卫队官兵护卫着五星红旗，从人民英雄纪念碑行进至广场北侧升旗区。共青团员和少先队员代表集体致献词。会议结束时，全场高唱《歌唱祖国》。10 万羽和平鸽展翅高飞，10 万只彩色气球腾空而起。

第四，大会保障技术含量很高。1956 年举行国庆庆祝活动时，正好下大雨。当时的技术条件还无从影响气候，所以阅兵式是在雨中进行的。但在科学技术日益发展的今天，国家已有能力在一定程度上干预和影响气候变化。7 月 1 日前后，气象条件复杂。为了确保庆祝大会顺利举行，在 30 日晚上实施了人工降雨作业，使大量雨水提前降下。大会期间，只是落下少量雨点，气温凉爽。一切活动正常进行，顺利完成。

第五，在 7 月 1 日下午，经党中央批准，全国有 6 个省市委，分别在上海、南湖、井冈山、遵义、延安、西柏坡等重要的红色纪念地隆重举行庆祝中国共产党成立 100 周年大会。

在 100 年这样一个历史性的节点，举行这样一个隆重热烈的庆典，充分表达了对中国共产党百年征程和成就的自豪，也表达了更加昂扬地向着第二个百年目标前进的决心。

习近平总书记在庆祝中国共产党成立 100 周年大会上发表重要讲话。

讲话指出：“一百年来，中国共产党团结带领中国人民进行的一切奋斗、一切牺牲、一切创造，归结起来就是一个主题：实现中华民族伟大复兴。”

围绕这个主题，习近平总书记首先宣告，经过全党全国各族人民持续奋斗，我们实现了第一个百年奋斗目标，在中华大地上全面建成了小康社会，历史性地解决了绝对贫困问题。

讲话回顾百年征程，概括了中国共产党100年来所取得的伟大成就，一是创造了新民主主义革命的伟大成就；二是创造了社会主义革命和建设的伟大成就；三是创造了改革开放和社会主义现代化建设的伟大成就；四是创造了新时代中国特色社会主义的伟大成就。

习近平总书记强调，100年来，中国共产党团结带领中国人民，书写了中华民族几千年历史上最恢宏的史诗。“这一百年来开辟的伟大道路、创造的伟大事业、取得的伟大成就，必将载入中华民族发展史册、人类文明发展史册！”

讲话还第一次界定了伟大建党精神，即“坚持真理、坚守理想，践行初心、担当使命，不怕牺牲、英勇斗争，对党忠诚、不负人民”，这是中国共产党的精神之源。

庆祝中国共产党成立100周年，最重要的是“用历史映照现实、远观未来，从中国共产党的百年奋斗中看清楚过去我们为什么能够成功、弄明白未来我们怎样才能继续成功，从而在新的征程上更加坚定、更加自觉地牢记初心使命、开创美好未来”。

因此，习近平总书记提出了“以史为鉴、开创未来”的九个“必须”：一是必须坚持中国共产党坚强领导；二是必须团结带领中国人民不断为美好生活而奋斗；三是必须继续推进马克思主义中国化；四是必须坚持和发展中国特色社会主义；五是必须加快国防和军队现代化；六是必须不断推动构建人类命运共同体；七是必须进行具有许多新的历史特点的伟大斗争；八是必须加强中华儿女大团结；九是必须不断推进党的建设新的伟大工程。

2021年11月召开的党的十九届六中全会，通过了《中共中央关于党的百年奋斗重大成就和历史经验的决议》。这是中国共产党100年来的第三个《历史决议》。

《历史决议》是在建党100周年的时间节点上制定的，是对党的100年历史的全面回顾和总结，而且预示着未来党和国家事业发展的基本方向。

《历史决议》全文一共36185个字。除了序言和结束语之外，共有7个部分。

其中序言752个字，占2%。

第一部分夺取新民主主义革命伟大胜利，2830个字，占7.8%。

第二部分完成社会主义革命和推进社会主义建设，2701个字，占7.4%。

第三部分进行改革开放和社会主义现代化建设，4114个字，占11.3%。

第四部分开创中国特色社会主义新时代，19234个字，占53.1%。

第五部分中国共产党百年奋斗的历史意义，1457个字，占4%。

第六部分中国共产党百年奋斗的历史经验，2927个字，占8%。

第七部分新时代的中国共产党，1848个字，占5%。

结束语，一段话，212个字，占0.5%。

习近平总书记说："这次全会决议重点总结新时代党和国家事业取得的历史性成就、发生的历史性变革和积累的新鲜经验"。从各部分文字的分配上就明显地体现了出来。

通过对百年历史的回顾，《历史决议》总结概括了10条经验：(一)坚持党的领导，(二)坚持人民至上，(三)坚持理论创新，(四)坚持独立自主，(五)坚持中国道路，(六)坚持胸怀天下，(七)坚持开拓创新，(八)坚持敢于斗争，(九)坚持统一战线，(十)坚持自我革命。

《历史决议》体现了十八大以来以习近平同志为核心的党中央对党的历史的新认识、新观点、新论断，为十九大的召开奠定了基础。《历史决议》的很多内容和观点，后来都写进了十九大报告和十九大修改后的党章。党章还专门增写了一个自然段，集中概括了百年历史取得的成就和经验。

51. 举世关注的二十大

2022年10月16日至22日，中国共产党第二十次全国代表大会在北京举行。按照正式和标准的评价，这是在全党全国各族人民迈上全面建设社会主义现代化国家新征程、向第二个百年奋斗目标进军的关键时刻召开的一次十分重要的大会,是一次高举旗帜、凝聚力量、团结奋进的大会。

10 月 16 日,大会在北京人民大会堂开幕。

人民大会堂主席台上方悬挂着“中国共产党第二十次全国代表大会”的会标,后幕正中是镰刀和锤头组成的党徽,10 面鲜艳的红旗分列两侧。二楼眺台上,这次悬挂的横幅是:“高举中国特色社会主义伟大旗帜,全面贯彻习近平新时代中国特色社会主义思想,弘扬伟大建党精神,为全面建设社会主义现代化国家、全面推进中华民族伟大复兴而团结奋斗!”

大会由李克强主持。上午 10 时,会议开始。

李克强宣布,党的二十大应出席代表 2296 人,特邀代表 83 人,共 2379 人,今天实到 2340 人。

习近平代表第十九届中央委员会向大会作题为《高举中国特色社会主义伟大旗帜,为全面建设社会主义现代化国家而团结奋斗》的报告。

报告宣布大会的主题是:高举中国特色社会主义伟大旗帜,全面贯彻新时代中国特色社会主义思想,弘扬伟大建党精神,自信自强、守正创新,踔厉奋发、勇毅前行,为全面建设社会主义现代化国家、全面推进中华民族伟大复兴而团结奋斗。

报告共分 15 个部分:(一)过去五年的工作和新时代十年的伟大变革;(二)开辟马克思主义中国化时代化新境界;(三)新时代新征程中国共产党的使命任务;(四)加快构建新发展格局,着力推动高质量发展;(五)实施科教兴国战略,强化现代化建设人才支撑;(六)发展全过程人民民主,保障人民当家作主;(七)坚持全面依法治国,推进法治中国建设;(八)推进文化自信自强,铸就社会主义文化新辉煌;(九)增进民生福祉,提高人民生活品质;(十)推动绿色发展,促进人与自然和谐共生;(十一)推进国家安全体系和能力现代化,坚决维护国家安全和社会稳定;(十二)实现建军一百年奋斗目标,开创国防和军队现代化新局面;

（十三）坚持和完善“一国两制”，推进祖国统一；（十四）促进世界和平与发展，推动构建人类命运共同体；（十五）坚定不移全面从严治党，深入推进新时代党的建设新的伟大工程。

与党的十九大报告比较，二十大报告增加了三个部分，分别是：实施科教兴国战略，强化现代化建设人才支撑；坚持全面依法治国，推进法治中国建设；推进国家安全体系和能力现代化，坚决维护国家安全和社会稳定。

报告回顾总结了过去五年的工作和新时代十年的伟大变革，阐述了开辟马克思主义中国化时代化新境界、中国式现代化的中国特色和本质要求等重大问题，对全面建设社会主义现代化国家、全面推进中华民族伟大复兴进行了战略谋划，对统筹推进“五位一体”总体布局、协调推进“四个全面”战略布局作出了全面部署，要求坚定不移全面从严治党，深入推进新时代党的建设新的伟大工程，以党的自我革命引领社会革命。

10 月 22 日上午，到会的代表和特邀代表以无记名投票方式，选举出由 205 名委员、171 名候补委员组成的二十届中央委员会，选举出二十届中央纪律检查委员会委员 133 名。

随后，大会通过了关于十九届中央委员会报告的决议，通过了关于十九届中央纪律检查委员会工作报告的决议，通过了关于《中国共产党章程（修正案）》的决议。

大会在雄壮的《国际歌》声中结束。

随后于 10 月 23 日召开的中国共产党第二十届中央委员会第一次全体会议，选举了中央政治局委员、中央政治局常务委员会委员、中央委员会总书记；根据中央政治局常务委员会的提名，通过了中央书记处成员，决定了中央军事委员会组成人员；批准了二十届中央纪律检查委员会第一次全体会议选举产生的书记、副书记和常务委员会委员人选。

10 月 23 日，在中国共产党第二十届中央委员会第一次全体会议上当选的中共中央总书记习近平和中共中央政治局常委李强、赵乐际、王沪宁、蔡奇、丁薛祥、李希在北京人民大会堂同中外记者见面。

习近平总书记发表重要讲话。在向大家介绍了中共中央政治局常务委员会的其他成员后，习近平总书记代表新一届中共中央领导成员衷心感谢全党同志的信任。

习近平总书记用四个“新征程上”，介绍了新一届党中央将要开展的主要工作，强调新征程是充满光荣和梦想的远征。

中央广播电视总台和新华网进行了现场直播。全国人民和全世界都在第一时间知晓了中国共产党新一届中央领导集体的组成，举世关注的问题得到了最终的答案，举世瞩目的大会也真正画上了句号。

52. 再上台阶的党章修改

按照惯例和现实需要，党的二十大对党章再一次进行了重大修改。这是改革开放以来中国共产党第九次修改党章。

2022年1月，在党中央就党的二十大报告议题征求意见过程中，各地区各部门普遍建议二十大根据党的理论创新和实践发展、根据形势任务发展变化，对党章作适当修改。

5月27日，习近平总书记主持召开中央政治局会议，作出党的二十大对党章进行适当修改的重大决定，并成立党章修改小组，在中央政治局常委会领导下工作。

党中央确定了这次修改党章的原则：坚持马克思列宁主义、毛泽东思想、邓小平理论、“三个代表”重要思想、科学发展观，全面贯彻习近平新时代中国特色社会主义思想；坚持发扬党内民主，集中全党智慧；保持党章总体稳定，只修改那些必须改的、在党内已经形成共识的内容，努力使修改后的党章充分体现马克思主义中国化时代化最新成果，充分体现党的十九大以来党中央提出的治国理政新理念新思想新战略，充分体现党的工作和党的建设的新鲜经验，以适应新形势新任务对党的工作和党的建设提出的新要求。

5月27日，党中央就党章修改工作向各地区各部门下发征求意见通知。各地区各部门按照中央通知要求，精心组织座谈，广泛征求意见和建议。

5 月 30 日，党的二十大党章修改小组举行第一次全体会议，党章修改工作正式启动。

6 月中旬，各地区各部门先后报送了 108 份书面报告，一致赞成对现行党章作适当修改并保持党章总体稳定，完全赞同党中央确定的修改原则，共提出修改意见和建议 1929 条。

党章修改小组认真落实党中央要求，对各地区各部门报送的报告认真进行梳理，形成了 700 多页 36 万多字的意见汇总本。在深入研究各地区各部门意见基础上，提出党章修改建议方案，对党章共作出 48 处修改，采纳或体现意见 1447 条。报经中央政治局常委会会议和中央政治局会议审议后，形成党章修正案稿。

8 月 4 日，党中央将《中国共产党章程（修正案）》征求意见稿同党的二十大报告征求意见稿一道印发各地区各部门。直接参加讨论的有 4700 多人。8 月下旬，各地区各部门向党中央报送了 108 份书面报告。

习近平总书记高度重视、全程指导党章修改工作，主持召开 5 场座谈会，听取各省区市、解放军各大单位和中央军委机关各部门主要负责同志对党章修改的意见和建议。党章修改小组根据各方面意见进行了认真修改。

中央政治局常委会会议、中央政治局会议先后审议党章修正案稿。在集中全党智慧基础上，经过党的十九届七中全会讨论通过，形成了提请党的二十大审议的党章修正案。

党的二十大的议程之一，是审议通过《中国共产党章程（修正案）》。代表们对《中国共产党章程（修正案）》进行了认真讨论和审议，既给予充分肯定，又提出一些修改意见。大会主席团综合考虑这些意见，作了最后修改，形成了党章修正案大会表决稿。10 月 18 日，党的二十大主席团的第二次会议通过将关于《中国共产党章程（修正案）》的决议（草案）提交各代表团讨论。

10 月 22 日，党的二十大一致通过十九届中央委员会提出的《中国共产党章程（修正案）》，决定这一修正案自通过之日起生效。

决议全称是《中国共产党第二十次全国代表大会关于〈中国共产党

章程（修正案）〉的决议》。决议集中概括和确认了二十大对党章的主要修改：

大会一致同意，把党的十九大以来习近平新时代中国特色社会主义思想新发展写入党章。

大会同意把党的初心使命、党的百年奋斗重大成就和历史经验的内容写入党章。同意把发扬斗争精神、增强斗争本领的内容写入党章。

习近平总书记在庆祝中国共产党成立100周年大会上作出实现了第一个百年奋斗目标、全面建成了小康社会、正在向着全面建成社会主义现代化强国的第二个百年奋斗目标迈进的庄严宣告，党章据此作出相应修改。

党的二十大提出以中国式现代化全面推进中华民族伟大复兴，并将此确定为新时代新征程中国共产党的中心任务，同时在这一方面提出了一系列重要论断和要求。大会同意把这些内容写入党章。

全面建成社会主义现代化强国，总的战略安排是分两步走。党章据此作出相应修改。

大会同意，把走中国特色社会主义法治道路，发展更加广泛、更加充分、更加健全的全过程人民民主，建立健全民主选举、民主协商、民主决策、民主管理、民主监督的制度和程序，统筹发展和安全等内容写入党章。

大会同意，把坚持政治建军、改革强军、科技强军、人才强军、依法治军，把人民军队建设成为世界一流军队；全面准确、坚定不移贯彻“一个国家、两种制度”的方针，坚决反对和遏制“台独”；弘扬和平、发展、公平、正义、民主、自由的全人类共同价值，推动建设持久和平、普遍安全、共同繁荣、开放包容、清洁美丽的世界等内容写入党章。

大会认为，党的十九大以来，党坚持打铁必须自身硬，坚持以党的政治建设为统领，推动全面从严治党向纵深发展，党的建设取得许多新的重大成果和成功经验，应该及时体现到党章中，使之转化为全党共同意志和共同遵循。

大会同意把党是最高政治领导力量，坚持和加强党的全面领导等内容写入党章。

大会认为，总结吸收党的十九大以来党的工作和党的建设的成功经验，并同总纲部分修改相衔接，对党章部分条文作适当修改很有必要。

党的二十大是在十九大的基础上再作修改，所以修改的幅度比十九大就要小一点。根据新华社报道，党的二十大通过的党章修正案，共修改 50 处，其中总纲部分修改 37 处，条文部分修改 13 处。修改之处至少比十九大少了一半以上。

党的十九大修改后的党章总字数是 19496 字，净增 2190 余字。党的二十大修改后的总字数是 20452 字，净增 956 个字。

《中国共产党第十九次全国代表大会关于〈中国共产党章程（修正案）〉的决议》一共 3556 个字。

《中国共产党第二十次全国代表大会关于〈中国共产党章程（修正案）〉的决议》一共 3474 个字①。

正因为是在十九大党章基础上再作的修改，所以，虽然修改的幅度稍小一些，但却是在政治上又上了一个新台阶，将十九大的一些重要论断作了新的升华。如对习近平新时代中国特色社会主义思想的评价，在十九大的基础上，又增写了是“当代中国马克思主义、二十一世纪马克思主义，是中华文化和中国精神的时代精华”。在十九大强调“中国共产党的领导是中国特色社会主义最本质的特征，是中国特色社会主义制度的最大优势”的基础上，又增写了“党是最高政治领导力量”。

《中共中央关于认真学习宣传贯彻党的二十大精神的决定》指出：“《中国共产党章程（修正案）》体现了党的十九大以来党的理论创新、实践创新、制度创新成果，体现了党的二十大报告确定的重要思想、重要观点、重大战略、重大举措，对坚持和加强党的全面领导、坚定不移推进全面从严治党、坚持和完善党的建设、推进党的自我革命提出了明确要求。”

---

① 这些数字都是电脑统计，仅供参考。

53. 逐渐规范化的党章修改

回溯改革开放以来党代会对党章的修改,我们可以明显地看到一个基本的特点和趋势,即,党代会走上了规范化和制度化的发展轨道,因此党章的修改也走上了规范化制度化的轨道。

1982 年,在结束"文化大革命",并完成了指导思想上的拨乱反正后,党召开十二大,并制定了新的党章。十二大党章是中国共产党党章发展史上的一个里程碑,是一个很好的党章。因此,十二大后的历次党代会,都没有再制定新的党章,而是根据形势的发展,在十二大党章的基础上作局部性的部分修改。但同时,由于改革开放和现代化建设在不断推进的过程中,党的实践和理论都在不断前进,所以,党章的修改也不是无关紧要的。每次修改,都充实了很多丰富的内容,反映了改革开放的伟大成果,体现了与时俱进的精神。

1987 年的十三大,通过《关于〈中国共产党章程部分条文修正案〉的决议》,共 10 条。没有对总纲进行修改,只是对部分条文作了 13 处修改。主要内容是:更加重视制度建设和发展党内民主,要求采用差额选举的办法选举代表和委员,完善党内讨论和决定重大事项的办法和程序。扩大了党的全国代表大会的职权。对企业和事业单位中党的基层委员会的职能问题作了明确规定。

党的十四大到党的二十大,通过的决议名称相同,都叫《关于〈中国共产党章程(修正案)〉的决议》。主要是随着形势的发展,增写或修改总纲中的内容,同时相应对条文中的一些表述进行改动。总的是保持连续性,小改而不做大改。党的十五大只改了 7 处 160 个字。但到十九大、二十大,已经不算小改,而是差不多中改了。

从党的十四大开始,党章的修改主要集中在总纲上,尤其是党的思想理论、基本路线、重大方针政策和党的建设基本要求上。

1992 年的十四大,对总纲修改了 8 个方面,对条文修改了 6 个方面。修改的内容主要是:写进了邓小平同志关于社会主义本质的论述,肯定了十一届三中全会的历史地位和邓小平建设有中国特色社会主义理论的指导地位。突出强调我国处于社会主义初级阶段，必须坚持党在社会主义初级阶段的基本路线。对改革开放条件下的党的领导提出了新的要求。鲜明地提出“坚持不懈地反对腐败，加强党的作风建设和廉政建设”。

1997年的十五大，围绕着邓小平理论问题，修改了5处。主要是正式使用“邓小平理论”的概念，并把邓小平理论确立为党的指导思想。

2002年的十六大是进入新世纪后的第一次党代会。大会对党章的修改主要是：把“三个代表”重要思想写入党章作为党的指导思想。把一系列重大理论观点和方针政策，包括依法治国、建设社会主义法治国家写入党章。规定了“集体领导、民主集中、个别酝酿、会议决定”的党委决策十六字原则。

2007年的十七大，在党章总纲增写了关于科学发展观的一段表述。增写了改革开放以来我们取得一切成绩和进步的根本原因，归结起来就是：开辟了中国特色社会主义道路，形成了中国特色社会主义理论体系。增写了中国特色社会主义事业总体布局的内容。在党的基本路线的奋斗目标中，在原来的“富强民主文明”之外增加了“和谐”一词。强调要加强党的执政能力建设和先进性建设，以改革创新精神全面推进党的建设新的伟大工程。

2012年的十八大，对党章的修改主要集中在6个方面：把科学发展观作为党的指导思想；增写了“中国特色社会主义制度”；增写了只有改革开放，才能发展中国、发展社会主义、发展马克思主义；充实了中国特色社会主义总体布局的内容；把生态文明建设列入总体布局；充实完善了党的建设的总体要求。把我们党在推进中国特色社会主义伟大事业和党的建设新的伟大工程中取得的重大实践成果、理论成果、制度成果体现在党章中，实现了党章又一次与时俱进。

党的十九大、二十大是进入新时代以后十分重要的大会。根据新时代的需要，分别对党章进行了许多重大的修改，不仅充分体现了习近平新时代中国特色社会主义思想，而且改变了改革开放以来曾经有过的一些重要观点和重要主张，体现了明显的新时代的风格。

把100多年的历程汇总起来，中国共产党到底有过多少个党章？

如果党的二大算是制定了第一个党章，那么，到党的二十大，一共修改过18次党章。

如果精确地计算，党的二大、六大、七大、八大、九大、十大、十一大、十二大的党章，其实都是新制定的，变动幅度相当大。如果准确计算，应该是制定过8个党章，另对党章做过11次修改。

由于好多个党章不能单独算一个，笼统地说一共制定过多少个党章，不是很准确。所以，或许用“版本”的概念比较好，无论重新制定，还是局部修改，无论是大改，还是小改，都可以算一个版本。这样，无论哪种算法，迄今100多年来的党章一共有过19个版本。

如此，改革开放以来，则一共有过9个版本。其中，党的十二大虽然也说是修改，实际是重新制定。此后的8次，都是名副其实的修改。1加8等于9个版本。

在实际生活中，大家都习惯把某次党代会制定或修改的党章称作“×× 大党章”，如七大党章、十二大党章、二十大党章等。这种称谓，定时定位都比较清楚准确，不会产生误解，已经约定俗成，所以本书都这样使用。

党章的修改过程逐步规范后，大体包括九个主要环节：

（一）确定修改党章，成立修改小组；

（二）中央提出修改原则，开展调查研究，征求各方意见；

（三）对党章进行修改，起草修改稿和修正案；

（四）反复修改，中央政治局和常委会反复研究，形成征求意见稿；

（五）印发党内一定范围征求意见，还会征求其他一些方面的意见，反馈后再作修改；

（六）中央政治局讨论通过后，提交中央全会审议；

（七）提交党代会审议，代表提出修改意见，及时修改；

（八）大会审议通过修改后的党章和党章修正案；

（九）做最后审核和极个别文字润色改动，然后在党代会结束几天后公开发表。

这些环节,有的还可以进一步展开。如第(三)(四)(五)里,还有很多程序和安排。

党章在一定意义上是党的历史的浓缩和反映。100 多年来,党章的每一次变化,甚至里面每一个字词的变化,都折射出一定的历史变迁。党所取得的进步,党的成就经验,以及曾经遇到的曲折教训,在党章的这些变化中都能反映出来。

改革开放以来党章的所有修改,都反映了改革开放取得的成就,反映了改革开放走过的道路。党章修改方式和过程本身,也反映了改革开放以来党的建设的创新和发展。新时代的党章修改,明显反映了新时代的特点和面貌。

下编：梳史释义

九、党的性质

54. 建设一个什么样的党?

现行党章开门见山,第一段话就宣告:“中国共产党是中国工人阶级的先锋队,同时是中国人民和中华民族的先锋队,是中国特色社会主义事业的领导核心,代表中国先进生产力的发展要求,代表中国先进文化的前进方向,代表中国最广大人民的根本利益。党的最高理想和最终目标是实现共产主义。”

这一段话,规定的是党的性质问题。其内容,可以简单地概括为:一个核心、两个先锋队、“三个代表”,最高理想。

这一段话的最初文本是七大党章开始写进来的,后来先后修改过很多次。

1921 年的一大在讨论党的性质时,李汉俊不赞成组织严密的、战斗的工人政党,而主张团结先进知识分子,公开建立广泛的和平研究马克思主义理论的政党。他认为:“首先要懂得马克思主义。中国工人不大觉悟,费了一年劳力,成绩不好。中国应先有一部分好的知识分子,到工人中去活动,才有把握,主张开马克思主义的师范大学,设立马克思主义图书馆,翻译书籍。有了这些知识分子作干部,才有办法。共产党的基础不必建立在工人上,可以知识分子为中心。”①

李汉俊的意见成为大会讨论的一个焦点问题。陈公博、李达支持,刘仁静坚决反对。

经过讨论,会议确认:中国共产党是无产阶级的革命政党,以实现无

---

① 中共一大会址纪念馆、上海革命历史博物馆筹备处编:《上海革命史资料与研究》第十辑,上海古籍出版社 2010 年版,第 661 页。

产阶级专政为基本原则;目前应着重马克思主义理论的研究和实际的工人运动,扩大共产党的组织与影响,为实行共产革命之准备[①]。

1922年,党的二大通过《中国共产党第二次全国代表大会宣言》。《宣言》明确指出:"中国共产党是中国无产阶级政党"[②],是"所有阶级觉悟的无产阶级分子的组合,是无产阶级的先锋军"[③]。《宣言》强调:"我们共产党,不是'知识者所组织的马克思学会',也不是'少数共产主义者离开群众之空想的革命团体','应当是无产阶级中最有革命精神的大群众组织起来为无产阶级之利益而奋斗的政党,为无产阶级做革命运动的急先锋'"。[④]

七大制定的新党章,第一次增设了总纲部分。总纲一开头,就第一次明确界定:"中国共产党,是中国工人阶级的先进的有组织的部队,是它的阶级组织的最高形式"[⑤]。这是套用斯大林对列宁建党思想所作的概括,当然也已成为中国共产党自己的认识和对自己政党性质的界定。

紧随其后,党章指出:"中国共产党代表中国民族与中国人民的利益。它在现阶段为实现中国的新民主主义制度而奋斗。它的最终目的,是在中国实现共产主义制度。"[⑥]

刘少奇在《关于修改党章的报告》中,对党的性质问题作了说明。他说,党章总纲作出这样的界定之后,"我们党的这种性质是不是还有疑问

① 中共中央党史研究室、中央档案馆编:《中国共产党第一次全国代表大会档案文献选编》,中共党史出版社2015年版,第139页。

② 中共中央党史研究室、中央档案馆编:《中国共产党第二次全国代表大会档案文献选编》,中共党史出版社2014年版,第9页。

③ 中共中央党史研究室、中央档案馆编:《中国共产党第二次全国代表大会档案文献选编》,中共党史出版社2014年版,第20—21页。

④ 中共中央党史研究室、中央档案馆编:《中国共产党第二次全国代表大会档案文献选编》,中共党史出版社2014年版,第25页。

⑤ 中共中央党史研究室、中央档案馆编:《中国共产党第七次全国代表大会档案文献选编》,中共党史出版社2015年版,第618页。

⑥ 中共中央党史研究室、中央档案馆编:《中国共产党第七次全国代表大会档案文献选编》,中共党史出版社2015年版,第618页。

呢？我以为没有疑问了。”①

中华人民共和国成立后，中国共产党在执政后举行的第一次党代会即党的八大上，制定了新的党章。八大党章对党的性质的表述与七大党章实质上一样，但也有所调整，规定：“中国共产党是中国工人阶级的先进部队，是中国工人阶级的阶级组织的最高形式。它的目的是在中国实现社会主义和共产主义。”②

所作的主要改动，一是去掉了“代表中国民族与中国人民的利益”，更突出了工人阶级的性质和利益；二是去掉了“它在现阶段为实现中国的新民主主义制度而奋斗”，因为这一任务已经完成；三是将“最终目的”改成“目的”，而目的是什么？原来是共产主义，这里改成了“社会主义和共产主义”。由于新民主主义革命已经完成，提出社会主义的目的顺理成章。但共产主义不再是“最终”目的，也埋下了随后急躁冒进、试图一步跨进共产主义的伏笔。

到党的九大，党章对党的性质作了大改，原有的几句话基本去掉了，改用了毛泽东提出的建党50字纲领：“中国共产党是由无产阶级先进分子所组成，领导无产阶级和革命群众对于阶级敌人进行战斗的朝气蓬勃的先锋队组织。”③

到党的十大，党章去掉了50字纲领，直接称“中国共产党是无产阶级的政党，是无产阶级的先锋队”④。

到党的十一大，党章又把斯大林的话与50字纲领结合到了一起。

到党的十二大，党章改为“中国共产党是中国工人阶级的先锋队，是中国各族人民利益的忠实代表，是中国社会主义事业的领导核心。党的最

---

① 中共中央党史研究室、中央档案馆编：《中国共产党第七次全国代表大会档案文献选编》，中共党史出版社2015年版，第263页。

② 中共中央文献研究室编：《建国以来重要文献选编》第9册，中央文献出版社1993年版，第269页。

③ 中国革命博物馆编：《中国共产党党章汇编》，人民出版社1979年版，第206页。

④ 中国革命博物馆编：《中国共产党党章汇编》，人民出版社1979年版，第212页。

终目标，是实现共产主义的社会制度”[①]。

党的十六大修改后的党章，将党的性质进一步表述为：“中国共产党是中国工人阶级的先锋队，同时是中国人民和中华民族的先锋队，是中国特色社会主义事业的领导核心，代表中国先进生产力的发展要求，代表中国先进文化的前进方向，代表中国最广大人民的根本利益。党的最高理想和最终目标是实现共产主义。”[②] 这样就形成了现行党章的表述。

增加的“三个代表”，进一步体现了中国共产党必须具有的先进性。它告诉我们，先锋队不是自封的，必须当好这“三个代表”，才真正具有先进性，才真正称得上是中国工人阶级的先锋队，同时是中国人民和中华民族的先锋队。

坚持中国共产党的性质，必须从理论和实践的结合上回答建设一个什么样的党、怎样建设党的问题。

在革命和战争年代，中国共产党要把自己建设成为领导人民进行革命斗争、推翻反动阶级统治的战斗队伍。在取得政权以后，则要把党建设成为领导社会主义建设事业的核心力量。由于受“左”的思想影响，党在“文化大革命”那样的年代，也曾经片面强调把党建设成为与阶级敌人进行战斗的先锋队组织。

十一届三中全会以后，邓小平对党的建设目标拨乱反正，提出要把党建设成为领导全国人民进行社会主义物质文明和精神文明建设的坚强核心。十四届四中全会和十五大进一步规定了新时期党的建设的总目标。“三个代表”重要思想则在此基础上更加明确地指出了，我们建设党，根本上就是要把党建设成为能够始终代表中国先进生产力发展要求、代表中国先进文化前进方向、代表中国最广大人民根本利益的党。

党的十六大是党在新世纪召开的第一次代表大会。大会认为，13 年来的实践，加深了我们对什么是社会主义、怎样建设社会主义，建设什么样的党、怎样建设党的认识，积累了十分宝贵的经验。十条经验之一，就是

① 中共中央文献研究室编：《十二大以来重要文献选编》（上），人民出版社 1986 年版，第 63 页。

② 《中国共产党第十六次全国代表大会文件汇编》，人民出版社 2002 年版，第 57 页。

"坚持加强和改善党的领导,全面推进党的建设新的伟大工程。治国必先治党,治党务必从严。坚持党的性质和宗旨,以改革的精神加强和改进党的建设,不断提高党的领导水平和执政水平,提高拒腐防变和抵御风险的能力,坚持不懈地开展反腐败斗争,保持党同人民群众的血肉联系,保持党的先进性、纯洁性和团结统一"。

进入新时代,习近平总书记又对建设什么样的长期执政的马克思主义政党、怎样建设长期执政的马克思主义政党问题进行思考和判断,提出了全面从严治党和党的自我革命等一系列重要思想。

55. 伟大事业的领导核心

2009 年 6 月 30 日,在中国共产党成立 88 周年之际,国务院新闻办公室召开中外记者吹风会,由我向中外记者介绍中共党史和党史研究的情况,并回答记者们关心的问题。

其间,有几位外国记者都有意问到了中国共产党领导作用和执政地位的问题。其中,有一位英国《金融时报》的记者问道:"您认为共产党在中国是一直都必须当执政党,还是到最后,国家或者社会发展到某一个阶段,共产党可以放心地交给别人做做看?"

我回答说:

"谢谢您对历史的关心和深入的思考。政党是一种历史现象,既然是历史现象,它会在历史上产生,当然也会在历史上消亡。所以,毛泽东早在 1949 年就说过,党也会消亡的。具体落实到这个或者那个政党,到底什么时候消亡,这就要看历史条件,还有它自身的努力。有的党可能几年甚至几个月就消亡了,有的党可能几十年、上百年,到现在也没消亡。所以,这就给我们党提出了一个要求:我们党的生命力会是多长?应该多长?

"从客观需要来说,假设今天的中国,如果没有一个正确的党的正确领导,那会是什么样?那是很难想象的。很可能,或者可以绝对地说,对中国是一场灾难。

“从主观上来说，从党自身来说，到目前为止我们作出了极大的努力，取得的成果世界公认，过去的探索也积累了宝贵经验，所以现在有能力把中国领导得更好。当然，我们也看到自己的挑战和危险，包括苏联共产党垮台的教训。所以一直在努力加强党自身的建设，明确提出要加强先进性建设，要努力不断地走在时代的前列。要加强执政能力建设，把国家管理得更好。

“所以，只要我们不断地努力，我相信我们党的生命周期会是很长的。谢谢！”

从党章的角度来说，这些问答，涉及党章第一条的有关规定问题。

现行党章明确规定，中国共产党是“中国特色社会主义事业的领导核心”。

在1954年的一届全国人大一次会议上，毛泽东宣布：“领导我们事业的核心力量是中国共产党。指导我们思想的理论基础是马克思列宁主义。”①

1962年，毛泽东强调：“工、农、商、学、兵、政、党这七个方面，党是领导一切的。”②

从党章来看，八大党章强调了党的领导，但还没有将“领导核心”四个字写入党章。

九大党章第一次在总纲中表述：“以毛泽东同志为领袖的中国共产党，是伟大的、光荣的、正确的党，是中国人民的领导核心。”③同时强调实行“一元化领导”。十大去掉了这一表述，但继续强调“一元化领导”。

十一大去掉了“一元化领导”的概念，但恢复称“中国共产党是伟大的、光荣的、正确的党，是全中国人民的领导核心”④。

从十二大开始，党章称中国共产党“是中国社会主义事业的领导核心”。

---

① 《毛泽东文集》第6卷，人民出版社1999年版，第350页。

② 《毛泽东文集》第8卷，人民出版社1999年版，第305页。

③ 中国革命博物馆编：《中国共产党党章汇编》，人民出版社1979年版，第207页。

④ 中国革命博物馆编：《中国共产党党章汇编》，人民出版社1979年版，第228页。

由于在改革开放中创立了中国特色社会主义，所以，从十六大开始，将中国共产党界定为“中国特色社会主义事业的领导核心”。此后至今，一直如此界定。

《中华人民共和国宪法》也规定了中国共产党的领导地位。

这个“领导核心”，是在长期的历史发展过程中逐步形成的。

新民主主义革命时期，中国共产党走的是一条农村包围城市、武装夺取政权的道路，所以，在取得全国政权之前，党已经在一些局部地区建立了地方政权，甚至全国性政权的框架，并在这种政权结构中发挥了领导作用。

新中国的成立，标志着中国共产党从领导人民为夺取全国政权而奋斗的党，成为领导人民掌握全国政权并长期执政的党。中国共产党领导设计和建立了社会主义基本制度，也包括建立了新的政权形式和政治体制。中国共产党领导人民实行社会主义改造，开展社会主义建设，逐步建立起独立的国民经济体系。党作为社会主义事业的领导核心，运用政权的力量，改变了中国社会的面貌。

从 1957 年开始，党的“左”倾错误逐步发展。党在加强对国家事务领导和管理的同时，也出现了权力过分集中、对政权机关包办代替的倾向。“文化大革命”中，党和国家的领导体制先是遭到全面破坏，继而扭曲变形，违反了执政的基本要求。

十一届三中全会以后，党和国家进入改革开放和社会主义现代化建设新时期。中国共产党大力倡导和推动经济政治文化等各方面体制的改革，认真总结新中国成立以来党的领导体制和执政方式、工作机制方面的经验教训，在坚持党的领导的同时，逐步改善党的领导。在不断深化经济体制改革的同时，积极稳妥推进政治体制改革。随着社会主义市场经济的发展，提出依法治国的基本方略，从制度和法律上保证党发挥总揽全局、协调各方的领导核心作用。全面推进党的建设新的伟大工程，不断加强和改善党的领导，改进党的领导方式和执政方式。特别是加强党的执政能力建设和先进性建设，巩固党的执政地位，保持和发展党的先进性。十八大之后，以习近平同志为核心的党中央,全面从严治党,进一步提高了党的建设科学化水平。

回顾100多年的历程,中国共产党之所以能够成为领导中国革命、建设、改革事业的核心力量,之所以能够承担起中国人民和中华民族的历史重托,之所以能够在剧烈变动的国际国内环境中始终立于不败之地,根本原因是总体上能努力坚持代表中国先进生产力的发展要求、代表中国先进文化的前进方向、代表中国最广大人民的根本利益,高度重视并不断保持和发展自己的先进性。虽然现实过程很艰难,但主流、主线是非常清楚的。

坚持党的领导,就要改善党的领导。改革开放以来,党的工作内容和所处环境发生了很大变化,在革命战争年代和计划经济时期形成的领导制度,权力高度集中,法治不健全,已经难以适应改革开放和现代化建设的需要。所以,从改革开放一开始,邓小平就强调:“为了坚持党的领导,必须努力改善党的领导。”

新的历史时期,我们党不断加强和改善党的领导,同时推进政治体制改革,逐步改革和完善党的领导制度。党明确要在宪法和法律的范围内活动,善于把关于国家重大事务的主张,经过法定程序变成国家意志。党的领导体制、领导方式、思想方法和工作方法不断根据新的历史条件进行改革和创新。

在中国特色社会主义进入新时代的历史条件下,党的十九大明确指出,“中国特色社会主义最本质的特征是中国共产党领导,中国特色社会主义制度的最大优势是中国共产党领导,党是最高政治领导力量”。十九大将这一思想作为习近平新时代中国特色社会主义思想的重要内容之一。十九大报告列举的新时代中国特色社会主义基本方略的第一条,就是“坚持党对一切工作的领导”。报告强调,党政军民学,东西南北中,党是领导一切的。必须增强政治意识、大局意识、核心意识、看齐意识,自觉维护党中央权威和集中统一领导,自觉在思想上政治上行动上同党中央保持高度一致。

根据这一重要思想和方略,十九大修改后的党章增写了:“中国共产党的领导是中国特色社会主义最本质的特征，是中国特色社会主义制度的最大优势。党政军民学，东西南北中，党是领导一切的。”

党的二十大指出，前进道路上，必须牢牢把握若干重大原则，其中之一，就是“坚持和加强党的全面领导。坚决维护党中央权威和集中统一领导，把党的领导落实到党和国家事业各领域各方面各环节，使党始终成为风雨来袭时全体人民最可靠的主心骨”。

二十大修改后的党章，在这一部分又增写了一句：“党是最高政治力量”。

加强和改善党的领导，必须从严治党，反对腐败。邓小平指出，为了促进社会风气的进步，首先必须搞好党风。十八大以来，以习近平同志为核心的党中央全面从严治党，深入开展反腐败斗争，促进了党风政风的明显好转，在所有领域加强了党的领导。

56. 为何是两个先锋队？

现行党章明确规定，“中国共产党是中国工人阶级的先锋队，同时是中国人民和中华民族的先锋队”。

先锋队，是马克思主义指导下的工人阶级政党对自身性质、地位和作用的界定。在创建俄国布尔什维克政党的过程中，列宁系统地提出了先锋队理论，认为党应该“是阶级的先进觉悟阶层，是阶级的先锋队”。“党作为阶级的先锋队、教育者和组织者，其作用具有特殊的意义。”

100多年来，几乎所有的共产主义政党，都是按照列宁的先锋队理论建立起来和从事活动的。长期以来，中国共产党也是按照先锋队的标准来要求自己、建设自己的。

七大之前的党章，因为没有总纲，所以没有先锋队的表述。到七大党章，有了总纲，便在总纲中第一次表述：“是中国工人阶级的先进的有组织的部队，是它的阶级组织的最高形式”。这是用的斯大林对列宁思想所作的概括。

到八大党章，仍是这两句话，文字有所简化。后来多次修改、变动。

到十二大党章，改为了“是中国工人阶级的先锋队”。此后，这种表述就一直延续了下来。

多年来，社会比较关注的是两个先锋队的提法问题。这个表述其实从七大党章就有了，当时用的是：“代表中国民族与中国人民的利益。”八大到九大的党章没有这样的话。十二大党章加了“是中国各族人民利益的忠实代表”。从十六大党章开始，改为“同时是中国人民和中华民族的先锋队”。

为什么说中国共产党既是中国工人阶级的先锋队，又是中国人民和中华民族的先锋队呢？有些同志对此一直心存疑虑。其实，对于中国共产党来说，这两个先锋队在历史上和逻辑上都是统一的。

从党的历史任务和使命来说，中国共产党从成立起，就同时肩负着阶级的和民族的双重使命。这在历史上和逻辑上是统一的。

近现代的中国，曾长期处于半殖民地半封建社会，主要矛盾是帝国主义和中华民族的矛盾、封建主义和人民大众的矛盾。中国新民主主义革命所要打倒的主要对象，是帝国主义和封建主义。1948年，根据情况的变化，才加上“官僚资本主义”，中国革命的性质也就成为“无产阶级领导的，人民大众的，反对帝国主义、封建主义和官僚资本主义的革命”。中国革命的动力，是人民大众，它既包括工人阶级、农民阶级，也包括小资产阶级和民族资产阶级。

在这样的历史条件下，中国共产党所承担的，显然不是单纯工人阶级的使命和任务，而是包括整个人民大众在内的中国人民和中华民族的使命和任务。中国共产党如果不把赶走帝国主义侵略者的任务放在前列，如果不把消灭封建主义压迫剥削的任务放在前列，就不可能承担起领导中国革命的任务，就不可能得到人民群众的拥护和支持，当然也就不可能取得中国革命的胜利。

新中国成立后，中国共产党领导人民建立了社会主义基本制度，同时坚持不懈地为实现国家繁荣富强和人民共同富裕而奋斗。十一届三中全会以后，坚持改革开放，大力推进社会主义现代化建设，走出了一条中国特色社会主义道路。建设中国特色社会主义，也就成为中国人民的共同事业和共同理想。

70 多年的执政，100 多年的奋斗，中国共产党承担的历史任务和使命，不仅仅是中国工人阶级的使命和任务，同时也是包括农民阶级、知识分子等在内的整个中国人民和中华民族的使命和任务。

长期推进的全面建成小康社会，新征程上全面建设社会主义现代化国家，反映了全体中国人民的心愿，是中国人民共同的奋斗目标。实现祖国完全统一，是一切爱国的中华儿女、炎黄子孙的共同心愿。

在 100 多年的奋斗历程中，中国共产党既高举共产主义的旗帜，又高举爱国主义的旗帜。这是由中国的基本国情决定的。缺了其中任何一面，就不可能承担起历史的重任，也不可能取得领导核心地位。这样一种既具有阶级性，又具有民族性的历史任务，决定了我们党既应该是工人阶级的先锋队，又应该是中国人民和中华民族的先锋队。

从先锋队与其他群众的关系来说，中国共产党既然是工人阶级的先进部队，当然也就是中国人民和中华民族的先进部队。这在历史上和逻辑上同样是统一的。

先锋队就是先进的意思。先锋、先进，首先是相对于工人阶级中的其他群众而言的，是工人阶级中最优秀、最有觉悟的先进分子。进一步扩大比较的范围，相对于中国人民和整个中华民族而言，中国共产党还是不是先进，还是不是先锋队呢？答案毫无疑问是肯定的。

工人阶级是中国人民中先进的一部分。党作为工人阶级的先进部队，当然也就是全体人民的先进部队、中华民族的先进部队。党不仅要带领工人阶级的其他群众前进，而且要带领全体中国人民共同前进。党的成员，不仅是工人阶级中的先进分子，也应该是全体人民中的先进分子。

从党的组成状况来看，无论是建立之初，还是现在，中国共产党的党员，不仅来自工人阶级，而且来自人民中的其他阶级或阶层。

1922 年 6 月，党有党员 195 人，其中工人党员 21 人。

1927 年 4 月，党员达到 57967 人，其中工人占 50.8%，农民占 18.7%，知识分子占 19.1%。

大革命失败后，毛泽东开始创立农村革命根据地，党的组织基础逐渐转向农村。1929 年 5 月时，红军队伍的党员中，工人占 13.4%，农民则占到 47%。而当时全党党员总数中，工人成分只占 7%，农民成分则占到 85%。

经过长征，党员数量锐减。1937 年，党员只有 4 万人。

抗战初期，大力发展党员，1940 年，党员达到 80 万人，1945 年，党员达到 121 万人。但由于国情使然，工人成分都只占少数。

新中国成立后，中国共产党成了执政党。但中国依然是一个农业大国。1956 年 6 月，党员总数达到 10734384 人，其中工人党员为 1502814 人，占党员总数的 14%，农民党员 7417459 人，占党员总数的 69.1%。

由此可见，中国共产党不仅积聚了工人阶级中的先进成员，也积聚了大量人民群众中的先进成员。

所以，中国共产党既是中国工人阶级的先锋队，又是中国人民和中华民族的先锋队，两者在历史上和逻辑上都是统一的。早在新民主主义革命时期，党的瓦窑堡会议决议就指出，"中国共产党是中国无产阶级的先锋队"，"又是全民族的先锋队"。今天在新的历史条件下，重新强调两个先锋队的要求，具有直接的针对性。对于巩固党的阶级基础、扩大党的群众基础，发挥党的领导核心作用，具有非常重要的意义。

2002 年，负责对外报道的中国新闻社对我进行采访，报道了我对十六大党章修改所作的评论。其中有下面两段话：

"李忠杰说，回望中共的历史，人们会发现，中共的这两个先锋队性质从来没有割裂开，她所承担的任务，不仅是工人阶级的任务，同时也是全中华民族和全国人民的任务，如中国人民的解放、抗击外国侵略、建设国家、奔向现代化，等等，都是全民族的任务，符合最广大人民的根本利益。"

"从中共的组成来看，如果中共仅仅是工人可以参加，那就无法组成那么庞大坚强的队伍，无法完成革命任务。因此，从历史上来说，中共集合了整个中华民族的先进分子。在新形势下，党章表示，要把工人、农民、军人、知识分子、机关干部和其他社会阶层中的优秀分子吸收进党内，为中共事业奋斗。这既符合历史事实，在新的条件下，用新的表达方式更加切合实际，更加准确和客观。也有利于中共作为全中国人民利益的代表,加强自身建设,凝聚和团结全民族的力量。”

57. “远大”与“共同”的统一

党章第一段的最后一句话是:“党的最高理想和最终目标是实现共产主义。”

短短18个字,包含着丰富的内容。其中“共产主义”这个词流传到今天,差不多已经有超过18×10的年份了。

“一个幽灵,共产主义的幽灵,在欧洲游荡。为了对这个幽灵进行神圣的围剿,旧欧洲的一切势力,教皇和沙皇、梅特涅和基佐、法国的激进派和德国的警察,都联合起来了。”

这就是《共产党宣言》的第一段话。“一个幽灵”,则是《共产党宣言》的第一句话。

“幽灵”一词怎么翻译?曾经颇费斟酌。很多翻译家绞尽脑汁,考虑怎么把这个词翻译得更准确,更适合中国人的文化观念和思维习惯。但是直到今天,仍然还是“幽灵”这个词最符合原意。中央马克思主义理论研究和建设工程的巨大项目,2009年校译出版的《马克思恩格斯文集》仍然保留了“幽灵”一词。

这个“幽灵”从欧洲飘荡到中国,从19世纪飘荡到21世纪,不仅化作了物质的力量,而且融进了中国共产党的血液。

因此,中国共产党到今天为止的所有党章,都有这样的内涵,后来则一直有“共产主义”的用语。

2016年7月1日,习近平总书记在庆祝中国共产党成立95周年大会上的讲话中强调指出:“革命理想高于天。中国共产党之所以叫共产党,就是因为从成立之日起我们党就把共产主义确立为远大理想。我们党之所以能够经受一次次挫折而又一次次奋起,归根到底是因为我们党有远大理想和崇高追求。”

共产主义,是社会主义经过长期发展之后所要达到的一种高级状态。

它反映的，是人类改造和消除资本主义社会弊病的强烈愿望，从而也是相应地对于更加美好未来的热烈向往。

中国共产党成立之时，就对自己党的名称进行过讨论，比较来比较去，还是决定使用“共产党”。

共产主义理想曾经激励了一代又一代中国共产党人。“砍头不要紧，只要主义真”，这些视死如归、大义凛然的誓言，生动表达了共产党人对远大理想的坚贞。

共产主义是一种美好的远景，这种远景是一个逐步实现的过程。

现实生活中，我们已经越来越多地见到了“共享单车”“共享汽车”……这里面包含的一个原则是：“只求所用，不求所有”。细细体味，是不是已经包含了某种共产主义的成分？这与我们及很多国家曾经强制推行的所谓共产主义政策是大不一样的。它是生产力高度发展、科学技术高度发展的一种结果，也是人民群众在保持自身权益基础上诚心诚意选择和接受的结果。

当然，对共产主义必须有科学而清醒的认识。

马克思、恩格斯为全世界共产党人确立了共产主义的目标，但他们一再强调：“共产主义对我们说来不是应当确立的状况，不是现实应当与之相适应的理想。我们所称为共产主义的是那种消灭现存状况的现实的运动。”“共产主义现在已不再意味着凭空设想一种尽可能完善的社会理想，而是意味着深入理解无产阶级所进行的斗争的性质、条件以及由此产生的一般目的。”

1886 年 1 月，英国费边社的一位领导人请恩格斯为该社准备出版的小册子《什么是社会主义？》写一篇文章，简要地叙述一下社会主义者提出的经济、社会和政治的基本要求。恩格斯回信表示难以承担这一任务。他强调：“我所在的党并没有任何一劳永逸的现成方案。我们对未来非资本主义社会区别于现代社会的特征的看法，是从历史事实和发展过程中得出的确切结论；不结合这些事实和过程去加以阐明，就没有任何理论价值和实际价值。”

马克思、恩格斯进一步从彻底的辩证发展观出发，强调：“历史同认识一样，永远不会在人类的一种完美的理想状态中最终结束；完美的社会、完美的‘国家’是只有在幻想中才能存在的东西；相反，一切依次更替的社会状态都只是人类社会由低级到高级的无穷发展进程中的暂时阶段。”

过去，我们学了不少老祖宗的思想，但有的恐怕并没有学好。所以，无论是在国际共产主义运动还是中国共产党的历史中，都曾经发生过把共产主义简单化甚至庸俗化的现象，发生过超越阶段、急躁冒进的错误。苏联在20世纪50年代提出要用20年时间建成共产主义。中国当年也刮过非常严重的“共产风”。

比如，我们中共中央党史研究室编写的《中国共产党历史》第二卷（1949—1978）中就记载了这样一点点“小故事”：“河北省徐水县提出，1959年基本建成社会主义并向共产主义过渡，1963年进入共产主义社会。山东省寿张县（该县建制后被撤销）规划，两年内基本建成共产主义。”这类“共产风”都大大超越了阶段和现实可能性，造成了非常严重的后果。其教训是非常深刻的。

历史的经验告诉我们，共产主义是美好的远景，但并不是空中楼阁，它只有在社会主义社会充分发展和高度发达的基础上才能实现。社会主义，按照列宁的看法，是共产主义的第一阶段。社会主义同共产主义，既有联系又有区别。在社会主义的发展进程中，共产主义的因素将会逐步增多。但共产主义的第一步，首先是要从实际出发建设社会主义，在中国来说，就是建设中国特色社会主义。中国特色社会主义，是全党全国人民的旗帜，也是全国各族人民的共同理想。

改革开放以来，我们党在坚持共产主义最高理想的同时，明确提出中国特色社会主义的共同理想，提出社会主义初级阶段的基本纲领，要求坚持基本纲领和最高纲领的辩证统一，坚持最高理想与共同理想的辩证统一。任何时候都不能忘记最高理想，又要始终立足于中国的实际，不要重犯超越阶段的错误。

所以，十六大党章专门写了一段：“中国共产党人追求的共产主义最高理想，只有在社会主义社会充分发展和高度发达的基础上才能实现。社会主义制度的发展和完善是一个长期的历史过程。坚持马克思列宁主义的基本原理,走中国人民自愿选择的适合中国国情的道路,中国的社会主义事业必将取得最终的胜利。”

习近平总书记在庆祝中国共产党成立 95 周年大会上的讲话中要求:“坚定共产主义远大理想和中国特色社会主义共同理想,不断把为崇高理想奋斗的伟大实践推向前进。”

58. 中南海里讲解先进性

2005 年 1 月 24 日下午 3 点,十六届中央政治局在中南海怀仁堂举行第十九次集体学习,主题是“保持党的先进性研究”。作讲解的是我和时任中组部党建研究所所长王庭大。我讲前半部分,他讲后半部分。这次中央政治局学习的讲解任务,是由中组部承担的,约请我承担一半任务。按惯例,这类讲课都要组织一个小班子进行认真的准备。所以,事前,我们花很大精力作了精心准备,多次试讲,反复修改。

到怀仁堂开会,是常有的事情,但在这个场合给党和国家最高层面的领导人讲课,还是生平第一次。不过,好在我是教师出身,学者型领导,即使在这样的场合讲课,心脏跳动的速度没有一点儿加快。

讲课前,胡锦涛同志对我们表示问候。讲解结束后,一些参加学习的领导提出问题,发表看法,我和王庭大作了回答。最后胡锦涛就学习的主题发表重要讲话。讲课结束后,胡锦涛离开座位,为我们送行并表示肯定。

这次集体学习,其实是中央关于加强党的先进性建设整个部署的一项措施。在此之前的 1 月 14 日上午,胡锦涛在怀仁堂作了重要报告。后来,中央又组织开展了先进性教育活动。

现行党章在总纲中要求:“必须紧密围绕党的基本路线,加强党的执政能力建设、先进性和纯洁性建设”。这就是在那之后写进党章的。

坚持党的性质,最重要的是始终保持和发展党的先进性。2005 年 1

月14日,胡锦涛在专题报告中,提出一个重要的命题:“加强党的先进性建设”。以往,先进性经常讲,但先进性建设没有,所以这是第一次。

胡锦涛说:“先进性是马克思主义政党的根本特征,也是马克思主义政党的生命所系、力量所在。”他还说:“党的先进性建设是马克思主义政党自身建设的根本任务”,“是关系马克思主义政党生存发展的根本性问题”。

“生命所系、力量所在”八个字,很有分量。两个“根本”,重要地位,清清楚楚。

《中国共产党章程》规定,中国共产党是两个先锋队。中国共产党一开始就是以列宁的先锋队理论为指导建立起来的。什么叫先锋队?“先锋”者,即先进、先行、走在前列的意思。唯其先进,才称得上是先锋队。所以,先进性是对党的性质的基本要求。

党的最早一批党员,大都是先进的知识分子。他们铁肩担道义、立志救中华,不仅有强烈的历史使命感,而且表现出非凡的才能。他们聚集在共产党的旗帜之下,给中国革命带来了希望,给中华民族带来了曙光。

七大制定的新党章,第一次写进了“中国共产党,是中国工人阶级的先进的有组织的部队,是它的阶级组织的最高形式”,“代表中国民族与中国人民的利益”。

在为政治局学习讲解做准备时,我做过一个统计,在新中国成立前的中央委员、候补委员有171人,而牺牲、遇难的有42人,占24.5%。当中担任过政治局委员、候补委员以上职务的领导人共有55人,其中牺牲、遇难的有15人,占27.2%。这就是说,在新中国成立前,每四个中央委员、候补委员中就有一个牺牲、遇难,每四个政治局委员、候补委员中也有一个牺牲、遇难。

正是靠着党的先进性和广大党员发挥先锋模范作用,中国共产党才从根本上改变了中国,也在相当程度上改变了世界。

当然,先进性不是一劳永逸的。

苏联共产党就是典型的例子。一个有93年历史的老党、大党,执政74年,最多时拥有1950万党员。有人说,它在拥有20万党员的时候,夺取了十月革命的伟大胜利；到200万党员的时候，取得了反法西斯战争的伟大胜利；在拥有将近2000万党员的时候，却丢掉了执政地位，而且连自身都陷于瓦解的境地。如此结局，令世界震惊。

更令我们感到震惊的是，当戈尔巴乔夫宣布解散苏联共产党时，居然没几个共产党员站出来说："不！"这种结局，当然有个人的原因和责任，但如果单纯归结为个人因素，是不科学的。根本上，还是这个党落后于时代，最终被人民抛弃了，甚至连自身的党员都没几个"男儿"愿意站出来为自己的党站台。

从世界上一些大党、老党垮台的教训中，中国共产党充分认识到不断加强党的先进性建设的重要性和紧迫性。胡锦涛指出："一个政党过去先进，不等于现在先进；现在先进，不等于永远先进。"加强党的先进性建设，始终是我们党生存、发展、壮大的根本保证。"抓住了先进性建设，就抓住了党的建设的根本，就抓住了加强党的执政能力建设、巩固党的执政地位的关键。"

中共中央《关于在全党开展以实践"三个代表"重要思想为主要内容的保持共产党员先进性教育活动的意见》指出："在新的历史条件下，继续保持党的先进性，关系党执政能力的提高和执政地位的巩固，关系党和人民事业的兴旺发达和国家的长治久安。"

加强先进性建设，必须深刻把握先进性的最基本内涵。

什么叫先进性，通俗地说，就是走在前列。那么，走在谁的前列呢？

首先是走在群众前列。党是工人阶级的一部分，但又不是普通的一部分，而是阶级的先进觉悟阶层，是阶级的先锋队。毛泽东说："中国共产党是无产阶级的政党。无产阶级里头出了那样一部分比较先进的人，组织成一个政治性质的团体，叫共产党。"

但这样的要求现在看来还很不够。先进性的第二个要求，实际是最重要的要求，是走在时代前列。先进不先进，不能仅仅将人与人相比较，根本上，还要与历史发展规律相比较，与时代发展进程相比较。任何政党，只有始终走在时代潮流的前列，与历史发展的规律和进程相一致，才能说是真正先进的。坚持与时代同行，才能够朝气蓬勃，兴旺发达；如果停滞、僵化，就迟早要被历史淘汰。

因此，所谓先进性，归根结底两句话：党要始终走在时代的前列；党员要始终走在群众的前列。

那么，怎样才是走在时代潮流前列呢？

简言之，保持先进性，就要确保党的路线纲领的正确，就要始终坚持与时俱进的精神，就要着重抓好制度和机制的建设。

保持先进性，还要使每个党员都发挥先锋模范作用。

在给中央政治局作讲解时，我还计算了一个数字：到 2003 年底，全国党员总数达到 6823.2 万名。这是一个什么概念呢？算一算就可以知道，这个数字，占全国人口的 5.3%，占全国 18 岁以上成年人总数的 14.3%。换句话说，中国每 19 个公民就有 1 个共产党员，每 7 个成年人就有 1 个共产党员。

再做一个横向比较。6823.2 万这个数字，比法国的人口还要多 903.2 万，是韩国人口的 1.4 倍，加拿大人口的 2.2 倍，澳大利亚人口的 3.5 倍，希腊人口的 6.4 倍，瑞典人口的 7.7 倍。

如果这么多党员，按照先锋队的标准，不仅一个顶一个，而且还能一个团结和组织起五个、十个，那该是一支多么强大的力量。但如果反过来，往坏里设想，这些人不仅不能一个顶一个，反而一个带坏了五个、十个，那会产生多大的消极影响！

十、指导思想

59. 马克思主义居然有“香”“臭”之分

马克思主义居然有“香”“臭”之分,你听说过吗?如果你第一次听到,会感到惊讶吗?

“香”“臭”之分是毛泽东在党的七大上郑重其事地说的。

来龙去脉要从党的指导思想说起。

党章从第二自然段开始,一连7个自然段都是党的指导思想。其中第二段是概括界定党的指导思想,第三段是专门讲马克思列宁主义。

党的指导思想,是党对于整个社会历史发展规律的基本认识,是党的全部理论观点、价值体系的集中体现,因而也是党制定全部纲领、路线、方针、政策、战略、策略的理论基础,是党的建设和党的事业的行动指南。

党的指导思想,在党章里又称“行动指南”。毛泽东在七大上所作的结论中说:马、恩、列、斯“经常在著作里提醒我们,说他们的学说是行动的指南,是武器,不是教条”[①]。

八大党章第一次使用“行动指南”的概念,称“中国共产党以马克思列宁主义作为自己行动的指南。”并强调:“马克思列宁主义不是教条,而是行动的指南”[②]。

九大、十大均称“中国共产党以马克思主义、列宁主义、毛泽东思想作为指导思想的理论基础”[③]。十一大稍稍改动,称是“指导思想和理论基

---

① 中共中央党史研究室、中央档案馆编:《中国共产党第七次全国代表大会档案文献选编》,中共党史出版社2022年版,第545页。

② 中国革命博物馆编:《中国共产党党章汇编》,人民出版社1979年版,第146页。

③ 中国革命博物馆编:《中国共产党党章汇编》,人民出版社1979年版,第206页。

础”[1]。

十二大党章第一次称:“中国共产党以马克思列宁主义、毛泽东思想作为自己的行动指南。”[2]此后,行动指南便成为“指导思想”的标准代用语,一直使用至今。

中国共产党是马克思主义传入中国后的产物。这个马克思主义,既包括马克思、恩格斯创立的思想理论,也包括继承发展了马克思主义的列宁主义。对于资本主义社会的批判和对未来社会的构想,中国共产党的先驱者更多的是接受了《共产党宣言》《资本论》的思想;对于如何革命的道路和方法等,主要是接受了列宁主义的理论和俄国的经验。

由于中国共产党是在苏俄共产党和共产国际帮助下建立的,所以列宁主义和俄国模式对中国共产党产生了更为直接的影响。中国共产党明确宣告站在布尔什维主义(后来称列宁主义)的旗帜下。

1925 年 1 月召开的中共四大,曾专门通过一份《中共第四次大会对于列宁逝世一周年纪念宣言》,完整地表明了中国共产党对于列宁和列宁主义的态度。

《宣言》称列宁是“我们全世界工农阶级和一切被压迫民族的首领、教师、同志”,“自马克思以后,全世界没有一个人比我们的首领列宁还更伟大”。

《宣言》称“列宁主义就是资本帝国主义专权时代的马克思主义,是消灭帝国主义的唯一武器”,“是我们自己解放自己的唯一武器”。“中国的工农阶级和被压迫民众”要避免第二次世界大战的危险,“只有站在列宁主义的旗帜之下,实行列宁主义,与全世界的工农阶级联合起来去消灭世界资本帝国主义”。

中国共产党坚持把马克思列宁主义作为自己的行动指南,同时在早期,受共产国际的领导,得到了很多帮助。但如何科学地认识和对待马克思列宁主义,怎样把马克思列宁主义与中国实际结合起来,一直是一个非

---

① 中国革命博物馆编:《中国共产党党章汇编》,人民出版社 1979 年版,第 225 页。

② 《中国共产党第十二次全国代表大会文件汇编》,人民出版社 1982 年版,第 91 页。

常重要而又艰难的问题。

其关键点，首先是怎么认识和对待马克思列宁主义。

恩格斯曾经说过：“社会主义自从成为科学以来，就要求人们把它当做科学看待。”①

什么是科学？科学的本质就在于对自然、社会和人类思维发展的规律的认识和揭示。马克思主义作为科学探索的结晶，作为人类文明的精华，就是人类发展的一定阶段对于这种规律的认识和系统总结，是对于客观真理的反映，是系统化的科学真理。

真理就像一条奔流的大河，汇聚着人类探求世界奥秘的无数小溪，它的发展是没有穷尽的。每一个阶段所取得的真理性认识，实际上都是相对真理和绝对真理的辩证统一。

马克思主义作为真理，也具有这样的相对性和绝对性。从绝对真理的角度来说，马克思主义是人类文明的精华，是人类探索真理之路上的一座历史性的丰碑。中国共产党从成立之日起，就把马克思主义作为自己的指导思想，并与中国革命的实际相结合，坚持为中国人民谋幸福，为中华民族谋复兴，终于使中国的面貌发生了历史性的巨变。实践证明了马克思主义真理的力量。

从相对真理的角度来说，马克思、恩格斯既坚信自己理论的科学性，但也看到它的局限性甚至某种失误，科学地加以对待，坚持与时俱进，随着实践的发展而把马克思主义理论推向前进。比如，1850 年时，马克思、恩格斯对革命形势的估计曾经发生过一次失误。但他们正确对待并及时纠正了这次失误。45 年以后，恩格斯还认真总结当初的教训，写下了他的最后一篇文章——《卡·马克思〈1848 年至 1850 年的法兰西阶级斗争〉一书导言》，十分严格地剖析了发生失误的原因，从中得出了一些重要的经验和结论，深化了对历史发展以及革命斗争规律的认识，使马克思主义的科学理论得到了进一步的丰富和发展。

把马克思主义当作科学来对待，集中体现在恩格斯所提出的一句名

① 《马克思恩格斯选集》第 2 卷，人民出版社 2012 年版，第 301 页。

言上:“马克思的整个世界观不是教义,而是方法。它提供的不是现成的教条,而是进一步研究的出发点和供这种研究使用的方法。”① 马克思主义的科学性最主要体现在科学的方法、科学的精神上。坚持了科学的精神和方法,就能够不断地研究问题,找到解决问题的答案。如果只知道具体的结论,而忽视了它内在的精神和方法,就会背离马克思主义的基本要求。

马克思主义作为科学的真理,有着普遍的指导意义。但这种指导决不是将理论观点作为套语和标签贴到各种事物上,而是应该从实际出发,根据具体条件灵活地加以运用。马克思、恩格斯一再强调要把马克思主义的基本原理同各国各地的具体情况联系起来,制定切合当地实际的具体方针和策略。如果想用一般历史哲学理论这一“万能钥匙”来解决一切复杂的历史现象,那是永远达不到这种目的的。

19 世纪八九十年代,许多国家的工人政党经常向恩格斯提出各种问题,他都再三告诫他们要善于把马克思的理论“应用于本国的经济条件和政治条件”。② 每个民族都有自己的特点,包括文化背景和民族心理,它对每一种理论都需要有一个消化过程。否则,“即使掌握了从一个大民族本身的生活条件中产生出来的出色理论,并拥有比社会主义工人党所拥有的还要高明的教员,要用空谈理论和教条主义的方法把某种东西灌输给该民族,也并不是那样简单的事情”③。而且,要将一般策略运用于各国,不仅要“因地制宜地决定,而且必须由处于事变中心的人来决定”④。

在坚持和运用马克思主义理论时,教条主义是十分有害的。马克思、恩格斯一再向各国社会主义政党提出忠告,要他们防止和纠正各种教条主义倾向。他们还特别论述了怎么对待所谓“原则”的问题,指出:“原则不是研究的出发点,而是它的最终结果;这些原则不是被应用于自然界和人类历史,而是从它们中抽象出来的;不是自然界和人类去适应原则,而是

① 《马克思恩格斯选集》第 4 卷,人民出版社 2012 年版,第 742—743 页。
② 《马克思恩格斯选集》第 4 卷,人民出版社 2012 年版,第 669 页。
③ 《马克思恩格斯全集》第 37 卷,人民出版社 1998 年版,第 314 页。
④ 《马克思恩格斯全集》第 22 卷,人民出版社 1998 年版,第 518 页。

原则只有在符合自然界和历史的情况下才是正确的。这是对事物的唯一唯物主义的观点。”①

恩格斯曾严肃批评英国的社会民主联盟“把马克思主义变成正统教义”，“不懂应该怎样领导整个工人运动并把运动引向社会主义”。② 正是在对这种倾向的批评中，恩格斯提出了理论不是教条，而“是行动的指南”的重要思想③。

马克思、恩格斯认为，把马克思主义教条化的“马克思主义”其实并不是真正的马克思主义。“关于这种马克思主义者，马克思曾经说过：‘我只知道我自己不是马克思主义者。’马克思大概会把海涅对自己的模仿者说的话转送给这些先生们：‘我播下的是龙种，而收获的却是跳蚤。’”④

中国共产党在学习、运用马克思列宁主义的过程中，既取得过巨大的成绩，也遇到过不少曲折。特别是三次“左”倾错误，曾经给中国革命造成巨大的损失。

正是在总结这些经验教训的基础上，中国共产党人提出了把马克思列宁主义基本原理同中国具体实际相结合的原则。1938年，党的扩大的六届六中全会第一次明确提出了马克思主义中国化的要求。

1945年4月，扩大的六届七中全会通过的《关于若干历史问题的决议》，开宗明义第一句话就是：“中国共产党自一九二一年产生以来，就以马克思列宁主义的普遍真理和中国革命的具体实践相结合为自己一切工作的指针”⑤。

在党的七大的口头报告中，毛泽东讲到对马克思主义的态度。他以生动诙谐的语言说道：“我们历史上的马克思主义有很多种，有香的马克思

---

① 《马克思恩格斯全集》第3卷，人民出版社2012年版，第374页。

② 《马克思恩格斯全集》第22卷，人民出版社1998年版，第633页。

③ 《马克思恩格斯全集》第36卷，人民出版社1998年版，第566页。

④ 《马克思恩格斯选集》第4卷，人民出版社2012年版，第695页。

⑤ 中共中央党史研究室、中央档案馆编：《中国共产党第七次全国代表大会档案文献选编》，中共党史出版社2015年版，第101页。

主义，有臭的马克思主义，有活的马克思主义，有死的马克思主义，把这些马克思主义堆在一起就多得很。我们所要的是香的马克思主义，不是臭的马克思主义；是活的马克思主义，不是死的马克思主义。”①

“香”“臭”马克思主义由此而来。当然，马克思主义，包括列宁主义，本身并无所谓香臭问题。毛泽东在这里是用生动鲜活的语言，说明那种脱离中国实际，把马克思主义当作教条来对待，并且对他人乱扣帽子的做法，实际上把活的、香的马克思主义变成了死的、臭的马克思主义，实际上并不是马克思主义。

毛泽东用这种方式指出了对马克思主义应有的态度。而这种语言，则给人留下了极其深刻的印象。

60. 什么是毛泽东思想?

2003年，我在纪念毛泽东同志诞辰110周年图书出版座谈会上讲话时，曾经用非常形象的语言讲了以下这么一段话：

毛泽东，对我们，对中国，对历史，究竟意味着什么？

对此，我们可以说：

毛泽东，是一部历史，也是一个伟人，是一尊丰碑，更是一座宝藏。

毛泽东，首先是一部历史。他的一生是一部历史，与他的名字相联系的数十年，乃至整个20世纪的中国更是一部历史。对毛泽东的认识和评价，要以一种历史的眼光，把他放到广阔的历史进程中去考察。

毛泽东，是一个伟人。伟人，也是凡人，而不是神人。伟人，来自凡人，又高于凡人。毛泽东一生也犯过错误，这也正是作为一个凡人所难以完全避免的。但无论如何，他的伟大之处，得到了中国人民最广泛的认同，也得到了世界人民的高度尊敬。

---

① 中共中央文献研究室编:《毛泽东在七大的报告和讲话集》，中央文献出版社1995年版，第136页。

毛泽东，是一尊丰碑。这是党的丰碑、民族的丰碑、人民的丰碑。当然，历史无限，丰碑不会只有一个。中国人民、中国共产党有能力，也正在不断树立起新的丰碑。

毛泽东，是一座宝藏。这是一座智慧的宝藏、思想的宝藏、经验教训的宝藏。毛泽东的科学思想是宝藏，毛泽东的坎坷、失误其实也是宝藏。改革开放的崭新历程，正在为我们党的思想宝库增添新的内容。

党章，既是丰碑，也是宝藏。在党章中，留下了毛泽东和毛泽东思想的深深烙印。

在100多年的探索、奋斗中，中国共产党坚持把马克思主义基本原理同中国实际相结合，先后实现了两次历史性飞跃，形成了两大理论成果。新时代又实现了一次新的飞跃。这在党章中都非常清楚地显示了出来。

第一次飞跃的成果，是毛泽东思想。所以，党章论述指导思想时，首先就是论述毛泽东思想。

党章第四段指出："以毛泽东同志为主要代表的中国共产党人，把马克思列宁主义的基本原理同中国革命的具体实践结合起来，创立了毛泽东思想。毛泽东思想是马克思列宁主义在中国的运用和发展，是被实践证明了的关于中国革命和建设的正确的理论原则和经验总结，是中国共产党集体智慧的结晶。在毛泽东思想指引下，中国共产党领导全国各族人民，经过长期的反对帝国主义、封建主义、官僚资本主义的革命斗争，取得了新民主主义革命的胜利，建立了人民民主专政的中华人民共和国；新中国成立以后，顺利地进行了社会主义改造，完成了从新民主主义到社会主义的过渡，确立了社会主义基本制度，发展了社会主义的经济、政治和文化。"

这一段包含着丰富的内容。我们着重说明和解析几个主要的问题。

首先，什么是毛泽东思想？

1945年5月，刘少奇在党的七大上所作的《关于修改党章的报告》中，首次对毛泽东思想的科学内涵作了界定，称：毛泽东思想，就是马克思列宁主义的理论与中国革命的实践之统一的思想，就是中国的共产主义，中国的马克思主义。七大党章在总纲中明确指出:“中国共产党,以马克思列宁主义的理论与中国革命的实践之统一的思想——毛泽东思想,作为自己一切工作的指针”。

1981 年 6 月,十一届六中全会通过的《关于建国以来党的若干历史问题的决议》和 1982 年 9 月十二大通过的党章,对毛泽东思想的科学内涵作出了新的论述和概括,即:毛泽东思想是马克思列宁主义在中国的运用和发展,是被实践证明了的关于中国革命和建设的正确的理论原则和经验总结,是中国共产党集体智慧的结晶。

请注意这里面有一个很特殊的词:“正确”。

在行文中,如果没有这个词,语意完全通顺。从语法来说,这个词纯属多余。

难道起草者连这点语文水平都没有? 非也。在这里用上这个词,恰恰是煞费苦心的有意之作,大有讲究。

1981 年《关于建国以来党的若干历史问题的决议》对毛泽东思想作出了科学评价。但当时面临一个很棘手的实际问题:毛泽东晚年犯了错误,特别是“文化大革命”的理论和实践都是错误的,必须彻底否定。这已成为全党的共识。但是,我们又不能丢掉毛泽东思想的旗帜,还要继续坚持毛泽东思想。这个矛盾怎么解决呢?

政治问题有时需要用政治艺术来解决。所以,后来采取的办法是,把毛泽东晚年思想与毛泽东思想区分开来。

胡乔木多次强调:“毛泽东思想里面不包括他的错误”。“要把毛主席晚年这些思想上行动上的错误同毛泽东思想加以区别,加以对照,对毛泽东思想加以肯定,对毛主席晚年的错误的理论和实践加以批判。这是个非常重要的问题,给予正确解决是非常必要的。”

这就是政治艺术。虽然从常识来说,很多人难以理解。但这个特殊的政治艺术,收到了预期的政治效果。

这就是“正确”一词的特殊意义和重要性。

第二,毛泽东思想包含哪些内容?

1945 年 5 月,刘少奇在七大报告中第一次把毛泽东思想理论体系的主要内容归纳为九个方面。

1981年《关于建国以来党的若干历史问题的决议》对毛泽东思想的科学体系进行了第二次完整概括和系统论述，将毛泽东思想丰富和发展马克思列宁主义的独创性理论概括为六个方面，即关于新民主主义革命，关于社会主义革命和社会主义建设，关于革命军队的建设和军事战略，关于政策和策略，关于思想政治工作和文化工作，关于党的建设。

《历史决议》还把贯穿于上述各个组成部分的立场、观点和方法，精辟地称为毛泽东思想活的灵魂。它们有三个基本方面，即：实事求是，群众路线，独立自主。

在拨乱反正过程中，邓小平一再强调，必须完整地、准确地理解毛泽东思想，所以，无论党章还是党的重要文献，都强调，毛泽东思想是一个内容十分丰富的完整的科学体系，其中的每一个原理原则都不是孤立的，不仅与具体的历史情况和历史经验相联系，而且相互之间存在着内在的密切联系。应该完整地准确地理解和把握毛泽东思想的科学体系。

第三，对待毛泽东思想，关键是界定和坚持毛泽东思想的历史地位。

正确评价毛泽东的历史功过，确立毛泽东思想的历史地位，关系到怎样看待党和国家过去几丨年奋斗的成就，关系到党的团结、国家的安定，也关系到党和国家未来的发展道路。

科学认识毛泽东思想的历史地位，就要充分认识：（一）毛泽东思想是马克思列宁主义的重大发展。毛泽东思想是中国化了的马克思主义。毛泽东思想不是在个别方面，而是在许多领域丰富和发展了马克思列宁主义。（二）毛泽东思想是中国革命和建设的指导思想。毛泽东思想是中国新民主主义革命取得胜利的强大思想武器，也是中国社会主义制度建立和社会主义建设事业发展的思想政治基础。（三）毛泽东思想是中华民族的精神支柱。中国共产党人既是共产主义者，又是爱国主义者。毛泽东思想是中华民族智慧的集中体现，代表着中国先进文化的前进方向。

61. 老祖宗、搞清楚、讲新话

1904—1997,这两个数字刚好贯穿于整个20世纪,一前一后都仅仅相差4年左右。邓小平的一生,正如这两个数字所显示的,是与20世纪联系在一起的。

与20世纪联系在一起的人还有很多很多。有的人只是一个过客,有的人只是一片浮云,随着时光流逝,很容易就消失在历史的茫茫云烟之中。

但邓小平却与其他许多伟人一样,与历史同在。因为他的业绩、他的贡献、他的思想、他的风范,已经极大地改变了中国,影响了世界,给20世纪的中国和世界打下了深深的烙印。

这种烙印,已经永远地铭刻在了20世纪的历史上,铭刻在了中国人民的心中,同时,也已经铭刻在中国共产党的党章之中。

党章总纲紧跟毛泽东思想之后,用一个自然段对邓小平理论进行了说明和界定,指出:"十一届三中全会以来,以邓小平同志为主要代表的中国共产党人,总结建国以来正反两方面的经验,解放思想,实事求是,实现全党工作中心向经济建设的转移,实行改革开放,开辟了社会主义事业发展的新时期,逐步形成了建设中国特色社会主义的路线、方针、政策,阐明了在中国建设社会主义、巩固和发展社会主义的基本问题,创立了邓小平理论。邓小平理论是马克思列宁主义的基本原理同当代中国实践和时代特征相结合的产物,是毛泽东思想在新的历史条件下的继承和发展,是马克思主义在中国发展的新阶段,是当代中国的马克思主义,是中国共产党集体智慧的结晶,引导着我国社会主义现代化事业不断前进。"

邓小平理论是在我国改革开放和社会主义现代化建设实践中形成和发展起来的,是伟大时代和伟大实践的产物。从对待马克思主义的思想方法来说,与三个词密切相关:老祖宗、搞清楚、讲新话。这是邓小平强调的三层意思。语言质朴,但思想深邃。

老祖宗不能丢，就是不能忘了老祖宗，要始终坚持马列主义、毛泽东思想。

搞清楚，就是要真正搞清楚到底什么是马克思主义，怎样坚持马克思主义，不能用教条主义的态度对待马克思主义，背离马克思主义的精髓。

讲新话，就是要随着时代和实践的发展，敢于提出新的思想理论，说出一些老祖宗没有说过的新话来，使马克思主义不断得到丰富和发展。

正是始终坚持解放思想、实事求是，正是在新的实践基础上继承前人又突破陈规，我们党才开拓了马克思主义的新境界，形成了邓小平理论。

从形成和发展的过程来看，从 1975 年的全面整顿到 1978 年十一届三中全会前，可以说是邓小平理论诞生前的酝酿阶段。此后，以十一届三中全会的伟大转折为标志，邓小平理论的形成和发展大体上经历了四个阶段：

第一阶段，从 1978 年十一届三中全会到十二大，邓小平理论在拨乱反正和初步改革中直接孕育并形成雏形。十一届三中全会是新时期的开始，也是邓小平理论开始形成的标志。

第二阶段，从十二大到十三大，邓小平理论形成主题并在全面改革中逐步展开、基本形成。邓小平在十二大上提出建设有中国特色社会主义的命题。随着改革开放的全面展开，对“什么是社会主义、怎样建设社会主义”的基本问题进行了深入思考，提出了许多新的思想理论观点。

第三阶段，从十三大到南方谈话前，邓小平理论继续发展并不断丰富拓展。十三大第一次提出“建设有中国特色的社会主义理论”的概念，并概括了 12 个主要观点，形成了邓小平理论的轮廓。十三大以后，党经受住国内国际政治风波的严峻考验，保证了中国特色社会主义沿着正确方向不断发展。

第四阶段，以南方谈话为标志，邓小平理论走向成熟，经过提炼和概括而形成体系。南方谈话科学总结十一届三中全会以来的基本经验，深刻回答了困扰和束缚人们思想的一系列重大认识问题。十四大概括了中国特色社会主义理论的科学体系，确立了这一理论在全党的指导地位，并提出了用这一理论武装全党的任务。

十四大以后，邓小平理论在改革开放和现代化建设的实践中继续得到丰富和发展。党的十五大正式使用“邓小平理论”的概念，明确将邓小平理论作为党的指导思想，并写进了党章。1999年又载入了宪法。

邓小平理论包含着丰富的内容。我们党的文献先后作过一些概括。1992年，十四大概括为9个方面。1995年，经中央批准印发、由中央宣传部组织编写的《邓小平同志建设有中国特色社会主义理论学习纲要》，进一步展开为16个方面。因此，邓小平理论的内容，大体上可以说主要有16个方面。

第一，关于建设社会主义思想路线的理论。强调建设社会主义一定要解放思想，实事求是，一切从实际出发，独立自主地走自己的路，建设具有中国特色的社会主义。解放思想，实事求是，是我们党的思想路线。拨乱反正需要解放思想，实事求是，全面改革也需要解放思想，实事求是。

第二，关于社会主义本质和社会主义发展道路的理论。强调什么是社会主义、怎样建设社会主义，是首要和根本的理论问题。要搞清楚这个问题，关键是要在坚持社会主义基本制度的基础上进一步认清社会主义的本质。社会主义的本质是解放生产力，发展生产力，消灭剥削，消除两极分化，最终达到共同富裕。党的基本路线体现了社会主义本质的要求，指明了中国特色社会主义的发展道路。

第三，关于社会主义发展阶段的理论。作出了我国还处在社会主义初级阶段的正确判断。阐明了社会主义初级阶段的基本国情和含义。强调一切都要从社会主义初级阶段的实际出发，对社会主义建设的长期性、紧迫性、复杂性、艰巨性有清醒的思想准备。

第四，关于社会主义根本任务的理论。强调中国特色社会主义是不断发展生产力的社会主义。社会主义的根本任务是发展生产力，党和国家的工作重点是经济建设。要抓住机遇，发展自己，充分发挥科学技术作为第一生产力的作用。

第五，关于社会主义建设发展战略的理论。设计了分三步走基本实现社会主义现代化的战略目标和战略步骤。强调要抓住战略重点，争取隔几年上一个台阶，鼓励一部分地区和人民先富起来，逐步达到共同富裕。

第六，关于社会主义发展动力的理论。强调改革开放是决定中国命运的关键一招。十一届三中全会以来的政策概括起来就是改革开放。改革是中国的第二次革命，是推动社会主义发展的直接动力。改革也是一个大试验。判断改革是非得失的根本标准是“三个有利于”。

第七，关于社会主义国家对外开放的理论。强调现在的世界是开放的世界，中国的发展离不开世界。对外开放是建设中国特色社会主义的一项基本国策。要正确对待和借鉴现代文明的成果，正确处理对外开放与独立自主的关系。

第八，关于社会主义经济体制改革的理论。指出要从根本上改变束缚生产力发展的经济体制。计划和市场都是手段、方法，社会主义和市场经济没有根本矛盾，社会主义也可以搞市场经济。我国经济体制改革的目标是建立社会主义市场经济体制。

第九，关于社会主义政治体制改革的理论。强调建设社会主义民主和法制是十一届三中全会以来坚定不移的方针。在推进经济体制改革的同时，必须积极推进政治体制改革。政治体制改革的目标，是按照民主化和法制化紧密结合的要求，建设社会主义的民主政治。民主政治建设必须有领导、有步骤、有秩序地进行。

第十，关于社会主义精神文明建设的理论。强调精神文明是社会主义社会的重要特征，物质文明和精神文明都搞好，才是中国特色社会主义。精神文明建设的根本目标和任务是培育“四有”新人，提高民族素质。要一手抓物质文明建设，一手抓精神文明建设。两手抓，两手都要硬。

第十一，关于社会主义建设政治保证的理论。强调四项基本原则是不可动摇的立国之本，是改革开放和现代化建设的政治保证。要始终坚持四项基本原则，旗帜鲜明地反对资产阶级自由化。正确处理改革、发展、稳定的关系，维护社会政治的稳定。

第十二，关于社会主义国家外交战略的理论。强调中国特色社会主义是主张和平的社会主义。中国坚持独立自主的和平外交政策，反对霸权主义，维护世界和平。和平与发展是当代世界的两大主题。要以和平共处五项原则为基础建立国际政治和经济新秩序。正确处理各国党与党之间的关系。正确认识和对待国际形势的变化。

第十三,关于祖国统一的理论。提出“一个国家、两种制度”的构想,用以解决香港、澳门、台湾问题,努力实现祖国的和平统一。明确规定了“一国两制”的基本内容,强调这是中国特色社会主义理论的一个重要内容。

第十四,关于社会主义事业依靠力量的理论。强调建设中国特色社会主义,必须依靠广大人民,依靠工人、农民、知识分子,依靠各族人民的团结,依靠最广泛的爱国统一战线。

第十五,关于社会主义国家军队和国防建设的理论。强调军队和国防建设的指导思想要实行战略性转变,走有中国特色的精兵之路,服从和服务于国家经济建设的大局。要适应新时期的需要建设一支强大的现代化正规化的革命军队。

第十六,关于社会主义事业领导核心的理论。强调建设中国特色社会主义,关键在于坚持、加强和改善党的领导。要适应新时期的要求,进一步加强党的思想、组织和作风建设,充分发挥党在社会主义事业中的领导核心作用。

学习和理解邓小平理论,除了把握它的基本内涵、实践基础之外,一定要记住邓小平说过的一段话。

那是在 1992 年 7 月 23 日和 24 日,邓小平在审阅十四大报告稿时,表示同意报告的框架。同时指出:

“改革开放中许许多多的东西,都是群众在实践中提出来的……报告中讲我的功绩,一定要放在集体领导范围内。可以体现以我为主体,但绝不是一个人脑筋就可以钻出什么新东西来。”①

“乡镇企业是谁发明的,谁都没有提出过,我也没有提出过,突然一下子冒出来了,发展得很快,见效也快。家庭联产承包责任制也是由农民首

---

① 中共中央文献研究室编:《邓小平年谱(1975—1997)》(下),中央文献出版社 2004 年版,第 1350 页。

先提出来的。”①

“这是群众的智慧，集体的智慧。我的功劳是把这些新事物概括起来，加以提倡。”②

“报告对我的作用不要讲得太过分，一个人、几个人，干不出这么大的事情。报告第一部分最重要的是这个问题，要写得合乎实际。”③

邓小平的高风亮节，由此可见一斑。但往深层次思考，这又远远不仅仅是一个高风亮节问题，它还蕴藏着很多需要我们反复咀嚼的道理！

62. 狭义与广义的“三个代表”

2000 年 2 月，南粤大地，百花争艳，万木葱茏。时任总书记江泽民前往广东，出席当地领导干部“三讲”教育会议并考察工作。围绕如何切实加强新时期党的建设问题，他进行了深入的调查研究，并主持召开了一系列座谈会。25 日，一个难忘的日子。江泽民在广州发表重要讲话，他指出：“总结我们党七十多年的历史，可以得出一个重要的结论，这就是：我们党所以赢得人民的拥护，是因为我们党在革命、建设、改革的各个历史时期，总是代表着中国先进生产力的发展要求，代表着中国先进文化的前进方向，代表着中国最广大人民的根本利益，并通过制定正确的路线方针政策，为实现国家和人民的根本利益而不懈奋斗。”④

记得当时我一看到新闻报道，马上意识到这三句话的分量，于是很快在 3 月 5 日完成了一篇 7000 字的文章，题目是《抓紧推进党的思想、组织、作风建设》，由《光明日报》在 2000 年 3 月 15 日头版转 3 版发表。作为系列文章的第一篇，还加了“编者的话”。该文首先论述了如何始终保

---

① 中共中央文献研究室编：《邓小平年谱（1975—1997）》（下），中央文献出版社 2004 年版，第 1350 页。

② 中共中央文献研究室编：《邓小平年谱（1975—1997）》（下），中央文献出版社 2004 年版，第 1350 页。

③ 中共中央文献研究室编：《邓小平年谱（1975—1997）》（下），中央文献出版社 2004 年版，第 1350 页。

④《江泽民文选》第 3 卷，人民出版社 2006 年版，第 2 页。

持党的先锋队性质的问题，强调指出："江泽民同志最近提出三个'代表'问题，高瞻远瞩地指明了保持先锋队性质的方向和思路。"文章随后分别论述了三层意思：第一，作为先锋队，始终代表着中国先进社会生产力的发展要求。第二，作为先锋队，始终代表着中国先进文化的前进方向。第三，作为先锋队，始终代表着中国最广大人民的根本利益。然后指出：三个"代表"，深化了我们对先锋队问题的认识，进一步从社会发展的规律、时代进步的本质上，揭示了"先锋"的实质和内涵，对我们党发挥先锋队作用提出了更具有时代意义的要求。

当时，其他报刊还没有使用"三个代表"的概念。所以，我做的概括，只将代表二字放在引号里面，是为：三个"代表"。

当然，中央其时加大了对"三个代表"重要思想的宣传，其他学者也做了很好的研究。因此"三个代表"重要思想的影响日渐扩大，对党的建设和各方面的事业都发挥了重要的指导作用。

2000年5月8日至12日，江泽民又前往南方，先后在江苏、浙江、上海考察，重点就如何加强新时期党的建设进行调研。5月14日，在上海主持召开的党建工作座谈会上，江泽民进一步肯定了"三个代表"的重大意义，明确指出："始终做到'三个代表'，是我们党的立党之本、执政之基、力量之源。"三个"之"，高度凝练，高度概括，鲜明生动，铿锵有力，准确而深刻地揭示了"三个代表"的重大意义。5月22日，新华社发表我写的特约评论员文章，标题就是"立党之本、执政之基、力量之源"12个字。

2001年，江泽民在纪念中国共产党成立80周年大会上的讲话中，全面系统地阐述了"三个代表"重要思想的理论依据、科学内涵、基本内容和精神实质，以及贯彻落实"三个代表"的根本要求。

2002年11月，江泽民在十六大报告中科学阐述了"三个代表"重要思想的时代背景、历史地位、精神实质和指导意义。十六大把"三个代表"重要思想同马克思列宁主义、毛泽东思想、邓小平理论一道确立为党必须长期坚持的指导思想。

于是，党章郑重写下："十三届四中全会以来，以江泽民同志为主要代表的中国共产党人，在建设中国特色社会主义的实践中，加深了对什么是社会主义、怎样建设社会主义和建设什么样的党、怎样建设党的认识，积累了治党治国新的宝贵经验，形成了‘三个代表’重要思想。‘三个代表’重要思想是对马克思列宁主义、毛泽东思想、邓小平理论的继承和发展，反映了当代世界和中国的发展变化对党和国家工作的新要求，是加强和改进党的建设、推进我国社会主义自我完善和发展的强大理论武器，是中国共产党集体智慧的结晶，是党必须长期坚持的指导思想。始终做到‘三个代表’，是我们党的立党之本、执政之基、力量之源。”

需要注意，“三个代表”是三句话，又不仅仅是三句话。

“三个代表”最初主要是三句话。包括 2001 年江泽民的“七一”讲话，也是围绕三句话来展开论述的。

2001 年 9 月 3 日，胡锦涛在中央党校秋季开学典礼上，第一次把“三个代表”称作是“一个新的理论体系”。

十六大后，2002 年 12 月，胡锦涛已经担任中共中央总书记，他在中南海与我们中央党校校委委员座谈时，非常明确地对我们说：“三个代表”讲了 3 句话，但决不就是这 3 句话，而是 13 年来我们党的思想、理论、路线、方针的总汇和结晶。

2003 年 6 月，中央关于兴起学习新高潮的通知中说：“‘三个代表’重要思想内涵丰富、博大精深”，“是一个系统的科学理论”。

所以，“三个代表”重要思想，实际上可以作狭义和广义的区分。狭义，就是三句话。比如，我们说，中国共产党必须当好“三个代表”，“始终做到‘三个代表’，等等，都是从狭义上说的。而广义，就是指 13 年中以江泽民同志为核心的第三代中央领导集体所有的理论和实践创新，亦即“系统的科学理论”。

从广义而言的“三个代表”重要思想，用一系列紧密联系、相互贯通的新思想、新观点、新论断，进一步回答了什么是社会主义、怎样建设社会主义的问题，创造性地回答了在长期执政的历史条件下建设什么样的党、怎样建设党的问题，深化了我们对新的时代条件下推进中国特色社会主义事业和加强党的建设的规律的认识。“三个代表”重要思想，全面体现了党的基本理论、基本路线、基本纲领和基本经验，贯穿经济、政治、文化、军事、外交、党的建设等各个领域，涵盖改革发展稳定、内政外交国防、治党治国治军等各个方面，是一个系统的科学理论。而三句话本身，则是对“三个代表”重要思想的集中概括。

党的十六大评价指出：“‘三个代表’重要思想是对马克思列宁主义、毛泽东思想和邓小平理论的继承和发展，反映了当代世界和中国的发展变化对党和国家工作的新要求，是加强和改进党的建设、推进我国社会主义自我完善和发展的强大理论武器，是全党集体智慧的结晶，是党必须长期坚持的指导思想。”

所以，党章中不仅将“三个代表”重要思想作为党的指导思想，而且还以此作为党的性质的重要内容。

贯彻“三个代表”重要思想，关键在坚持与时俱进，核心在坚持党的先进性，本质在坚持执政为民。只有牢牢把握这些根本要求，才能不断增强贯彻“三个代表”重要思想的自觉性和坚定性。

63. “科学”的含义

语言是社会的脉搏。不同时期、不同年份，由于社会的发展和变化，往往会有一些不同的语言流行。例如，1960 年是“支援农业”，1990 年是“亚运会”，2002 年是“十六大”，2003 年是“非典”。2004 年的十大流行语中，有“执政能力”“雅典奥运”“禽流感”“中超”“刘翔”等，其中的“科学发展观”排名第一。

为什么“科学发展观”会独占榜首？因为正是在 2003 年的十六届三中全会上，以胡锦涛同志为总书记的党中央，正式提出了科学发展观的战略思想。这一思想一提出，立即引起广泛的反响，受到广大干部群众的欢迎，对中国特色社会主义事业发挥了重要的指导作用。因此，也就迅速在各种文件、会议、媒体、书刊、社会生活中流行开来。

曾记得，过去我们阅读描写一个地方发展、繁荣景象的文章时，往往会看到“烟囱林立、浓烟滚滚”这样的字眼。可是现在，如果仍这样描写，或仍是这样的景象，那可就是大问题了。

发展的成就令人鼓舞,发展的甜头已经品尝。但我们也越来越深切地感受到:发展,不能以牺牲人类自己的生存环境为代价;发展,既要讲究速度,更要讲究质量和效益。

曾几何时,看一看周围,我们的天空还那么蓝吗?我们的河流还那么清吗?答案很令人忧虑。随着工业化的迅速发展,我国的江河湖海普遍受到不同程度的污染。全国75%的湖泊出现不同程度的富营养化。河道断流,地面沉降,湖泊萎缩,滩涂消失,这类现象不断警醒着我们。从天空到土地,从高山到河流,从城市到农村,困扰我国的生态问题已经不容忽视。

2003年非典的发生,向我们提出了一次非常特殊而又极为严峻的挑战。广东告急!香港告急!北京告急!非典疫情,骤然威胁全国人民的健康和安全。

面对突然出现的疫情,党领导人民进行了英勇的抗击。但痛定思痛,我们又不能不认真思考如何避免经济与社会一条腿长一条腿短的问题。

正是在现实提出的一系列课题面前,党中央及时进行了思考,对如何做到以人为本、全面协调可持续发展问题,给予了空前的关注,从而提出了科学发展观的战略思想。

还在1999年3月9日,胡锦涛在全国两会期间参加福建代表团审议时,就提出要"树立科学的发展观"。

2003年4月,在非典肆虐的危急时刻,时任总书记胡锦涛亲临广东,看望人民群众,表达抗击非典的决心。就是在广东考察时,胡锦涛提出"全面的发展观",要求做到集约发展、协调发展、全面发展、系统发展、可持续发展。还使用了"正确的发展观"的概念。

8月至9月在江西考察时,胡锦涛开始使用"科学发展观"的概念,要求各地党委"牢固树立协调发展、全面发展、可持续发展的科学发展观"。

在10月的十六届三中全会上,胡锦涛对"科学发展观"问题作了专门论述。会议明确要求:"坚持以人为本,树立全面、协调、可持续的发展观,促进经济社会和人的全面发展"。这意味着科学发展观的战略思想正式展示在全党全国人民面前。

2004年2月,上百名省部级主要领导干部齐聚中央党校,参加"树立和落实科学发展观”专题研讨班。温家宝、曾庆红发表重要讲话,对科学发展观的内涵和要求作了全面系统的阐述。

2004 年 3 月,在全国两会期间的人口、资源和环境座谈会上,胡锦涛发表重要讲话,准确地界定了全面、协调、可持续、以人为本等要求的含义,更加集中地概括了科学发展观的内涵,从而标志着科学发展观的正式形成。

2005 年十六届五中全会关于“十一五”规划的《建议》,以及 2006 年全国两会通过的“十一五”规划,坚持以科学发展观统领经济社会发展全局,明确指出:“科学发展观是指导发展的世界观和方法论的集中体现。”

2007 年 10 月,党的十七大将这些理论创新的成果集中整合为科学发展观,进一步阐述了科学发展观的时代背景、实践基础、科学内涵、精神实质和根本要求,同时对科学发展观作了最权威的评价,明确指出:“科学发展观,是对党的三代中央领导集体关于发展的重要思想的继承和发展,是马克思主义关于发展的世界观和方法论的集中体现,是同马克思列宁主义、毛泽东思想、邓小平理论和‘三个代表’重要思想既一脉相承又与时俱进的科学理论,是我国经济社会发展的重要指导方针,是发展中国特色社会主义必须坚持和贯彻的重大战略思想。”

用历史的眼光来看,中国特色社会主义的发展是一个漫长的过程,必然会有不同的阶段。每个阶段的环境、条件有所不同,所要解决的主要问题有所不同,发展的战略、布局和重点也会有所不同。邓小平理论、“三个代表”重要思想、科学发展观等,都与这种发展的阶段性相联系。它们的主题一脉相承,但又与一定的阶段性相联系。科学发展观,就是我们在经历了一个快速发展时期之后,在新的历史起点上迎接新的挑战的战略对策,是中国特色社会主义发展到一定阶段的产物。

科学发展观,谓之“科学”,这里的“科学”怎么理解?美国专家曾经向我提出过这个问题。

2008 年初,我受中央派遣,前往美国、加拿大介绍中共十七大精神。与美国、加拿大政府部门、国会议员、主要智库、主流媒体、大学、工商界、文化界、华人华侨、美洲国家组织等进行了广泛、深入的交流。

其间，我以“中国的发展和未来走向”为题发表演讲，回答问题，现场互动。在12天时间里，举行活动29场。最多一天达到5场。参加人数最多的达150余人。一场回答问题最多达16个，按使馆统计，各场总共回答问题160多个。

工作人员记录下了如下一次情况：

2008年1月23日下午，前往威尔逊国际学者中心进行交流。首先会见该中心总裁、美国民主党前资深议员李·汉密尔顿(Lee Hamilton)先生，随后与该中心20多名专家进行座谈。该中心是美国知名的智库，研究重点涉及历史学、政治学和国际关系等，为来自不同国家和背景的学者提供交流平台。

李主任首先简单介绍了十七大报告起草过程和十七大报告主要内容。然后专家提问。主要有三个：一是关于“科学发展观”的“科学”二字究竟如何理解？二是和谐社会与和谐世界的关系如何理解？三是中共党史资料的开放进程？

随后李主任作了解释。针对第一个问题，李主任说明，这里的“科学”并不是自然科学、科学技术的“科学”，而是用科学的精神、科学的态度、科学的方法来认识和推动发展，做到科学发展、和谐发展、和平发展。

……

当时，我没有时间作更多的解释。现在，不妨多说几句。

什么叫科学？科学作为一种名词，指的是运用范畴、定理、定律等思维形式反映现实世界各种现象的本质和规律的知识体系；作为一种形容词，指的是按照客观规律的要求，遵循健全合理的程序，正确地认识事物、分析问题、处理各项事务的精神和方式。

在现实生活中，特别是在较大的带有组织性、管理性的活动中，我们经常把“科学”与某种具体的行为联系起来，如“科学决策”“科学管理”“科学预见”等，其意都是要求以科学的精神和态度认识事物，处理问题，即严格地按照自然、社会和人类思维的客观规律办事，合理、高效、敏快地配置资源，组织活动，做好各项工作。只有讲究科学，按科学要求办事，才能减少失误，并取得事半功倍的结果。

明白了“科学”的含义,我们也就能明白科学发展观的重要价值和意义了。

在党的十七大将科学发展观写入党章的基础上,党的十八大又进一步对科学发展观给予了正式定位,确认科学发展观“是同马克思列宁主义、毛泽东思想、邓小平理论、‘三个代表’重要思想既一脉相承又与时俱进的科学理论,是马克思主义关于发展的世界观和方法论的集中体现,是马克思主义中国化最新成果,是中国共产党集体智慧的结晶,是发展中国特色社会主义必须坚持和贯彻的指导思想”。

64. 习近平新时代中国特色社会主义思想

党的十九大对党章的第一处修改,就是在总纲第二段中增加了一个崭新的概念——习近平新时代中国特色社会主义思想。随后,在总纲中又专门增加了一个第 8 自然段,阐述和评价了习近平新时代中国特色社会主义思想。

这一修改,源自十八大党的最高领导人的新老交替。

2012 年,党的十八届一中全会选举习近平为中央政治局委员、中央政治局常务委员、中央委员会总书记,决定习近平为中央军事委员会主席。

此后,时隔 1 年,即 2013 年的 11 月 4 日至 8 日,党中央就在中央党校举办了第一期省部级干部学习贯彻习近平总书记系列讲话精神研讨班。

从 2013 年 11 月到 2014 年 4 月,中央组织部和中央党校共举办了 7 期省部级干部学习贯彻习近平总书记系列重要讲话精神研讨班,连同参加常规培训的,共有 2300 多名在职省部级干部参加了集中学习轮训。

2014 年 9 月 28 日,《习近平谈治国理政》一书,以中、英、法、俄、阿、西、葡、德、日 9 个语种、10 个版本向全球出版发行。至 2017 年 9 月,已出版 21 个语种、24 个版本,共发行 642 万册,发行到世界 160 多个国家和地区。2018 年 1 月,《习近平谈治国理政》经修订后面向海内外再版发行,改称《习近平谈治国理政》第一卷。2017 年 11 月、2020 年 6 月、

2022年6月，《习近平谈治国理政》第二卷、第三卷、第四卷先后出版，面向海内外发行。

此外，为帮助广大党员、干部、群众学习习近平总书记系列重要讲话精神和治国理政新理念新思想新战略，中央党史和文献研究院等部门还围绕实现中华民族伟大复兴的中国梦、统筹推进“五位一体”总体布局、协调推进“四个全面”战略布局，相继编辑出版了许多本习近平有关论述摘编。

到2017年党的十九大，习近平总书记在报告中宣布：五年来，我们“以全新的视野深化对共产党执政规律、社会主义建设规律、人类社会发展规律的认识，进行艰辛理论探索，取得重大理论创新成果，形成了新时代中国特色社会主义思想”。

在党的十九大报告里，出现了7次“新时代中国特色社会主义思想”。在十九大修改后的党章里，形成了一个完整的标准用语——“习近平新时代中国特色社会主义思想”。

在中国共产党的指导思想里，出现个人名字的有三个，首先是毛泽东思想，随后是邓小平理论，再后就是习近平新时代中国特色社会主义思想。“邓小平理论”是邓小平去世后党的十五大第一次使用的。此后的“三个代表”重要思想和科学发展观没有使用个人的名字。

习近平新时代中国特色社会主义思想包含哪些内容？十九大报告用“八个明确”概括和阐述了主要内容，包括总目标和总任务、社会主要矛盾、总体布局和战略布局、全面深化改革总目标、全面推进依法治国总目标、新时代的强军目标、中国特色大国外交、新时代党的建设总要求等。

明确坚持和发展中国特色社会主义，总任务是实现社会主义现代化和中华民族伟大复兴，在全面建成小康社会的基础上，分两步走在本世纪中叶建成富强民主文明和谐美丽的社会主义现代化强国；

明确新时代我国社会主要矛盾是人民日益增长的美好生活需要和不平衡不充分的发展之间的矛盾，必须坚持以人民为中心的发展思想，不断促进人的全面发展、全体人民共同富裕；

明确中国特色社会主义事业总体布局是“五位一体”、战略布局是

"四个全面",强调坚定道路自信、理论自信、制度自信、文化自信;

明确全面深化改革总目标是完善和发展中国特色社会主义制度、推进国家治理体系和治理能力现代化;

明确全面推进依法治国总目标是建设中国特色社会主义法治体系、建设社会主义法治国家;

明确党在新时代的强军目标是建设一支听党指挥、能打胜仗、作风优良的人民军队,把人民军队建设成为世界一流军队;

明确中国特色大国外交要推动构建新型国际关系,推动构建人类命运共同体;

明确中国特色社会主义最本质的特征是中国共产党领导,中国特色社会主义制度的最大优势是中国共产党领导,党是最高政治领导力量,提出新时代党的建设总要求,突出政治建设在党的建设中的重要地位。

党的十九大一致同意,在党章中把习近平新时代中国特色社会主义思想同马克思列宁主义、毛泽东思想、邓小平理论、"三个代表"重要思想、科学发展观一道确立为党的行动指南。

因此,十九大修改后的党章明确指出:"以习近平同志为主要代表的中国共产党人,顺应时代发展,从理论和实践结合上系统回答了新时代坚持和发展什么样的中国特色社会主义、怎样坚持和发展中国特色社会主义这个重大时代课题,创立了习近平新时代中国特色社会主义思想。"

紧随这段文字之后,党章对习近平新时代中国特色社会主义思想作了深入郑重的评价和定位,指出:"习近平新时代中国特色社会主义思想是对马克思列宁主义、毛泽东思想、邓小平理论、'三个代表'重要思想、科学发展观的继承和发展,是马克思主义中国化最新成果,是党和人民实践经验和集体智慧的结晶,是中国特色社会主义理论体系的重要组成部分,是全党全国人民为实现中华民族伟大复兴而奋斗的行动指南,必须长期坚持并不断发展。"

这一定位中的多个表述,如"继承和发展""马克思主义中国化最新成果""党和人民实践经验和集体智慧的结晶""行动指南"等,都是党章中表述党的指导思想的基本用语。其中"集体智慧的结晶"是党章中界定每一个理论时少不了的。

十九大要求全党以习近平新时代中国特色社会主义思想统一思想和行动，增强学习贯彻的自觉性和坚定性，把习近平新时代中国特色社会主义思想贯彻到社会主义现代化建设全过程、体现到党的建设各方面。

2021 年 11 月 11 日，十九届六中全会通过的《中共中央关于党的百年奋斗重大成就和历史经验的决议》，进一步把“八个明确”扩展为“十个明确”，其中的某些“明确”又增加了一些新的内容。

首先，将十九大的第八个“明确”关于党的全面领导和全面从严治党的内容，分为了两个“明确”。将坚持党的全面领导的内容移到了第一个，作为第一个“明确”，并强调“全党必须增强‘四个意识’、坚定‘四个自信’、做到‘两个维护’”。其内容为：“明确中国特色社会主义最本质的特征是中国共产党领导，中国特色社会主义制度的最大优势是中国共产党领导，中国共产党是最高政治领导力量，全党必须增强‘四个意识’、坚定‘四个自信’、做到‘两个维护’”。

其他内容整合、补充为“明确全面从严治党的战略方针”，从而新增了一个“明确”，排在第十个。

在第十个“明确”中，提出了“以伟大自我革命引领伟大社会革命”的重要命题。

特别是增加了完整的一条，作为第七个“明确”：“明确必须坚持和完善社会主义基本经济制度，使市场在资源配置中起决定性作用，更好发挥政府作用，把握新发展阶段，贯彻创新、协调、绿色、开放、共享的新发展理念，加快构建以国内大循环为主体、国内国际双循环相互促进的新发展格局，推动高质量发展，统筹发展和安全。”

在其他“明确”中，还增加了一些新的论断。在第二个“明确”中，增加了“以中国式现代化推进中华民族伟大复兴”。在第三个“明确”中，增加了“发展全过程人民民主”，将“全体人民共同富裕”改为“全体人民共同富裕取得更为明显的实质性进展”。在第四个“明确”中，将“四个全面”战略布局中的“全面建成小康社会”改为“全面建设社会主义现代化国家”。在第九个关于外交的“明确”中，增加了中国特色大国外交“要服务民族复兴、促进人类进步”。

《历史决议》对习近平新时代中国特色社会主义思想的评价，在十九大报告的基础上，增加了许多重要内容。在原来所说“回答新时代坚持和发展什么样的中国特色社会主义、怎样坚持和发展中国特色社会主义”的基础上，又增加了两个回答的问题，一个是“建设什么样的社会主义现代化强国、怎样建设社会主义现代化强国”，一个是“建设什么样的长期执政的马克思主义政党、怎样建设长期执政的马克思主义政党”，将原来所回答的问题从一个增加到三个。

强调了习近平新时代中国特色社会主义思想的“原创性”，强调习近平总书记是“习近平新时代中国特色社会主义思想的主要创立者”。

在已经肯定“习近平新时代中国特色社会主义思想是当代中国马克思主义、二十一世纪马克思主义”的基础上，又进一步提出新的重大论断，称习近平新时代中国特色社会主义思想“是中华文化和中国精神的时代精华，实现了马克思主义中国化新的飞跃”。“中华文化和中国精神的时代精华”这个论断，意味着把习近平新时代中国特色社会主义思想放到五千年的中华文明中，将其作为中国文化和中国精神的最新成果和最高代表了。

由此，《历史决议》完整地评价：“习近平同志对关系新时代党和国家事业发展的一系列重大理论和实践问题进行了深邃思考和科学判断，就新时代坚持和发展什么样的中国特色社会主义、怎样坚持和发展中国特色社会主义，建设什么样的社会主义现代化强国、怎样建设社会主义现代化强国，建设什么样的长期执政的马克思主义政党、怎样建设长期执政的马克思主义政党等重大时代课题，提出一系列原创性的治国理政新理念新思想新战略，是习近平新时代中国特色社会主义思想的主要创立者。”①

“习近平新时代中国特色社会主义思想是当代中国马克思主义、二十一世纪马克思主义，是中华文化和中国精神的时代精华，实现了马克

---

① 《中共中央关于党的百年奋斗重大成就和历史经验决议》，人民出版社 2021 年版，第 26 页。

思主义中国化新的飞跃。党确立习近平同志党中央的核心、全党的核心地位,确立习近平新时代中国特色社会主义思想的指导地位,反映了全党全军全国各族人民共同心愿,对新时代党和国家事业发展、对推进中华民族伟大复兴历史进程具有决定性意义。”①

党的二十大充分肯定,新时代以来十年取得的第一条成就,就是“创立了新时代中国特色社会主义思想,明确坚持和发展中国特色社会主义的基本方略,提出一系列治国理政新理念新思想新战略,实现了马克思主义中国化时代化新的飞跃”②。

党的二十大指出,实践没有止境,理论创新也没有止境。不断谱写马克思主义中国化时代化新篇章,是当代中国共产党人的庄严历史责任。

党的二十大突出地强调:“继续推进实践基础上的理论创新,首先要把握好新时代中国特色社会主义思想的世界观和方法论,坚持好、运用好贯穿其中的立场观点方法。”③

这些世界观、方法论,立场、观点、方法体现在哪里呢?从新时代新征程的新实际出发,报告提出了“六个必须坚持”:必须坚持人民至上,必须坚持自信自立,必须坚持守正创新,必须坚持问题导向,必须坚持系统观念,必须坚持胸怀天下。

65. 同中华优秀传统文化相结合

党的二十大对党章再次修改后,形成了一段重要的表述:“十八大以来,以习近平同志为主要代表的中国共产党人,坚持把马克思主义基本原理同中国具体实际相结合、同中华优秀传统文化相结合,科学回答了新时代坚持和发展什么样的中国特色社会主义、怎样坚持和发展中国特色社会

① 《中共中央关于党的百年奋斗重大成就和历史经验决议》,人民出版社 2021 年版,第 26 页。

② 《中国共产党第二十次全国代表大会文件汇编》,人民出版社 2022 年版,第 5—6 页。

③ 《中国共产党第二十次全国代表大会文件汇编》,人民出版社 2022 年版,第 16 页。

主义等重大时代课题，创立了习近平新时代中国特色社会主义思想。”

其中，“同中华优秀传统文化相结合”，是此前党章中从来没有过的。

如何科学认识和正确对待传统文化，一直是中国共产党面临的大课题、大难题。

经中央批准，由中共中央党史研究室编写出版的《中国共产党历史》第二卷中，极为简单地说到：1966 年 8 月中下旬，北京的红卫兵率先冲出学校，走上街头，破除“四旧”（“四旧”，即“十六条”中所说的“剥削阶级”的旧思想、旧文化、旧风俗、旧习惯）。街头巷尾到处发生抄家、打人、砸文物、烧“坏书”、剪长发、剪烫发等严重违法行为。随后，红卫兵运动迅速蔓延到天津、上海、广州等大中城市直至全国各地，打人、砸物、抄家之风愈演愈烈。各地红卫兵还将一些遗存千百年的珍贵文物、古迹，或捣毁、或焚烧，造成空前的文化浩劫。

“文化大革命”以“左”倾错误思想对科学文化事业进行所谓的“批判”和“大破”，使之受到严重摧残。新闻事业遭受严重挫折。新中国成立后的前 17 年摄制的 650 多部故事片被打成“毒草”，禁止发行上映。教育思想被严重扭曲，无数优秀的祖国文化典籍被付之一炬。很大一部分教育、科学、文化等领域的知识分子被打成“牛鬼蛇神”，受到严重冲击和迫害。民族传统文化和各种文化遗产遭到严重破坏。许多有造诣的专家、学者受到人身侮辱，被关进“牛棚”或下放“改造”。

这里提到的事实，过来人都有切身的感受，留下过深刻的烙印，其教训非常深刻，必须认真总结和吸取。

但能不能由此而认为中国共产党从来就轻视或反对中华传统文化呢？当然不能。

尽人皆知，毛泽东对中华传统文化是非常精通的。毛泽东的《矛盾论》大家一定很熟悉。这篇写于 1937 年 8 月的讲稿中，讲了一个三打祝家庄的故事：“《水浒传》上宋江三打祝家庄，两次都因情况不明，方法不对，打了败仗。后来改变方法，从调查情形入手，于是熟悉了盘陀路，拆散了李家庄、扈家庄和祝家庄的联盟，并且布置了藏在敌人营盘里的伏兵，用了和外国故事中所说木马计相像的方法，第三次就打了胜仗。

《水浒传》上有很多唯物辩证法的事例，这个三打祝家庄，算是最好的一个。”

这类例子，毛泽东在自己的著作中，经常是信手拈来，所以，我们不难想见，毛泽东上井冈山前，肯定看过《水浒传》这部古典名著。

中国共产党的早期领导人和骨干，大都是知识分子，都受过传统文化的熏陶。中华优秀传统文化对这些共产党人的影响，是深入骨髓的。

1943 年 5 月，共产国际宣告解散。5 月 26 日，中共中央作出《中国共产党中央委员会关于共产国际执委主席团提议解散共产国际的决定》，其中说了一段富有深意的话。这段话估计绝大多数领导干部都没有看到过，所以全段引用在此：“中国共产党人是马克思列宁主义者。因为马克思列宁主义是科学，而科学是没有国界的。中国共产党人必将继续根据自己的国情，灵活地运用和发挥马克思列宁主义，以服务于我民族的抗战建国事业。中国共产党人是我们民族一切文化、思想、道德的最优秀传统的继承者，把这一切优秀传统看成和自己血肉相连的东西，而且将继续加以发扬光大。中国共产党近年来所进行的反主观主义、反宗派主义、反党八股的整风运动就是要使得马克思列宁主义这一革命科学更进一步地和中国革命实践、中国历史、中国文化深相结合起来。”①

这段话中明确提出了马克思主义与中国文化相结合的问题，并明确宣布：“中国共产党人是我们民族一切文化、思想、道德的最优秀传统的继承者，把这一切优秀传统看成和自己血肉相连的东西，而且将继续加以发扬光大。”明确宣告了将马列主义与“中国革命实践、中国历史、中国文化”三个内容的结合。

即使过去了 80 年，今天看到和读起这段话，我们仍然感到那样的熟悉、亲切和发人深省，仿佛就像今天说的一样。

1945 年 4 月 24 日，毛泽东在《论联合政府》的七大政治报告中指

---

① 中共中央文献研究室、中央档案馆编：《建党以来重要文献选编（1921—1949）》第 20 册，中央文献出版社 2011 年版，第 318 页。

出:“对于外国文化,排外主义的方针是错误的,应当尽量吸收进步的外国文化,以为发展中国新文化的借镜;盲目搬用的方针也是错误的,应当以中国人民的实际需要为基础,批判地吸收外国文化。苏联所创造的新文化,应当成为我们建设人民文化的范例。对于中国古代文化,同样,既不是一概排斥,也不是盲目搬用,而是批判地接收它,以利于推进中国的新文化。”

虽然后来、特别是“文化大革命”中,中华传统文化受到很大破坏,但改革开放以来,我们党已经端正了对中华传统文化的基本观点,积极保护和发展中华优秀传统文化,取得了显著的效果。

进入新时代,以习近平同志为核心的党中央高度重视对中华优秀传统文化的保护和传承。特别是在庆祝中国共产党成立 100 周年大会上,习近平总书记要求,在新的征程上,我们必须“坚持把马克思主义基本原理同中国具体实际相结合、同中华优秀传统文化相结合,用马克思主义观察时代、把握时代、引领时代,继续发展当代中国马克思主义、21 世纪马克思主义!”

这一论断意味着,我们党在长期坚持的“把马克思主义基本原理同中国具体实际相结合”的基础上,又提出了第二个“结合”,即“同中华优秀传统文化相结合”。

十九届六中全会通过的《中共中央关于党的百年奋斗重大成就和历史经验的决议》指出:以习近平同志为主要代表的中国共产党人,坚持把马克思主义基本原理同中国具体实际相结合、同中华优秀传统文化相结合,坚持毛泽东思想、邓小平理论、“三个代表”重要思想、科学发展观,深刻总结并充分运用党成立以来的历史经验,从新的实际出发,创立了习近平新时代中国特色社会主义思想。

这一论断,突出强调了习近平新时代中国特色社会主义思想不仅是把马克思主义基本原理同中国具体实际相结合的产物,还是同中华优秀传统文化相结合的产物。

党的二十大对这两个结合作出了进一步分析和强调:“中国共产党人深刻认识到,只有把马克思主义基本原理同中国具体实际相结合、同中华优秀传统文化相结合，坚持运用辩证唯物主义和历史唯物主义，才能正确回答时代和实践提出的重大问题，才能始终保持马克思主义的蓬勃生机和旺盛活力。”

对第二个“结合”，党的二十大报告指出：“坚持和发展马克思主义，必须同中华优秀传统文化相结合。只有植根本国、本民族历史文化沃土，马克思主义真理之树才能根深叶茂。中华优秀传统文化源远流长、博大精深，是中华文明的智慧结晶，其中蕴含的天下为公、民为邦本、为政以德、革故鼎新、任人唯贤、天人合一、自强不息、厚德载物、讲信修睦、亲仁善邻等，是中国人民在长期生产生活中积累的宇宙观、天下观、社会观、道德观的重要体现，同科学社会主义价值观主张具有高度契合性。我们必须坚定历史自信、文化自信，坚持古为今用、推陈出新，把马克思主义思想精髓同中华优秀传统文化精华贯通起来、同人民群众日用而不觉的共同价值观念融通起来，不断赋予科学理论鲜明的中国特色，不断夯实马克思主义中国化时代化的历史基础和群众基础，让马克思主义在中国牢牢扎根。”

党的二十大报告在这里专门和集中地列举了“天下为公、民为邦本、为政以德、革故鼎新、任人唯贤、天人合一、自强不息、厚德载物、讲信修睦、亲仁善邻”等传统文化的经典思想和名言警句，这在党代会报告的历史上还是首次。

如何对中华传统文化作出全面、科学的辨析，准确区分精华与糟粕，以各种传统和现代的方式弘扬优秀传统文化，特别是有机、科学地把马克思主义与中华优秀传统文化结合起来，这是我们需要不断做好的一篇大文章。

十一、最大成果

66. 怎识庐山真面目?

现行党章,在逐个阐述的指导思想之后,用一个专门的自然段,全面界定和论述了中国特色社会主义问题,引领着该段之后的一系列历史与现实、理论与实践、路线与战略等问题。

该自然段的全文是:

改革开放以来我们取得一切成绩和进步的根本原因,归结起来就是:开辟了中国特色社会主义道路,形成了中国特色社会主义理论体系,确立了中国特色社会主义制度,发展了中国特色社会主义文化。全党同志要倍加珍惜、长期坚持和不断发展党历经艰辛开创的这条道路、这个理论体系、这个制度、这个文化,高举中国特色社会主义伟大旗帜,坚定道路自信、理论自信、制度自信、文化自信,发扬斗争精神,增强斗争本领,贯彻党的基本理论、基本路线、基本方略,为实现推进现代化建设、完成祖国统一、维护世界和平与促进共同发展这三大历史任务,实现第二个百年奋斗目标、实现中华民族伟大复兴的中国梦而奋斗。

这一自然段是十七大修改党章时第一次写进去的。十八大时增写了一句话。十九大时作了较大幅度的修改和增写,二十大又作了两处修改。

这一段的中心,是中国特色社会主义,这是中国改革开放的最大成果,也可以说是当代中国一切成绩和进步的根本原因。

中国特色社会主义,第一次比较系统地回答了在中国这样经济文化比较落后的国家如何建设社会主义、如何巩固和发展社会主义的一系列基本问题,用新的思想观点,继承和发展了马克思主义,开拓了马克思主义新境界,把对社会主义的认识提高到新的科学水平。

中国特色社会主义给当代中国带来了历史性变革，为中华民族伟大复兴开辟了新的道路和方向。40多年来，中国特色社会主义的科学性、真理性和有效性都得到了充分验证。中国特色社会主义是当代中国大踏步赶上时代、引领时代发展的康庄大道，也是实现中华民族伟大复兴的必由之路。

中国特色社会主义，是当代中国最伟大的旗帜。

在现实中，总还是有一些人弄不明白为什么要在社会主义前面加一个"中国特色"。我在向外国客人介绍中国特色社会主义时，也经常有人问：什么是中国特色？说清楚这一问题，对于坚定中国特色社会主义的信念、切实做到不动摇、不懈怠、不折腾、不停滞、不倒退，至关重要。

这可以从一个简单的问题说起。早在20世纪80年代，就有人问我，世界上有多少社会主义国家？为此，我还专门发表过一篇文章进行探讨。到今天，这个问题的答案顶多只是一个个位数的问题，好像扳扳指头就能数过来。但如果真要数一数，恐怕就未必能数得出来了。

具体来说，20世纪80年代，按当时正统的观点，世界上一共有15个社会主义国家。此外，还有9个国家曾被认为是由共产主义性质的政党执政。这些国家曾宣称自己是社会主义国家，或宣称正在走向社会主义。至于欧洲国家的社会民主党，历来就认为自己是正统的社会主义。此外，还有一些国家是由民族主义政党执政的，它们曾在宪法上或以其他形式宣布要建设社会主义。这样的国家先后有30多个。

甚至，缅甸从1974年到1988年奈温将军执政时期，他的党叫社会主义纲领党，国名叫缅甸联邦社会主义共和国。利比亚的卡扎菲，1969年掌握政权后，于1977年将国名改为阿拉伯利比亚人民社会主义民众国，一直到2011年卡扎菲政权被推翻后，2013年才改国名为利比亚国。

面对这种非常多元化的状况，我们要数出有多少社会主义国家，就得首先回答：什么叫社会主义？社会主义的标准是什么？谁有权力来判定谁是或谁不是社会主义？你说他不是，他说是，你怎么办？你说他不是，他还说你不是，谁来裁决？

也许有人会说，那就用苏联的标准啊。可是苏联已经解体了，至少苏联的实践没有成功,看看世界上,现在还有几个人愿意用苏联标准来判定自己是不是社会主义呢?

那更多人会说,按马克思、恩格斯的标准来判定呀。可是,对马恩思想的理解历来就有不同看法,哪一种看法才是正确的呢?况且,当年有人请恩格斯写一篇什么是社会主义的小册子,恩格斯拒绝了,不愿写,那他还会来当这种判官吗?而且,从根本上说,现实的社会主义已经与马恩的设想有很大不同。判断什么是社会主义的问题,应该到书本上找标准,还是应该让实践来回答呢?

所以,世界上到底有多少个社会主义国家,好像是一个最简单的问题,但实际上是一个最复杂的问题。

面对这样的一种局面,中国怎么办?我们能按世界上其他任何一种模式来建设自己的社会主义吗?能完全将100多年前马恩在没有社会主义实践的情况下对社会主义的某些预想一成不变地来作为衡量我们是非的标准吗?我们有资格和权力当世界法官、判官,来宣布谁是社会主义国家、谁不是社会主义国家吗?

答案当然只能是否定的。我们管不了别人,也当不了法官、判官。唯一的办法,只能自己来决定自己走什么道路,自己来决定自己怎么建设社会主义。归结到一点,只能从中国自己的国情出发来建设中国特色的社会主义。

从中国自己的实践来说,我们搞了几十年的社会主义,但为什么曾经犯过很大的错误呢?难道是对社会主义的决心还不够坚定吗?力度还有不足吗?

对此问题,邓小平作出了回答。

1984年6月,邓小平第一次明确提出:“什么叫社会主义,什么叫马克思主义?我们过去对这个问题的认识不是完全清醒的。”①

1985年8月,在会见津巴布韦客人时,邓小平坦诚地说:“我们总结了

① 邓小平:《建设有中国特色的社会主义》(增订本),人民出版社1987年版,第52页。

几十年搞社会主义的经验。社会主义是什么，马克思主义是什么，过去我们并没有完全搞清楚。”“社会主义究竟是个什么样子，苏联搞了很多年，也并没有完全搞清楚。可能列宁的思路比较好，搞了个新经济政策，但是后来苏联的模式僵化了。”①

1987年4月，在会见捷克斯洛伐克客人时，邓小平又指出：“最根本的一条经验教训，就是要弄清什么叫社会主义和共产主义，怎样搞社会主义。”②

1991年8月，邓小平在同几位中央负责同志谈话时，告诫“老祖宗不能丢”，同时，又一次强调：“问题是要把什么是社会主义搞清楚，把怎么样建设和发展社会主义搞清楚。”③

当然，邓小平在谈到这个问题时，用词是很有分寸的。“认识并不是完全清醒的”，“没有完全搞清楚”，就是说，既不是完全没有搞清楚，又不是完全清楚了。尺度就在完全与不完全之间。

很多人奇怪，为什么我们搞了几十年社会主义，怎么到头来连什么是社会主义都还没有完全搞清楚呢？

其实，只要用苏轼的一首诗就能说清楚了。他在《题西林壁》一诗中写道：“横看成岭侧成峰，远近高低各不同。不识庐山真面目，只缘身在此山中。”

与此类似，世界上对于社会主义的看法，确实是一种“横看成岭侧成峰，远近高低各不同”的状况。同时，我们身处社会主义多少年，也确实有点“不识庐山真面目，只缘身在此山中”的味道。

为什么会身在此山不识山呢？这其实也不奇怪。身处此山，对经常接触的一些地方可能是认识的，但整个庐山或其他什么山，都转过来了吗？对所有的地方都认识了吗？不见得。即使熟悉了此山的外貌，但如果从飞机上看一看山，会有什么感觉、什么认识呢？恐怕又不一样了。还有，山肚里、山底下，到底是什么结构？有什么矿藏？当年的苏轼能知道

---

① 《邓小平文选》第3卷，人民出版社1993年版，第137、139页。

② 《邓小平文选》第3卷，人民出版社1993年版，第223页。

③ 《邓小平文选》第3卷，人民出版社1993年版，第369页。

吗？即使今天的人们知道了一些，但如果用遥感的办法再把山扫描一下，又会发现什么呢？

由此可见，对山的认识其实是很复杂的，也是永无止境的。在不同的阶段会有不同层面的认识。这些认识有的可能是正确的，也有可能是不正确的。到了更高的层面，对山的认识就会进一步深化，就会有更多的发现，更接近于山的整体和本质。所以，在一定的环境和条件下，身在此山不识山是很正常的。

对社会主义的认识也是这样一个不断发展和深化的过程。实践、认识，再实践、再认识……对社会主义的认识就在这不断转化的过程中越来越走向清楚了。

当年，我们曾经自认是在搞纯粹的科学的社会主义，但却遭受了很多挫折。后来在改革中，也遇到很多思想障碍：农村的联产承包责任制到底是社会主义还是资本主义？农贸市场到底是社会主义还是资本主义？国有企业自主经营到底是社会主义还是修正主义？搞经济特区是不是租界又回来了？等等。

邓小平还举过一个例子，说广东曾经有一个说法：农民养三只鸭子就是社会主义，养五只鸭子就是资本主义，怪得很啊。怪不怪？确实怪啊，社会主义与资本主义的差别怎么就在两只鸭子呢？

这种例子并不是开玩笑，而是非常真实的、普遍的。当年在农村，对农民的家庭副业是有严格限制的。谁多养了几只鸭子，就要挨批挨斗，割“资本主义的尾巴”。

农村的包产到户、包干到户，最初曾被指责为单干、复辟资本主义。1982年的中央一号文件，第一次肯定包产到户是社会主义的性质。1983年的一号文件，进一步肯定家庭联产承包责任制是中国农民在党的领导下的伟大创造。

邓小平总结这些经验教训，在十二大的开幕词中明确宣告：“把马克思主义的普遍真理同我国的具体实际结合起来，走自己的道路，建设有中国特色的社会主义，这就是我们总结长期历史经验得出的基本结论。”这一结论，把中国共产党几十年对社会主义探索的基本经验总结了出来，把我们党在漫长历史进程中的使命和任务集中地概括了出来，明确宣告了我们要建设的社会主义，是独立自主的社会主义，是立足于中国国情的社会主义，是中国特色的社会主义。

中国特色社会主义就是在这样的历史逻辑、理论逻辑、实践逻辑中横空出世的。

67. 人类文明之“路”

党章界定的中国特色社会主义，首先是一条道路。党的十八大报告标题的第一句就是：“坚定不移沿着中国特色社会主义道路前进”。党的二十大强调，未来前进道路上，必须牢牢把握若干重大原则，其中之一，就是：“坚持中国特色社会主义道路。”

道路，对中国共产党、对中国人民乃至对整个人类世界，都是极其重要的。

道路，是达到一定目标的路线和路径。

人类的发展在很大程度上是与道路联系在一起的。人要位移，就要行走；行走，就要有路。有路，就有方向；有路，就有希望。有路，就可以减少颠沛流离；有路，就可以减少生命和能量的虚费空耗。路，对于人类和社会，具有无可估量的价值。

随着人类文明的发展，路的形式及其效率和便捷程度也在不断发展。从最初的小路、阡陌之路，到后来的大路、马路；从曾经的石子路、石板路，到后来的水泥路、沥青路；从通航的水路，到行车的公路；从工业化的铁路、到现代化的高速公路、高速铁路；从地上的车路，到海上、天上的航路……每一种形式的出现和演化，都意味着生产力的发展和人类文明的进步。

过河要有桥，上山要有路。从具象的路发展到抽象的路，要实现预定的目标，也必须找到或开辟一条正确的道路。在一定意义上，道路正确与否决定着目标能否实现，从而决定着事业的成败。

鲁迅先生说：“什么是路？就是从没有路的地方践踏出来的，从只有荆棘的地方干出来的。”千年沧桑，百年岁月，走出一条正确的道路，很不容易,甚至非常艰难。

“路漫漫其修远兮,吾将上下而求索”,屈原《离骚》中的这句话告诉我们,找寻道路是一个艰辛探索的过程。

从革命、建设到改革,都必须找到和选择一条正确的道路。选择什么道路、坚持什么道路,从来都是党的事业兴衰成败的决定性因素,是革命和建设的根本问题。中国共产党领导人民艰苦奋斗的历史,从一定意义上说,就是一部觅路史、探路史、开路史。几多迷茫,几经曲折,一代又一代共产党人通过不懈的探索,终于找到了中国特色社会主义道路。沿着这条道路,才有了今天中国的繁荣强大,才有了中国人民的幸福安康,才有了中国共产党的生机焕发。

1997 年 10 月 29 日中午,美国副总统戈尔在美国国务院富兰克林厅设宴款待访美的江泽民主席。他在致欢迎词时引述了鲁迅的一句话:“地上本没有路,走的人多了,也便成了路。”江泽民在致答词时赞扬戈尔对中国文学颇有造诣,然后说:“我也引用中国宋代名人王安石的诗句:‘不畏浮云遮望眼,只缘身在最高层’。”

中国特色社会主义这条道路,是在改革开放的实践中走出来的。以十一届三中全会为标志,全党解放思想、实事求是,大力实行改革开放,逐步形成了一整套建设中国特色社会主义的路线、方针和政策,阐明了在中国建设社会主义、巩固和发展社会主义的基本问题,从而开辟了中国特色社会主义道路,创立了建设有中国特色社会主义理论。邓小平说:“改革开放以来,我们立的章程并不少,而且是全方位的。经济、政治、科技、教育、文化、军事、外交等各个方面都有明确的方针和政策,而且有准确的表述语言。”“如果说构想,这就是我们的构想。”“总的来说,这条道路叫做建设有中国特色的社会主义的道路。”

中国特色社会主义道路的内涵是什么?党的十七大报告比以往更加明确、更加集中地作了一个概括:“中国特色社会主义道路,就是在中国共产党领导下,立足基本国情,以经济建设为中心,坚持四项基本原则,坚持改革开放,解放和发展社会生产力,巩固和完善社会主义制度,建设社会主义市场经济、社会主义民主政治、社会主义先进文化、社会主义和谐社会,建设富强民主文明和谐的社会主义现代化国家。”

这个重要的经典性界定，包括“一个中心、两个基本点”的基本路线，确定了巩固和完善社会主义制度的根本目的，涵盖了中国特色社会主义事业“五位一体”的总体布局，提出了我国发展的战略目标，揭示了我们党在实践中找到的这条道路的关键之点。

根据这一界定，我们可以说：中国特色社会主义道路，是始终立足于中国国情的道路，是按照党的基本路线不断前进的道路，是推动中国特色社会主义经济、政治、文化、社会、生态建设等各项事业科学发展的道路，是建设富强民主文明和谐美丽的社会主义现代化强国的道路，是创造人民美好生活的必由之路。

中国特色社会主义道路，具有深刻、丰富、重要和珍贵的价值意蕴。

正是沿着这条道路，我们大力推进改革开放，实现了从计划经济向社会主义市场经济体制的转变，从封闭半封闭向全方位、多层次、宽领域开放的转变，进一步增强了社会主义基本制度和各方面体制机制的活力；

正是沿着这条道路，我们大力解放和发展生产力，使中国的综合国力得到了显著的增强，使人民的生活水平有了显著的提高，增强了抵御各种风险和灾害的能力；

正是沿着这条道路，我们大力发展科学技术、大力发展教育事业、大力加强文化建设，使中华民族的基本素质和文明水平有了新的提高；

正是沿着这条道路，我们着力关注和解决民生问题，努力实现社会公平和正义，促进社会和谐，使社会保持了比较长期的稳定，避免了苏联东欧、拉丁美洲和非洲一些国家那样的混乱；

正是沿着这条道路，我们加强社会主义法治建设，坚持依法治国，建设社会主义法治国家，建立起了中国特色社会主义的法律体系；

正是沿着这条道路，我们实行独立自主的和平外交政策，坚持互利共赢的开放战略，加强了与世界不同类型国家的友好合作，在国际事务中发挥了越来越大的作用，提升了中国的国际地位。

中国特色社会主义成为我们走向成功和胜利的正确道路。

但我们要看到，中国未来的路还很长。中国特色社会主义道路是作为一个无限发展的过程而不断向前发展和延伸的。因此，与时俱进，就成为这条道路的重要性质和特点。

面向未来，我们的道路还要进一步探索、进一步拓展。中国特色社会主义当然还要继续接受各种考验。我们要进一步发挥中国特色社会主义的优势，防范和应对各种危机的冲击。同时，还要积极利用可能的机遇，构建新发展格局，坚持高质量发展，使中国特色社会主义各项事业发展得更好更快。

新形势下，中国面临的挑战和矛盾纷繁复杂，各种社会思潮竞相表达。中国始终都要面对和回答一个举什么旗、走什么路的问题。不断出现的各种思潮争论的核心，实质上是继续走中国特色社会主义道路，还是把中国拉向照搬西方的邪路，或者是倒退回过去那种僵化教条的老路。

找到一条正确的道路，很不容易。对历经艰辛终于找到的正确道路，就必须倍加珍惜。过去的和现在的经验都告诉我们，在当代中国，一定要敢于和善于把马克思主义基本原理同新的实际和时代条件结合起来，坚决走充满生机活力的新路，决不走实践证明是封闭僵化的老路，也决不走那种改旗易帜、放弃共产党领导、放弃社会主义的邪路。

党的十九大强调："全党要更加自觉地增强道路自信、理论自信、制度自信、文化自信，既不走封闭僵化的老路，也不走改旗易帜的邪路，保持政治定力，坚持实干兴邦，始终坚持和发展中国特色社会主义。"

党的二十大再一次强调"坚持道不变、志不改，既不走封闭僵化的老路，也不走改旗易帜的邪路"。

所以，在道路问题上，我们一定要有坚定的信念，无论遇到什么困难和风险，都毫不犹豫、决不动摇。

68. 始终飘扬的伟大旗帜

中国特色社会主义是什么？党章的回答，首先是旗帜。党章在关于中国特色社会主义的一段论述和规定中，明确指出：要"高举中国特色社会主义伟大旗帜"。

党的十七大报告的标题，第一句话就是“高举中国特色社会主义伟大旗帜”。十七大的一个主要内容和贡献，就是强调高举中国特色社会主义的伟大旗帜。此后，高举这面旗帜，就一直是党代会的鲜明要求和特色。

党的十八大大会主题开宗明义第一句话，就是“高举中国特色社会主义伟大旗帜”。这也是贯穿十八大的最重要要求。十八大的全部议程，都是在这面旗帜下进行的；十八大报告的全部内容，都是以这面旗帜贯穿和指导的。

党的十九大的大会主题中，依然包含和重申了“高举中国特色社会主义伟大旗帜”。而“中国特色社会主义”这个概念，在全部报告、连同标题中，一共出现了71次。

党的二十大报告的标题，第一句话与十七大一样，是“高举中国特色社会主义伟大旗帜”。二十大主题的第一句话，也是“高举中国特色社会主义伟大旗帜”。

“落日照大旗，马鸣风萧萧”，“万鼓雷鸣地，千旗火生风”，“纷纷暮雪下辕门，风掣红旗冻不翻”，“横笛闻声不见人，红旗直上天山雪”，都是旗帜在不同场景中的壮观、坚韧的景象。

旗帜，作为一种标志，用于商务，就是一种广告。用于活动，就是一种气氛。用于军队、城市、国家，首先就是昭告：“我，就是我。”一块普普通通的布或一张普普通通的纸，成了这样的标志后，也就有了文化的内涵。军旗所向，激励战士奋勇向前。国旗高悬，宣告神圣的主权和威严。

旗帜，作为一个富于动感的形象，无时无刻不给我们以鲜活的遐想。所以，人们经常用它来作比喻。比喻什么？有时比喻榜样或模范，有时比喻有代表性或号召力的思想、学说或政治力量等。实际上，都是把它当作事物的形象、标志和标识等。

引申到政治上，往往指一个国家、政党或政治集团的指导思想、奋斗目标、政治纲领、理想信念等。恩格斯说，一个纲领就是一面公开竖起的旗帜。毛泽东青年时代说：“主义譬如一面旗子，旗子立起了，大家才有所指望，才知所趋赴。”所以，在政治的意义上，旗帜就是形象，旗帜就是方向，旗帜就是引导一个党、一支军队、一个国家前进的目标、道路和理论。

中国特色社会主义伟大旗帜,就是中国特色社会主义的政治标识。中国特色社会主义的内涵外延,实际上就是中国特色社会主义伟大旗帜的内涵外延。

因而,中国特色社会主义作为一面伟大旗帜,就是总体上对中国特色社会主义事业、道路、实践、理论、制度、文化、核心价值、共同理想和历史进程的总体概括和标识,就是中国特色社会主义事业、道路、实践、理论、制度、文化、核心价值、共同理想和历史进程的辩证统一。

党的十七大以来,我们党着重强调的,除了旗帜这个总的标识外,主要是道路、理论体系、制度三个方面。党的十九大又加上了文化。这四个方面具有实质性的内容,也是旗帜中最主要的方面。

中国特色社会主义伟大旗帜,是在改革开放中树立起来的,是改革开放的伟大成果。

1982 年,在党的十二大开幕词中,邓小平第一次提出“走自己的道路,建设有中国特色的社会主义”。

1987 年,党的十三大开始使用“建设有中国特色的社会主义的伟大旗帜”,称“有中国特色的社会主义”是“指引我们事业前进的伟大旗帜”。

1992 年,党的十四大对邓小平建设有中国特色社会主义理论作出科学概括和评价,正式确立这一理论在全党的指导地位,同时号召:“高举建设有中国特色社会主义的伟大旗帜”。

1997 年 2 月,邓小平不幸逝世,沉痛的哀乐撞击着中国人民的心。中国处在一个重要的历史时刻。面向 21 世纪,中国将举什么样的旗帜? 走什么样的道路? 人民关心,世界瞩目。党中央发布三份重要的悼念文献,充分肯定了邓小平的历史贡献,第一次称邓小平建设有中国特色社会主义理论是“中国共产党的指导思想”。江泽民代表党中央坚定地表达了高举邓小平建设有中国特色社会主义理论伟大旗帜的决心和信念。

当年的十五大,将邓小平建设有中国特色社会主义理论改称“邓小平理论”,并把它作为我们党的指导思想。强调“旗帜问题至关紧要。旗帜就是方向,旗帜就是形象”。“坚持十一届三中全会以来的路线不动摇，就是高举邓小平理论的旗帜不动摇。”要求全党“高举邓小平理论伟大旗帜，把建设有中国特色社会主义事业全面推向二十一世纪”。

2002年，党的十六大继续要求“高举邓小平理论伟大旗帜”，强调“高举邓小平理论的旗帜，就是真正高举马克思列宁主义、毛泽东思想的旗帜”。同时，正式使用“中国特色社会主义”的概念，党章上凡是用“建设有中国特色社会主义”的地方，都改成了“中国特色社会主义”。

2007年，党的十七大进一步把“中国特色社会主义”称作“伟大旗帜”并直接写进报告标题中，要求“坚定不移高举中国特色社会主义伟大旗帜”。并指出，高举中国特色社会主义伟大旗帜，最根本的就是要“坚持中国特色社会主义道路和中国特色社会主义理论体系”。党的十七大载入史册的重要标志之一，就是鲜明地把中国特色社会主义作为我们党的伟大旗帜高高举起。

党的十八大再次强调旗帜问题。报告中四次提到中国特色社会主义旗帜，鲜明地要求坚定不移高举中国特色社会主义伟大旗帜，向世界表明了我们在这一问题上的坚定态度。

中国特色社会主义这面旗帜，由以毛泽东同志为主要代表的中国共产党人带领人民奠定根本政治前提和制度基础，由以邓小平同志为主要代表的中国共产党人带领人民通过改革开放的伟大实践而创立形成，由以江泽民同志为主要代表的中国共产党人带领人民经受考验、丰富发展。党的十六大后，又由以胡锦涛同志为主要代表的中国共产党人带领人民开创了新的局面。

党的十八大以来，以习近平同志为核心的党中央，进一步高扬中国特色社会主义伟大旗帜，带领全党全国人民在实现中国梦的进程中，取得了新的不平凡的成就。

在2017年7月26日的讲话中，习近平总书记明示，十九大“要明确宣示举什么旗、走什么路、以什么样的精神状态、担负什么样的历史使命、实现什么样的奋斗目标”。

党的十九大重申高举中国特色社会主义伟大旗帜，并在中国特色社会主义的内容中,增加了中国特色的社会主义的文化。而且特别强调要增强“四个自信”。

党的二十大报告标题的第一句就是“高举中国特色社会主义伟大旗帜”,党的二十大主题的第一句也是“高举中国特色社会主义伟大旗帜”。这表明,“高举中国特色社会主义伟大旗帜”在党的二十大和二十大报告中均占有极其重要的地位。

与此同时,党的二十大报告全文(包括标题)以各种方式出现的“中国特色社会主义”一共有42处,这说明,中国特色社会主义在党的二十大报告中分布很广,引领和指导着各个领域、各个方面的工作。

中国特色社会主义伟大旗帜,是当代中国发展进步的旗帜,是全党全国各族人民团结奋斗的旗帜。中国特色社会主义伟大旗帜,代表了中国最广大人民的根本利益,指引着中华民族伟大复兴的正确方向,具有强大的吸引力、凝聚力、感召力。

面向未来,在实现第二个百年奋斗目标的新征程上,我们要以中国式现代化全面推进中华民族伟大复兴,最根本的就是要高举中国特色社会主义伟大旗帜,坚持和拓展中国特色社会主义道路,坚持和丰富中国特色社会主义理论体系,坚持和完善中国特色社会主义制度,坚持和发展中国特色社会主义文化,不断把新时代中国特色社会主义的伟大事业推向前进。

69. 此制度与彼制度

现行党章有24处使用了“制度”一词。总纲指出的改革开放以来我们取得一切成绩和进步的根本原因之一,就是“确立了中国特色社会主义制度”。党章要求,全党同志要倍加珍惜、长期坚持和不断发展“这个制度”。

“这个制度”从何而来?

2011年,在庆祝中国共产党成立90年大会上的讲话中,时任总书记胡锦涛第一次使用了“中国特色社会主义制度”的重要范畴。

2012 年的十八大报告指出：中国特色社会主义道路、中国特色社会主义理论体系、中国特色社会主义制度，是党和人民 90 多年奋斗、创造、积累的根本成就，必须倍加珍惜、始终坚持、不断发展。

2017 年的十九大再次强调："中国特色社会主义制度是当代中国发展进步的根本制度保障"。"全面深化改革总目标是完善和发展中国特色社会主义制度、推进国家治理体系和治理能力现代化"。

把中国特色社会主义制度提炼出来并给予强调，这是思想理论上的重要创新，具有十分重要的意义。

邓小平说：制度问题更带有根本性、全局性、稳定性和长期性。我们党总结以往特别是"文化大革命"的经验教训，深刻认识到制度建设的重要性。改革开放以来，无论是在党的建设上，还是在国家和社会建设上，我们党都越来越注重和加强制度建设。中国特色社会主义，作为一种实践的成果，最终固化下来，要落实到哪里呢？最根本的，还是要落实到制度上。因此，建设中国特色社会主义，必然要有一整套完善、严密的制度甚至制度体系。

这种制度，不是一蹴而就的，而是在实践基础上不断探索和逐步建立起来的。新中国成立后，我们逐步建立了社会主义基本制度。改革开放后，又对经济、政治、科技、文化、教育、社会等体制进行改革，使各方面的制度增强了生机和活力。这些方针政策及其表述语言，既体现在道路和理论体系上，也逐步落实在各种制度上。到今天，已经比较丰富，也比较规范。因此，不失时机地提出"中国特色社会主义制度"的范畴，实际上宣告我们在建设中国特色社会主义过程中，已经在经济、政治、文化、社会、生态等各个领域基本形成了一套相互衔接、相互联系的制度体系。

因此，如同开辟了中国特色社会主义道路、形成了中国特色社会主义理论体系一样，我们也已经确立了中国特色社会主义制度。

中国特色社会主义制度包含哪些内容呢？党的十八大报告逐一列举了人民代表大会制度的根本政治制度，中国共产党领导的多党合作和政治协商制度、民族区域自治制度以及基层群众自治制度等基本政治制度，中国特色社会主义法律体系，公有制为主体、多种所有制经济共同发展的基本经济制度，以及建立在这些制度基础上的经济体制、政治体制、文化体制、社会体制等各项具体制度。所有这些，依据其重要性，划分为根本制度、基本制度、各方面体制等具体制度，它们共同构成了中国特色社会主义的制度体系。

党的十九届四中全会通过的《中共中央关于坚持和完善中国特色社会主义制度、推进国家治理体系和治理能力现代化若干重大问题的决定》，重申或强调了一系列制度，有的还称作制度体系，并且进一步提出了“坚持和完善支撑中国特色社会主义制度的根本制度、基本制度、重要制度”的要求。“重要制度”的概念，是十八大所没有的。但哪些是重要制度，《决定》没有一一列举。

二十大党章还将社会主义基本经济制度的表述调整为：必须坚持和完善公有制为主体、多种所有制经济共同发展，按劳分配为主体、多种分配方式并存，社会主义市场经济体制等基本经济制度。也就是说，分配制度、市场经济都进入了基本经济制度的范围。

确立中国特色社会主义制度，是中国共产党长期奋斗逐步积累的成果，是改革开放以来取得的历史性成就。这一制度，符合我国国情，顺应时代潮流，有利于保持党和国家活力、调动广大人民群众和社会各方面的积极性、主动性、创造性，有利于解放和发展社会生产力、推动经济社会全面发展，有利于维护和促进社会公平正义、实现全体人民共同富裕，有利于集中力量办大事、有效应对前进道路上的各种风险挑战，有利于维护民族团结、社会稳定、国家统一。它集中体现了中国特色社会主义的特点和优势，是当代中国发展进步的根本制度保障。

当然，中国特色社会主义还在不断探索和实践的过程中。因此，中国特色社会主义制度还没有定型，还需要继续丰富、发展和完善。邓小平设想，到建党 100 周年时，要争取在各方面形成比较成熟的制度。十七大把“各方面制度更加完善”列入全面建设小康社会的新要求中。随着第一个百年奋斗目标的实现，十九届六中全会通过的《历史决议》确认：“党的十八大以来，党不断推动全面深化改革向广度和深度进军，中国特色社会主义制度更加成熟更加定型”。面向未来，我们面临的重要任务之一，仍然是把制度建设摆在更加重要的位置上，通过实践探索，进一步丰富和完善中国特色社会主义制度，努力使这一制度成为中华民族长治久安、不断发展的最基本的保障条件。

“中国特色社会主义制度”，这个称谓和范畴，鲜明而响亮。但还是有人问：为什么要在社会主义制度前面加上“中国特色”四个字呢？正如有些人对中国特色社会主义表示怀疑一样，这些人认为只能强调社会主义，而没有必要加上“中国特色”。

这种怀疑和主张，其实都没有了解新中国制度的发展变化，也没有明白中国特色社会主义的真谛。

中华人民共和国成立后，我们建立了社会主义基本制度。改革开放后，对经济、政治、社会、文化、科技等各方面的体制进行了广泛而深刻的改革。因此，中国的社会主义制度已经发生了深刻的变化。在实践的基础上，我们或者对原有的制度进行了广泛的改造，或者通过创新建立了很多新的具体制度乃至重大的制度。因此，单用原先的“社会主义制度”，既无法与世界上各种各样、形形色色的所谓“社会主义制度”加以区分，无法与苏联模式的传统社会主义模式加以区分，也难以准确反映我们今天的各项制度，难以客观反映改革开放在制度建设上取得的成果。

举例来说，早在1954年就确立的人民代表大会制度，就与苏维埃制度有很大差别，早在1949年就确立的中国共产党领导的多党合作和政治协商制度，还有非常特殊的民族区域自治制度，就与苏联模式有很大差别。而这些制度，自改革开放以来，又作了进一步的改革和完善。

至于改革开放以来创立和形成的各种制度，更是书本和外国都没有的。如公有制为主体、多种所有制经济共同发展，按劳分配为主体、多种分配方式并存等基本经济制度，党的建设新的伟大工程中的很多制度等，都是中国特色社会主义制度的重要内容和组成部分。几乎是任何书本或外国都找不到的。

对于所有这些“中国特色”的创造，我们为什么不能大大方方地认可呢？为什么不能有实实在在的自信呢？为什么还要把它淹没在其他形形色色，尤其还不如中国的那些制度之中呢？

此制度与彼制度之间，既有传承，又有发展；既有坚守，又有创新；既有共同点，又有不同点。如果将两者割裂开来，是不准确、不科学的；但如果仍将两者完全等同，也是不准确、不科学的。

中国特色社会主义制度，既不同于传统的社会主义模式，更不同于其他任何国家的模式。它是一套建立在中国基本国情基础之上、把科学社会主义的基本原则与中国当代实际和时代实际结合起来的、独特的制度体系。这套制度，书本上找不到，外国找不到，是中国人民的伟大创造，是改革开放的伟大创造。

所以，使用“中国特色社会主义制度”的范畴，更加准确、科学地反映了当代中国改革开放的现实成果，更加准确、科学地反映了中国特色社会主义制度的内涵和外延。

因此，坚持中国道路，就要正确认识和辨析“此制度”与“彼制度”的关系。既要看到中国特色社会主义制度与书本上的社会主义制度、与苏联模式的传统社会主义制度、与改革开放前的社会主义基本制度的内在联系和共同点，又要看到中国特色社会主义制度与这些种种制度的差别，看到我们所作的创造和变革，特别是还要与世界上其他种种制度区分开来。

有些人用改革开放以来中国特色社会主义取得的成就，去论证改革开放前传统制度的优越性，进而认为改革开放是没有必要的，甚至是错误的。这种主张在政治上是错误的，在逻辑上是混乱甚至荒谬的。

中国特色社会主义制度将要继续前进。党的十九大指出：必须坚持和完善中国特色社会主义制度，不断推进国家治理体系和治理能力现代化，坚决破除一切不合时宜的思想观念和体制机制弊端，突破利益固化的藩篱，吸收人类文明有益成果，构建系统完备、科学规范、运行有效的制度体系，充分发挥我国社会主义制度优越性。

党的二十大要求，在新时代新征程上，必须“深入推进改革创新，坚定不移扩大开放，着力破解深层次体制机制障碍，不断彰显中国特色社会主义制度优势，不断增强社会主义现代化建设的动力和活力，把我国制度优势更好转化为国家治理效能”。

70. 中国特色与世界胸怀

20 世纪 80 年代初,英国的培格曼出版公司希望用英文在国外出版一本邓小平的文集。邓小平答应了。1981 年 2 月,邓小平为这本文集作序。序言中的两句话,令我们深为感动:“我荣幸地以中华民族一员的资格,而成为世界的公民。我是中国人民的儿子,我深情地爱着我的祖国和人民。”

“中国人民的儿子”与“世界公民”,含义深刻。两者辩证地统一在一起,也辩证地统一在党章里。

中国共产党党章总纲里,有一段是对国际问题的立场和态度。许多人学习党章,恐怕未必会注意到这一段。其实这一段与其他内容一样,也是非常重要的。所以,从最早的党章开始,100 多年来,也做过很多次重要的修改,实际上反映了我们对国际问题的认识,反映了我们党的对外立场和政策,也反映了我们党对中国与外部世界关系的认识。

二十大党章中的这段话一开头就指出:“中国共产党坚持独立自主的和平外交政策,坚持和平发展道路,坚持互利共赢的开放战略,统筹国内国际两个大局,积极发展对外关系,努力为我国的改革开放和现代化建设争取有利的国际环境。”这是我们党的基本的对外战略或国际战略。制定这样一种战略的背后,是经过不断调整而形成的我们对中国与外部世界关系的基本认识和理念。

这里,我们就从这样的角度,来考察中国特色社会主义与外部世界的关系问题。

中国特色的社会主义中的“中国特色”四个字,当然强调了中国的国情、中国的根基、中国的创造、中国的特点。但是,它能否理解为仅仅是局限于中国的产物而与外部世界无关呢?显然不能。“中国特色”是与“外部世界”相对应的。准确把握中国道路,就必须注意把握中国特色与世界眼光、中国特色与世界胸怀的辩证统一。

世界是个大系统,一个国家发生的事件和变动,往往会有一定的国际背景并会产生不同程度的国际影响；而整个世界的变动、趋势和潮流，也同样会反转来影响到某个国家内部。而且，世界还是一个竞争和博弈的大舞台。一个国家要促进自己的发展、维护自己的利益，不能离开这个舞台，而必须勇敢地走上这个舞台，顺应潮流，应对挑战，正确谋划和处理与外部世界的关系。

中国特色社会主义，就是在这种中国与世界的双向互动中走出来的。

中国共产党从1922年的二大起，就参加了共产国际，成为共产国际的一个支部。在长期革命斗争中，受到共产国际和苏联的支持、指导和帮助，但也受到不正确的干预，造成过严重的损失。后来，以毛泽东同志为主要代表的中国共产党人，经过艰难探索，走出了一条中国式的革命道路。

新中国成立之后，我们创建的各种基本制度，根据中国国情，作出了有一定甚至很大特色的创造。但总体上还是学习了苏联的经验。特别是管理体制上，很大程度照搬了苏联的模式。在对社会主义的很多认识问题上，把苏联的一切体制和做法等同于社会主义，把经典著作上的一些论断当作教条对待。结果带来了很多复杂的问题，造成了很大弊端。

邓小平在十二大开幕词中指出："我们的现代化建设，必须从中国的实际出发。无论是革命还是建设，都要注意学习和借鉴外国经验。但是，照抄照搬别国经验、别国模式，从来不能得到成功。这方面我们有过不少教训。"正是在郑重地研究、总结、吸取这些经验教训的基础上，邓小平才得出了"走自己的道路，建设有中国特色的社会主义"的基本结论。这个结论，标志着中国社会主义的立足点，将坚定地放在中国国情的基础上。

但是，坚持走自己的道路，并不等于埋头拉车不看世界；强调中国特色，也并不等于关上国门不与世界交往。

改革开放前的中国，由于"左"的错误的干扰，曾经实行封闭半封闭的政策，拉大了与发达国家的差距。"文化大革命"一结束，我们突然发现，当时的世界经济快速发展，科技进步日新月异，人类社会生活正在以前所未有的速度发生深刻的变化。社会主义已经面临严峻的挑战，中国也面临着严峻的挑战。

所以,1978 年春夏,中国高层组织了两个赴国外考察团。开眼看世界,深感世界之大、变化之快,中国不应自我封闭,而应扩大对外经济文化交流和吸引外资,参与国际市场竞争。考察团回国后,把所见所闻及其认识报告中央,受到中央决策层的重视。

邓小平等老一辈革命家,把握世界发展的趋势和潮流,客观分析中国与世界的差距和内在联系,果断决策并强调,实行改革开放,是现代化大生产的客观要求,是世界经济发展的必然产物,是中国走向现代化的必由之路。中国必须通过改革开放尽快赶上时代潮流。如不改革,就很可能要被开除球籍。邓小平一再要求放眼世界、放眼未来、放眼一切方面,也放眼当前。强调:我们要赶上时代,这是改革要达到的目的。所以,改革二字,一开始便与开放联系在一起。改革就要开放,开放也是改革。

40 多年来,党和国家坚持对外开放的基本国策,加快发展开放型经济。从建立经济特区到开放沿海、沿江、沿边、内陆地区再到加入世界贸易组织,从大规模“引进来”到大踏步“走出去”,利用国际国内两个市场、两种资源水平显著提高,国际竞争力不断增强。随着开放的不断扩大,我们成功实现了从封闭半封闭到全方位开放的伟大历史转折。与世界日益广泛深入的合作加快了我国经济发展,也为世界经济发展作出了重大贡献。

在开放的过程中,我们既坚持和弘扬中国自己的优良传统,又虚心学习世界文明发展的优秀成果。中国派出大量留学生和科研人员到国外学习,通过引进外资、引进外国机器设备学习先进技术和管理经验。通过人员往来和信息交流,紧紧瞄住世界生产力、科技文化发展最前沿的动向和趋势。

通过开放,中国加强了与世界文明的融合。甚至现在不少文件上的用语,如可持续发展、环境友好型社会、软实力等,都是从国外学来的。中国随时随地关注世界潮流的变动,兼收并蓄,海纳百川,使中国的经济、政治和文化,都充分体现了时代精神和创造精神,使中华文明越来越赶上潮流,走在时代前列。

不仅如此，中国还越来越勇敢地到世界舞台上去博弈。站在国际大局与国内大局相互联系的高度，审视中国和世界的发展问题，思考和制定中国的发展战略，坚持独立自主的和平外交政策，坚持走和平发展道路，坚持互利共赢的开放战略，推动建设持久和平、共同繁荣的和谐世界，推动构建人类文明共同体，为中国发展争取良好国际环境，也为世界和平与发展作出重要贡献。

中国既坚持自己选择的社会制度和发展道路，把独立自主、自力更生作为自己发展的根本基点，把国家主权和安全放在第一位，坚决维护国家主权、安全和发展利益，反对外部势力干涉中国内部事务；同时，又坚持推动构建人类命运共同体。强调中国人民的梦想同各国人民的梦想息息相通，实现中国梦离不开和平的国际环境和稳定的国际秩序。必须统筹国内国际两个大局，始终不渝走和平发展道路、奉行互利共赢的开放战略，坚持正确义利观，树立共同、综合、合作、可持续的新安全观，谋求开放创新、包容互惠的发展前景，促进和而不同、兼收并蓄的文明交流，构筑尊崇自然、绿色发展的生态体系，始终做世界和平的建设者、全球发展的贡献者、国际秩序的维护者。二十大党章还加进了“弘扬和平、发展、公平、正义、民主、自由的全人类共同价值”的重要主张。

所以，中国特色社会主义，既是基于中国国情的必然选择，也是基于当今世界发展潮流的必然选择；既是基于中国历史文化传统的必然选择，也是基于应对世界各种风险挑战的必然选择；既是拒绝照搬国外各种模式的必然选择，也是大胆吸收世界先进文明成果的必然选择。

中国特色社会主义，是中国特色与世界眼光的统一，是中国国情与世界环境的统一，是中国选择与世界博弈的统一，也是中国利益与世界胸怀的统一。

党的二十大要求：“必须坚持胸怀天下。中国共产党是为中国人民谋幸福、为中华民族谋复兴的党，也是为人类谋进步、为世界谋大同的党。我们要拓展世界眼光，深刻洞察人类发展进步潮流，积极回应各国人民普遍关切，为解决人类面临的共同问题作出贡献，以海纳百川的宽阔胸襟借鉴吸收人类一切优秀文明成果，推动建设更加美好的世界。”

71. 足以自信但勿自大

党章载明并强调高举中国特色社会主义旗帜，既是对党和国家发展方向的认定，也反映了对中国特色社会主义的自信。

党的十八大以来，习近平总书记一再要求增强对中国特色社会主义的自信。他在庆祝中国共产党成立95周年大会上强调："坚持不忘初心、继续前进，就要坚持中国特色社会主义道路自信、理论自信、制度自信、文化自信，坚持党的基本路线不动摇，不断把中国特色社会主义伟大事业推向前进。"

党的十九大不仅再次强调了"四个自信"，而且写进了党章，要求"坚定道路自信、理论自信、制度自信、文化自信"。

党的二十大在大会主题中，要求"自信自强"。在新时代中国特色社会主义思想的世界观和方法论中，强调"必须坚持自信自立"。二十大党章坚持这"四个自信"，并在党员必须履行的义务中，要求党员坚定"四个自信"。

中国特色社会主义值得不值得自信？答案是毋庸置疑的。

习近平总书记指出，"中国特色社会主义是不是好，要看事实，要看中国人民的判断"。

1978年，我国经济总量只有3645亿元，此后不断攀升。2001年超过意大利居世界第六位。2005年超过法国居世界第五位。2006年超过英国居世界第四位。2007年超过德国居世界第三位。2010年超过日本居世界第二位。我国经济总量占世界的份额，由1978年的1.8%提高到2012年的11.5%。

党的二十大报告宣布，十八大以来的十年中，我国国内生产总值从54万亿元增长到114万亿元，我国经济总量占世界经济的比重达18.5%，提高7.2个百分点，稳居世界第二位；人均国内生产总值从39800元增加到81000元。

2009年，我去日本参加会议，日本记者采访我，其中一个很大的问题，就是中国会在什么时候超过日本成为世界第二位？答案由事实来回答了：2010 年，中国的经济总量超过日本，成了世界第二位。

中国特色社会主义的成就当然不限于这些方面，它还表现在其他方方面面。

中国特色社会主义取得的成就已经是客观事实，也已经是世界公认。中国的历史性变化、历史性成就，许多外国朋友都称之为“中国奇迹”。

2011 年 7 月，微软前首席运营官罗伯特·赫博尔德发表一篇文章，题目居然叫《中国和美国，到底谁是发达国家、谁是发展中国家？》。外国人夸中国、骂中国的文章我见过很多，不值得大惊小怪。但从这样的角度来进行比较和提出问题，还是第一次。

谁是发达国家、谁是发展中国家，难道这还要问吗？本来不需要。但文章问了，而且不是在开玩笑，很认真的。那么，他怎么回答的呢？他对中美两国从几个方面进行了比较。

他说，在基础设施上，“洛杉矶正在日益衰败。它的机场又小又脏，小到无法应付它试图接待的客流，而且年久失修。相比之下，北京和上海的机场则崭新而干净，大到令人难以置信”。

在政府领导人方面，“这方面的差距大得惊人。在我们与中国的 4 个不同客户以及 4 个不同政府部门代表举行的每一次会议上，东道主在开始陈述时都会先简要介绍一下中国的新五年规划。新五年规划有 3 个重点：推进国内创新；在环境保护方面取得巨大进展；继续创造就业机会，雇用从农村转移到城市的大量人口。你能想象美国国会和总统会像中国通常所做的那样，拿出一项一致的五年规划并真正付诸实施吗？”

在政府财政方面，“说实话，这个话题令人尴尬。中国在管理经济时的谨慎令人难以置信，而且还坐拥数万亿美元外汇储备。相比之下：美国政府多年来的财政管理工作十分糟糕，对一场可能出现的希腊式灾难不当回事。”

他做的这种比较，我认为还是客观的、符合事实的。因为我 1985 年经巴黎去维也纳访问。初次到戴高乐机场，置身在那座圆盘形的候机大厅时，强烈地感受到现代化的冲击，与刘姥姥进大观园差不多。但是，到 20 世纪 90 年代和 21 世纪初再去巴黎、再去这座候机大厅时，却感到设施、装修怎么这么陈旧？其实，候机大厅还是原来的候机大厅，但参照系完全变了。在中国，一座座现代化的宏伟建筑不断拔地而起。眼里看多了，见到稍微差一点的，感觉就很不一样了。

当然，中国与美国相比，仍然是发展中国家，美国仍然是最大的发达国家。这是毋庸置疑的。理由就不用说了。我想，作者的意思也并非真的认定中国已是发达国家，而不过是要对美国人敲敲警钟，以此作为激励罢了。

在庆祝中国共产党成立 95 周年大会上，习近平总书记作出了一系列充满自信的论断：

（一）“使中国赶上了时代，实现了中国人民从站起来到富起来、强起来的伟大飞跃。”①

邓小平强调，改革开放的目的是赶上时代。将近 40 年来，我们一直在赶。赶上了没有？习近平总书记的回答是，赶上了时代。

将近 40 年来，中国富了起来，进而期望再强起来。习近平总书记的回答是，实现了到强起来的飞跃。

（二）“彻底摆脱被开除球籍的危险”。

20 世纪 60 年代初，毛泽东已经意识到球籍问题。1956 年在八大预备会上，他说：“你有那么多人，你有那么一块大地方，资源那么丰富，又听说搞了社会主义，据说是有优越性，结果你搞了五六十年还不能超过美国，你像个什么样子呢？那就要从地球上开除你的球籍！”②

20 世纪 80 年代改革潮流兴起的时候，党中央再提球籍问题。大声疾呼，如果再不进行改革，就要被开除球籍了。

现在，我们还有没有被开除球籍的危险？习近平总书记的回答是，已经“彻底摆脱被开除球籍的危险”。

（三）“牢牢占据推动人类社会进步、实现人类美好理想的道义制高点。”

---

① 习近平：《论中国共产党的历史》，中央文献出版社 2021 年版，第 118 页。

② 《毛泽东文集》第 7 卷，人民出版社 1999 年版，第 89 页。

这是说明我们已经占据了道义制高点。

（四）“当今世界，要说哪个政党、哪个国家、哪个民族能够自信的话，那中国共产党、中华人民共和国、中华民族是最有理由自信的。”

这已经不是光说我们自己了，而是把中国与世界所有国家、政党、民族进行比较，得出结论，我们是最有理由自信的。

（五）“中国共产党人和中国人民完全有信心为人类对更好社会制度的探索提供中国方案。”

习近平总书记第一次使用了“中国方案”一词。说明在寻找更好社会制度过程中，中国已经足以提供一套供世界选择和采用的方案了。

（六）“中国将积极参与全球治理体系建设，努力为完善全球治理贡献中国智慧”。

这里第一次使用了“中国智慧”一词。

（七）“我们完全可以说，中华民族伟大复兴的中国梦一定要实现，也一定能够实现。”

1954 年，在第一届全国人大一次会议开幕时，毛泽东说道：“我们的目的一定要达到。我们的目的一定能够达到。”习近平总书记套用了当年毛泽东的表达方式和语气，同样非常豪迈。

2021 年，在庆祝中国共产党成立 100 周年大会上，习近平总书记进一步指出：“一百年前，中国共产党成立时只有 50 多名党员，今天已经成为拥有 9500 多万名党员、领导着 14 亿多人口大国、具有重大全球影响力的世界第一大执政党。”“一百年前，中华民族呈现在世界面前的是一派衰败凋零的景象。今天，中华民族向世界展现的是一派欣欣向荣的气象，正以不可阻挡的步伐迈向伟大复兴。”

所有的自信，都要注意这里的主题词，我们自信的是什么？是中国特色社会主义，而不是其他什么主义，我们自信的道路，是经过改革开放而创立的新路，而不是老路和邪路。

同时，我们特别需要注意，自信不等于自傲、自大。要科学地认识和对待中国特色社会主义，关键是掌握“辩证”两个字。辩证地看，40 多年来，中国确实发生了巨大的变化和进步，给世界留下了深刻印象。但另一方面，中国自己也还存在着很多问题，需要继续解决。所以，总体上，中国还不能算是发达国家，而只是一个发展中国家。因此，自信可以，但不能自傲。

当年的晚清王朝，不了解世界的发展和进步，却自以为是世界的老大，不思进取，狂妄自大。马克思、恩格斯在肯定中国文明贡献的同时，曾经尖锐地批评了这种封闭性、保守性和落后性。

在1850年写的《时评。1850年1—2月》中，马克思、恩格斯把中国称作“世界上最古老最巩固的帝国”，就它的落后性来说，甚至是“最反动最保守的堡垒”①。

马克思说：“仇视外国人，把他们排除在帝国之外，这在过去仅仅是出于中国地理上、人种上的原因，只是在满族鞑靼人征服了全国以后才形成一种政治原则。毫无疑问，17世纪末竞相与中国通商的欧洲各国彼此间的剧烈纷争，有力地助长了满族人实行排外的政策。”

“可是，更主要的原因是，这个新的王朝害怕外国人会支持一大部分中国人在中国被鞑靼人征服以后大约最初半个世纪里所怀抱的不满情绪。”②

马克思说，“与外界完全隔绝曾是保存旧中国的首要条件”，而当这种野蛮的、闭关自守的、与文明世界“隔绝状态”“被暴力所打破的时候”，“接踵而来的必然是解体的过程，正如小心保存在密闭棺材里的木乃伊一接触新鲜空气便必然要解体一样”③。

在《鸦片贸易史》一文中，马克思揭露了天朝帝国的自大和保守的惰性：“一个人口几乎占人类三分之一的大帝国，不顾时势，安于现状，人为地隔绝于世并因此竭力以天朝尽善尽美的幻想自欺。这样一个帝国

---

① 《马克思恩格斯全集》第10卷，人民出版社1998年版，第277页。

② 《马克思恩格斯选集》第1卷，人民出版社2012年版，第784页。

③ 《马克思恩格斯全集》第12卷，人民出版社1998年版，第115—116页。

注定最后要在一场殊死的决斗中被打垮。”①

马克思、恩格斯的这些分析和预言，甚至语言本身，都令人震惊。

虽然今日的中国与当年的中国，已是天壤之别，但马克思、恩格斯对自傲自大带来灾难性后果的分析，在任何时候都需要我们高度警觉。

多年来，党中央一直要求我们居安思危、警钟长鸣，树立牢固的忧患意识。强调要经受“四大考验”，即“执政考验、改革开放考验、市场经济考验、外部环境考验”，指出这些考验是长期的、复杂的、严峻的。后来，又进一步提出了“四种危险”，指出：“精神懈怠的危险，能力不足的危险，脱离群众的危险，消极腐败的危险，更加尖锐地摆在全党面前”。

党的二十大指出：“我国改革发展稳定面临不少深层次矛盾躲不开、绕不过，党的建设特别是党风廉政建设和反腐败斗争面临不少顽固性、多发性问题，来自外部的打压遏制随时可能升级。我国发展进入战略机遇和风险挑战并存、不确定难预料因素增多的时期，各种‘黑天鹅’、‘灰犀牛’事件随时可能发生。我们必须增强忧患意识，坚持底线思维，做到居安思危、未雨绸缪，准备经受风高浪急甚至惊涛骇浪的重大考验。”

所以，中国人始终都要自信，但这种自信必须建立在实事求是的基础之上；必须客观准确地认识中国和外部世界各自的长处和短处；必须始终谦虚地向世界学习，始终紧跟时代；即使在某些方面引领时代的同时也要在很多方面追赶时代。中华民族永远都要记住：自大不是兴奋剂，而是一副毒药。

72. 制度与治理的“量子纠缠”

量子力学是20世纪创立的一门新兴的科学。在众多的量子现象中，最奇妙、最吸引科学家关注的是量子纠缠。

---

① 《马克思恩格斯选集》第1卷，人民出版社2012年版，第804页。

所谓量子纠缠，用科学的语言来说，非常复杂。但如果通俗化一点，就是指处于纠缠状态的两个量子，不论相隔多远，都会存在一种关联，其中一个量子状态发生了改变，另一个量子的状态也会瞬时发生相应改变，这种变化与空间的大小和距离的远近无关。

举例来说，两个向相反方向移动但速率相同的电子，即使一个行至太阳边，一个行至冥王星边，在如此遥远的距离下，它们仍保有关联性（correlation）；亦即当其中一个被操作（例如量子测量）而状态发生变化，另一个也会即时发生相应的状态变化。

这种量子纠缠非常奇妙，甚至不可思议。但已经得到科学验证。2017 年 6 月 16 日，中国的量子科学实验卫星墨子号首先成功实现：两个量子纠缠光子被分发到相距超过 1200 公里的距离后，仍可继续保持其量子纠缠的状态。

2022 年的诺贝尔物理学奖发给了三名科学家，分别是法国科学家阿兰·阿斯佩、美国科学家约翰·克劳泽和奥地利科学家安东·蔡林格。这三名科学家的研究方向都是量子纠缠。诺奖发给他们，是表彰他们在“纠缠光子实验、验证违反贝尔不等式和开创量子信息科学”方面所作出的贡献。

由量子纠缠，我脑洞“小”开，忽然想到了制度与治理。

党的十八届三中全会第一次提出“国家治理体系和治理能力现代化”的重大命题，并把“推进国家治理体系和治理能力现代化”与“完善和发展中国特色社会主义制度”一起，作为全面深化改革的总目标。

党的十九大作出到本世纪中叶把我国建成社会主义现代化强国的战略安排时，制度建设和治理能力建设就是其中重要的组成部分。其目标是：到 2035 年，“各方面制度更加完善，国家治理体系和治理能力现代化基本实现”；到本世纪中叶，“实现国家治理体系和治理能力现代化”。

十九大在修改党章时，在有关段落增写了“要全面深化改革，完善和发展中国特色社会主义制度，推进国家治理体系和治理能力现代化”①。

2019年10月，十九届四中全会用一次中央全会专门研究国家制度和国家治理问题，这在党的历史上是第一次。全会作出《中共中央关于坚持和完善中国特色社会主义制度、推进国家治理体系和治理能力现代化若干重大问题的决定》，系统总结我国革命、建设、改革进程中的制度演变、制度创新、理论成果、实践成果，把坚持和完善中国特色社会主义制度、推进国家治理体系和治理能力现代化，作为一项重大战略任务，提到了全党全国人民面前。

全会指出：中国特色社会主义制度是党和人民在长期实践探索中形成的科学制度体系，我国国家治理一切工作和活动都依照中国特色社会主义制度展开，我国国家治理体系和治理能力是中国特色社会主义制度及其执行能力的集中体现。

为什么要在制度之外再提出一个治理问题呢？

这就很有点像量子纠缠了。

制度与治理，是两个概念。但两者密切相连。

“制度”这个词，我们很熟悉。所谓制度，就是由宪法、法律、党章、党规以及其他方式规定的具有强制性、稳定性的各种规范，是在不同范围内要求人们遵循的办事规程、行为准则和运作程序。制度有大有小，大的如社会制度，小的如作息制度。单一的制度是制度。一群小制度也可以构成一个大制度，或者构成一个制度体系。在十九届四中全会的《决定》中，“制度”一词出现了222次。

所谓治理，是指运用一定的手段和方式，对特定的事物加以管理、调整、改造，使其达到有序状态、符合一定要求的活动和过程。在十九届四中全会的《决定》中，“治理”一词出现了83次。

今天我们所讲的国家治理，是指中国共产党领导全国各族人民，依据宪法、法律和党内法规等规范，按照人民意愿，运用政权力量和其他多种方式，对国家、社会的全部运行和秩序及相关要素、人民生活进行管

① 《中国共产党第十九次全国代表大会文件汇编》，人民出版社2017年版，第71页。

理、整合、引导、控制、调整和改革，使其达到和保持政治稳定、经济发展、文化繁荣、民族团结、人民幸福、社会安宁、国家统一状态的全部活动和过程。

而所谓治理体系，就是参与和实施治理的全部要素、手段、方式和环境、条件的总和，即体系化的治理结构和要素。

治理体系，首先包含制度，甚至主要的部分是制度，但又不仅仅是制度，它还包括参与治理的各种主体力量、治理的机制和规则、治理的方式方法等。它是多种主体力量共同参与的整合、治理的全部过程和因素。

制度与治理，相辅相成，辩证统一。制度好不好，检验和评价的标准是什么？归根结底要看治理的效果。治理效果的好与坏，根本上又取决于制度是否科学和完善。所以，建设和发展中国特色社会主义，必须把制度和治理两个方面有机地结合起来，真正把中国特色社会主义制度的优势转化为国家治理的效能。

这种关系，像不像量子纠缠？我觉得，很有点量子纠缠的味道。

发现量子纠缠，是为了利用量子纠缠。

例如，我们现有的无线通信，速度达到了光速，这在地球上可以做到即时通信，可是在以光年为单位的浩瀚宇宙中，光速也只是龟速，太慢了，火星探测器的信号传回地球，需要 11 分钟，“旅行者号”的信号则需要 17 小时。若是星际探测，一次通信少则几年，多则可能数十年，数百年。

但是，以量子纠缠为基础的量子通信，可以做到无视距离，即使星际飞船距离地球有数光年，数十光年远，也可以做到即时通信。这对于人类进行太空探索太重要了。

认识制度与治理的关系，也是为了通过两者的结合取得最大的效能，即真正把中国特色社会主义的制度优势转化为国家治理的效能。

《决定》明确提出并规定了“三步走”的分阶段目标：首先，到我们党成立 100 年时，在各方面制度更加成熟更加定型上取得明显成效；接着，到 2035 年，各方面制度更加完善，基本实现国家治理体系和治理能力现代化；然后，到新中国成立 100 年时，全面实现国家治理体系和治理能力现代化，使中国特色社会主义制度更加巩固、优越性充分展现。

为此，既要保持中国特色社会主义制度和国家治理体系的稳定性和延续性，又要抓紧制定国家治理体系和治理能力现代化急需的制度、满足人民对美好生活新期待必备的制度。

《决定》一共列举了13个大的方面的制度、体制和制度体系。这13个方面，就是文件中的13个部分，但它们有的叫制度体系，有的叫“法治体系”，有的叫“行政体制”，有的叫“制度”，有的叫“政策”。每一个方面都是一个大的领域或方面，它们从总体上构成了中国特色社会主义制度和国家治理体系的总体框架。

进一步展开进行简略梳理和不完全统计，全文大大小小一共提出了13个“制度体系”，如“党的领导制度体系”“基本公共服务制度体系”“生态文明制度体系”等。它们与上述13个方面的制度体系不完全对应，但每个也都包含着丰富的内容。

从比较具体的制度来说，《决定》一共提出了150多项直接标以“制度”的制度，如“社会公平正义法治保障制度”“市场准入负面清单制度”“多主体供给、多渠道保障、租购并举的住房制度”等。其他很多虽然没有直接标以“制度”，但也不同程度地具有制度的性质。

《决定》提出了70多个“体系”，如“党和国家机构职能体系”“国家实验室体系”“农村留守儿童和妇女、老年人关爱服务体系”等。

《决定》还提出了将近40个“体制”或“体制机制”，如“以管资本为主的国有资产监管体制”“科技伦理治理体制”“全员、全程、全方位育人体制机制”等。

此外，《决定》还提出了将近50个“机制”，如“国际宏观经济政策协调机制”“诚信建设长效机制”“危机干预机制”等。

这么多的制度、治理、体制、机制、体系，给人以眼花缭乱、应接不暇之感。它们意味着什么？表明了什么？

它们标志着中国特色社会主义制度和国家治理进一步走向了系统化、整体化和规范化的高度；意味着我们改革开放以来作出的大量探索、创新和成果，都纳入了这种系统化、整体化、规范化的制度体系和治理体系之中；同样，我们未来奋斗、努力、改革、创新的一个基础性、战略性任务，就是要按照《决定》的部署，以坚持和完善中国特色社会主义制度、推进国家治理体系和治理能力现代化为主轴，把制度建设和治理能力建设摆到更加突出的位置，继续深化各领域各方面体制机制改革，推动各方面制度更加成熟更加定型，推进国家治理体系和治理能力现代化。

提出国家治理问题，既是要健全和完善我们已有的治理体系，更是要推进国家治理体系和治理能力的现代化。强调国家治理和治理体系、治理能力问题，就要坚定不移地坚持国家治理现代化的方向，推进国家治理现代化的进程。

在《决定》中，“现代化”是除“制度”“治理”两个词之外又一个重要的关键词。“现代化”界定了制度和治理建设的基本方向，是贯穿所有制度体系和治理体系建设的灵魂。它关系到我们的制度和治理“向什么方向巩固、发展和完善”的问题。

国家治理体系和治理能力的现代化，包含在我们建设社会主义现代化强国的战略目标之内，是中国社会主义现代化建设的一个极其重要的战略目标和战略任务，同时，又对全面实现我们的社会主义现代化起着极其重要的保障作用。

从一般意义上来说，推进国家治理体系和治理能力的现代化，就是要适应时代变化，既改革不适应实践发展要求的体制机制、法律法规，又不断构建新的体制机制、法律法规，使各方面制度更加科学、更加完善，实现党、国家、社会各项事务治理民主化、法治化、科学化、规范化、高效化、普惠化，使国家治理者善于运用法治思维和法律制度治理国家，把各方面的制度优势转化为治理国家的效能，提高党科学执政、民主执政、依法执政的水平。

《决定》对国家治理体系和治理能力现代化提出了许多重要的要求，强调要“加强系统治理、依法治理、综合治理、源头治理，把我国制度优势更好转化为国家治理效能”；“通过完善制度保证人民在国家治理中的主体地位”;“坚持人民主体地位”,“使各方面制度和国家治理更好体现人民意志、保障人民权益、激发人民创造”。

党的二十大重申:到2035年,要“基本实现国家治理体系和治理能力现代化”。未来五年,“改革开放迈出新步伐,国家治理体系和治理能力现代化深入推进”。

十二、路线纲领

73. 决定中国命运的关键一招

邓小平第三次复出时，已经73岁。但其思想活跃和解放的程度，让许许多多60岁、50岁，甚至20岁的年轻人都自叹弗如。用邓小平自己的评价："我算是比较活泼的人，不走死路的人。"

就是这么一个已经73岁的老人，却在神州大地上，推动干起了一件惊天动地的大事，这就是改革开放。

改革开放，对于中国的命运，起着决定性的作用，对于党章的发展变化，也起着决定性的作用。要理解新时期党章的历史沿革和基本内容，就必须首先了解改革开放。

随着改革开放的推进，党章已经给予改革开放以充分的肯定。所以，党的十八大前的党章，已经写上了："坚持改革开放，是我们的强国之路。要从根本上改革束缚生产力发展的经济体制，坚持和完善社会主义市场经济体制；与此相适应，要进行政治体制改革和其他领域的改革。要坚持对外开放的基本国策，吸收和借鉴人类社会创造的一切文明成果。改革开放应当大胆探索，勇于开拓，提高改革决策的科学性，增强改革措施的协调性，在实践中开创新路。"

到党的十八大，党章在这一段中，又加上了几句："只有改革开放，才能发展中国、发展社会主义、发展马克思主义。"

"只有"一词，说明了"改革开放"这个条件的必要性、唯一性。也就是说，如果没有改革开放，就不能发展中国、发展社会主义、发展马克思主义。党章使用这样的语言，充分说明了改革开放的必要性、重要性。

当年邓小平直截了当地说："改革开放是决定中国命运的一招。"如此直白，如此简洁，如此明了！要说改革开放的重要性，没有比这一句话更有分量的了。

为什么说是决定中国命运的一招呢？可说的道理、可举的事例太多了。我们只说中国老百姓都有实际体验的一个变化。

当年的我们，都熟知各种票证。五花八门的票证，简直是太普遍了。粮票、米票、面票、油票、糖票、布票、花生票、柿子饼票、手表票、收音机票、自行车票、缝纫机票，等等。这种票证，可不是无关紧要的东西，它关系到每一个人的基本生活，甚至关系到每一个人的生存。

这种现象，说明了供给的短缺。过去，几乎所有社会主义国家的经济生活中都有一个普遍现象，就是"短缺"。由于生产力不发达，商品供应不足，人民生活消费品普遍短缺。由于短缺，中国只能采用发票证的办法来保证人们最低水平的消费需求。甚至当年国外还形成了一门独特的经济学科，叫"短缺经济学"。

现在回过头来看一看，这种短缺现象，是谁最早也是最好地解决了的呢？无疑是中国。什么时候？其实相隔不远，就在 20 世纪 90 年代。当时的中国经济，第一次遇到了内需不足的问题。内需不足，意味着中国经济发生了一个从商品短缺到相对过剩、从卖方市场向买方市场的转变。虽然也有老百姓购买力相对不足的情况，但总的来说，不再是老百姓愁买不到东西，而是供过于求，商场愁东西卖不出去了。

这种变化，是伴随着改革开放而发生的。改革开放 40 多年，从农村改革到城市改革，从经济体制改革到政治体制改革，从文化、科技、教育体制改革到社会生活各个方面的改革；从封闭半封闭状态到走向全方位、多层次、宽领域的对外开放；从改革传统计划经济体制到建立社会主义市场经济体制并逐步完善……所有这些改革，极大地解放和发展了社会生产力。

带来的是，农村变了，城市变了，整个国家的面貌变了；穿着变了，谈吐变了，人们的精神面貌变了。从东部沿海到西部边疆，从北部边陲到南国小镇，古老的中华大地不断发生着日新月异的变化。

这种变化，清楚地说明了改革开放带来的生机和活力、成就和贡献。如果没有改革开放，这种变化能不能发生？票证能不能消失？答案无法选择，只能是：不可能发生！

党的十七大报告用三个“最”和三个“面貌”高度概括了这一历史新时期。三个“最”就是：新时期最鲜明的特点是改革开放，新时期最显著的成就是快速发展，新时期最突出的标志是与时俱进。三个“面貌”即：中国人民的面貌、社会主义中国的面貌、中国共产党的面貌发生了历史性变化。

从十一届三中全会到现在，改革开放已经持续了 40 多年。如果要分阶段的话，大致可以分为 4 个阶段。

第一个阶段，从十一届三中全会到十三届四中全会，是改革开放起步和全面展开的阶段。第二个阶段，从十三届四中全会到十六大，是改革开放以建立社会主义市场经济为主线深入发展的阶段。第三个阶段，从十六大到十八大，是改革开放沿着科学发展道路继续推进的阶段。

十八大之后，特别是十八届三中全会之后，改革开放进入了全面深化的新阶段。不仅是新阶段，而且是新时代。

改革开放发展过程中，也不断遇到很多新问题。社会各界都非常关注。社会思潮呈现明显的分化和对立趋向。一些人认为这些问题都是改革开放造成的，因而对改革开放滋长了怀疑情绪，甚至否定改革开放取得的成就，主张回到过去的老路上去。社会上和干部队伍中也出现了某种程度上的“改革疲劳症”。改革开放还能不能继续坚持下去，成为国际国内很多人担心的问题。

党的十八大以来，以习近平同志为核心的党中央，对这一问题作出了明确的回答，强调：“改革开放是决定当代中国命运的关键一招，也是决定实现‘两个一百年’奋斗目标、实现中华民族伟大复兴的关键一招。”“改革开放中的矛盾只能用改革开放的办法来解决。”

所以，改革开放并没有终结，而是仍然在路上，处在进行时中。党的十八大提出“全面深化改革开放”的目标。2013 年，十八届三中全会就全面深化改革问题作出重要决定，提出了全面深化改革的指导思想、目标任务、重大原则，描绘了全面深化改革的新蓝图、新愿景、新目标。

十八届三中全会的《决定》指出：“全面深化改革的总目标是完善和发展中国特色社会主义制度，推进国家治理体系和治理能力现代化。”

《中共中央关于党的百年奋斗重大成就和历史经验的决议》指出：“党的十一届三中全会是划时代的，开启了改革开放和社会主义现代化建设新时期。党的十八届三中全会也是划时代的，实现改革由局部探索、破冰突围到系统集成、全面深化的转变，开创了我国改革开放新局面。”

十八届三中全会之后，中央把决定的重要举措梳理为336项，制订了专门的分工方案。从十八大到十九大的五年中，“改革全面发力、多点突破、纵深推进，着力增强改革系统性、整体性、协同性，压茬拓展改革广度和深度，推出一千五百多项改革举措，重要领域和关键环节改革取得突破性进展，主要领域改革主体框架基本确立”。

党的十九大把“坚持全面深化改革”作为基本方略的第三条，继续强调，只有社会主义才能救中国，只有改革开放才能发展中国、发展社会主义、发展马克思主义。

党的二十大报告概括十八大以来十年历程和成就时说：“我们以巨大的政治勇气全面深化改革，打响改革攻坚战，加强改革顶层设计，敢于突进深水区，敢于啃硬骨头，敢于涉险滩，敢于面对新矛盾新挑战，冲破思想观念束缚，突破利益固化藩篱，坚决破除各方面体制机制弊端，各领域基础性制度框架基本建立，许多领域实现历史性变革、系统性重塑、整体性重构，新一轮党和国家机构改革全面完成，中国特色社会主义制度更加成熟更加定型，国家治理体系和治理能力现代化水平明显提高。”

新时代新征程上，我们必须继续“坚持深化改革开放。深入推进改革创新，坚定不移扩大开放，着力破解深层次体制机制障碍，不断彰显中国特色社会主义制度优势，不断增强社会主义现代化建设的动力和活力，把我国制度优势更好转化为国家治理效能”。

74. 不可动摇的基本路线

1992年，在深圳，邓小平乘电梯登上53层高的深圳国际贸易中心大厦旋转餐厅。在听取广东省委负责同志汇报过程中，他纵论天下，高屋建瓴。其间，曾激动地站起来，举起微微颤抖的手说："要坚持党的十一届三中全会以来的路线、方针、政策，关键是坚持'一个中心、两个基本点'。不坚持社会主义，不改革开放，不发展经济，不改善人民生活，只能是死路一条。基本路线要管一百年，动摇不得。只有坚持这条路线，人民才会相信你，拥护你。谁要改变三中全会以来的路线、方针、政策，老百姓不答应，谁就会被打倒。"①

这番话掷地有声，振聋发聩，不仅震动了在场的所有人员，也震动了整个中国。

党的基本路线是关系党的方向和生命的大问题，是党和国家的生命线。

党章非常郑重地记载："中国共产党在社会主义初级阶段的基本路线是：领导和团结全国各族人民，以经济建设为中心，坚持四项基本原则，坚持改革开放，自力更生，艰苦创业，为把我国建设成为富强民主文明和谐美丽的社会主义现代化强国而奋斗。"

党的建设历来是同党的历史任务，同党为实现这些任务而确立的政治路线联系在一起的。在党的整个事业中，政治路线关系全局、指导全局、决定全局，也决定着党的建设的前途。

加强党的建设，首先要有一条马克思主义的政治路线。制定正确的政治路线并保证其得到全面贯彻实施，是党的建设全部工作的出发点和落脚点。党的路线正确，党的建设就有了正确方向，党就会不断巩固和发展。相反，党的路线发生错误，党就会受到削弱甚至遭受严重挫折。另外，党的建设搞好了，有利于正确路线的确立和贯彻执行。如果党的建设搞不好，即使正确的路线也不可能得到有效的、始终如一的贯彻执行。所以，党的政治路线确定后，党的各方面的建设都必须紧紧围绕这条政治路线来进行，为实现党的政治路线服务。

民主革命时期，我们制定了新民主主义革命总路线，即：无产阶级领导的，人民大众的，反对帝国主义、封建主义和官僚资本主义的革命。党的

① 《邓小平文选》第3卷，人民出版社1993年版，第371页。

建设围绕这条路线，确保了新民主主义革命的胜利。

1953 年，党制定了以“一化三改”为主要内容的党在过渡时期的总路线，顺利实现了向社会主义的过渡，于 1956 年在中国建立了社会主义的基本经济制度。

1958 年 5 月召开的八大二次会议，正式提出“鼓足干劲、力争上游、多快好省地建设社会主义”的总路线。这条总路线反映了广大人民群众迫切要求尽快改变中国经济文化落后状况的普遍愿望，但却忽视了客观经济规律。随后又轻率发动了“大跃进”运动和人民公社化运动，使得以高指标、瞎指挥、浮夸风和“共产风”为主要标志的“左”倾错误严重泛滥开来。

特别是在“文化大革命”中，党制定和执行了一条“无产阶级专政下继续革命”的政治路线，结果酿成了十年内乱。

十一届三中全会果断作出把党和国家工作重点转移到社会主义现代化建设上来的战略决策，提出了一系列有利于增强党的团结和调动一切积极因素的方针政策，标志着党重新确立了马克思主义的思想路线、政治路线和组织路线。

十一届三中全会以后，我们党坚持从社会主义初级阶段的实际出发，在拨乱反正和改革开放的过程中，逐步形成了在整个社会主义初级阶段的基本路线。1987 年的十三大确立了这条基本路线。1992 年的十四大把基本路线写进了党章。

党的基本路线包含着丰富的内容。“一个中心、两个基本点”是这条基本路线主要内容的简明概括。所以，党章在这条基本路线之后，紧跟着用三个段落分别阐述了这“一个中心、两个基本点”的内容和要求。

40 多年的实践告诉我们，以经济建设为中心和四项基本原则、改革开放，是中国特色社会主义三个最基本的问题。它们相互依存、缺一不可。全面把握这条基本路线，关键是要正确把握和处理“一个中心、两个基本点”的关系。

一个中心，最为重要。两个基本点，一个是立国之本，一个是强国之路。中心只有一个，不能有两个。经济建设为中心，其他任何东西都不能代替它。一个中心不能变成两个中心。

同时,一个中心也不能离开两个基本点。经济建设要靠两个基本点来支撑。如果不坚持四项基本原则,不搞改革开放,经济建设也上不去,或会走偏方向。当然,两个基本点不能取代一个中心,它们都是在某种程度上为经济建设服务的,不可能离开经济建设而另搞什么中心。

从两个基本点的关系看,它们也是相互依存、相互促进的。中国特色社会主义所以具有蓬勃的生命力,就在于它是实行改革开放的社会主义。我们的改革开放所以能够健康发展,就在于它是有利于巩固和发展社会主义的改革开放。两个基本点不能互相取代,也不能变成一个基本点。如果只讲一个基本点而不讲另一个基本点,社会主义现代化的目标就不可能实现。

40 多年的实践还告诉我们,坚持基本路线,必须注意防止两种倾向。

邓小平一再告诫我们,要警惕右,主要是防止“左”。右的表现主要是否定四项基本原则,搞资产阶级自由化。“左”的主要表现是否定改革开放,用“以阶级斗争为纲”的思想影响和冲击经济建设这个中心。

右和“左”都是对基本路线的背离和干扰。右可以葬送社会主义,“左”也可以葬送社会主义。

在党的历史上,“左”的思想根深蒂固。“左”貌似带有革命色彩,拿大帽子吓唬人,好像越“左”越革命。从 1957 年起的 20 年间出现的错误,主要都是“左”。改革开放要探索和开辟新的道路,突破束缚生产力发展的体制和观念,阻力主要来自“左”。而且往往越“左”越安全,几乎没有听说过“左”得厉害的人受到处分或开除党籍、公职的。但如果谁有被认为是右的言论,那后果就严重了。这种导向,必然鼓励人们宁“左”勿右,“左”的倾向也就会越来越严重了。

所以,邓小平说:“中国要警惕右,但主要是防止‘左’。”

归结起来,以经济建设为中心是兴国之要,是我们党、我们国家兴旺发达和长治久安的根本要求;四项基本原则是立国之本,是我们党、我们国家生存发展的政治基石;改革开放是强国之路,是我们党、我们国家发展进步的活力源泉。要坚持把以经济建设为中心同四项基本原则、改革开放这两个基本点统一于发展中国特色社会主义的伟大实践，任何时候都不能动摇。

基本路线是党在一定历史时期或阶段的行动纲领，是统一全党思想的政治基础。党的基本路线，指明了中国特色社会主义的发展道路，关系全局、指导全局、决定全局，是关系党的方向和生命的大问题，也关系着党的建设的方向和前途。

党的十四大报告指出："十四年伟大实践的经验，集中到一点，就是要毫不动摇地坚持以建设有中国特色社会主义理论为指导的党的基本路线。这是我们事业能够经受风险考验，顺利达到目标的最可靠的保证。"

在改革开放不断深入过程中，经常有人提出这样的路线会不会变的问题。邓小平一次又一次回答：不能变，也不会变。没有理由变。如果要变的话，只会变得更好。"我们要向世界说明，我们现在制定的这些方针、政策、战略，谁也变不了。""从我们自己的实践看，不但我们这一代不能变，下一代，下几代，都不能变，变不了。"

所以，从十三大以来，每一次党代会都郑重地重申和强调基本路线不能变。党的十九大再一次鲜明地表明了态度，强调："党的基本路线是党和国家的生命线"。党的二十大肯定十年来的工作和成绩，首先就包含了"全面贯彻党的基本路线"。

与此相应，自从十四大党章写进关于基本路线的表述后，历次党章都一如既往，没有做过根本的修改。十八大党章对改革开放又做了进一步的肯定和强调。二十大党章仍然保持了基本路线的稳定性。

2016 年十八届六中全会新制定的党内政治生活准则强调：党在社会主义初级阶段的基本路线是党和国家的生命线、人民的幸福线，也是党内政治生活正常开展的根本保证。全党必须毫不动摇坚持以经济建设为中心，毫不动摇坚持四项基本原则，毫不动摇坚持改革开放。全党必须坚决捍卫党的基本路线，对一切违背、歪曲、否定党的基本路线的言行，必须旗帜鲜明地反对和抵制。

《中共中央关于党的百年奋斗重大成就和历史经验的决议》要求，在新时代新征程上，"必须坚持党的基本理论、基本路线、基本方略"。

有人问，邓小平强调的是坚持基本路线不动摇，而我们党又不断强调与时俱进，这两者是不是矛盾？

事实上，“不能变、不动摇”同“与时俱进”是不矛盾的，两者完全可以辩证地统一起来。

我们的路线叫“基本路线”。谓之“基本”，就是因为它反映的是基本规律，规定的是基本方向，涉及的是基本方略。不仅事关重大，而且内容“基本”。我们说基本路线不能变，所指的就是基本的东西不能变。实践已经证明了基本路线的科学性，如果轻易改变，就会造成严重的后果。

与此同时，我们也要注意到，任何事物都是发展变化的，世界上从来就没有、将来也不会有绝对静止、绝对不变的东西。我们在坚持党的基本路线的过程中，必须随时随地地注意研究新情况、解决新问题、总结新经验，从而不断地把我们的认识和理论推向前进。

党的十七大强调了社会建设，并把社会建设提升为总体布局的一个方面，所以，党的十七大在现代化国家的目标中，加入了“和谐”一词。党的十九大进一步加强生态文明建设的地位，所以十九大报告和修改后的党章，在现代化建设的目标中，又增加了“美丽”一词，并把“现代化国家”改为“现代化强国”。这种改动，都是不变根本、与时俱进的改动，改得更加鼓舞人心了。

所以，只有这种坚持，才是真正的科学的坚持。只有在坚持的基础上不断丰富发展，在丰富发展的同时坚定地坚持，我们党的理论路线方针政策才能始终保持强大的活力。

变与不变的关系，一定要从这样的高度来辩证地加以理解，才能做到坚持基本的东西但又不陷于僵化，不断丰富发展而又不丢掉基本的东西。

75. 思想解放的宝贵成果

党章规定：“党的思想路线是一切从实际出发，理论联系实际，实事求是，在实践中检验真理和发展真理。”

思想路线是马克思主义的科学世界观和方法论在实际工作中的具

体运用和集中体现。思想路线对于党的建设和事业发展具有极其重要的意义。

中国共产党人在探索中国革命道路的长期实践中，逐步形成了实事求是的思想路线。1941 年，毛泽东在《改造我们的学习》中，对“实事求是”作了全新的马克思主义的解释。1942 年，毛泽东为中共中央党校题词：“实事求是”。1945 年，又为中共七大纪念册题写：“实事求是，力戒空谈”。所以，直到今天，中央党校校园里还一直在石碑上镌刻着“实事求是”四个大字。原中共中央党史研究室的主楼上也竖立着“实事求是”四个大字。

正确的思想路线指导中国革命取得了胜利，也指导中国的社会主义建设事业取得了成就。但是随着“左”的错误的发展，党的思想路线也逐渐遭到破坏。

“文化大革命”结束后，党面临着思想、政治、组织等各个领域全面拨乱反正的任务。但是这一进程受到“两个凡是”（即“凡是毛主席作出的决策，我们都坚决维护；凡是毛主席的指示，我们都始终不渝地遵循”）错误方针的严重阻碍。针对这种状况，邓小平提出，“两个凡是”不符合马克思主义，要完整地准确地理解毛泽东思想。党内外不少同志也从不同角度提出，要恢复和发扬党的实事求是的优良作风。

1978 年 5 月 10 日，经胡耀邦审定的《实践是检验真理的唯一标准》一文在中央党校内部刊物《理论动态》上发表，第二天又在《光明日报》上以特约评论员名义公开发表，新华社向全国转发。这篇文章在广大干部群众中引起强烈反响，一场规模宏大、内涵丰富、影响深远的关于真理标准问题的大讨论，在全国轰轰烈烈地展开。

中央党校的沈宝祥教授，自始至终参与了这一重大讨论并作出了重要贡献。他出版了多本著作，为我们记录下了当年宝贵的历史。

真理标准问题的讨论，是在党和国家处于重大历史性转折的背景下，在邓小平等老一辈无产阶级革命家的领导和支持下开展起来的思想解放运动。这场大讨论，冲破了“两个凡是”的严重束缚，推动了全国性的马克思主义思想解放运动，为十一届三中全会的召开作了重要的思想准备，是十一届三中全会实现新中国成立以来党的历史上具有深远意义的伟大转折的思想先导。这场大讨论，为党中央重新确立马克思主义的思想路线、政治路线和组织路线奠定了理论基础，为我们党在改革开放伟大实践中坚持解放思想，坚持和发展中国特色社会主义道路，形成中国特色社会主义理论体系提供了强大的精神动力。

《实践是检验真理的唯一标准》一文刚发表时，我刚刚在大学学习。记得当时看到一个整版还要多的文章，非常惊异，感到大有文章、大有来头，需要关注。因此，我们小组学习时，专门读了这篇文章。

想不到1982年初，我考入中央党校，成了中央党校第一届硕士研究生，从而更多地了解到真理标准问题讨论的情况。

更想不到的是，1998年，就在真理标准大讨论20周年的时候，我在中央党校作为校委委员，直接参与了纪念真理标准问题讨论20周年座谈会的筹备工作，特别是负责起草了时任中央政治局常委、中央党校校长胡锦涛的讲话稿，对当年的那场历史性讨论作出了进一步的评价，特别是总结了这场讨论的主要经验。

当然还有想不到的。在担任原中共中央党史研究室副主任期间，我直接参与筹备了中央组织的纪念胡耀邦的会议，对胡耀邦的历史功绩给予了充分而又实事求是的评价。在我主编的《中国共产党历史大事记》中，对真理标准问题讨论给予了准确的记载和客观的评价。

思想解放的最大结晶，是重新恢复和完善了马克思主义的思想路线。

1980年2月，邓小平指出："实事求是，一切从实际出发，理论联系实际，坚持实践是检验真理的标准，这就是我们党的思想路线。"

两年后的十二大，将思想路线写进了党章，指出：党坚持解放思想、实事求是。然后表述："党的思想路线是一切从实际出发，理论联系实际，实事求是，在实践中检验真理和发展真理"。

到十四大，江泽民在报告中回顾真理标准问题讨论时说，这场讨论"重新确立了解放思想、实事求是的思想路线"。所以，此后我们一般都称思想路线是解放思想、实事求是八个字。

十六大修改后的党章，在“坚持解放思想、实事求是”之后，加上了“与时俱进”一词。

十八大党章在“与时俱进”四个字后面，又加了一句“求真务实”。

正确的思想路线是正确的政治路线的前提和基础。如果没有解放思想、实事求是、与时俱进、求真务实，就不可能将那些大量的冤假错案平反；就不可能有恢复高考、使国家的教育走上正轨；就不可能有知识分子的春天，“臭老九”的帽子还会戴在头上；就不可能有任何经济政治文化的改革；就不可能有国家的经济总量排名世界第二……所以，能不能坚持正确的思想路线，关系到党的事业的发展，关系到党和国家的前途命运。

从思想方法来说，坚持党的思想路线，关键是，到底是从书本出发，用书本上的认识来检验实践，还是从实际出发，用实践来检验我们所做的一切？是用书本来框实践，还是在实践中发展真理？是回到老本本上去，还是不断书写新的本本？

党中央一直强调，无论是坚持马克思主义，还是发展马克思主义，都要坚持以我国改革开放和现代化建设的实际问题、以我们正在做的事情为中心，着眼于马克思主义理论的运用，着眼于对实际问题的理论思考，着眼于新的实践和新的发展。这就是通常所说的“一个中心、三个着眼于”。要根据实践来发展本本，而不要用本本来框实践。

坚持党的思想路线，最起码的要求，是讲真话，不要讲假话。“左”的错误泛滥期间，党内政治生活的一个重大问题，就是不讲真话，讲假话。1958 年 11 月在武昌会议上，毛泽东曾批评：“有一个公社，自己只有一百头猪，为了应付参观，借来了二百头大猪，参观后又送回去。”“过去打仗发捷报，讲俘虏多少、缴获多少，也有这样的事，虚报战绩，以壮声势，老百姓看了不舒服，敌人看了好笑，欺骗不了的。”

但很遗憾，这种浮夸风没有刹住。甚至浮夸到小麦亩产高达 4292.5 公斤，水稻亩产 65217 公斤。河北省徐水人民公社放“高产卫星”，高到 1 亩皮棉 2500 公斤、1 棵白菜 250 公斤、1 亩小麦 10 万公斤、1 亩红薯 60 万公斤。已经大大超出了人们的常识。“文化大革命”中，说假话更是成风。

所以，1980 年十一届五中全会通过的《关于党内政治生活的若干准则》第五条专门规定：

共产党员无论何时何地、对人对己都要尊重事实，按照事物的本来面貌如实地向党反映情况。不可看领导需要什么就提供什么，报喜不报忧，更不许弄虚作假，骗取信任、荣誉和奖励。不准以任何理由和任何名义纵容、暗示、诱使、命令或强迫下级说假话。

凡是弄虚作假给党和人民的利益造成重大损失的；凡是说假话骗取了荣誉地位的；凡是用说假话来掩饰严重过失或达到其他个人目的的；凡是纵容或诱迫下级说假话的，都必须绳以党纪。

这一条迄今仍须作出极大的努力，才能真正落到实处。

党的二十大要求："我们必须坚持解放思想、实事求是、与时俱进、求真务实，一切从实际出发，着眼解决新时代改革开放和社会主义现代化建设的实际问题，不断回答中国之问、世界之问、人民之问、时代之问，作出符合中国实际和时代要求的正确回答，得出符合客观规律的科学认识，形成与时俱进的理论成果，更好指导中国实践。"

76. 坚持新时代的组织路线

党是一个政治组织。组织怎么形成？怎么运作？都要有一定的方向、目标和规范。为此，就有一定的组织路线。组织路线是政治路线的体现，也是政治路线的保证。组织路线正确，党内政治生活就能正常和健康地发展，如果组织路线错了，或者出了问题，就必然对党内政治生活产生消极的影响。

以十一届三中全会为标志，我们党重新确立了马克思主义的思想路线、政治路线和组织路线。因此，后来我们党经常把自己的路线称作是"十一届三中全会以来的路线"，有时也称作是"三中全会的路线"或"三中全会制定的路线"。

组织路线是这条路线中的重要部分，是我们党多方面路线中的一条重要的路线。

1979 年 7 月 29 日，邓小平在接见海军党委常委扩大会全体同志时指出:“思想路线政治路线的实现要靠组织路线来保证。”“政治路线确立了,要由人来具体地贯彻执行。由什么样的人来执行,是由赞成党的政治路线的人,还是由不赞成的人,或者是由持中间态度的人来执行,结果不一样。这就提出了一个要什么人来接班的问题。”

邓小平认为,随着思想路线和政治路线的确立,“解决组织路线问题已经提到我们议事日程上来了。这个问题解决不了,我们见不了马克思”。1980年2月,在十一届五中全会上,他又突出地强调:“不进一步解决党的组织路线问题,政治路线、思想路线就得不到可靠的保证。”

十一届三中全会以及此前的中央工作会议,决定健全党的民主集中制,健全党规党法,反对个人崇拜,少宣传个人,加强集体领导;审查和解决了历史上遗留的一批重大问题和一些重要领导人的功过是非问题;决定成立中央纪律检查委员会,决定了一些人事问题。这都是恢复正确的组织路线的重要举措。

面对当时干部队伍年龄老化、青黄不接的状况,陈云首先提出干部要德才兼备和实现“四化”。邓小平非常赞同这一意见,他进一步完整地阐述了“四化”方针的内容,强调“四化”中首先是革命化,指出,“要在坚持社会主义道路的前提下,使我们的干部队伍年轻化、知识化、专业化”。他一再嘱咐要实行新老干部的合作与交替,把培养和选拔优秀年轻干部这个重大战略任务完成好。在他的倡导下,干部“四化”方针被写进了党章,成为党的干部队伍建设的一条重要方针。

推进干部人事制度改革,致力于完善党和国家的领导制度。这是改革开放进程中一项十分重要的任务。1980年,邓小平发表《党和国家领导制度的改革》等重要讲话,深刻剖析了干部人事制度以及党和国家领导制度上的各种弊端,提出要解放思想,勇于改革不合时宜的组织制度、人事制度,为优秀人才脱颖而出创造条件。

邓小平提出了改革党和国家领导制度的很多设想,要健全干部的选举、招考、任免、考核、弹劾、轮换制度,对各级各类领导干部职务的任期,以及离休、退休,作出明确的规定。要坚决废除领导职务终身制,实现新老干部的正常交替，保持干部队伍的生机与活力。要建立岗位责任制，做到职责分清，赏罚分明。要做到干部能上能下，实行干部交流。在他的领导下，我们党和国家的领导制度以及干部人事制度逐步进行了重大的改革，取得了显著的成绩。

党中央还一再强调民主集中制是党的根本组织制度和领导制度，是我们的优越性。要解决组织路线问题，就必须坚持和健全民主集中制。因此先后提出要坚决废除对党内领导人的个人崇拜。要大力发扬党内民主，活跃党内生活，保障党员权利。要解决权力过分集中的问题，完善集体领导与个人分工负责相结合的制度。要改进工作作风，克服官僚主义，提高工作效率。要严格党的纪律，维护党的团结。改革开放以来，我们党已经制定了两个关于党内政治生活的若干准则。

党章在组织方面也作出了许多规定，提出了许多要求，其内容非常丰富。

如在总纲中要求："加强各级领导班子建设，选拔使用在改革开放和社会主义现代化建设中政绩突出、群众信任的干部，培养和造就千百万社会主义事业接班人，从组织上保证党的基本理论、基本路线、基本纲领、基本经验的贯彻落实。"

民主集中制"既是党的根本组织原则，也是群众路线在党的生活中的运用。必须充分发扬党内民主，尊重党员主体地位，保障党员民主权利，发挥各级党组织和广大党员的积极性创造性"。

在条文中，全面规定了民主集中制的六项基本要求。对党的组织体系作出了整体构画，对党员、干部提出了很多组织规范和要求。

但是，与思想路线、政治路线有所不同的是，我们党虽然在组织问题上提出了一系列方针政策和措施要求，但在很长时间里，一直没有在党章和重要文件中对组织路线的内涵作出明确而简要的规范。组织路线的内容到底是什么？党章里没有明确规范的表述。如果对领导干部作一个测试：请写出党的组织路线的内容。那么，答案肯定是五花八门的。

这个问题到党的十九大后得到了解决。

在 2018 年 7 月的全国组织工作会议上，习近平总书记强调："组织路线对坚持党的领导、加强党的建设、做好党的组织工作具有十分重要的意义。”

在总结历史经验的基础上，习近平总书记第一次对新时代党的组织路线的内容作了明确的概括和界定：“新时代党的组织路线是：全面贯彻新时代中国特色社会主义思想，以组织体系建设为重点，着力培养忠诚干净担当的高素质干部，着力集聚爱国奉献的各方面优秀人才，坚持德才兼备、以德为先、任人唯贤，为坚持和加强党的全面领导、坚持和发展中国特色社会主义提供坚强组织保证。”

通过这一概括和界定，党的组织路线的内容更加清晰、规范和明确了。

这一概括和界定，突出了“新时代”的色彩，明确表明是“新时代的组织路线”。在指导思想上，突出全面贯彻习近平新时代中国特色社会主义思想；在工作范围和重点上，提出“组织体系”的概念，将主要工作聚焦在组织体系的建设上。在着力点上，一是突出了干部队伍建设，二是突出了人才队伍建设，对干部强调“忠诚干净担当”，对人才强调“爱国奉献”。对两支队伍的建设，都要求“坚持德才兼备、以德为先、任人唯贤”的原则。

党的二十大将“新时代党的组织路线”在党章中完整地表述和确定下来，对党的组织建设以及其他各方面的建设，都必然产生重要的影响，发挥重要的指导作用。

按照新时代党的组织路线，党的十八大以来，以习近平同志为核心的党中央加大了反腐败斗争的力度，使党的肌体进一步净化。从查处的案件来说，多数都涉及用人问题。有的本身就是用人上的腐败，有的是对腐败之人层层提拔，用到了重要岗位上。习近平总书记对这类现象进行了严厉的批评，特别是还使用了“逆淘汰”一词，批评干部选拔中的“逆淘汰”问题。

总结组织人事问题上的经验教训，最根本的，是必须从源头上思考和回答到底为什么用人、用什么样的人、怎样用人三个问题。

任何国家，在一定的制度基础之上，都需要有人来治理。要把国家治理好，就必须遴选和任用一大批好人、能人、适当之人、高明之人，在各个岗位上分兵把守，履行职责，共同把管理社会、推动发展、保卫国家的各种事务办好。所以，用人的最大目的，就是把国家治理好。一切都要服从于这个最大的目的。

为此，就应该排除掉与此不相符合的其他动机和考虑。不能因为搞权钱交易而用人；不能为了对亲戚、朋友、同学、战友给予照顾而用人……总之，不能把领导职位当成“肥缺”，用来“照顾”“奖赏”“安慰”特定对象。

如果偏离选人用人的最高目的，用人不是看品德、看才能、看政绩，而是看关系、看后台、看幕后功夫，逆提拔、逆淘汰，该上的没上，不该上的上了，就必然造成干部风气的蜕化。直接的影响，会造成用人不公，众人不满；长远的影响，是降低治国理政的水平，损害党和国家的根本利益。

在正确选人用人的基础上，党的组织内部还应该建立一种正常的同志关系、上下级关系。习近平总书记指出：“不能把党组织等同于领导干部个人。对党尽忠不是对领导干部个人尽忠，党内不能搞人身依附关系。干部都是党的干部，不是哪个人的家臣。有的干部信奉拉帮结派的‘圈子文化’，整天琢磨拉关系、找门路，分析某某是谁的人，某某是谁提拔的，该同谁搞搞关系、套套近乎，看看能抱上谁的大腿。有的领导干部喜欢当家长式的人物，希望别人都唯命是从，认为对自己百依百顺的就是好干部，而对别人、对群众怎么样可以不闻不问，弄得党内生活很不正常。有的案件一查处就是一串人，拔出萝卜带出泥，其中一个重要原因就是形成了事实上的人身依附关系。”

所以，《关于新形势下党内政治生活的若干准则》要求：“任何人都不准把党的干部当作私有财产，党内不准搞人身依附关系。领导干部特别是高级干部不能搞家长制，要求别人唯命是从，特别是不能要求下级办违反党纪国法的事情；下级应该抵制上级领导干部的这种要求并向更上级党组织直至党中央报告，不应该对上级领导干部无原则服从。规范和纯洁党内同志交往，领导干部对党员不能颐指气使，党员对领导干部不能阿谀奉承。”

这些，都是学习党章中需要特别注意的，更是实际生活中要切实做到的。

77. 安泰与盖娅关系辨析

斯大林曾经用一则希腊神话故事来说明党与人民的关系。他说：在希腊神话中，有一位无敌的英雄，叫安泰，是地神盖娅的儿子。他的秘密在于，每当他与敌人决斗遇到困难时，便往他的母亲——大地身上一靠，便获得了新的力量。因此任何敌人也不能战胜他。后来，敌人获知了这一秘密，便设法把他举到空中，在空中把他扼死了。

斯大林讲完这则故事后说：布尔什维克很像希腊神话中的英雄安泰。布尔什维克也像安泰一样，其所以强大，就是因为他们同自己的母亲，即同生育、抚养和教导他们成人的群众保持联系。只要他们同自己的母亲、同人民保持密切的联系，他们就有一切把握，始终是不可战胜的。

这则故事和相关论述是写在《联共（布）党史简明教程》结束语中的。年纪大一点的领导干部都学过。但是，不知道有多少人注意到了斯大林在这里对党与人民关系的界定？

斯大林说得很清楚：党是人民的儿子，人民则是党的母亲。儿子的力量来自母亲，一旦离开母亲，就失去了根基。

想一想，这与我们平时所说的关系是不是一样？如果不一样，那就认真思考一下，到底谁才是母亲？谁才是儿子？

毫无疑问，只有斯大林界定的这种关系才符合历史唯物主义。按照马克思主义的基本观点，人民群众是历史的创造者，是推动历史前进的决定性力量。党来自人民，代表最广大人民的根本利益，并带领人民前进。而人民群众则是党的力量源泉和胜利之本。党要永远立于不败之地，就不能凌驾于人民之上，而必须深深扎根于人民群众之中，与人民群众同甘共苦，血肉相依，全心全意为人民服务，给群众办实事，从而得到人民群众的拥护和支持。

简单一句话，要当人民的儿子，而不要当人民的老子；当人民的公仆，而不要当人民的主人。只有这样，党才有立足的根底，才能经得起任何风浪的冲击。

中国共产党在100多年的历程中，一直在思考如何认识和处理人民群众的关系问题。有教训，更有经验。100多年来，党在这方面陆续确立了几个重要的思想，在党章中都作了记载和规定。

一是“为人民服务”。这是毛泽东在延安时期提出的名言。此后，一直是中国共产党的根本宗旨。党章关于党的建设的四项基本要求的第三项，就是“坚持全心全意为人民服务”。

二是“群众路线”。群众路线是中国共产党的根本工作路线，也是党的生命线。党章规定：“党在自己的工作中实行群众路线，一切为了群众，一切依靠群众，从群众中来，到群众中去，把党的正确主张变为群众的自觉行动。”

三是“三个代表”。其中最重要的，就是代表最广大人民群众的根本利益。党章在党的性质中明确规定：“代表中国最广大人民的根本利益”，“党除了工人阶级和最广大人民群众的利益，没有自己特殊的利益。党在任何时候都把群众利益放在第一位”。

四是“执政为民”。党受人民的委托执掌权力，就必须受制于人民，服务于人民。党的一切执政活动，都要从人民的意愿和利益出发，把为人民谋取利益当作最根本的目的。党章规定：“坚持立党为公、执政为民”，“坚持权为民所用、情为民所系、利为民所谋。”

五是“以人为本”。人是我们过去在理论上和实践上不大能碰的老大难问题。但随着时代的进步，人的地位逐渐提高。进入21世纪后，明确提出“以人为本”的口号，成为我们治国理政的一个重要理念，也成为科学发展观的核心思想。党章规定：“以人为本”，“做到发展为了人民、发展依靠人民、发展成果由人民共享”。

六是“以人民为中心”。党的十八大之后，习近平总书记提出了这一发展思想。党的十九大、二十大都强调：坚持以人民为中心的发展思想。维护人民根本利益，增进民生福祉，不断实现发展为了人民、发展依靠人民、发展成果由人民共享，让现代化建设成果更多更公平惠及全体人民。

七是“人民至上”。在抗击新冠肺炎疫情过程中，党和国家提出“人民至上、生命至上”的思想。党的二十大强调：“必须坚持人民至上”，同时还明确指出:“人民性是马克思主义的本质属性”。

在坚持这些重要思想的过程中,必须时时注意正确辨析安泰与盖娅的关系。按照斯大林的解释,如同安泰是儿子、盖娅是母亲一样,布尔什维克是人民的儿子,人民则是布尔什维克的母亲。但在实际生活中,我们经常把党比作人民的母亲和救星,这种比喻既不符合斯大林的解释,也不符合马克思主义的基本观点。如果这个位置不摆正,就很难与封建帝王的所谓爱民思想区分开来,很容易把对人民的关怀当作对人民的恩赐,把自己作为公仆应做的事情当作要求人民“感恩”“谢恩”的资本。

中国革命的胜利,社会主义建设的成就,都是靠的人民的力量、人民的支持、人民的奋斗。这一基本的事实,已经被历史证明。

100 多年来,在处理党与人民群众关系方面的最大成果之一,是形成了党的群众路线。群众路线是我们党的根本政治路线和工作路线,是实现党的政治路线、思想路线、组织路线的重要保证。

1928 年 11 月,李立三比较早地使用了“群众路线”这个概念。

1929 年 9 月,周恩来主持、陈毅参与起草的《中共中央给红军第四军前委的指示信》,针对红军筹款、没收地主财产等问题,要求“筹款工作亦要经过群众路线,不要由红军单独去干”。这是党的重要文献中第一次正式提出“群众路线”的概念。

1929 年 12 月,在古田会议决议中,毛泽东不仅使用了“群众路线”这个概念,还号召“要相信人民群众的力量”,“一切工作,在党的讨论和决议之后,再经过群众去执行”。

1945 年,刘少奇在七大《关于修改党章的报告》中,对党的群众路线作了系统的论述,强调:“党的群众路线,是我们党的根本的政治路线,也是我们党的根本的组织路线。”群众路线“就是我们党的领导骨干和党内外广大群众密切结合的路线,就是从群众中来,又到群众中去的路线,就是指导方法上的一般号召与个别指导相结合的路线”。

1956 年的八大上,邓小平在《关于修改党的章程的报告》中,根据党取得执政地位的新变化,对群众路线作了进一步阐述,对全党如何贯彻群众路线提出了新的要求，并对党章中关于群众路线的内容作了深刻的解读。

1992年，党的十四大修改后的党章规定："党在自己的工作中实行群众路线，一切为了群众，一切依靠群众，从群众中来，到群众中去，把党的正确主张变为群众的自觉行动"。至此，党的群众路线以党内大法的形式固定了下来。

群众路线主要是工作路线，但其背后更深层次的问题，是党与人民群众的关系问题。加强和规范党内政治生活，就要更加坚定和真心实意地坚持党的群众路线，从根本上认清、把握和处理好党与群众的关系。

我们党来自人民，失去人民拥护和支持，党就会失去根基。必须把坚持全心全意为人民服务的根本宗旨、保持党同人民群众的血肉联系作为加强和规范党内政治生活的根本要求。

党的十九大概括整理了新时代中国特色社会主义的基本方略。在14条中，排在第二条的，就是"坚持以人民为中心"。强调人民是历史的创造者，是决定党和国家前途命运的根本力量。必须坚持人民主体地位，坚持立党为公、执政为民，践行全心全意为人民服务的根本宗旨，把党的群众路线贯彻到治国理政全部活动之中，把人民对美好生活的向往作为奋斗目标，依靠人民创造历史伟业。

怎样坚持以人民为中心？最根本的是，要用正确的路线、方略把国家治理好，发展好、实现好、维护好人民群众的根本利益。在制定战略、政策时，要充分考虑人民群众的利益和意愿。

为人民服务、以人民为中心，就要坚持问题导向，切实解决好人民群众关注的突出问题。比如，房价疯涨问题，群众反映强烈。教育医疗、疫情防控、环境保护、安全生产、食品安全、就业创业等，都是大家很关心的突出问题。这些问题，都需要采取有力措施，真正有效地解决好。

党章对党员和领导干部都提出了这方面的要求。在关于党员的条文中，规定"中国共产党党员必须全心全意为人民服务"，"坚持党和人民的利益高于一切"。在关于干部的条文中，规定：党的干部"是人民的公仆"，必须"密切联系群众，坚持党的群众路线"。

78. 总体布局和战略布局的演进

党章中有很大一部分内容，分别规定了中国特色社会主义经济建设、政治建设、文化建设、社会建设、生态文明建设的内容和要求。这五个方面，构成“五位一体”的总体布局。党的十八大以来，习近平总书记又进一步提出了“四个全面”战略布局。总体布局、战略布局，两个布局相辅相成，对中国特色社会主义和我国的社会主义现代化建设起着重要的指导作用。

战略布局，是“战略”和“布局”两个词的组合。“运筹帷幄之中，决胜千里之外”，形象地说明了战略布局的重要性。

中国的现代化建设是一个漫长的历史进程和复杂的系统工程。所以，改革开放以来，党和国家对战略问题始终非常重视，曾先后从不同角度对中国特色社会主义事业的总体布局做出过规划和部署。同时，又与时俱进，不断调整、丰富和发展着这个总体布局。

1986 年 9 月，十二届六中全会在《关于社会主义精神文明建设指导方针的决议》中第一次提出：“我国社会主义现代化建设的总体布局是：以经济建设为中心，坚定不移地进行经济体制改革，坚定不移地进行政治体制改革，坚定不移地加强精神文明建设，并且使这几个方面互相配合，互相促进。”

1987 年，党的十三大制定社会主义初级阶段的基本路线。邓小平认为，这就是一个根本的战略布局。所以，1989 年 11 月，他强调：“十三大确定了‘一个中心、两个基本点’的战略布局”。“这个战略布局我们一定要坚持下去，永远不改变。”

1991 年，江泽民在庆祝中国共产党成立 70 周年大会上，系统地论述了有中国特色社会主义经济、政治、文化的主要内容和基本特征。1997 年，党的十五大进一步制定了社会主义初级阶段的基本纲领，也包含了这三方面的内容。

2005 年，胡锦涛明确指出：提出构建社会主义和谐社会的战略目标，

“这表明，随着我国经济社会的不断发展，中国特色社会主义事业的总体布局，更加明确地由社会主义经济建设、政治建设、文化建设三位一体发展为社会主义经济建设、政治建设、文化建设、社会建设四位一体”。所以，党的十七大报告与过去党代会的报告相比，专门增加了一个社会建设部分。党的十七大还第一次使用了生态文明的概念，使“三个文明”发展为“四个文明”。

但四位一体全不全？对此，我曾发表过文章，提出要不要把生态文明建设纳入总体布局的问题。如果纳入，那我们的总体布局恐怕就不是四位一体，而是五位一体了。

到党的十八大，出了结果，明确将生态文明建设作为总体布局的一个重要部分。党的十八大报告指出：“建设中国特色社会主义，总依据是社会主义初级阶段，总布局是五位一体，总任务是实现社会主义现代化和中华民族伟大复兴。”

党的十八大以来，以习近平同志为核心的党中央对全面建成小康社会、全面深化改革、全面依法治国、全面从严治党提出了很多重要的思想，进而明确提出了“四个全面”战略布局。

“四个全面”中的每一个“全面”，很多内容原来就有。但到十八大后，有了新的扩充，展示出新的特点。每一个“全面”的概念，多年来经历了一个逐步演化的过程。现在的标准用语，则是十八大以来使用的。

其中，“全面建成小康社会”是十八大正式使用的。“全面深化改革”是十八届三中全会正式使用的。至于“全面依法治国”，十八届四中全会用的是“全面推进依法治国”，到2015年2月，才把中间的“推进”两字去掉，正式使用“全面依法治国”。“全面从严治党”也是，过去直接提“从严治党”，2014年12月正式使用“全面从严治党”。

从2014年以来，习近平总书记对“四个全面”进行重要的整合，明确提出了“四个全面”的概念，从而使“四个全面”成为一个有机的整体。

2014年8月，在听取各民主党派中央、全国工商联领导人和无党派人士意见和建议时，习近平总书记明确阐述了全面推进依法治国与全面建成小康社会和全面深化改革的关系，提出要把握好这“三个全面”的逻辑联系。

在十八届四中全会上，习近平总书记在对《中共中央关于全面推进依法治国若干重大问题的决定》作说明时，明确说明起草文件的一个重要考虑，就是要“体现全面建成小康社会、全面深化改革、全面推进依法治国这‘三个全面’的逻辑联系”。

11月，在福建考察调研时，习近平总书记再次列举了“三个全面”，要求“协调推进全面建成小康社会、全面深化改革、全面推进依法治国进程”。

到12月，在江苏考察调研时，习近平总书记在“三个全面”后增加了一个“全面从严治党”，要求“协调推进全面建成小康社会、全面深化改革、全面推进依法治国、全面从严治党，推动改革开放和社会主义现代化建设迈上新台阶”。这是在公开报道中，习近平总书记第一次把“四个全面”并提。“三个全面”由此上升成为“四个全面”。

2015年2月2日，在省部级主要领导干部研讨班开班式上，习近平总书记作了一个明确的说明和界定，指出：“党的十八大以来，党中央从坚持和发展中国特色社会主义全局出发，提出并形成了全面建成小康社会、全面深化改革、全面依法治国、全面从严治党的战略布局。”于是，“四个全面”以战略布局的身份出现在全党全国人民面前。

“四个全面”既包含党和国家长远的发展方向和目标，坚持了改革开放以来建设中国特色社会主义的战略规划，又突出了当前和今后一个时期的主攻方向、重点领域和关键环节。涵盖内容广泛，主题集中鲜明，为推动改革开放和现代化建设迈上新台阶、开创新局面，提供了顶层设计和战略导引。因此，对于指导党和国家的全部工作都具有重要的指导意义。

党的十九大将“四个全面”战略布局作为习近平新时代中国特色社会主义思想和治国理政基本方略的重要内容，并且写进了党章。强调必须按照中国特色社会主义事业“五位一体”总体布局和“四个全面”战略布局，统筹推进经济建设、政治建设、文化建设、社会建设、生态文明建设，协调推进全面建成小康社会、全面深化改革、全面依法治国、全面从严治党。

党的二十大继续强调了坚持“五位一体”总体布局和“四个全面”战略布局。但由于全面建成小康社会的第一个百年奋斗目标已经实现，所以“四个全面”战略布局中的“全面建成小康社会”，从十九届五中全会起已经改成了“全面建设社会主义现代化国家”，二十大党章也作了相应的修改。

79. 总纲中的五大建设

党的基本纲领曾经是党章中的重要内容。

七大前的党章都没有规定党的纲领是什么。从七大党章开始，有了总纲，实际就是纲领的内容，是浓缩的党纲。九大党章到十一大党章直接使用了“基本纲领”的词，但内容都是“无产阶级专政下继续革命”。从十二大党章开始，没有再出现“基本纲领”这个词。

1991 年，江泽民在纪念建党 70 周年大会上，系统地论述了有中国特色社会主义经济、政治、文化的主要内容和基本特征，为后来确定社会主义初级阶段的基本纲领奠定了基础。

到 1997 年，党的十五大在基本理论、基本路线的基础上，进一步提出了社会主义初级阶段基本纲领的概念。这是十五大的一个重要贡献。

在党的十五大上，江泽民全面分析了社会主义初级阶段的基本特征，根据邓小平理论和党的基本路线，围绕建设富强、民主、文明的社会主义现代化国家的目标，进一步明确了建设有中国特色社会主义的经济、政治和文化的基本特征和基本要求，从而完整地提出了社会主义初级阶段的基本纲领。

党的十五大报告指出：

建设有中国特色社会主义的经济，就是在社会主义条件下发展市场经济，不断解放和发展生产力。

建设有中国特色社会主义的政治，就是在中国共产党领导下，在人民当家作主的基础上，依法治国，发展社会主义民主政治。

建设有中国特色社会主义的文化，就是以马克思主义为指导，以培育有理想、有道德、有文化、有纪律的公民为目标，发展面向现代化、面向世界、面向未来的，民族的科学的大众的社会主义文化。

所有这些，就是建设有中国特色社会主义在经济、政治、文化领域的基本目标。与此相应，对每个领域还分别规定了一系列基本政策。这些基本目标和基本政策是有机统一不可分割的，它们构成党在社会主义初级阶段的基本纲领。

这个纲领的基本内容，邓小平都分别有过很多论述，指出了在各个不同的领域需要做些什么，以及怎样去做，因此，基本纲领是中国特色社会主义理论的重要内容。同时，这个纲领又将党的基本路线中的“一个中心、两个基本点”，尤其是建设富强、民主、文明的社会主义现代化国家的奋斗目标，进一步按经济、政治、文化三个领域展开，系统地规定了所要达到的目标和所要坚持的政策，更加清晰地描绘了建设有中国特色社会主义的蓝图。所以，这个纲领又是党的基本路线在经济、政治、文化等方面的展开，是十一届三中全会以来实践经验的高度概括。

党的十五大以后，党的基本纲领不断得到确认和坚持，其内容也不断得到丰富和发展。十六大党章要求“全面执行党在社会主义初级阶段的基本纲领”。十七大加进了中国特色社会主义事业“四位一体”总体布局的内容，主要是扩充了社会建设的原则和要求。十八大党章进一步把生态文明建设纳入了总体布局，形成了“五位一体”的总体布局。

对于基本纲领的界定和阐述，成为党章总纲中的一个大块头。党章总纲围绕建设富强民主文明和谐美丽的社会主义现代化国家的目标，展开说明和确定了什么是社会主义初级阶段有中国特色社会主义的经济、政治、文化、社会和生态文明，以及怎样去建设这样的经济、政治、文化、社会和生态文明。要求发展社会主义市场经济，发展社会主义民主政治，发展社会主义先进文化，构建社会主义和谐社会，建设社会主义生态文明。

基本纲领的所有内容，都是在改革开放的过程中形成、发展和完善的，都是改革开放的成果。如社会主义市场经济，就是改革开放的一大成果，也是中国特色社会主义的一大创造。

1994年11月,《邓小平文选》第二卷修订再版时,收进了邓小平15年前的一篇谈话,标题赫然就是:“社会主义也可以搞市场经济”!

1979年11月26日,邓小平会见来访的美国不列颠百科全书出版公司编委会副主席吉布尼和加拿大华裔教授林达光。席间,吉布尼含蓄地问道,中国将来某个时候会不会在继续社会主义计划经济的同时,也发展某种形式的市场经济?林达光则更加直接地问道:“您是不是认为过去中国犯了一个错误,过早地限制了非资本主义的市场经济,这方面限制得太快,现在就需要在社会主义计划经济的指引之下,扩大非资本主义的市场经济作用?”

面对这种单刀直入的进逼,邓小平从容不迫,胸有成竹地侃侃而谈:“说市场经济只存在于资本主义社会,只有资本主义的市场经济,这肯定是不正确的。社会主义为什么不可以搞市场经济,这个不能说是资本主义。”“市场经济不能说只是资本主义的。市场经济,在封建社会时期就有了萌芽。社会主义也可以搞市场经济。”

这篇谈话当时没有公布,党内也没有传达。编《邓小平文选》第二卷第一版时也没有收入。就是说,它整整沉默了15年。仅此一点,就不难看出,探索市场经济的历程是多么艰难。

直到1992年,在南方谈话中,邓小平再一次强调:“计划经济不等于社会主义,资本主义也有计划;市场经济不等于资本主义,社会主义也有市场。”这一精辟论断对社会主义可不可以搞市场经济这个长期争论不已的问题,作了一个清楚、透彻的总回答。

1992年6月9日,在省部级干部进修班的结业仪式上,江泽民发表了重要讲话。关于经济体制改革目标问题,他提出了三种可供选择的方案:一是计划与市场相结合的社会主义商品经济体制;二是社会主义有计划的市场经济体制;三是社会主义市场经济体制。他个人比较倾向于使用“社会主义市场经济体制”这个提法。

这个意见得到了邓小平的肯定。党的十四大确立了这一目标。1993年11月,十四届三中全会通过了《关于建立社会主义市场经济体制若干问题的决定》。

2003 年的十六届三中全会,又通过了《关于完善社会主义市场经济体制若干问题的决定》。与十年前的《决定》相比,差别就在于一个词:一个是“建立”,一个是“完善”。

虽仅一词之差,但却浓缩了我国社会主义市场经济发展的历史进程,标志着社会主义市场经济体制已经在我国成功地建立起来,以市场为取向的经济体制改革跨入了一个新的历史发展阶段。现在和将来,我们所做的,仍然是完善和发展社会主义市场经济这样一篇大文章。

党的十九大在过去基本纲领、基本经验的基础上,进一步提出了新时代中国特色社会主义的基本方略。基本纲领这一专业术语不再使用,原先基本纲领的内容被整合进了基本方略。同时保留了“五位一体”的总体布局。特别是在现代化的目标中增加了“美丽”,使现代化建设的目标扩充为“富强民主文明和谐美丽”。

这样的目标与“五位一体”的总体布局完全吻合,也与“五个文明”相吻合。“五位一体”实际上就是中国特色的社会主义的经济建设、政治建设、文化建设、社会建设、生态文明建设。十九大修改后的党章不仅依然保留了五大建设的内容,而且还将十九大的很多新理念新思想新战略充实了进去,使内容更加丰富了。

80. 新时代的基本方略

十九大修改后的党章中,在“改革开放以来我们取得一切成绩和进步的根本原因”的一段中,增写了“贯彻党的基本理论、基本路线、基本方略”一句。

相应地,在党的建设基本要求的第一条中,将原来的“基本理论、基本路线、基本纲领、基本经验”,改成了“基本理论、基本路线、基本方略”。

“基本方略”,是 96 年来中国共产党党章中第一次出现的概念。由此可见,这一概念的分量。

思想指导行动,理论化为方略。十九大报告在阐述习近平新时代中国特色社会主义思想的基础上，进一步提出了“新时代坚持和发展中国特色社会主义的基本方略”。

报告一共列举了14条基本方略。

（一）坚持党对一切工作的领导。党政军民学，东西南北中，党是领导一切的。必须增强政治意识、大局意识、核心意识、看齐意识，自觉维护党中央权威和集中统一领导，自觉在思想上政治上行动上同党中央保持高度一致，完善坚持党的领导的体制机制，坚持稳中求进工作总基调，统筹推进“五位一体”总体布局，协调推进“四个全面”战略布局，提高党把方向、谋大局、定政策、促改革的能力和定力，确保党始终总揽全局、协调各方。

（二）坚持以人民为中心。人民是历史的创造者，是决定党和国家前途命运的根本力量。必须坚持人民主体地位，坚持立党为公、执政为民，践行全心全意为人民服务的根本宗旨，把党的群众路线贯彻到治国理政全部活动之中，把人民对美好生活的向往作为奋斗目标，依靠人民创造历史伟业。

（三）坚持全面深化改革。只有社会主义才能救中国，只有改革开放才能发展中国、发展社会主义、发展马克思主义。必须坚持和完善中国特色社会主义制度，不断推进国家治理体系和治理能力现代化，坚决破除一切不合时宜的思想观念和体制机制弊端，突破利益固化的藩篱，吸收人类文明有益成果，构建系统完备、科学规范、运行有效的制度体系，充分发挥我国社会主义制度优越性。

（四）坚持新发展理念。发展是解决我国一切问题的基础和关键，发展必须是科学发展，必须坚定不移贯彻创新、协调、绿色、开放、共享的发展理念。必须坚持和完善我国社会主义基本经济制度和分配制度，毫不动摇巩固和发展公有制经济，毫不动摇鼓励、支持、引导非公有制经济发展，使市场在资源配置中起决定性作用，更好发挥政府作用，推动新型工业化、信息化、城镇化、农业现代化同步发展，主动参与和推动经济全球化进程，发展更高层次的开放型经济，不断壮大我国经济实力和综合国力。

（五）坚持人民当家作主。坚持党的领导、人民当家作主、依法治国有机统一是社会主义政治发展的必然要求。必须坚持中国特色社会主义政治发展道路，坚持和完善人民代表大会制度、中国共产党领导的多党合作和政治协商制度、民族区域自治制度、基层群众自治制度，巩固和发展最广泛的爱国统一战线，发展社会主义协商民主，健全民主制度，丰富民主形式，拓宽民主渠道，保证人民当家作主落实到国家政治生活和社会生活之中。

（六）坚持全面依法治国。全面依法治国是中国特色社会主义的本质要求和重要保障。必须把党的领导贯彻落实到依法治国全过程和各方面，坚定不移走中国特色社会主义法治道路，完善以宪法为核心的中国特色社会主义法律体系，建设中国特色社会主义法治体系，建设社会主义法治国家，发展中国特色社会主义法治理论，坚持依法治国、依法执政、依法行政共同推进，坚持法治国家、法治政府、法治社会一体建设，坚持依法治国和以德治国相结合，依法治国和依规治党有机统一，深化司法体制改革，提高全民族法治素养和道德素质。

（七）坚持社会主义核心价值体系。文化自信是一个国家、一个民族发展中更基本、更深沉、更持久的力量。必须坚持马克思主义，牢固树立共产主义远大理想和中国特色社会主义共同理想，培育和践行社会主义核心价值观，不断增强意识形态领域主导权和话语权，推动中华优秀传统文化创造性转化、创新性发展，继承革命文化，发展社会主义先进文化，不忘本来、吸收外来、面向未来，更好构筑中国精神、中国价值、中国力量，为人民提供精神指引。

（八）坚持在发展中保障和改善民生。增进民生福祉是发展的根本目的。必须多谋民生之利、多解民生之忧，在发展中补齐民生短板、促进社会公平正义，在幼有所育、学有所教、劳有所得、病有所医、老有所养、住有所居、弱有所扶上不断取得新进展，深入开展脱贫攻坚，保证全体人民在共建共享发展中有更多获得感，不断促进人的全面发展、全体人民共同富裕。建设平安中国，加强和创新社会治理，维护社会和谐稳定，确保国家长治久安、人民安居乐业。

（九）坚持人与自然和谐共生。建设生态文明是中华民族永续发展的千年大计。必须树立和践行绿水青山就是金山银山的理念，坚持节约资源和保护环境的基本国策，像对待生命一样对待生态环境，统筹山水林田湖草系统治理，实行最严格的生态环境保护制度，形成绿色发展方式和生活方式，坚定走生产发展、生活富裕、生态良好的文明发展道路，建设美丽中国，为人民创造良好生产生活环境，为全球生态安全作出贡献。

（十）坚持总体国家安全观。统筹发展和安全，增强忧患意识，做到居安思危，是我们党治国理政的一个重大原则。必须坚持国家利益至上，以人民安全为宗旨，以政治安全为根本，统筹外部安全和内部安全、国土安全和国民安全、传统安全和非传统安全、自身安全和共同安全，完善国家安全制度体系，加强国家安全能力建设，坚决维护国家主权、安全、发展利益。

（十一）坚持党对人民军队的绝对领导。建设一支听党指挥、能打胜仗、作风优良的人民军队，是实现“两个一百年”奋斗目标、实现中华民族伟大复兴的战略支撑。必须全面贯彻党领导人民军队的一系列根本原则和制度，确立新时代党的强军思想在国防和军队建设中的指导地位，坚持政治建军、改革强军、科技兴军、依法治军，更加注重聚焦实战，更加注重创新驱动，更加注重体系建设，更加注重集约高效，更加注重军民融合，实现党在新时代的强军目标。

（十二）坚持“一国两制”和推进祖国统一。保持香港、澳门长期繁荣稳定，实现祖国完全统一，是实现中华民族伟大复兴的必然要求。必须把维护中央对香港、澳门特别行政区全面管治权和保障特别行政区高度自治权有机结合起来，确保“一国两制”方针不会变、不动摇，确保“一国两制”实践不变形、不走样。必须坚持一个中国原则，坚持“九二共识”，推动两岸关系和平发展，深化两岸经济合作和文化往来，推动两岸同胞共同反对一切分裂国家的活动，共同为实现中华民族伟大复兴而奋斗。

（十三）坚持推动构建人类命运共同体。中国人民的梦想同各国人民的梦想息息相通，实现中国梦离不开和平的国际环境和稳定的国际秩序。必须统筹国内国际两个大局，始终不渝走和平发展道路、奉行互利共赢的开放战略，坚持正确义利观，树立共同、综合、合作、可持续的新安全观，谋求开放创新、包容互惠的发展前景，促进和而不同、兼收并蓄的文明交流，构筑尊崇自然、绿色发展的生态体系，始终做世界和平的建设者、全球发展的贡献者、国际秩序的维护者。

（十四）坚持全面从严治党。勇于自我革命，从严管党治党，是我们党最鲜明的品格。必须以党章为根本遵循，把党的政治建设摆在首位，思想建党和制度治党同向发力，统筹推进党的各项建设，抓住“关键少数”，坚持“三严三实”，坚持民主集中制，严肃党内政治生活，严明党的纪律，强化党内监督，发展积极健康的党内政治文化，全面净化党内政治生态，坚决纠正各种不正之风，以零容忍态度惩治腐败，不断增强党自我净化、自我完善、自我革新、自我提高的能力，始终保持党同人民群众的血肉联系。

党的十九大报告指出：以上 14 条，构成新时代坚持和发展中国特色社会主义的基本方略。全党同志必须全面贯彻党的基本理论、基本路线、基本方略，更好引领党和人民事业发展。

这些方略，与习近平新时代中国特色社会主义思想有紧密的联系，是习近平新时代中国特色社会主义思想在治国理政中的转化、实践和应用。

这些方略，有的是历史上早就有的，现在重新给予强调。如“坚持党对一切工作的领导”，是改革开放前就有的基本要求。“党政军民学，东西南北中，党是领导一切的”，还是毛泽东的原话。

有的是历史上已经形成，党的十八大以来作了新的发展和充实，如“坚持以人民为中心”，既坚持了党的“全心全意为人民服务”的根本宗旨，又突出将人民群众放在“中心”地位，而不是陪衬地位。

有的是改革开放以来形成的基本政策、基本方略，党的十八大以来又做了新的推进，增加了新的内容和新的要求，如“坚持全面深化改革”“坚持全面依法治国”。

有的在党的十八大之前已有认识和举措，十八大之后提升到更加重要地位，并作了很大程度的发挥和拓展，如“坚持在发展中保障和改善民生”“坚持人与自然和谐共生”。

有的则是党的十八大以来第一次提出，如“坚持总体国家安全观”“坚持推动构建人类命运共同体”等。

所有这些情况表明，新时代中国特色社会主义基本方略体现了坚持和发展、坚守与创新的辩证统一，很多都具有习近平总书记自己特有的风格。

此前的历次党代会，先后提炼概括过党的基本理论、基本路线、基本纲领、基本经验。到党的十九大，基本纲领、基本经验的内容，大都纳入了基本方略。

新概括的基本方略，指导了党的十八大以来中国共产党治国理政的基本实践，体现在执政和领导工作的各个方面和各个过程。外部世界从这些基本方略中，也可以清楚地观察到中国发展的基本走势和基本特征。

在党的二十大报告中，习近平总书记指出：十九大、十九届六中全会提出的“十个明确”“十四个坚持”“十三个方面成就”概括了新时代中国特色社会主义思想的主要内容，必须长期坚持并不断丰富发展。

这也就是说，“十四个坚持”属于习近平新时代中国特色社会主义思想。

十三、发展战略

81. 总揽70年的“三步走”

2008年初,我在美国和加拿大的宣讲交流活动中,有一项是在中国驻美大使馆与美洲国家组织大使们举行早餐会。

早餐会上,我先向他们介绍中共十七大精神。我刚讲完,他们就纷纷提问,尤其对中国的发展规划很感兴趣,希望我再作更多说明。于是我又专门作了更详细的介绍,讲了邓小平的“三步走”战略,讲了十年规划、五年计划,讲了我们每年的工作要点等,这些战略和规划一环套一环,环环紧扣,非常严密。

他们听了后,都说中国的做法很有价值,表示要向中国学习。我说如果你们觉得适用的话,可以学习。但我心里想,这个东西恐怕你们学不了,因为这些国家多数是政党轮替的,很难有长远考虑。但我们国家是共产党长期执政,所以有条件考虑那么长时间的发展战略,这是我们的优势。

“三步走”战略本身是科学的,实事求是的。回顾我们的发展历程,“三步走”战略已被实践证明确实高瞻远瞩,对中国改革开放以来几十年的发展起了巨大的规划和指导作用。

我们的党章中,规定了建设社会主义现代化国家的任务,总结了社会主义初级阶段100年的奋斗历程,规定了“两个一百年”的奋斗目标。“三步走”战略就是完成这些任务、实现这样的目标的战略步骤。

近代以来,赶上时代,振兴中华,实现现代化,一直是无数志士仁人不懈追求的理想,也是中国共产党在自己奋斗过程中不断追求的目标。

1964年12月,在三届人大的《政府工作报告》中,周恩来正式向世界宣布:“要在不太长的历史时期内,把我国建设成为一个具有现代农业、现代工业、现代国防和现代科学技术的社会主义强国，赶上和超过世界先进水平。”

“文化大革命”的发生，打断了现代化的进程。但中国共产党并没有放弃现代化的目标和理想。1975年，在毛泽东委托邓小平负责起草的《政府工作报告》中，周恩来再次向世界宣布：“在本世纪内，全面实现农业、工业、国防和科学技术的现代化，使我国国民经济走在世界的前列。”

1978年，十一届三中全会把全党的工作中心转移到社会主义现代化建设上来，明确指出我们当前以及今后相当长一个历史时期的主要任务，就是搞现代化建设。以十一届三中全会为起点，中国人民为实现民族振兴、国家富强和人民幸福，开始了以社会主义现代化为目标的一场新的伟大革命。

作为改革开放的总设计师，邓小平旗帜鲜明地将现代化建设放到国家发展的重要位置上，强调现代化建设是要做的三件大事之一，是最大的政治，“我们党在现阶段的政治路线，概括地说，就是一心一意地搞四个现代化。”

现代化是一个美好的愿景，但怎样实现？20世纪80年代，邓小平高瞻远瞩，设计了分三步走基本实现社会主义现代化的战略构想。1987年10月，按照邓小平的构想，党的十三大确定了我国现代化建设“三步走”的发展战略：第一步，实现国民生产总值比1980年翻一番，解决人民的温饱问题；第二步，到20世纪末，使国民生产总值再增长一倍，人民生活达到小康水平；第三步，到21世纪中叶，人均国民生产总值达到中等发达国家水平，人民生活比较富裕，基本实现现代化。

这一战略构想，时间跨度之大，气度非凡。

几十年来，我们整个发展还真的是按照这样的“三步走”一步一步地向前发展的。邓小平原来设想的三步中，第一步是到1990年，总产值翻一番，解决温饱。这个目标我们实现了。第二步是到20世纪末，总产值也是翻一番，进入小康。这个目标又提前实现了。

到1997年，就要进入新世纪了，前两步已经实现，后面就要走第三步了，为了把第三步即21世纪前50年再细化，1997年，江泽民在十五大上宣告:“展望下世纪,我们的目标是,第一个十年实现国民生产总值比二〇〇〇年翻一番,使人民的小康生活更加宽裕,形成比较完善的社会主义市场经济体制;再经过十年的努力,到建党一百年时,使国民经济更加发展,各项制度更加完善;到世纪中叶建国一百年时,基本实现现代化,建成富强民主文明的社会主义国家。”

这实际上是一个把邓小平的第三步设想加以展开的小“三步走”战略。按照这个战略,我们从20世纪末进入小康社会后,将分2010年、2020年、2050年三个阶段,逐步达到基本现代化的目标。我当时曾形象地称:21世纪上半叶我们的发展战略可以叫作:一、二、三,开步走。

到十八大前,鉴于21世纪小“三步走”战略的第一步目标已经超额实现,鉴于到第二步目标只有不到10年时间,所以,党的十八大报告明确提出到2020年要“全面建成小康社会”。其关键和点睛之处,是将“建设”改成了“建成”。一字之改,目标更加明确,任务更加具体,时间更加紧迫。

随后,便是决胜小康的关键时刻。

改革开放以来中国的整个现代化进程,都是这样在“三步走”战略的框架下,一步一步向前推演和展开的,也是按照这样的战略步骤,一个一个台阶向前推进和实现的。20世纪提前实现了解决人民温饱问题、总体进入小康这两个目标。进入21世纪后,又实现了第一个十年、第二个十年的战略目标。

2021年7月1日,在庆祝中国共产党成立100周年大会上,习近平总书记庄严宣告:“经过全党全国各族人民持续奋斗,我们实现了第一个百年奋斗目标,在中华大地上全面建成了小康社会,历史性地解决了绝对贫困问题,正在意气风发向着全面建成社会主义现代化强国的第二个百年奋斗目标迈进。这是中华民族的伟大光荣!这是中国人民的伟大光荣!这是中国共产党的伟大光荣!”

全面建成小康社会之后,我们并没有到达终点。再往前行,还有更长远的目标。按照党章规定,我们面前有两个依次递进的目标:第一个是,到中国共产党成立100周年,即2020年左右,全面建成小康社会;第二个是,到2050年左右,即在新中国成立100周年时,建成富强民主文明和谐美丽的社会主义现代化国家。随后，在实现“两个一百年”奋斗目标的基础上，我们还要进一步实现中华民族的伟大复兴。

2020年之后的30年怎么走？2020年后的中国是什么社会？也许可以叫殷实的小康社会，也许可以叫发达的小康社会。这种小康社会还没有实现现代化，而是在向现代化过渡，是小康社会向现代化过渡、发展的社会。

这样一个30年的发展过程，有没有必要再划分出一个新的“三步走”呢？如果划，每一步是什么目标？可以仔细算一算账，分别确定每个阶段的目标。

1989年6月，在谈到第三代中央领导集体的当务之急时，邓小平说，“我建议组织一个班子，研究下一个世纪前五十年的发展战略和规划”。

在十九大前的两年，我多次呼吁，如果在党的十九大报告中，对2020年至2050年的30年作一个规划，更加明确地规定第二个百年奋斗目标的主要内容，以及实现这一目标的战略步骤、战略措施，并且用一段经典的语言加以概括，这将会是十九大报告的一个重大亮点，对走向未来的全党和全国人民将会是一个巨大的激励和鼓舞。

到党的十九大，这个希望实现了。70年的构想和蓝图，就这样一步步地向前延伸。

党的二十大进一步延伸和发展了邓小平的“三步走”发展战略，引领中国向着全面建设社会主义现代化强国的目标前进。在二十大报告中，“现代化”一词，连同标题在内，一共出现86次。其中，“全面建设社会主义现代化国家”出现21次，“中国式现代化”出现11次，“社会主义现代化建设”出现5次，“国家治理体系和治理能力现代化”出现4次，“全面建成社会主义现代化强国”出现3次，“现代化经济体系”出现3次。

一张蓝图画到底，也干到底。这是中国的优势，也是成功的希望。

82. 千年期盼终于实现

邓小平1979年第一次提出“小康之家”。1982年的十二大报告第一次使用了“小康”一词，计划到2000年工农业总产值翻两番，届时，“人民的物质文化生活可以达到小康水平。”在1987年的十三大报告中，“小康”一词出现了5次。在1992年的十四大报告中，“小康”一词出现了4次。在1997年的十五大报告中，“小康”一词出现了6次。

但十二大、十三大、十四大、十五大党章都还没有写进“小康”。

一直到2002年的十六大，才第一次将“小康”写进了党章。三次出现，分别是：“全面建设小康社会”“小康水平”“更高水平的小康社会”。此后，一直到十八大党章，都是如此规定。

到十九大党章，保留原来的“全面建设小康社会”，去掉了“小康水平”，将原有的一处表述改成“全面建成小康社会”，另增加了“四个全面”战略布局，其中包含有“全面建成小康社会”。

到了二十大党章，原有的三处“小康”全部去掉了。也就是说，党章中不再有关于“小康”的表述。

“小康”在党章里的消失，反映了一个伟大、壮阔的历史过程，宣告了一个千年期盼的实现。

“小康”一词，本来就是一个充满韵味的概念，念起来是那样自然、亲切。

“小康”，更是一个中国式的概念。虽然我们今天是在现代的意义上使用它，但在中国的文化传统中，它却是源远流长的。

“小康”一词，最早出自《诗经》。《诗·大雅·民劳》中说：“民亦劳止，汔可小康。”

至西汉，经学家戴圣编纂的《礼记》一书，描述了作为一种社会模式的“小康”状态，称：“今大道既隐，天下为家，各亲其亲，各子其子，货力为己。大人世及以为礼，城郭沟池以为固，礼义以为纪，以正君臣，以笃父子，以睦兄弟，以和夫妇，以设制度，以立田里，以贤勇知，以功为己。……是为‘小康’。”

在这里，“小康”是与“大同”相对的一种社会状态或理想。大同，是财产公有、政治民主、社会文明、保障健全、秩序稳定的理想社会状态。而小康，则要低一个层次，是财产私有、生活宽裕、上下有序、家庭和睦、讲究礼仪的社会状态。

古代的思想家们，曾经对理想中的小康社会做过许多设计，赋予它很多思想内涵。其中，当然包含有许多封建主义的糟粕。实际上，古代所说的小康社会，只不过是一种建立在落后生产力和封建私有制基础上自给自足的小农社会，但它反映了长期处于贫困状态的普通百姓对于衣食无忧生活的向往。

所以，从古到今上千年来，"小康""小康之家""小康生活"等词在民间得到了广泛的流传。其含义，也不像儒家典籍描述的那样规范，而是逐步地向人们的基本生活状态转移，越来越多地被解释为："略有资产，足以自给之境"，"谓经济比较宽裕"，"经济较宽裕，可以不愁温饱"。有的干脆"指经济情况较为宽裕的人家"。

时代变迁，风雨沧桑。当中华民族的历史车轮进到 20 世纪 70 年代末之后，"小康"这个概念由于邓小平的倡导而被赋予了新的时代内容。

1979 年 12 月，日本首相大平正芳访问北京。在人民大会堂与邓小平会见时，他提出了一个问题："中国根据自己独自的立场提出了宏伟的现代化规划，要把中国建设成为伟大的社会主义国家。中国将来会是什么样的情况？整个现代化的蓝图是如何构思的？"①

此前我国实现现代化的时间，大都定在 20 世纪末。有的甚至定在几年之内、几个五年计划之内。1964 年，根据毛泽东的提议，周恩来提出分两步走在 20 世纪内实现现代化。此后一直到 80 年代以前，仍沿用这样的时间和步骤。

但由于曾经有过的失误和折腾，特别是"文化大革命"的十年内乱，大大延缓了我国实现现代化的时间。到改革开放启动之时，中国的底子还很薄，按原定时间表实现现代化已经不可能。

邓小平整整沉默了一分钟，然后发表了自己系统的见解。其中，第一次提出了"小康之家"的概念，用来描述中国式的现代化进程。

邓小平在这里第一次"改了个口，叫中国式的现代化，就是把标准放低一点"。不是像发达国家那样的现代化，"而是'小康之家'"。

---

① 冷溶、高屹主编：《学习邓小平同志南巡重要谈话》，人民出版社 1992 年版，第 61 页。

同年12月29日，在会见新加坡政府代表团时，邓小平又重申了这一概念，指出："所谓四个现代化，只能搞个'小康之家'，比如说国民生产总值人均1000美元。即使我们的经济指标超过所有国家，人均收入仍不会很大。总之，既要有雄心壮志，也要脚踏实地。"

由此，"小康"就成为邓小平理论中一个非常重要的概念。在《邓小平文选》第二、第三卷中，一共有40多处地方使用了"小康"概念。表达的文字，有的称"小康之家"，有的称"小康水平"，还有的称"小康的社会"或"小康的国家"。

"小康"，是与邓小平提出的"三步走"发展战略联系在一起的。在邓小平的构想中，实现第二步目标，"意味着我们进入小康社会，把贫困的中国变成小康的中国"。"所谓小康社会，就是虽不富裕，但日子好过。"在第一步发展过程中，中国是"小变化"，"达到小康水平，可以说是中变化。到下世纪中叶，能够接近世界发达国家的水平，那才是大变化"。在小康基础上，"再发展三十年到五十年，力争接近世界发达国家的水平"。

"小康"这个古老的话语，在现代条件下被邓小平灵活地加以改造和运用，赋予其马克思主义的科学内涵，从而成了中国特色社会主义事业中一个十分重要的概念。

邓小平所设计的小康社会，借用了以往的小康概念，但其内容已经与过去大不相同。这种社会，不是建立在私有制基础上的"天下为家"的农耕社会，不是以儒家文化中的礼治为特征的封建社会，当然，也不是"大工""大商"的资本主义社会，而是建立在以公有制为主体、多种所有制经济共同发展的基本经济制度之上，以人民共同富裕为目标的中国特色社会主义的社会。它上承温饱社会，下启实现现代化，是社会主义初级阶段中一个人民丰衣足食、生活较为富裕的历史时期。

到世纪之交，中国进入了邓小平预想中的小康社会，这是一个伟大的胜利，但还是一个不平衡、不全面的小康社会。所以2002年，党的十六大明确提出："要在本世纪头二十年，集中力量，全面建设惠及十几亿人口的更高水平的小康社会"。

2007年的十七大，要求"为夺取全面建设小康社会新胜利而奋斗"。

到十八大时，进一步明确提出到2020年要“全面建成小康社会”。

“全面建成小康社会”的目标有哪些呢？党的十六大规定是六个“更加”：经济更加发展、民主更加健全、科教更加进步、文化更加繁荣、社会更加和谐、人民生活更加殷实。

党的十八大进一步规定了两个主要指标，即到2020年，“实现国内生产总值和城乡居民人均收入比二〇一〇年翻一番”。与此前相比，增加了一个“城乡居民人均收入”的指标。一个指标体现综合国力，一个指标体现人民生活。

当然，全面建成小康社会，不是仅仅有几个经济指标。党的十七大专门用一段话描绘：“到二〇二〇年全面建设小康社会目标实现之时，我们这个历史悠久的文明古国和发展中社会主义大国，将成为工业化基本实现、综合国力显著增强、国内市场总体规模位居世界前列的国家，成为人民富裕程度普遍提高、生活质量明显改善、生态环境良好的国家，成为人民享有更加充分民主权利、具有更高文明素质和精神追求的国家，成为各方面制度更加完善、社会更加充满活力而又安定团结的国家，成为对外更加开放、更加具有亲和力、为人类文明作出更大贡献的国家。”

到2020年全面建成小康社会，这是中国共产党对历史、对现实、对人民、对民族、对世界作出的一个庄严承诺。能否如期实现这个目标，是对人民交出的一份答卷，也是对党执政成效的一个重要检验。

党的十八大时，距离2020年还有8年时间。党的十九大时，到2020年底，只有3年多一点的时间。时钟在分分秒秒向2020年逼近，分分秒秒都已经是催人的战鼓和号令。

所以，党的十九大报告标题的第一句，就是“决胜全面建成小康社会”。用“决胜”一词，就是表明到了最后阶段，到了最关键时刻，甚至可以说到了读秒阶段。未来几年最紧迫、最重大的任务，就是要以巨大的努力，确保全面建成小康社会目标如期实现。

党的十九大要求全党全国，按照党的十六大、十七大、十八大提出的全面建成小康社会各项要求，紧扣我国社会主要矛盾变化，统筹推进经济建设、政治建设、文化建设、社会建设、生态文明建设，突出抓重点、补短板、强弱项，特别是要坚决打好防范化解重大风险、精准脱贫、污染防治的攻坚战，确保全面建成小康社会的目标如期实现，而且要使全面建成小康社会得到人民认可、经得起历史检验。

又经过几年的决战决胜，特别是通过脱贫攻坚，补齐了全面建成小康社会的短板，到 2020 年，全面建成小康社会取得伟大历史性成就，决战脱贫攻坚取得决定性胜利。到 2021 年 7 月 1 日，在庆祝中国共产党成立 100 周年大会上，习近平总书记“代表党和人民庄严宣告，经过全党全国各族人民持续奋斗，我们实现了第一个百年奋斗目标，在中华大地上全面建成了小康社会，历史性地解决了绝对贫困问题”。

经过几十年的奋斗和改革，中华民族千百年来的期盼终于实现，世界最大的发展中国家实现了从高度集中的计划经济体制到充满活力的社会主义市场经济体制、从封闭半封闭到全方位开放的历史性转变，实现了从生产力相对落后的状况到经济总量跃居世界第二的历史性突破，实现了人民生活从温饱不足到总体小康、奔向全面小康的历史性跨越，为实现中华民族伟大复兴提供了充满新的活力的体制保证和快速发展的物质条件。

全面建成小康社会，是中华民族发展史上前所未有的伟大壮举，镌刻着中国人民的奋发奋斗、牺牲奉献，彰显着中国特色社会主义制度的强大生命力、显著优越性。

这个伟大的成就将永载史册。

为忠实记录、全面反映这一奋斗历程，为民族复兴书写“信史”，为新时代中国留下“小康印记”，实现存史资政、教化育人的目的，宣传思想文化战线精心组织实施了“记录小康工程”，系统集纳有关小康社会的各方面资料，建成“记录小康工程”数据库、出版系列丛书，全景式、立体化、多维度记录呈现党领导人民实现脱贫攻坚、全面小康的奋斗实践，记录呈现各级党委和政府的重要决策部署，记录呈现新中国成立后特别是党的十八大以来小康进程中的关键节点、典型人物、重要事件，记录呈现城市乡村、各行各业脱胎换骨的成就和变化。

83. 伟大复兴中国梦

位于天安门广场东侧的中国国家博物馆，现今收藏着130多万件祖先留下的宝贵文化遗产。这里记载着中华民族5000多年的文明足迹，是中华儿女传承历史、开拓未来的精神家园，是中华文明与世界文明对话的重要窗口。

在这座中华文化的殿堂里，有一个《复兴之路》的基本陈列。当年，我曾参与过对这个展览大纲的审查。该陈列以大量的文物、图片、档案、资料和文字说明，详细介绍了从1840年鸦片战争以来中华民族所走过的艰难道路，介绍了中国人民通过不懈奋斗而使自己的国家发生历史巨变的辉煌历程。

2012年11月29日，党的十八大闭幕不久，就在这座雄伟的展厅里面，就在这个深邃的展览面前，习近平总书记率领中央政治局常委和中央书记处的同志，巡视历史，展望未来。

在《复兴之路》展览的现场，习近平总书记第一次以党和国家主要领导人的身份，提出了“中国梦”的概念和命题。他明确指出：“现在，大家都在讨论中国梦，我以为，实现中华民族伟大复兴，就是中华民族近代以来最伟大的梦想。”①

在2013年的十二届人大一次会议闭幕会上，习近平总书记又进一步阐述了中国梦的概念和主张。他强调，面对浩浩荡荡的时代潮流，面对人民群众过上更好生活的殷切期待，我们不能有丝毫自满，不能有丝毫懈怠，必须再接再厉、一往无前，继续把中国特色社会主义事业推向前进，继续为实现中华民族伟大复兴的中国梦而努力奋斗。

同时习近平总书记也指出，对中国梦的宣传教育，注意不要概念化，不要固化，不要庸俗化，不要好高骛远。所以，对中国梦必须以科学的态度

---

① 中共中央文献研究室编：《十八大以来重要文献选编》（上），中央文献出版社2014年版，第84页。

进行科学的解读和宣传。

中国梦这个概念,应该把它理解为对于我们未来目标、理想和远景的一种形象的比喻。

本来,作为人的一种生理现象的“梦”,直到现在,科学还没有能完全揭开它的奥秘。从梦的一般表现形式来说,它是一种无意识的精神现象,是一种非逻辑的心理活动。梦往往是支离破碎的,它并不能够主观设定,也不是一定能够实现的。古往今来,人类对梦进行了大量研究,但梦的生理和心理机制,还有待于科学去破解。

中国梦这个概念,借用了一个“梦”字,显然,并不是在人的生理意义上使用,而是作为一种带有文学色彩的比喻,用它来指代我们的某种理想和目标。这种理想和目标,与生理意义上的梦的一个巨大差别,是可以人为设定的,也是可以实现的。所以,当我们使用“中国梦”这个概念时,一定要首先看到这种重要的差别,注意它只是一种通俗、形象、带有文学色彩的比喻。我们真正要研究的,是它所比喻和指代的科学内涵。

中国梦的内涵是什么?习近平总书记明确指出,中国梦概括起来就是实现国家富强、民族振兴、人民幸福;就是实现全面建成小康社会、建成富强民主文明和谐美丽的社会主义现代化国家的奋斗目标;就是实现中华民族的伟大复兴。

具体展开,作为一种摆在我们面前的历史进程,中国梦包含三个渐次递进的目标和愿景。对此,习近平总书记在很多场合和讲话中都作了充分的论述。

首先是全面建成小康社会。在面向未来、继续前进的目标体系中,这是最直接、最现实的目标。

全面建成小康社会,还不是我们的终极目标。中国梦包含的第二个目标,就是到中华人民共和国成立100年时,建成富强民主文明和谐美丽的社会主义现代化强国。

在实现“两个一百年”奋斗目标的基础上,还要进一步实现中华民族的伟大复兴。

民主革命的先行者孙中山先生,率先喊出了“振兴中华”的口号。他描绘:“一旦我们革新中国的目标得以实现,不但在我们的美丽的国家将会出现新纪元的曙光,整个人类也将得以共享更光明的前景。”

20 世纪与 21 世纪之交,江泽民曾经以诗一般的语言指出:中国的社会主义现代化,中华民族的伟大复兴,已是跃出东方地平线的一轮绚丽红日,这轮红日是注定要高高升起来的,它的美丽霞光正在照耀祖国的大好河山。

习近平总书记指出:“建设富强民主文明和谐的社会主义现代化国家,实现中华民族伟大复兴,是鸦片战争以来中国人民最伟大的梦想,是中华民族的最高利益和根本利益。”他还说:我们比历史上任何时候都更加接近中华民族伟大复兴的目标。

复兴中华民族,决不是提倡狭隘的民族主义,更不构成对其他任何国家的威胁。中国是爱好和平的国家,中国追求的是自身经济的发展和社会的进步,决不能有任何试图凌驾于其他国家之上的意思。

怎样实现中国梦?习近平总书记强调,中国梦归根到底是人民的梦。实现中国梦必须走中国道路;必须弘扬中国精神;必须凝聚中国力量;必须紧紧依靠人民来实现,不断为人民造福。

党的十九大进一步强调实现中华民族伟大复兴的中国梦是一个伟大的梦想。报告指出:实现中华民族伟大复兴是近代以来中华民族最伟大的梦想。中国共产党一经成立,就把实现共产主义作为党的最高理想和最终目标,义无反顾肩负起实现中华民族伟大复兴的历史使命,团结带领人民进行了艰苦卓绝的斗争,谱写了气吞山河的壮丽史诗。

中华民族伟大复兴的关键词,贯穿于党的二十大报告的各个部分、方方面面。

报告认为:“今天,我们比历史上任何时期都更接近、更有信心和能力实现中华民族伟大复兴的目标,同时必须准备付出更为艰巨、更为艰苦的努力。”要“动员全体中华儿女围绕实现中华民族伟大复兴中国梦一起来想、一起来干”。要“增强实现中华民族伟大复兴的精神力量”。人民军队“有信心、有能力为实现中华民族伟大复兴提供战略支撑”。“支持香港、澳门更好融入国家发展大局,为实现中华民族伟大复兴更好发挥作用。”“解决台湾问题、实现祖国完全统一”“是实现中华民族伟大复兴的必然要求”。要实现两个“全面”,关键在党。

党的二十大指出,随着新时代的十年历史性变革,“实现中华民族伟大复兴进入了不可逆转的历史进程”。

党的二十大进一步提出两个“全面”,一个是“全面建设社会主义现代化国家”,另一个就是“全面推进中华民族伟大复兴”。党的二十大报告第一次提出,要“以中国式现代化全面推进中华民族伟大复兴”。

党的二十大特别强调,“中国特色社会主义是实现中华民族伟大复兴的必由之路”。“全党全军全国各族人民要紧密团结在党中央周围,牢记空谈误国、实干兴邦,坚定信心、同心同德,埋头苦干、奋勇前进,为全面建设社会主义现代化国家、全面推进中华民族伟大复兴而团结奋斗!”

84. 开启全面建设现代化强国新征程

在北京展览馆举行的“奋进新时代”主题成就展上,一艘“奇迹号”帆船模型扬起的风帆上,一串串持续上扬的数字勾勒出一个大国的坚实足迹。

党的十九大在要求“决胜全面建成小康社会”的基础上,进一步对“开启全面建设社会主义现代化国家新征程”作出了战略部署,提出了明确要求。

在2020年的十九届五中全会和2021年的十三届全国人大四次会议上,“开启全面建设社会主义现代化国家新征程”成了最集中的议题和关注点。

党的二十大“是在全党全国各族人民迈上全面建设社会主义现代化国家新征程、向第二个百年奋斗目标进军的关键时刻召开的一次十分重要的大会”。大会提出了“新时代新征程中国共产党的使命任务”。

二十大修改后的党章,确认“实现第一个百年奋斗目标,开启了实现第二个百年奋斗目标新征程”。

新征程是新时代的新征程,也是全面建设社会主义现代化国家的新征程。按照“三步走”发展战略,到2020年全面建成小康社会,实现了第一个百年奋斗目标。但这不是万里长征的终点,而是新的起点。再往后,还有第二个百年奋斗目标,还有中华民族伟大复兴的宏伟目标。从第一个一百年到第二个一百年之间有30年的跨度。

党的十九大第一次明确规划了从2020年到本世纪中叶总共30年的战略目标,以及实现这一目标的战略步骤、战略措施,并且用一段经典的语言加以概括,这是党的十九大高瞻远瞩、统筹规划国家发展大计的重大举措。

党的十九大将2020年到本世纪中叶的30年分成两个阶段来安排。

第一个阶段,从2020年到2035年,在全面建成小康社会的基础上,再奋斗15年,基本实现社会主义现代化。

需要注意的是,原来“三步走”战略确定的目标,是到本世纪中叶基本实现现代化,而现在提前到2035年就基本实现,提前了15年。这是令人鼓舞的,应该说,也是有把握的。

党的十九大描绘了到2035年这个目标实现时的中国图景:我国经济实力、科技实力将大幅跃升,跻身创新型国家前列;人民平等参与、平等发展权利得到充分保障,法治国家、法治政府、法治社会基本建成,各方面制度更加完善,国家治理体系和治理能力现代化基本实现;社会文明程度达到新的高度,国家文化软实力显著增强,中华文化影响更加广泛深入;人民生活更为宽裕,中等收入群体比例明显提高,城乡区域发展差距和居民生活水平差距显著缩小,基本公共服务均等化基本实现,全体人民共同富裕迈出坚实步伐;现代社会治理格局基本形成,社会充满活力又和谐有序;生态环境根本好转,美丽中国目标基本实现。

第二个阶段,从2035年到21世纪中叶,在基本实现现代化的基础上,再奋斗15年,把我国建设成为富强民主文明和谐美丽的社会主义现代化强国。

同样需要注意的是,这个目标用的是“现代化强国”。显然,已不是“中等发达国家水平”,而是世界领先的强国。标准更高了,要求更高了。

党的十九大也描绘了到21世纪中叶这个目标实现时的中国图景:我国物质文明、政治文明、精神文明、社会文明、生态文明将全面提升,实现国家治理体系和治理能力现代化,成为综合国力和国际影响力领先的国家,全体人民共同富裕基本实现,我国人民将享有更加幸福安康的生活,中华民族将以更加昂扬的姿态屹立于世界民族之林。

党的十九大对两个阶段目标相继实现之时中国的面貌,作如此总括性的勾画,如同淡淡的白描,文字很简练,但整体的轮廓已经浮现,关键的状态已经清楚,各个领域的任务和目标已经明确。

从全面建成小康社会到基本实现现代化,再到全面建成社会主义现代化强国,是一个新的"两步走"战略。是新时代中国特色社会主义发展的战略安排,是为未来30多年中国发展勾画的宏伟蓝图。

特别需要注意的是,在现代化目标中,党的十三大是用"富强、民主、文明"三个修饰词作定语的。党的十七大增加了一个"和谐",也就是将社会建设纳入了总体布局和现代化目标。党的十九大又增加了一个"美丽",也就是在十八大将生态文明建设纳入总体布局的基础上,又将其纳入了现代化建设的目标,进一步提升了生态文明建设的地位。

这样,我们建设社会主义强国的目标就扩充为"富强民主文明和谐美丽"五个方面。这一扩展,更加体现了中国特色社会主义是全面发展的社会主义,中国的现代化是全面进步的现代化。

"富强民主文明和谐美丽"的五大目标,与基本纲领五个方面的建设相对应,与"五位一体"的总体布局相吻合。

党的十九大报告还第一次使用了"社会文明"的概念,将我们所要建设的文明扩充为物质文明、政治文明、精神文明、社会文明、生态文明五个文明。五个文明,分别对应于五个建设,解决了原来长期不够对应的问题。这是一个重要的理论创新。

从"全面建成小康社会"到"全面建成现代化强国",将是一个巨大的历史跨越。实现第一个"全面",是中华民族的一个历史性成就;实现第二个"全面",将会是中华民族更大的历史性飞跃。

制定这样一个战略目标和战略步骤,是党的十九大一个非常突出的亮点，也是具有长远意义的战略部署和战略规划。对全党全国各族人民是一个巨大的鼓舞。这一战略安排，必定会对中国到21世纪中叶的现代化建设新进程起到巨大的推进和指导作用，对外部世界也将产生深远的影响。

党的十九大报告明确提出：从十九大到二十大，是“两个一百年”奋斗目标的历史交汇期。我们既要全面建成小康社会、实现第一个百年奋斗目标，又要乘势而上开启全面建设社会主义现代化国家新征程，向第二个百年奋斗目标进军。

随着新的“两步走”战略的制定，全面建设社会主义现代化国家的新征程也就正式开启。这是一个伟大的征程，也是一个伟大的进军。

2020年，十九届五中全会审议通过了《中共中央关于制定国民经济和社会发展第十四个五年规划和二〇三五年远景目标的建议》。《建议》深入分析了我国发展面临的国际国内形势，明确提出了“十四五”时期我国发展的指导方针、主要目标、重点任务、重大举措，集中回答了新形势下实现什么样的发展、如何实现发展这个重大问题。特别是提出了“十四五”时期经济社会发展的指导思想和必须遵循的原则。

在十九届五中全会上，习近平总书记庄严宣告：“我们即将全面建成小康社会、完成脱贫攻坚任务、实现第一个百年奋斗目标，从明年起将开始向第二个百年奋斗目标进军。”

党的二十大明确宣告：“从现在起，中国共产党的中心任务就是团结带领全国各族人民全面建成社会主义现代化强国、实现第二个百年奋斗目标，以中国式现代化全面推进中华民族伟大复兴。”二十大的主题包含了两个“全面”：“为全面建设社会主义现代化国家、全面推进中华民族伟大复兴而团结奋斗”。

党的二十大进一步设定了到2035年我国发展的总体目标，同时强调未来五年是全面建设社会主义现代化国家开局起步的关键时期，全党必须坚定信心、锐意进取，主动识变应变求变，主动防范化解风险，不断夺取全面建设社会主义现代化国家新胜利。

2022年10月23日，习近平总书记在二十届中共中央政治局常委同中外记者见面时强调:“新征程是充满光荣和梦想的远征。蓝图已经绘就,号角已经吹响。我们要踔厉奋发、勇毅前行,努力创造更加灿烂的明天。”

85. 中国式现代化

党的二十大集中提出和强调了中国式现代化问题,明确指出要“以中国式现代化全面推进中华民族伟大复兴”。还将“以中国式现代化全面推进中华民族伟大复兴”写进了新修改的党章。

“中国式现代化”,成为党的二十大起领军领衔作用的一个关键词,也成为中国现代化的最新最重要的标志和要求。

在中国建设社会主义现代化,到底走什么道路,是一个大课题,也是一个大难题。

近代中国,曾经学习西方,走过西方道路,也取得了一定成绩,如洋务运动、辛亥革命等。我去过江南造船厂,这个厂 1918 年就承接过美国政府的订货,制造过四艘万吨级的轮船。中共一大时的早期党员、湖南人李中,就在当时进入了江南造船厂当工人,从事工人运动。

但当年的清政府坚持中学为体西学为用,不愿接受世界文明,辛亥革命后又出现军阀混战,所以中国只在一定程度上引进了西方文明,发展了现代工业,但整体的现代化步履蹒跚,没有能实现。

中国共产党其实从来没有走过西方的路。由于一直与苏联是世界革命的战友,受共产国际和苏联共产党领导,因而将苏联的一套政治文化沁入骨髓里,而对西方文明始终持敌对、警惕和防范态度(当然,苏联其实并不属于东方文明。而马克思主义明明白白是西方文明的产物。所谓的东方、西方是一个很不规范、很不科学的划分)。走俄国人的路,曾经长期是中国共产党坚定不移的信念。毛泽东明确指出:“苏联共产党就是我们的最好的先生,我们必须向他们学习。”新中国成立以来我们所走的,一直是苏联的路,而不是西方的路。革命要走俄国人的路,建设也要走俄国人的路。

但实践证明,俄国人的路有适合中国的地方,也有不适合中国的地方。我们学习苏联,运用国家计划组织社会资源和人民力量,曾经创造了很多改天换地的业绩,但苏联那种高度集中的经济政治模式内部的弊病,也日渐深刻地暴露了出来。于是,从 1956 年开始,毛泽东说要“以苏为鉴”。从“以俄为师”,转到了“以苏为鉴”,开始努力探索一条适合中国自己的社会主义现代化道路。

在党际关系、国家关系上与苏联拉开了距离,但在对社会主义的认识上,在已经形成的政治文化上,还是苏联的一套。这就是邓小平所说的,没有完全搞清楚什么是社会主义、怎样建设社会主义。所以,毛泽东的探索没有能继续下去,还走了弯路。

以十一届三中全会为标志,中国共产党形成了解放思想、实事求是的思想路线。邓小平强调,过去搞民主革命,要适合中国情况,走毛泽东开辟的农村包围城市的道路。现在搞建设,也要适合中国情况,走出一条中国式的现代化道路。

1981 年,十一届六中全会通过的《关于建国以来党的若干历史问题的决议》,概括了适合中国情况的社会主义现代化建设道路的十个主要原则。

1982 年,在党的十二大开幕词中,邓小平明确指出:“把马克思主义的普遍真理同我国的具体实际结合起来,走自己的道路,建设有中国特色的社会主义,这就是我们总结长期历史经验得出的基本结论。”①

邓小平这里所说的走自己的路,其实是针对苏联的路来说的。

十九届五中全会要求开启全面建设社会主义现代化国家新征程。此后在省部级主要领导干部学习贯彻党的十九届五中全会精神专题研讨班上,习近平总书记指出:“我们的任务是全面建设社会主义现代化国家,当然我们建设的现代化必须是具有中国特色、符合中国实际的,我在党的十九届五中全会上特别强调了 5 点,就是我国现代化是人口规模巨大的现

---

① 中共中央文献研究室编:《十二大以来重要文献选编》(上),人民出版社 1986 年版,第 3 页。

代化，是全体人民共同富裕的现代化，是物质文明和精神文明相协调的现代化，是人与自然和谐共生的现代化，是走和平发展道路的现代化。”

2021 年，在庆祝中国共产党成立 100 周年大会上，习近平总书记宣告：“我们坚持和发展中国特色社会主义，推动物质文明、政治文明、精神文明、社会文明、生态文明协调发展，创造了中国式现代化新道路，创造了人类文明新形态。”①

十九届六中全会通过的《中共中央关于党的百年奋斗重大成就和历史经验的决议》指出：“党领导人民成功走出中国式现代化道路，创造了人类文明新形态，拓展了发展中国家走向现代化的途径，给世界上那些既希望加快发展又希望保持自身独立性的国家和民族提供了全新选择。”②

党的二十大集中提出和强调了中国式现代化问题。在二十大报告中，“中国式现代化”出现 11 次。“以中国式现代化全面推进中华民族伟大复兴”被写进了修改后的党章。

此前，习近平总书记和十九届六中全会所说的都是“中国式现代化道路”，但党的二十大去掉了“道路”一词，直接称“中国式现代化”。去掉“道路”一词，表明“中国式现代化”的侧重点已经不在道路上，而是到了目标上。当然，既然是“化”，也可以理解为也包括过程。

现代化是一个世界范畴，也是一个历史概念。

从狭义来说，现代化是自工业革命以来，人类社会发展的一种深刻的变革过程，其主要内容是工业化的发展，特别是落后的农业国追赶先进的工业国的过程，是由传统的农业文明向以工业文明为核心的现代文明转型的过程。

从广义来说，它是从过往传统经济向现代新型经济、从过往传统社会向现代新型社会、从过往传统政治向现代新型政治、从过往传统社会向现代新型社会、从过往传统文明向现代新型文明发展、转变的过程。

---

① 习近平：《在庆祝中国共产党成立 100 周年大会上的讲话》，人民出版社 2021 年版，第 13—14 页。

② 《中共中央关于党的百年奋斗重大成就和历史经验的决议》，人民出版社 2021 年版，第 63、64 页。

党的二十大提出的“中国式现代化”，应该就是世界文明大花园中的一种鲜花，是世界现代化各种类型中的一个新的模式、新的范式。

党的二十大认为：“在新中国成立特别是改革开放以来长期探索和实践基础上，经过十八大以来在理论和实践上的创新突破，我们党成功推进和拓展了中国式现代化。”

根据习近平总书记在十九届五中全会上所说的五点，党的二十大指出：中国式现代化是人口规模巨大的现代化，是全体人民共同富裕的现代化，是物质文明和精神文明相协调的现代化，是人与自然和谐共生的现代化，是走和平发展道路的现代化。

党的二十大进一步揭示中国式现代化的本质要求是：坚持中国共产党领导，坚持中国特色社会主义，实现高质量发展，发展全过程人民民主，丰富人民精神世界，实现全体人民共同富裕，促进人与自然和谐共生，推动构建人类命运共同体，创造人类文明新形态。

对中国式现代化本质要求的这个概括，简洁凝练、内涵丰富，强调了坚持党的领导和中国特色社会主义制度的根本要求，涵盖了富强民主文明和谐美丽的奋斗目标，也彰显了中国式现代化的世界意义和世界贡献。

十四、全面建设

86. 完整准确全面贯彻新发展理念

十九大修改后的党章，写进了“必须坚持以人民为中心的发展思想，坚持创新、协调、绿色、开放、共享的发展理念”这一重要的表述。

二十大党章进一步充实和修改为“必须坚持以人民为中心的发展思想，把握新发展阶段，贯彻创新、协调、绿色、开放、共享的新发展理念，加快构建以国内大循环为主体、国内国际双循环相互促进的新发展格局，推动高质量发展”。

发展理念——新发展理念，是这里的中心词。

在改革开放进程中，党和国家逐步形成了一系列重要的发展理念。2015年10月，十八届五中全会指出，实现“十三五”时期发展目标，破解发展难题，厚植发展优势，必须牢固树立并切实贯彻创新、协调、绿色、开放、共享的发展理念。这是关系我国发展全局的一场深刻变革。

全会的公报全文共5900余字，其中关于“创新、协调、绿色、开放、共享”发展理念的内容就占了3000多字。

五大发展理念，具有直接的针对性，同时包含着丰富的内容。

创新是引领发展的第一动力。坚持创新发展，主要是解决发展动力问题。

协调是持续健康发展的内在要求。坚持协调发展，主要是解决发展不平衡问题。

绿色是永续发展的必要条件和人民对美好生活追求的重要体现。坚持绿色发展，主要是解决人与自然的和谐共生问题。

开放是国家繁荣发展的必由之路。坚持开放发展，主要是解决国内国际两个大局统筹联动问题。

共享是中国特色社会主义的本质要求。坚持共享发展,主要是解决公平正义问题。

五大发展理念是不可分割的整体,相互联系、相互贯通、相互促进,要一体坚持、一体贯彻,不能顾此失彼,也不能相互替代。

五大发展理念,后来被称为新发展理念。

党的十九大把“坚持新发展理念”作为基本方略的第四条。强调:“发展是解决我国一切问题的基础和关键,发展必须是科学发展,必须坚定不移贯彻创新、协调、绿色、开放、共享的发展理念。必须坚持和完善我国社会主义基本经济制度和分配制度,毫不动摇巩固和发展公有制经济,毫不动摇鼓励、支持、引导非公有制经济发展,使市场在资源配置中起决定性作用,更好发挥政府作用,推动新型工业化、信息化、城镇化、农业现代化同步发展,主动参与和推动经济全球化进程,发展更高层次的开放型经济,不断壮大我国经济实力和综合国力。”

在经济建设方面,党的十九大要求:要贯彻新发展理念、建设现代化经济体系,坚持质量第一、效益优先,以供给侧结构性改革为主线,推动经济发展质量变革、效率变革、动力变革,着力加快建设实体经济、科技创新、现代金融、人力资源协同发展的产业体系,着力构建市场机制有效、微观主体有活力、宏观调控有度的经济体制,不断增强我国经济创新力和竞争力。要深化供给侧结构性改革,加快建设创新型国家,实施乡村振兴战略,实施区域协调发展战略,加快完善社会主义市场经济体制,推动形成全面开放新格局,努力实现更高质量、更有效率、更加公平、更可持续的发展。

十九届五中全会把坚持新发展理念作为“十四五”时期经济社会发展必须遵循的原则之一,突出新发展理念的引领作用,强调要把新发展理念贯穿发展全过程和各领域,构建新发展格局,切实转变发展方式,推动质量变革、效率变革、动力变革,实现更高质量、更有效率、更加公平、更可持续、更为安全的发展。

新发展理念是改革开放40多年来中国发展经验的集中体现,是中国共产党对中国发展规律的新认识、新揭示。

提出和实施新发展理念，是关系中国发展全局的一场深刻变革。新发展理念不再简单以生产总值增长率论英雄，而是要实现创新成为第一动力、协调成为内生特点、绿色成为普遍形态、开放成为必由之路、共享成为根本目的的高质量发展。只有深入领会新发展理念的科学内涵，准确把握新发展理念之间的辩证关系，完整全面地贯穿于经济社会发展的全过程、各领域、各环节，坚持创新发展、协调发展、绿色发展、开放发展、共享发展，全面建设社会主义现代化国家才能有真正可靠的保证。

新发展理念对中国的发展发挥了重要的指导作用。按照新发展理念，党的十八大以来，我国经济发展平衡性、协调性、可持续性明显增强，国内生产总值突破百万亿元大关，人均国内生产总值超过一万美元，国家经济实力、科技实力、综合国力跃上新台阶，我国经济迈上更高质量、更有效率、更加公平、更可持续、更为安全的发展之路。党的二十大报告指出：五年来，我们“完整、准确、全面贯彻新发展理念，着力推动高质量发展，主动构建新发展格局”。十年来“我们提出并贯彻新发展理念，着力推进高质量发展，推动构建新发展格局，实施供给侧结构性改革，制定一系列具有全局性意义的区域重大战略，我国经济实力实现历史性跃升”。

在新时代新征程上，“必须完整、准确、全面贯彻新发展理念，坚持社会主义市场经济改革方向，坚持高水平对外开放，加快构建以国内大循环为主体、国内国际双循环相互促进的新发展格局。”

在中共中央举行的新闻发布会上，时任中央改革办分管日常工作的副主任、国家发展改革委副主任穆虹解读说：改革开放以来，我们始终将发展作为解决一切问题的基础和关键，从发展是硬道理到发展是党执政兴国的第一要务、从科学发展观到新发展理念，我们党的发展理念随着发展阶段、发展任务的变化，不断与时俱进、丰富创新。

党的二十大把对新发展理念学习贯彻的要求集中在“完整、准确、全面”三个词上。按照这一要求，必须克服思想和行为上的惯性，准确把握和切实践行新发展理念，坚持系统观念，不断推动发展方式系统性变革、整体性转变，努力实现发展质量、结构、规模、速度、效益、安全相统一。要坚持以推动高质量发展为主题，把实施扩大内需战略同深化供给侧结构性改革有机结合起来，增强国内大循环内生动力和可靠性，提升国际循环质量和水平，加快建设现代化经济体系，着力提高全要素生产率，着力提升产业链供应链韧性和安全水平，着力推进城乡融合和区域协调发展，推动经济实现质的有效提升和量的合理增长。

87. 发展全过程人民民主

人民民主是社会主义的本质要求，党内民主是党的生命。改革开放以来，中国特色社会主义民主逐步发展。进入新时代以来，以习近平同志为核心的党中央提出了全过程人民民主的重要理念。

2019 年 11 月，习近平总书记在上海虹桥街道考察时指出："我们走的是一条中国特色社会主义政治发展道路，人民民主是一种全过程的民主。"

2021 年 7 月 1 日，在庆祝中国共产党成立 100 周年大会上，习近平总书记强调：新的征程上，要"践行以人民为中心的发展思想，发展全过程人民民主"。

2021 年 10 月，在中央人大工作会议上，习近平总书记对全过程人民民主的理念和实践作出系统的阐述。

十九届六中全会通过的第三个《历史决议》，把"发展全过程人民民主"作为习近平新时代中国特色社会主义思想的主要内容纳入"十个明确"之中。

党的二十大进一步强调了人民民主的重要性，指出："我国是工人阶级领导的、以工农联盟为基础的人民民主专政的社会主义国家，国家一切权力属于人民。人民民主是社会主义的生命，是全面建设社会主义现代化国家的应有之义。"

同时，党的二十大明确指出："全过程人民民主是社会主义民主政治的本质属性，是最广泛、最真实、最管用的民主。"必须"发展全过程人民民主，保障人民当家作主"。

党的二十大把发展全过程人民民主作为社会主义民主建设的中心内

容，充分肯定新时代以来，“扎实推进全过程人民民主”“全面发展全过程人民民主”取得了显著成绩。指出中国式现代化的本质要求之一，是“发展全过程人民民主”。到2035年发展的总体目标中，包含有“全过程人民民主制度更加健全”。在未来五年，“全过程人民民主制度化、规范化、程序化水平进一步提高”。

要准确理解什么是全过程人民民主，首先要准确理解什么是民主。

民主，就其最基本的含义来说，是指一种按照预定的程序和规则，根据多数人的意愿作出决定的机制。

将这种机制运用于党内，就是党内民主；运用于国家政治生活中，就是政治民主；把它固定化、制度化，就成为民主制度。所谓民主，首先也是最基本和最重要的，是指这样制度和机制。

而通常所说的民主精神、民主作风、民主意识、民主观念等等，都是从民主的制度和机制中派生出来的，它们都很重要，但不是民主的本义。

举个形象的例子来说。在一个学校或党校的班级里，如果要决定某个事项，比如说今天全班课外活动干什么？是集体看电影，还是办舞会，还是自由活动？怎样决策呢？可有三种办法。

第一种，仅仅由班长一人说了算。决策很快，效率很高。这叫什么制度或方式呢？往好里说，是“首长负责制”；往坏里说，是“家长制”；如果班长不听别人的意见，想干什么就干什么，甚至强迫大家去夜总会这类场所，不听就加以处罚，这就叫“专制独裁”。

第二种，班长让大家先发表意见，最后由他来拍板。这叫什么呢？按我们长期形成的观念，这叫“先民主，后集中”。通常也称为“发扬民主”、具有“民主作风”。但其实这并不是真正的民主。因为决策权仍然在一个人手上。发言、讲话的人再多，由于没有决策权，说得再多，也是白搭。最后拍板的那个人可以听，也可以不听，这与唐太宗的兼听、纳谏差不多仍然是一回事。

第三种，参与议事的所有人都有同等的决策权，在大家充分发表意见的基础上，按一定的程序和规则投票表决，按少数服从多数的原则作出最后决定，哪怕书记、主席也只有一票。这样一套做法和机制才叫民主。不管在什么国家、什么地方、什么范围内，也不管是选举领导人、还是决定重大事项，只要是按这种机制运作的，就是民主。不管什么制度、什么形式，只要它实行的是这样一种机制，就都是民主制度。否则，就是非民主制度。

这种民主完美吗？不完美。因为多数人的意见可能是正确的，也可能是错误的，而且决策的效率可能很低。但比起专制独裁来说，还是有很多好处，而且有纠错机制，一次投票错了，以后还有机会纠正。

长期以来，我们许多人都以为善于听取别人意见就是民主，这是不准确的。封建社会的专制君主也会听取别人意见，著名的“偏听则暗，兼听则明”流传了上千年。但能说它就是民主吗？能说唐太宗是民主的楷模吗？

民主的核心在“主”字上。主，即作主。有民不主，不是民主；听民不主，不是民主；爱民不主，也不是民主。通常所说的某某人善于听取别人意见，顶多只能算有民主作风、民主精神，固然值得肯定，但还不是民主本身。只有按照一定的程序、制度，以少数服从多数的原则作出决策，即最后作主了，才是民主。

只有准确理解了什么是民主，我们才能真正懂得按什么样的路径去建设民主，才能知道怎样去发展全过程人民民主。

全过程人民民主的本质是社会主义民主，主体是全体中国人民，特点和优势在于全过程。这一民主模式把民主选举、民主协商、民主决策、民主管理、民主监督贯通起来，使国家政治生活和社会生活的各个环节都能听到人民的声音、反映人民的愿望，而且最终做到集体决策、人民做主。

这种民主，不是仅仅在某个环节上实行集体决策、人民做主，而是进一步在全过程上实现人民参与、人民发言。并且至少在主要环节上实行集体决策、人民作主，这才是真正的全过程人民民主。如果仅仅是全过程听取意见，那还只是唐太宗式的兼听、纳谏，而不是真正的全过程人民民主。

所以，这种全链条、全方位、全覆盖的民主模式，比某个环节上的水平更高，要求也更高。操作起来难度更大，远不是全过程听取意见所能相比的。要真正做到全过程人民民主，首先要实现主要环节上的民主。如果连主要环节的民主都没有做到,全过程人民民主就根本不可能做到。如果不仅在主要环节上,而且在全过程真正实现了人民民主,中国的民主水平将大大提高。

建设中国特色社会主义民主政治的重要任务,就是发展全过程人民民主。党的二十大报告围绕“发展全过程人民民主,保障人民当家作主”作出了一系列部署,提出了一系列要求,并将这一要求写进了党章。

党的二十大指出:“我们要健全人民当家作主制度体系,扩大人民有序政治参与,保证人民依法实行民主选举、民主协商、民主决策、民主管理、民主监督,发挥人民群众积极性、主动性、创造性,巩固和发展生动活泼、安定团结的政治局面。”

“健全人民当家作主制度体系”是这一要求的领句和关键词。民主的发展,首先表现为民主制度的丰富、发展和完善。无论是人民当家作主还是人民主体地位,最终都需要建立和完善一整套完整的制度体系。

十九届四中全会通过的《中共中央关于坚持和完善中国特色社会主义制度、推进国家治理体系和治理能力现代化若干重大问题的决定》,对中国特色社会主义制度和治理体系实现了一次历史性的系统集成。

《决定》提出“坚持和完善人民当家作主制度体系,发展社会主义民主政治”。其中包括坚持和完善人民代表大会制度这一根本政治制度,坚持和完善中国共产党领导的多党合作和政治协商制度,巩固和发展最广泛的爱国统一战线,坚持和完善民族区域自治制度,健全充满活力的基层群众自治制度。

党的二十大进一步对“健全人民当家作主制度体系”提出了要求,强调坚持和完善我国根本政治制度、基本政治制度、重要政治制度,拓展民主渠道,丰富民主形式,确保人民依法通过各种途径和形式管理国家事务,管理经济和文化事业,管理社会事务。

在人民代表大会制度方面,要求支持和保证人民通过人民代表大会行使国家权力,保证各级人大都由民主选举产生、对人民负责、受人民监督。支持和保证人大及其常委会依法行使立法权、监督权、决定权、任免权,健全人大对行政机关、监察机关、审判机关、检察机关监督制度,维护国家法治统一、尊严、权威。加强人大代表工作能力建设,密切人大代表同人民群众的联系。健全吸纳民意、汇集民智工作机制,建设好基层立法联系点。

此外,还要全面发展协商民主,积极发展基层民主,巩固和发展最广泛的爱国统一战线。

88. 铸就中华文化新辉煌

党的十九大以及修改后的党章赋予了中国特色社会主义文化以更加重要的地位。

党的十九大关于党章修正案的决议强调:“大会认为,中国特色社会主义文化是中国特色社会主义的重要组成部分,是激励全党全国各族人民奋勇前进的强大精神力量。大会同意把中国特色社会主义文化同中国特色社会主义道路、中国特色社会主义理论体系、中国特色社会主义制度一道写入党章,这有利于全党深化对中国特色社会主义的认识、全面把握中国特色社会主义内涵。”

因此,在党的十九大修改后的党章中,给予文化以重要的分量。除了原有的很长一段文字外,又加写了:“培育和践行社会主义核心价值观”;改写或增写了:“推动中华优秀传统文化创造性转化、创新性发展,发展社会主义先进文化,提高国家文化软实力。牢牢掌握意识形态工作领导权,不断巩固马克思主义在意识形态领域的指导地位,巩固全党全国人民团结奋斗的共同思想基础。”

文化,是非常重要的人类现象。从学术上来说,又是一个非常复杂的概念。“观乎天文,以察时变;观乎人文,以化成天下。”最早的“文化”,是指与“武力”相对的教化,故有“人文化成”的意思。但自古代以降,文化的概念,日益丰富,也日益复杂。在某种程度上说,文化已是人类使用最为广泛的概念之一,也是当今世界最热门的话题之一。

对文化的很多问题,我作过很多思考和研究,给博士研究生讲过多次文化的课程。早在十多年前,我就提出了建设党内先进文化的问题。

由于文化的复杂，所以我综合各种学术观点，主张将文化按其范围分为“大文化”“中文化”“小文化”，以便按层次逐个加以辨析和使用。

所谓“大文化”，是广义的概念，是指人类改造客观世界和主观世界的活动及其成果的总和。它包括物质文化和精神文化两大类。

其中的物质文化，是通过物质活动及其成果来体现的人类文化，例如石器文化、青铜文化等。精神文化，则是通过人的精神活动及其成果来体现的人类文化。

我们通常所称的文化，大致是指这种精神文化。相当于“中文化”。

但这种文化的内部也很复杂。所以，我把这种精神文化又大致分为六种文化：一是语言文字文化；二是社会习俗文化；三是文学艺术文化；四是思想道德文化；五是科学理性文化；六是制度规范文化。

中国政府的文化部门所管的文化，其实只是很少的一部分文化。连语言文化都不归文化部门管，而是归教育部门管。所以，文化建设并不是一个部门的事。

无论从哪种意义上来界定文化，文化都是社会发展进步的一个重要内容和精神动力，其重要性是毋庸置疑的。

从文化与生产力的关系来说，它通过科学技术的创新和转化而形成新的生产力；通过思想道德和科学知识的传播转化为精神生产力；通过对社会制度建构的指导作用，实现经济、政治机制的优化，从而产生新的社会生产力。因此，文化对生产力的发展起着精神指导和智力支持的作用。

从文化与社会的关系来说，知识形态的文化具有信息功能、认识功能、实践功能和创新功能。思想道德形态的文化具有评判功能、凝聚功能、教化功能和定向功能。文化正是以这样的多种形态，对整个社会的发展起着非常重要的整合和推动作用。

在当今世界，文化越来越成为一个国家综合国力的重要组成部分，文化的交流和传播越来越成为各国相互关系的重要内容，文化的矛盾和冲突也越来越成为国际竞争和国际冲突的一个方面。一个国家强大与否，既取决于经济的实力，同时也取决于文化的实力。因此，许多国家都把文化的建设和发展摆在非常重要的位置上。随着通信、传播工具特别是互联网的发展，世界文化的交流更加深入，竞争和碰撞也更加激烈。

在这种情况下，要建设富强民主文明和谐美丽的现代化强国，就不仅要大力发展先进生产力，而且要大力发展先进的文化，弘扬优秀的民族文化传统，坚决抵制国外错误和消极文化的渗透，同时又大力吸收体现世界文明的先进文化。只有牢牢把握世界发展的这一趋势，把文化建设放在重要的位置上，切实走在中国和世界文化发展的前列，我们党和我们民族才能永远立于不败之地。

改革开放以来，中国共产党非常重视文化建设，把文化建设作为中国特色社会主义的一项重要内容。十二大制定的党章，写进了物质文明和精神文明一起抓的要求。从十四大党章开始，都在精神文明建设中，对文化建设提出了一系列要求，强调“弘扬民族优秀传统文化，繁荣和发展社会主义文化”。

党的十四大修改后的党章，进一步充实了社会主义精神文明建设的内容。在总纲原第十自然段，加上了社会主义精神文明建设为经济建设和改革开放提供强大的精神动力和智力支持，创造良好的社会环境的内容。强调尊重知识，尊重人才，提高全民族的思想道德和科学文化素质，弘扬民族优秀传统文化，繁荣和发展社会主义文化。增加了用党的基本路线和爱国主义、集体主义、社会主义思想教育党员和人民群众，增强民族自尊、自信和自强精神，对党员还要进行共产主义远大理想教育，抵御资本主义和封建主义腐朽思想的侵蚀，扫除各种社会丑恶现象等内容。

1997 年的十五大，提出了社会主义初级阶段的基本纲领。其中界定，建设中国特色社会主义文化，就是以马克思主义为指导，以培育有理想、有道德、有文化、有纪律的公民为目标，发展面向现代化、面向世界、面向未来的，民族的科学的大众的社会主义文化。这就要坚持用邓小平理论武装全党，教育人民；努力提高全民族的思想道德素质和教育科学文化水平；坚持为人民服务、为社会主义服务的方向和百花齐放、百家争鸣的方针，重在建设，繁荣学术和文艺。建设立足中国现实、继承历史文化优秀传统、吸取外国文化有益成果的社会主义精神文明。

2007年的十七大，继续强调文化建设，还第一次使用了“软实力”的概念，明确提出“提高国家文化软实力”。

新时代十年来，以习近平同志为核心的党中央高度重视中国特色社会主义文化的建设，把文化建设摆在更加突出的位置上，推动建设社会主义文化强国。

党的十八大报告关于文化部分的标题是“扎实推进社会主义文化强国建设”，要求“坚持社会主义先进文化前进方向，树立高度的文化自觉和文化自信，向着建设社会主义文化强国宏伟目标阔步前进”[①]。

党的十八大修改后的党章明确提出“建设社会主义文化强国”和“加强社会主义核心价值体系建设”的要求。

党的十八大之后，先后出台了《中共中央关于繁荣发展社会主义文艺的意见》《关于培育和践行社会主义核心价值观的意见》《关于实施中华优秀传统文化传承发展工程的意见》《关于加快构建中国特色哲学社会科学的意见》等一系列文件，为中国特色社会主义文化建设搭建起全面系统、科学完整的工作体系。

2014年2月，中央全面深化改革领导小组第二次会议通过《深化文化体制改革实施方案》。按照这新一轮文化体制改革的路线图、时间表和任务书，经过4年多努力，300多项文化体制改革任务已基本完成。

党的十九大把中国特色社会主义文化建设列入习近平新时代中国特色社会主义思想与新时代坚持和发展中国特色社会主义的基本方略之中，明确规定，实施文化强国战略，就要以马克思主义为指导，坚守中华文化立场，立足当代中国现实，结合当今时代条件，发展面向现代化、面向世界、面向未来的，民族的科学的大众的社会主义文化，推动社会主义精神文明和物质文明协调发展。要坚持为人民服务、为社会主义服务，坚持百花齐放、百家争鸣，坚持创造性转化、创新性发展，不断铸就中华文化新辉煌。

---

① 中共中央文献研究室编:《十八大以来重要文献选编》(上)，中央文献出版社2018年版，第24、26页。

党的十九大修改后的党章吸收了这些重要的思想，为新时代中国特色社会主义文化建设提出了规范，明确了要求，指明了方向，增添了强劲的动力。

在十九届五中全会前的教育文化卫生体育领域专家代表座谈会上，习近平总书记用"四个重要"对文化的作用和地位作了精辟概括：统筹推进"五位一体"总体布局、协调推进"四个全面"战略布局，文化是重要内容；推动高质量发展，文化是重要支点；满足人民日益增长的美好生活需要，文化是重要因素；战胜前进道路上各种风险挑战，文化是重要力量源泉。没有社会主义文化繁荣发展，就没有社会主义现代化。

第十四个五年规划开启了全面建设社会主义现代化国家的新征程，同时也开启了建成文化强国的新征程。党的十九届五中全会的《建议》把"建成文化强国、教育强国、人才强国、体育强国、健康中国，国民素质和社会文明程度达到新高度，国家文化软实力显著增强"，包含在到 2035 年基本实现社会主义现代化的远景目标之内。这是自提出建设社会主义文化强国以来，党中央首次明确了建成文化强国的具体时间表。

截至 2021 年底，全国共有公共图书馆 3000 多个、文化馆 3000 多个，乡镇（街道）文化站 4 万多个，村级综合性文化服务中心 57 万多个，农家书屋 58 万余家。

党的二十大不仅强调"坚持和发展马克思主义，必须同中华优秀传统文化相结合"，而且对建设文化强国、铸就社会主义文化新辉煌作出了进一步的部署。

党的二十大要求，坚持马克思主义在意识形态领域指导地位的根本制度，坚持为人民服务、为社会主义服务，坚持百花齐放、百家争鸣，坚持创造性转化、创新性发展，以社会主义核心价值观为引领，发展社会主义先进文化，弘扬革命文化，传承中华优秀传统文化，满足人民日益增长的精神文化需求，巩固全党全国各族人民团结奋斗的共同思想基础，不断提升国家文化软实力和中华文化影响力。

党的二十大在文化建设的各个领域和方面都提出了明确的要求和措施，要求巩固壮大奋进新时代的主流思想舆论，深入实施马克思主义理论研究和建设工程，加快构建中国特色哲学社会科学学科体系、学术体系、话语体系，加强全媒体传播体系建设，塑造主流舆论新格局。

在具体的文化事业方面，要求：

——坚持以人民为中心的创作导向，推出更多增强人民精神力量的优秀作品，培育造就大批德艺双馨的文学艺术家和规模宏大的文化文艺人才队伍。

——坚持把社会效益放在首位、社会效益和经济效益相统一，深化文化体制改革，完善文化经济政策。

——实施国家文化数字化战略，健全现代公共文化服务体系，创新实施文化惠民工程。

——健全现代文化产业体系和市场体系，实施重大文化产业项目带动战略。

——加大文物和文化遗产保护力度，加强城乡建设中历史文化保护传承，建好用好国家文化公园。

——坚持以文塑旅、以旅彰文，推进文化和旅游深度融合发展。

——广泛开展全民健身活动，加强青少年体育工作，促进群众体育和竞技体育全面发展，加快建设体育强国。

党的二十大指出：全面建设社会主义现代化国家，必须坚持中国特色社会主义文化发展道路，增强文化自信，围绕举旗帜、聚民心、育新人、兴文化、展形象建设社会主义文化强国，发展面向现代化、面向世界、面向未来的，民族的科学的大众的社会主义文化，激发全民族文化创新创造活力，增强实现中华民族伟大复兴的精神力量。

89. 推进美丽中国建设

党的十九大修改后的党章在建设现代化强国的目标中，加上了“美丽”一词。党的二十大修改后的党章，又增加了一个“美丽”，要求“推动建设持久和平、普遍安全、共同繁荣、开放包容、清洁美丽的世界”。这样，在党章中，便出现了两次“美丽”。

看到“美丽”,我们的眼睛都会瞬时一亮。

美是什么? 美学界已经讨论了几千年,至今还众说纷纭。但无论怎样抽象地定义,美都是令人赏心悦目的。

有人说:美是没有名称的香水;有人说,美是喧嚣后突然出现的宁静;有人说,美是黑暗中掠过的朦胧的光影;有人说,美是荒漠的海滩上可以望见的一点远帆。

“日华川上动,风光草际浮”;

“松排山面千重翠,月点波心一颗珠”;

“日出江花红胜火,春来江水绿如蓝”。

诗中有画,画中有诗。那时隐时现、如梦如幻的意境,给人以多么美妙的享受!

美,美丽,美好,美观,美景,美妙,美感,美德,美满……

美是多方面的。它存在于自然之中,存在于事物之中,存在于心灵之中……

当然,美,首先是一种自然美,它存在于天地万物之中,但同时又要人来珍惜、维护、修饰。我们曾经创造过很多美,也曾经伤害过很多美。痛定思痛,又努力在呵护美,发展美。

保护环境、保护生态,就是这种努力的一个重要部分。

在主持编写《中华人民共和国大事记》和《中国共产党历史大事记》的过程中,我发现,党和国家对环境保护的认识,其实早在20世纪70年代就已经开始了。这是很多人都不知道的。1973年,由于官厅水库出现死鱼事件,引起国家高层警惕。国务院遂于8月5日至20日,召开了首次全国环境保护会议,并制定了我国第一部环境保护的综合性法规——《关于保护和改善环境的若干规定(试行草案)》。

到改革开放后,1979年颁布《环境保护法》,使环境保护步入法制轨道。

1983年召开的第二次全国坏境保护会议,正式把环境保护确定为我国的一项基本国策。

1984年5月8日,国务院作出《关于环境保护工作的决定》,指出保护和改善生活环境和生态环境，防治污染和自然环境破坏，是我国社会主义现代化建设中的一项基本国策。

1992年8月，中共中央、国务院批准制定了指导中国环境与发展的纲领性文件《中国环境与发展十大对策》。

1994年，我国政府制定的《中国21世纪议程》，明确提出了跨世纪人口、经济、社会、环境和资源协调发展的奋斗目标。

1998年，我国政府又制定了《全国生态环境建设规划》。

1996年7月15日至17日，第四次全国环境保护会议召开，江泽民发表讲话，强调必须把贯彻实施可持续发展战略始终作为一件大事来抓。8月3日，国务院作出《关于环境保护若干问题的决定》。

1997年，党的十五大进一步明确将可持续发展战略作为我国经济发展的战略之一。

此后的历次党代会、人大会议，都突出强调了可持续发展战略的实施和要求。

1999年3月13日，中央人口资源环境工作座谈会召开。江泽民发表讲话，指出控制人口增长，保护自然资源，保持良好的生态环境，这是根据中国国情和长远发展的战略目标而确定的基本国策。这样的座谈会成为全国两会期间的惯例，一连开了多次。

科学发展观的提出，一个重要目的，就是解决伴随发展而来的生态环境问题。

2007年党的十七大第一次使用了“生态文明”的概念，明确指出，必须坚持全面协调可持续发展。坚持生产发展、生活富裕、生态良好的文明发展道路，建设资源节约型、环境友好型社会，实现速度和结构质量效益相统一、经济发展与人口资源环境相协调，要在全社会牢固树立生态文明观念，使人民在良好生态环境中生产生活，实现经济社会永续发展。

2012年党的十八大，进一步把生态文明建设纳入中国特色社会主义事业“五位一体”的总体布局，首次把“美丽中国”作为生态文明建设的宏伟目标。十八大审议通过《中国共产党章程（修正案）》，将“中国共产党领导人民建设社会主义生态文明”写入党章，作为党的基本纲领的一项重要内容。

富于前瞻和激情的是，党的十八大还提出了“走向生态文明新时代”的预言和号召，指出：“走向生态文明新时代，建设美丽中国，是实现中华民族伟大复兴的中国梦的重要内容。”

党的十八大以来，党和国家进一步加大环境保护的力度，强力推进生态文明建设，努力实现中华民族的永续发展。

“我们既要绿水青山，也要金山银山。”“绿水青山就是金山银山。”习近平总书记的这几句话，形象地说出了环境和生态保护的重要价值。

2013 年 9 月，我国发布实施《大气污染防治行动计划》，提出 10 个方面的硬措施，并明确了量化目标。保卫蓝天的攻坚战全面打响。随后，“水十条”“土十条”相继出台，治污攻坚战向纵深挺进。

2015 年 4 月，中共中央、国务院印发《关于加快推进生态文明建设的意见》，明确了生态文明建设的总体要求、目标愿景、重点任务、制度体系。9 月，《生态文明体制改革总体方案》出台。

到党的十九大，生态文明建设更上一层楼。习近平总书记在报告中，把“坚持人与自然和谐共生”作为 14 条基本方略之一，强调：建设生态文明是中华民族永续发展的千年大计。必须树立和践行绿水青山就是金山银山的理念，坚持节约资源和保护环境的基本国策，像对待生命一样对待生态环境，统筹山水林田湖草系统治理，实行最严格的生态环境保护制度，形成绿色发展方式和生活方式，坚定走生产发展、生活富裕、生态良好的文明发展道路，建设美丽中国，为人民创造良好生产生活环境，为全球生态安全作出贡献。

十九大党章在原有的关于生态文明建设的一个段落中，又增写了“增强绿水青山就是金山银山的意识”“实行最严格的生态环境保护制度”。尤其是将“美丽”一词列入全面建设社会主义现代化国家的目标中，使之成为“两个一百年”奋斗目标和中华民族伟大复兴中国梦的内容之一。

我曾两次前往鄂尔多斯。第一次去时，有人说它是一座“鬼城”。鄂尔多斯的建设确实出现过问题，但给它冠以这样一种不雅的称谓，我认为是不公平的，也是不符合实际的。就像当年开发浦东一样，人员的转移、人气的积聚当然需要一个过程。但鄂尔多斯的城市建设已经拉开了架势，打下了基础。当地领导向我介绍了鄂尔多斯进一步发展的蓝图。

等我后来再去鄂尔多斯时，鄂尔多斯的面貌又发生了进一步的变化，变得更美了。

尤其是，当时当地正在筹备召开《联合国防治荒漠化公约》第十三次缔约方大会。把这样一个世界性的大会安排在中国召开、安排在鄂尔多斯召开，这比其他任何评论都更有说服力了。

9 月，就在这次大会上，联合国环境署向世界介绍了中国防治荒漠化的经验。

联合国副秘书长、联合国环境署执行主任埃里克・索尔海姆说，中国的生态文明建设理念和经验，正在为全世界可持续发展提供重要借鉴、贡献中国的解决方案。

又如塞罕坝。2017 年 12 月 5 日，河北塞罕坝林场建设者获联合国环保最高奖项“地球卫士奖”。半个多世纪以来，塞罕坝人建起世界上面积最大的人工林。目前，塞罕坝林场森林覆盖率达 82%，每年涵养水源 2.84 亿立方米，固定二氧化碳 86.03 万吨，释放氧气 59.84 万吨，每年提供的生态系统服务价值达 155.9 亿元。昔日“黄沙遮天日，飞鸟无栖树”，如今成为“河的源头、云的故乡、花的世界、林的海洋”。

窥鄂尔多斯和塞罕坝而见中国的全貌。生态文明建设，在中国由浅入深地全面展开，不断推进。

我国森林覆盖率和森林蓄积量连续 30 年保持“双增长”，2021 年森林覆盖率超过 23%，全球增绿四分之一来自中国。第一批国家公园保护面积达 23 万平方公里，各级各类自然保护地占陆域国土面积的 18%。

积极稳妥推进能源绿色低碳转型。2021 年，可再生能源装机突破 10 亿千瓦，较 2012 年增长 2.4 倍，水电、风电、太阳能发电、生物质发电装机均居世界第一。新能源汽车产销量世界第一。清洁能源占能源消费比重 25.5%，较 2012 年提高近 11 个百分点。煤炭消费占能源消费比重从 2012 年的 68.5% 下降到 2021 年的 56.0%。

生态环境质量实现全局性改善。打赢蓝天、碧水、净土保卫战，污染防治攻坚战阶段性目标任务圆满完成。实施山水林田湖草沙一体化保护和修复，城乡环境更加宜居。人民群众身边的蓝天白云、清水绿岸明显增多，生态环境获得感显著增强。

生态文明法律和制度体系不断完善。大气污染防治法、水污染防治法、土壤污染防治法、环境保护税法、核安全法、固体废物污染环境防治法等10多部法律完成制修订，覆盖各类环境要素的生态环境法律法规体系基本建立。生态文明“四梁八柱”性质的制度体系基本形成。开展中央生态环境保护督察，坚决查处一批破坏生态环境的重大典型案件、解决一批人民群众反映强烈的突出环境问题。

全球环境治理贡献日益凸显。推动《巴黎协定》达成、签署、生效和实施。宣布二氧化碳排放力争于2030年前达到峰值，努力争取2060年前实现碳中和。加强中美、中欧气候领域对话。成功举办《生物多样性公约》第十五次缔约方大会（COP15）第一阶段会议，宣布成立昆明生物多样性基金等东道国举措，发布《昆明宣言》。倡导建立“一带一路”绿色发展国际联盟和绿色“一带一路”大数据平台，开展南南合作，帮助发展中国家提高环境治理水平。

美丽中国正在实现，美丽中国仍然需要我们继续建设。

党的二十大在到2035年我国发展的总体目标中，明确规定要“广泛形成绿色生产生活方式，碳排放达峰后稳中有降，生态环境根本好转，美丽中国目标基本实现”。

党的二十大报告以“推动绿色发展，促进人与自然和谐共生”为题，全面部署了建设美丽中国的任务和措施。强调“必须牢固树立和践行绿水青山就是金山银山的理念，站在人与自然和谐共生的高度谋划发展”。

党的二十大要求：“推进美丽中国建设，坚持山水林田湖草沙一体化保护和系统治理，统筹产业结构调整、污染治理、生态保护、应对气候变化，协同推进降碳、减污、扩绿、增长，推进生态优先、节约集约、绿色低碳发展。”

希望通过这样持续不断的努力，美丽中国的建设能取得更大的成就。

90. 国家安全体系和能力现代化

党的二十大对国家安全高度重视,在党代会报告中,专门设置一章,来论述和部署国家安全问题,要求“推进国家安全体系和能力现代化,坚决维护国家安全和社会稳定”。这是党代会历史上从来没有过的。

国家安全,是一个国家处于没有危险的客观状态,也就是国家既没有外部的威胁和侵害,又没有内部的混乱和疾患的客观状态。

按照《中华人民共和国国家安全法》(2015)第二条的界定:“国家安全是指国家政权、主权、统一和领土完整、人民福祉、经济社会可持续发展和国家其他重大利益相对处于没有危险和不受内外威胁的状态,以及保障持续安全状态的能力。”

国家安全是安邦定国的重要基石,是全国各族人民根本利益所在,是关系一个国家生存和发展的基本问题。

党的十八大以来,以习近平同志为核心的党中央高度重视国家安全问题,把国家安全放在“四个全面”战略布局中统一运筹,强调国家安全是安邦定国的重要基石,主持制定了国家安全战略。

2014 年 1 月,中共中央决定设立国家安全委员会,由习近平总书记任主席。在 2014 年 4 月国家安全委员会第一次会议上,习近平总书记首次提出“总体国家安全观”,强调要以人民安全为宗旨,以政治安全为根本,以经济安全为基础,以军事、文化、社会安全为保障,以促进国际安全为依托,走出一条中国特色国家安全道路。习近平总书记还提出了政治安全、国土安全、军事安全、经济安全、文化安全、社会安全、科技安全、信息安全、生态安全、资源安全、核安全等 11 个安全。

随着国家安全委员会的设立,新时代国家安全体系和能力的现代化建设由此开始。国家安全委员会负责国家安全工作的决策和议事协调,研究制定、指导实施国家安全战略和有关重大方针政策,统筹协调国家安全重大事项和重要工作,推动国家安全法治建设。

2015 年 1 月,中共中央政治局会议审议通过《国家安全战略纲要》。

按照党中央和《国家安全战略纲要》的要求，在新形势下维护国家安全，必须坚持以总体国家安全观为指导，坚决维护国家核心和重大利益，以人民安全为宗旨，在发展和改革开放中促安全，走中国特色国家安全道路。做好各领域国家安全工作，大力推进国家安全各种保障能力建设，把法治贯穿于维护国家安全的全过程。

2015 年 7 月，十二届全国人大常委会十五次会议通过了《中华人民共和国国家安全法》。此前的国家安全法于 1993 年制定，主要规定国家安全机关的职权和反间谍工作，其内容已难以适应全面维护各领域国家安全的需要，所以于 2014 年 11 月 1 日被废止，其大部分内容进入新反间谍法。新的国家安全法共 7 章 84 条，明确规定了政治安全、国土安全、军事安全、文化安全、科技安全等 11 个领域的国家安全任务。自 2015 年 7 月 1 日起施行。

党的十九大把“坚持总体国家安全观”作为基本方略之一。要求有效维护国家安全；完善国家安全战略和国家安全政策，坚决维护国家政治安全，统筹推进各项安全工作；健全国家安全体系，加强国家安全法治保障，提高防范和抵御安全风险能力；严密防范和坚决打击各种渗透颠覆破坏活动、暴力恐怖活动、民族分裂活动、宗教极端活动；加强国家安全教育，增强全党全国人民国家安全意识，推动全社会形成维护国家安全的强大合力。

2019 年 10 月，十九届四中全会通过的《中共中央关于坚持和完善中国特色社会主义制度、推进国家治理体系和治理能力现代化若干重大问题的决定》要求：完善国家安全体系。坚持总体国家安全观，统筹发展和安全，坚持人民安全、政治安全、国家利益至上有机统一。以人民安全为宗旨，以政治安全为根本，以经济安全为基础，以军事、科技、文化、社会安全为保障，健全国家安全体系，增强国家安全能力。完善集中统一、高效权威的国家安全领导体制，健全国家安全法律制度体系。加强国家安全人民防线建设，增强全民国家安全意识，建立健全国家安全风险研判、防控协同、防范化解机制。提高防范抵御国家安全风险能力，高度警惕、坚决防范和严厉打击敌对势力渗透、破坏、颠覆、分裂活动。

十九届五中全会要求,加强国家安全体系和能力建设。完善集中统一、高效权威的国家安全领导体制,健全国家安全法治体系、战略体系、政策体系、人才体系和运行机制,完善重要领域国家安全立法、制度、政策。健全国家安全审查和监管制度,加强国家安全执法。加强国家安全宣传教育,增强全民国家安全意识,巩固国家安全人民防线。坚定维护国家政权安全、制度安全、意识形态安全,全面加强网络安全保障体系和能力建设。严密防范和严厉打击敌对势力渗透、破坏、颠覆、分裂活动。

要确保国家经济安全。加强经济安全风险预警、防控机制和能力建设,实现重要产业、基础设施、战略资源、重大科技等关键领域安全可控。实施产业竞争力调查和评价工程,增强产业体系抗冲击能力。确保粮食安全,保障能源和战略性矿产资源安全。维护水利、电力、供水、油气、交通、通信、网络、金融等重要基础设施安全,提高水资源集约安全利用水平。维护金融安全,守住不发生系统性风险底线。确保生态安全,加强核安全监管,维护新型领域安全。构建海外利益保护和风险预警防范体系。

"十四五"规划纲要设置一章,部署了"加强国家安全体系和能力建设",确定"完善集中统一、高效权威的国家安全领导体制,健全国家安全法治体系、战略体系、政策体系、人才体系和运行机制,完善重要领域国家安全立法、制度、政策。巩固国家安全人民防线,加强国家安全宣传教育,增强全民国家安全意识,建立健全国家安全风险研判、防控协同、防范化解机制。健全国家安全审查和监管制度,加强国家安全执法。坚定维护国家政权安全、制度安全、意识形态安全,全面加强网络安全保障体系和能力建设,切实维护新型领域安全,严密防范和严厉打击敌对势力渗透、破坏、颠覆、分裂活动"。

同时,"坚持政治安全、人民安全、国家利益至上有机统一,以人民安全为宗旨,以政治安全为根本,以经济安全为基础,以军事、科技、文化、社会安全为保障,不断增强国家安全能力"。

《中共中央关于党的百年奋斗重大成就和历史经验的决议》充分肯定:"党着力推进国家安全体系和能力建设,设立中央国家安全委员会,完善集中统一、高效权威的国家安全领导体制,完善国家安全法治体系、战略体系和政策体系，建立国家安全工作协调机制和应急管理机制。党把安全发展贯穿国家发展各领域全过程，注重防范化解影响我国现代化进程的重大风险，坚定维护国家政权安全、制度安全、意识形态安全，加强国家安全宣传教育和全民国防教育，巩固国家安全人民防线，推进兴边富民、稳边固边，严密防范和严厉打击敌对势力渗透、破坏、颠覆、分裂活动，顶住和反击外部极端打压遏制，开展涉港、涉台、涉疆、涉藏、涉海等斗争，加快建设海洋强国，有效维护国家安全。”

党的二十大对“推进国家安全体系和能力现代化”提出了进一步要求。

党的二十大强调：“国家安全是民族复兴的根基，社会稳定是国家强盛的前提。必须坚定不移贯彻总体国家安全观，把维护国家安全贯穿党和国家工作各方面全过程，确保国家安全和社会稳定。”

“我们要坚持以人民安全为宗旨、以政治安全为根本、以经济安全为基础、以军事科技文化社会安全为保障、以促进国际安全为依托，统筹外部安全和内部安全、国土安全和国民安全、传统安全和非传统安全、自身安全和共同安全，统筹维护和塑造国家安全，夯实国家安全和社会稳定基层基础，完善参与全球安全治理机制，建设更高水平的平安中国，以新安全格局保障新发展格局。”

在“健全国家安全体系”方面，要求坚持党中央对国家安全工作的集中统一领导，完善高效权威的国家安全领导体制。强化国家安全工作协调机制，完善国家安全法治体系、战略体系、政策体系、风险监测预警体系、国家应急管理体系，完善重点领域安全保障体系和重要专项协调指挥体系，强化经济、重大基础设施、金融、网络、数据、生物、资源、核、太空、海洋等安全保障体系建设。健全反制裁、反干涉、反“长臂管辖”机制。完善国家安全力量布局，构建全域联动、立体高效的国家安全防护体系。

在“增强维护国家安全能力”方面，要求坚定维护国家政权安全、制度安全、意识形态安全，加强重点领域安全能力建设，确保粮食、能源资源、重要产业链供应链安全，加强海外安全保障能力建设，维护我国公民、法人在海外合法权益，维护海洋权益，坚定捍卫国家主权、安全、发展利益。提高防范化解重大风险能力,严密防范系统性安全风险,严厉打击敌对势力渗透、破坏、颠覆、分裂活动。全面加强国家安全教育,提高各级领导干部统筹发展和安全能力,增强全民国家安全意识和素养,筑牢国家安全人民防线。

按照习近平总书记的要求:面对波谲云诡的国际形势、复杂敏感的周边环境、艰巨繁重的改革发展稳定任务,必须始终保持高度警惕,既要高度警惕“黑天鹅”事件,也要防范“灰犀牛”事件;既要有防范风险的先手,也要有应对和化解风险挑战的高招;既要打好防范和抵御风险的有准备之战,也要打好化险为夷、转危为机的战略主动战。

91. 建设世界一流军队

二十大党章非常醒目地加上了一句话:“把人民军队建设成为世界一流军队”。

党的二十大报告第十二部分的标题是:“实现建军一百年奋斗目标,开创国防和军队现代化新局面”。报告明确指出:“如期实现建军一百年奋斗目标,加快把人民军队建成世界一流军队,是全面建设社会主义现代化国家的战略要求。”

1927 年 8 月 1 日,中国共产党领导发动了南昌起义。1933 年 6 月 30 日,中华苏维埃共和国中央革命军事委员会决定以发动南昌起义的 8 月 1 日为中国工农红军成立纪念日。7 月 11 日,中华苏维埃共和国临时中央政府予以批准。此后,8 月 1 日成为人民军队建军纪念日。

时隔 90 年后,在 2017 年 8 月 1 日的庆祝中国人民解放军建军 90 周年大会上,习近平指出:“中华民族走出苦难、中国人民实现解放,有赖于一支英雄的人民军队;中华民族实现伟大复兴,中国人民实现更加美好生活,必须加快把人民军队建设成为世界一流军队。”讲话强调,要坚持政治建军、改革强军、科技兴军、依法治军,全面提高国防和军队现代化水平,把人民军队建设成为世界一流军队。

党的十八大以来，以习近平同志为核心的党中央领导和推进强军兴军，领航人民军队，向着世界一流军队迈进，使人民军队的面貌发生了巨大变化。

2013 年 3 月 11 日，习近平总书记在出席十二届全国人大一次会议解放军代表团全体会议时指出："建设一支听党指挥、能打胜仗、作风优良的人民军队，是党在新形势下的强军目标。"

当年 11 月，十八届三中全会对全面深化改革作出整体部署，决定把深化国防和军队改革纳入全面深化改革的总体布局。

2014 年 10 月 30 日至 11 月 2 日，全军政治工作会议在福建古田举行。这是新世纪举行的第一次全军政治工作会议。12 月 30 日，中共中央转发了《关于新形势下军队政治工作若干问题的决定》。

2015 年 11 月 24 日至 26 日，中央军委改革工作会议举行。习近平强调，要全面实施改革强军战略，坚定不移走中国特色强军之路，建设同我国国际地位相称、同国家安全和发展利益相适应的巩固国防和强大军队。

11 月 28 日，中央军委印发《关于深化国防和军队改革的意见》，指出要牢牢把握"军委管总、战区主战、军种主建"的原则，以领导管理体制、联合作战指挥体制改革为重点，协调推进规模结构、政策制度和军民融合深度发展改革。

此后，习近平先后签发中央军委命令，调整组建军委机关各部门，组建各战区机关、陆军机关、各战区陆军机关、战略支援部队机关，调整组建战区海军、战区空军机关，组建中央军委纪律检查委员会派驻纪检组，组织实施海军、空军、火箭军、武警部队机关整编，组建武汉联勤保障基地及 5 个联勤保障中心，调整组建 13 个集团军、海军陆战队，调整组建新的军事科学院、国防大学、国防科技大学和其他军队院校、科研机构、训练机构。

2016 年 2 月 29 日，全军按新的领导指挥体制运行，实现人民解放军领导指挥体制的历史性变革。

党的十九大强调，面对国家安全环境的深刻变化，面对强国强军的时代要求，必须坚持走中国特色强军之路，全面贯彻习近平强军思想，贯彻新形势下军事战略方针，建设强大的现代化陆军、海军、空军、火箭军和战略支援部队，打造坚强高效的战区联合作战指挥机构，构建中国特色现代作战体系，全面推进国防和军队现代化，把人民军队建设成为世界一流军队。

十九大党章在军队国防建设的部分，增加了一系列重要的规定和要求：

在“中国共产党坚持对人民解放军和其他人民武装力量的领导”中，增加了“绝对”一词。增写了“贯彻习近平强军思想”。增写了“坚持政治建军、改革强军、科技兴军、依法治军，建设一支听党指挥、能打胜仗、作风优良的人民军队”。将原先的“履行新世纪新阶段军队历史使命”，改成“有效履行新时代军队使命任务”。

党的十九大关于党章修正案的决议指出：充实这些内容，有利于加强党对人民军队的绝对领导、提高国防和军队现代化水平。

2017 年 11 月 3 日，习近平在视察军委联合作战指挥中心时指出，军队是要准备打仗的，军委必须懂打仗、善谋略、会指挥，军委工作一开始就要把备战打仗的指挥棒立起来。强调全军要强化忧患意识、危机意识、打仗意识，全部心思向打仗聚焦，各项工作向打仗用劲，尽快把备战打仗能力搞上去。

2017 年 12 月 22 日，习近平在中央军委扩大会议上阐明新时代党的强军思想，提出人民军队新时代使命任务是：为巩固中国共产党领导和我国社会主义制度提供战略支撑，为捍卫国家主权、统一、领土完整提供战略支撑，为维护我国海外利益提供战略支撑，为促进世界和平与发展提供战略支撑。

2027 年，是中国人民解放军建军 100 周年。中共中央和中央军委综合考虑国家安全和发展全局需要，考虑军队现代化进程有序衔接等方面因素，提出到 2027 年实现建军一百年奋斗目标、到 2035 年基本实现国防和军队现代化、到本世纪中叶全面建成世界一流军队的国防和军队现代化新“三步走”战略，铺展了新时代强军事业近、中、远目标梯次衔接的发展蓝图。

实现建军一百年奋斗目标，根本指向是全面提高捍卫国家主权、安全、发展利益的战略能力。必须创新军事战略和作战指导，打造高水平战略威慑和联合作战体系，加强新兴领域军事布局，推动军事训练转型升级，形成战、建、备一体推进的良好局面。

2021 年 3 月 9 日，习近平总书记在出席十三届全国人大四次会议解放军和武警部队代表团全体会议时讲话强调，要聚焦实现建军一百年奋斗目标，紧紧围绕我军建设“十四五”规划布局谋划和推进工作。

党的二十大要求，必须贯彻新时代党的强军思想，贯彻新时代军事战略方针，坚持党对人民军队的绝对领导，坚持政治建军、改革强军、科技强军、人才强军、依法治军，坚持边斗争、边备战、边建设，坚持机械化、信息化、智能化融合发展，加快军事理论现代化、军队组织形态现代化、军事人员现代化、武器装备现代化，提高捍卫国家主权、安全、发展利益战略能力，有效履行新时代人民军队使命任务。

据此，二十大党章充实了新的内容。

党章修正案决议说，大会同意，把坚持政治建军、改革强军、科技强军、人才强军、依法治军，把人民军队建设成为世界一流军队写入党章。充实这些内容，有利于坚持走中国特色强军之路。

大会秘书处负责人答记者问说，在总纲原第二十自然段中，将坚持政治建军、改革强军、科技兴军、依法治军，修改为坚持政治建军、改革强军、科技强军、人才强军、依法治军；增写把人民军队建设成为世界一流军队的内容。

92. 推动构建人类命运共同体

党的十九大报告第十二部分的标题是：“坚持和平发展道路，推动构建人类命运共同体”。把“推动构建人类命运共同体”放在如此重要的位置，说明了这一命题和主张的重要性。

党的十九大修改后的党章，在国际部分，增写了 4 句话：“坚持正确义利观”；“推动构建人类命运共同体”；“遵循共商共建共享原则”；“推进‘一带一路’建设”。

党的二十大报告5次使用了“人类命运共同体”的重要概念。

人类只有一个地球，各国共处一个世界，不论人们身处何国、信仰如何、是否愿意，实际上已经处在一个命运共同体中。经济全球化让“地球村”越来越小，社会信息化让世界越来越平。不同国家和地区已是你中有我、我中有你，一荣俱荣、一损俱损。1997年亚洲金融危机、2008年国际金融危机、恐怖主义的蔓延、互联网的迅猛发展、全球气候变暖等等，都使全球的相互依存具有了更加深刻的内涵。面对这些危机、机遇和挑战，国际社会只能用“同舟共济”“互利共赢”来应对。

2011年，《中国的和平发展》白皮书提出，要以“命运共同体”的新视角，寻求人类共同利益和共同价值的新内涵。

2013年3月，习近平在莫斯科国际关系学院首次向国际社会提出命运共同体理念。2015年9月，习近平在联合国发表《携手构建合作共赢新伙伴，同心打造人类命运共同体》的演讲，向国际社会全面阐述了人类命运共同体“五位一体”的内涵，呼吁国际社会继承和弘扬联合国宪章宗旨和原则，构建以合作共赢为核心的新型国际关系，打造人类命运共同体。

2017年1月18日，习近平在日内瓦万国宫出席“共商共筑人类命运共同体”高级别会议并发表主旨演讲，主张共同推进构建人类命运共同体伟大进程，坚持对话协商、共建共享、合作共赢、交流互鉴、绿色低碳，建设一个持久和平、普遍安全、共同繁荣、开放包容、清洁美丽的世界。

2017年党的十九大报告把“坚持和平发展道路，推动构建人类命运共同体”作为中国外交的领衔要求。人类命运共同体的概念还被写进了新修改的党章。

2018年3月11日，十三届全国人大一次会议通过的宪法修正案，在宪法序言第十二自然段中加进了“推动构建人类命运共同体”①。

没有哪个国家能够独自应对人类面临的各种挑战，也没有哪个国家能够退回到自我封闭的孤岛。2021年10月25日，习近平在出席中华人

---

① 中共中央党史和文献研究院编：《十九大以来重要文献选编》（上），中央文献出版社2019年版，第336页。

民共和国恢复联合国合法席位50周年纪念会议时指出，人类是一个整体，地球是一个家园。任何人、任何国家都无法独善其身。人类应该和衷共济、和合共生，朝着构建人类命运共同体方向不断迈进，共同创造更加美好未来。

人类命运共同体理念内涵丰富，涉及政治、安全、经济、环境等诸多领域。政治上，提倡各国之间应形成平等相待、互商互谅的伙伴关系；安全上，提倡各国应不断为共同安全而努力；经济上，积极推动共同发展与合作共赢；文化上，坚持相互尊重、兼收并蓄和开放包容。

人类命运共同体意识超越种族、文化、国家与意识形态的界限，为思考人类未来提供了全新的视角，为推动世界和平发展给出了理性可行的行动方案。

人类命运共同体理念作为一份思考人类未来的"中国方略"，在中国政府和领导人的积极努力下，得到了国际社会越来越多的认可与赞扬。《中共中央关于党的百年奋斗重大成就和历史经验的决议》充分肯定，党推动构建人类命运共同体，为解决人类重大问题，建设持久和平、普遍安全、共同繁荣、开放包容、清洁美丽的世界贡献了中国智慧、中国方案、中国力量，成为推动人类发展进步的重要力量。

党的二十大报告肯定新时代10年来"推动构建人类命运共同体"取得了明显成绩，将"推动构建人类命运共同体"作为中国式现代化的本质要求之一，把"促进世界和平与发展，推动构建人类命运共同体"作为外交部分的标题，宣告中国继续"致力于推动构建人类命运共同体"。

报告还专门用一段强调："构建人类命运共同体是世界各国人民前途所在。万物并育而不相害，道并行而不相悖。只有各国行天下之大道，和睦相处、合作共赢，繁荣才能持久，安全才有保障。中国提出了全球发展倡议、全球安全倡议，愿同国际社会一道努力落实。中国坚持对话协商，推动建设一个持久和平的世界；坚持共建共享，推动建设一个普遍安全的世界；坚持合作共赢，推动建设一个共同繁荣的世界；坚持交流互鉴，推动建设一个开放包容的世界；坚持绿色低碳，推动建设一个清洁美丽的世界。"

在二十届中共中央政治局常委同中外记者见面时，习近平指出，新征程上，我们要始终弘扬全人类共同价值。当今世界面临前所未有的挑战。我们历来主张，人类的前途命运应该由世界各国人民来把握和决定。只要共行天下大道，各国就能够和睦相处、合作共赢，携手创造世界的美好未来。我们将同各国人民一道，弘扬和平、发展、公平、正义、民主、自由的全人类共同价值，维护世界和平、促进世界发展，持续推动构建人类命运共同体。

构建人类命运共同体重要理念，正确并深刻地回答了“建设一个什么样的世界、怎样建设世界”等关乎人类前途和命运的重大问题，成为中国引领时代潮流和人类文明进步方向的鲜明旗帜。

为了推动构建人类命运共同体，中国深度参与全球治理，为解决全球课题贡献中国力量；积极构建全方位、多层次和立体化的全球伙伴关系网；坚定维护国家主权、安全和发展利益；提出新的全球治理理念，为世界提供中国方案和中国智慧；举办主场外交，引领世界潮流；提出“一带一路”倡议，举办国际合作高峰论坛。

秉持全球发展命运共同体理念，坚持共商共建共享推进“一带一路”建设，与149个国家、32个国际组织签署200多份共建“一带一路”合作文件。随着“一带一路”倡议的实施，东非有了高速公路，马尔代夫有了跨海大桥，老挝由“陆锁国”变为“陆联国”，中欧班列成为保障全球物流稳定畅通的重要“生命线”。当新冠肺炎疫情来袭时，中国同180多个国家和国际组织分享疫情防控和诊疗方案，向34个国家派出38支医疗专家组，向120多个国家和国际组织提供超过22亿剂疫苗，开展新中国成立以来最大规模的全球紧急人道主义行动，推动构建人类卫生健康共同体。

本着相互尊重、求同存异、合作共赢的精神，大力构建全方位、多层次、立体化的外交布局。不断扩大同各国利益交汇点，逐步构建起以平等、开放、合作为特征的全球伙伴关系网络。积极推动构建总体稳定、均衡发展的大国关系框架，深化中俄新时代全面战略协作伙伴关系，推动构建相互尊重、和平共处、合作共赢的中美关系，打造中欧和平、增长、改革、文明四大伙伴关系。按照亲诚惠容理念和与邻为善、以邻为伴的周边外交方针深化同周边国家关系，稳定周边战略依托，推动构建周边命运共同体。秉持正确义利观和真实亲诚理念加强同广大发展中国家团结合作，整体合作机制实现全覆盖。截至二十大前，中国建交国总数增至 181 个，同 110 多个国家和地区组织建立伙伴关系。

积极推动全球治理体系改革和建设。以前所未有的广度、深度、力度参与全球治理。履行联合国安理会常任理事国职责与使命，累计派出 5 万多人次参加联合国维和行动，已经成为第二大联合国会费国、第二大联合国维和摊款国。率先实现联合国千年发展目标，带头落实联合国 2030 年可持续发展议程，对全球减贫贡献率超过 70%。中国坚定落实气候变化《巴黎协定》，宣示碳达峰、碳中和目标和国家自主贡献新举措，为合作应对气候变化发挥关键作用。

10 年来，习近平 42 次出访，足迹遍及五大洲 69 个国家，在国内接待 100 多位国家元首和政府首脑。曾经一个月四度踏出国门，一周主持近 70 场双多边活动。新冠肺炎疫情发生后，习近平总书记积极开展"云外交"，同外国领导人和国际组织负责人通话 181 次，以视频方式出席重大外事活动 78 起。习近平在联合国等重大场合提出中国的全球治理观，倡导坚持开放包容、不搞封闭排他，坚持以国际法为基础、不搞唯我独尊，坚持协商合作、不搞冲突对抗，坚持与时俱进、不搞故步自封，引领全球治理体系和国际秩序变革，为充满不确定性的世界注入正能量①。

① 参见二十大期间外交部在中共中央宣传部新闻发布会上公布的材料《以习近平外交思想为指引全面推进新时代中国特色大国外交》（2022 年 9 月 29 日）。

十五、伟大工程

93. 举世关注的大工程

2007 年,根据中联部安排,我曾会见泰国民主党主席阿披实及随行人员。会见中,我先向他们介绍了中国共产党加强自身建设的情况。随后,由他们提出问题,我再继续回答。结果,他们提出了很多问题,比如:

共产党员入党的最低年龄是什么?

入党需要什么样的条件,要经过什么样的程序?

在加入中国共产党时,怎样对他们进行教育?他们会不会有个人得失方面的考虑?

为什么地方政府首长只兼任党委副书记,而中央政府部门的部长却往往是兼书记?

非中国共产党党员的两名部长(万钢、陈竺)分别是什么党派,他们是怎样选上来的?他们要不要像共产党员干部那样经过党校的培训?

党委、总支和支部的区别及联系是什么?

党的经费问题是怎样解决的?党的干部的收入是从哪里来的?

女党员在中央委员会中占的比重是多少?等等。

我对这些问题一一作了回答。个别问题,如女党员在中央委员会中占的比重是多少,我只知道一个大概。具体的比例,是我受此启发,自己回去再逐个查找、计算的。

我很惊异他们对中国共产党的建设情况如此关心、询问如此之细。有些问题,我估计,即使我们自己的党员,恐怕也不一定能答得出来。

为什么?因为中国共产党的建设确实内容丰富,经验众多,许多外国政党确实都想向中国共产党学习取经。

所以，我在很多外事活动中，都向外宾客观、准确地介绍了中国共产党加强自身建设的做法和经验。其中，首先要介绍的，是我们党改革开放以来一直实施着一个“党的建设新的伟大工程”。

民主革命时期，以毛泽东同志为主要代表的中国共产党人，将党的建设豪迈地称之为“伟大的工程”。这个工程，创造了许多宝贵的经验，取得了丰硕的成果。

1994年，十四届四中全会集中讨论党的建设问题，并作出了《中共中央关于加强党的建设几个重大问题的决定》。全会的最大亮点，是提出了党的建设新的伟大工程。《决定》指出，把党建设成为用建设有中国特色社会主义理论武装起来、全心全意为人民服务、思想上政治上组织上完全巩固、能够经受住各种风险、始终走在时代前列的马克思主义政党，这是以邓小平同志为主要代表的中国共产党人开创的、以江泽民同志为主要代表的中国共产党人正在领导全党继续进行的新的伟大的工程。

新的伟大工程是十四届四中全会第一次提出，但其实施应该自十一届三中全会开始。改革开放以来，我们党全面推进党的思想、政治、组织、作风、反腐倡廉、制度各方面建设，并使之相辅相成、整体协同。这种新形势下加强党的建设的整体部署，十四届四中全会之后就一直被称为“新的伟大工程”。

所以，党章明确规定和要求：“以改革创新精神全面推进党的建设新的伟大工程”。

这一工程是如何推进的？

总的来说，十一届三中全会以来，党的建设不断加强和改善。体现在工作安排上，首先，每次党代会，都要研究和决定党和国家的最重大问题，其中当然包括对党的建设作出重大部署。

第二，每次党代会之间，一中全会固定是决定党的领导机构、最后一次全会（大都是七次，十三届是九次）是为党代会做准备，也都是党的建设问题。

第三，除上述全会之外，每届中央委员会任期之内，都会有至少一次中央全会专题研究党的建设问题。

我们先把改革开放以来历次专题研究党建问题的中央全会做一梳理，以便从整体上了解党的建设新的伟大工程的进展和概貌。

1978 年 12 月的十一届三中全会，是关系党和国家整个发展方向和前途命运的会议。除了作出把党和国家工作中心转移到经济建设上来、实行改革开放的历史性决策外，在党的建设上，还审查和纠正了一系列冤假错案，强调在党的生活和国家政治生活中加强民主，决定加强党的领导机构，并成立中央纪律检查委员会。

1980 年 2 月的十一届五中全会，大部分议程是关于加强和改善党的领导的。一是讨论通过《关于召开党的第十二次全国代表大会的决议》；二是增选中央政治局常委，决定重新设立中央书记处，选举胡耀邦为中央书记处总书记，批准汪东兴等人的辞职请求并免除其职务；三是讨论通过《关于党内政治生活的若干准则》；四是讨论通过准备提交十二大的中国共产党章程修改草案；五是决定向全国人大建议修改宪法，取消“大鸣大放大字报大辩论”的规定；六是通过《关于为刘少奇同志平反的决议》，恢复刘少奇作为伟大的马克思主义者和无产阶级革命家、党和国家领导人之一的名誉。

1981 年 6 月的十一届六中全会，审议通过了《关于建国以来党的若干历史问题的决议》，同时改选和增选了中央主要领导成员，胡耀邦为中央委员会主席，邓小平为中央军事委员会主席。

党的十二大之后，1983 年 10 月的二中全会，审议通过了《关于整党的决定》，随后开展了三年整党。1985 年的四中全会，议程之一也与党建有关，主要是解决中央领导机构成员新老交替问题，为此决定召开全国代表会议，这是改革开放以来唯一的一次全国代表会议。

党的十三大之后，1989 年 6 月的四中全会，是在一个特殊的历史背景下举行的，主要是选举江泽民为中央委员会总书记。随后，1990 年 3 月的六中全会，审议通过了《关于加强党同人民群众联系的决定》。

党的十四大之后，1994 年的四中全会，集中讨论党的建设问题，作出了《关于加强党的建设几个重大问题的决定》，突出提出了党的建设新的伟大工程。

党的十五大之后，2001 年 9 月的六中全会，审议通过了《关于加强和改进党的作风建设的决定》。

党的十六大之后，2004 年的四中全会，审议通过了《关于加强党的执政能力建设的决定》，着重提出了提高党的执政能力的问题。之后又进一步提出了党的先进性建设问题。

党的十七大之后，2009 年的四中全会，审议通过了《关于加强和改进新形势下党的建设若干重大问题的决定》，提出了提高党的建设科学化水平的要求。

2016 年的十八届六中全会，延续了这一传统，又针对新的实际，专题研究了全面从严治党重大问题，通过了《关于新形势下党内政治生活的若干准则》和《党内监督条例》。

2021 年的十九届六中全会，审议通过了《中共中央关于党的百年奋斗重大成就和历史经验的决议》，全面总结党的百年奋斗重大成就和历史经验，重点总结新时代党和国家事业取得的历史性成就、发生的历史性变革和积累的新鲜经验。全会决定党的二十大于 2022 年下半年在北京召开。

从历次中央全会对于党的建设问题的研究，我们可以看出，改革开放以来，党的建设新的伟大工程一直在始终不渝地向前推进，每个时期或阶段都有针对性地研究解决了当时面临的一些重要问题，总体上呈现着一种不断深化的过程。

这一切，表明了党的建设始终在路上，并将永远在路上。

94. 不断演进的格局和任务

党的建设是一个新的伟大工程，那这个工程包含哪些内容？是如何布局的呢？

党的建设的格局或布局经历了一个不断丰富和扩展的过程。

十一届三中全会以后，以邓小平同志为主要代表的中国共产党人，作出改革开放的决策，开辟了中国特色社会主义道路。在坚持党的领导的同时，着力改善党的领导，坚持党要管党、从严治党的方针，对党的思想、组织、作风进行全面整顿，大力推进干部队伍“四化”建设，开创了党的建设新的伟大工程。

十三届四中全会以后，以江泽民同志为主要代表的中国共产党人，坚持十一届三中全会以来的路线不动摇，深入思考和创造性地回答建设一个什么样的党、怎样建设党的问题，鲜明地把新时期党的建设称之为“新的伟大工程”。按照党的建设的总目标，作出了由思想建设、组织建设、作风建设几个方面组成、相辅相成的，新形势下加强党的建设的基本框架和总体部署，认真解决提高领导水平和执政水平、增强拒腐防变能力两大课题，不断把党的建设新的伟大工程推向前进。

十六大到十八大，以胡锦涛同志为主要代表的中国共产党人，把伟大事业与伟大工程更加紧密地结合起来，在全面建设小康社会的进程中，深入思考和回答实现什么样的发展、怎样发展的问题，对在新的历史起点上继续推进党的建设新的伟大工程作出了总体部署，坚持把党的执政能力和先进性建设作为主线，在党建总格局中先后增加了制度建设和反腐倡廉建设，坚持以改革创新精神不断推进党的思想建设、组织建设、作风建设、制度建设和反腐倡廉建设，开创了党的建设新的伟大工程的新局面。

《中共中央关于党的百年奋斗重大成就和历史经验的决议》对改革开放以来到新时代前的党的建设作了总体上的梳理和总结：

“党始终强调，治国必先治党，治党务必从严，聚精会神抓好党的建设，开创和推进党的建设新的伟大工程。

“党制定关于党内政治生活的若干准则，健全民主集中制，发扬党内民主，实现党内政治生活正常化；有计划有步骤进行整党，着力解决党内思想不纯、作风不纯、组织不纯问题；按照革命化、年轻化、知识化、专业化方针加强干部队伍建设，大力选拔中青年干部，促进干部队伍新老交替。”

“党围绕解决好提高党的领导水平和执政水平、提高拒腐防变和抵御风险能力这两大历史性课题，以执政能力建设和先进性建设为主线，先后就加强党同人民群众联系、加强和改进党的作风建设、加强党的执政能力建设等重大问题作出决定，组织开展‘讲学习、讲政治、讲正气’教育、‘三个代表’重要思想学习教育活动、保持共产党员先进性教育活动、学习实践科学发展观活动等集中性学习教育。”

“党把党风廉政建设和反腐败斗争提高到关系党和国家生死存亡的高度，推进惩治和预防腐败体系建设。”①

党的十八大围绕全面提高党的建设科学化水平这个主题，明确提出了加强和改进党的建设的总体要求。主要包括：

一条主线，即加强党的执政能力建设、先进性建设和纯洁性建设，这是党的根本建设。

两个坚持，即坚持解放思想、改革创新，坚持党要管党、从严治党，这是保持党的先进性和纯洁性的重要方针。

五个建设，即全面加强党的思想建设、组织建设、作风建设、反腐倡廉建设、制度建设，这是全面推进党的建设新的伟大工程的总体布局。

四自能力，即增强党的自我净化、自我完善、自我革新、自我提高能力，这是保证党的思想纯洁、组织纯洁、作风纯洁的根本途径。

一个目标，即建设学习型、服务型、创新型的马克思主义执政党，确保党始终成为中国特色社会主义事业的坚强领导核心。这是新形势下提高党的建设科学化水平的战略任务。

在此基础上，党的十八大修改后的党章规定：“中国共产党要领导全国各族人民实现社会主义现代化的宏伟目标，必须紧密围绕党的基本路线，加强党的执政能力建设、先进性和纯洁性建设，以改革创新精神全面推进党的建设新的伟大工程，整体推进党的思想建设、组织建设、作风建设、反腐倡廉建设、制度建设，全面提高党的建设科学化水平。坚持立党为公、执政为民，坚持党要管党、从严治党，发扬党的优良传统和作风，不断提高党的领导水平和执政水平，提高拒腐防变和抵御风险的能力，不断增强党的阶级基础和扩大党的群众基础，不断提高党的创造力、凝聚力、

---

① 《中共中央关于党的百年奋斗重大成就和历史经验的决议》，人民出版社 2021 年版，第 21—22 页。

战斗力，建设学习型、服务型、创新型的马克思主义执政党，使我们党始终走在时代前列，成为领导全国人民沿着中国特色社会主义道路不断前进的坚强核心。”

其中的一些内容，是根据十八大精神作了重要的修改和补充的。

党的十七大报告关于党的建设主线的表述是“必须把加强党的执政能力建设和先进性建设作为主线”。十八大报告在主线中增加了“纯洁性”的要求。所以，党章也加写了“纯洁性建设”。

根据党的十八大精神，党章加写了“整体推进党的思想建设、组织建设、作风建设、反腐倡廉建设、制度建设，全面提高党的建设科学化水平”。这实际上就是党的建设总格局的主要内容。

五大建设中，思想建设是党的建设的首要内容。组织建设是党的建设的基础和保证。作风建设是党的建设的一个重要方面。加强制度建设，是党在经历了种种曲折以后得出的一个极为重要的经验教训。反腐倡廉建设，是针对新形势下的腐败问题而特别单列出来的，表明了党坚定不移开展反腐败斗争的决心。

五大建设，都有各自特定的领域和任务，但归总起来，它们的努力方向和检验标准是什么呢？贯穿于其中的主线是什么呢？答案是：先进性建设、执政能力建设和纯洁性建设。

根据党的十八大精神，党章还加写了“建设学习型、服务型、创新型的马克思主义执政党”。此前，党的文件先后提出了学习型、创新型的执政党，但服务型执政党，是党的十八大的新提法，体现了党的执政理念、执政方式的新变化。建设学习型、服务型、创新型执政党，是党始终走在时代前列、引领中国发展进步的重要基础。

有了新的伟大工程，有了党的建设的基本格局。党的十八大报告还提出了一个总的要求：“全面提高党的建设科学化水平”。这是十七届四中全会第一次提出来的。党的十八大报告党建部分的标题是：“全面提高党的建设科学化水平”。修改后的党章中也相应写进了这一句话。表明党的建设总的要用“提高党的建设科学化水平”来统领。

中国共产党领导改革开放以来，党的建设的内容不断扩展、不断深化，逐步发展成为一个包含思想、组织、作风、制度以及反腐倡廉建设在内的系统工程。

从系统工程的高度，把党的思想、组织、作风、制度、反腐倡廉等各方面的建设结合起来，也成为党的建设逐步积累凝聚而成的一条重要经验。

实践证明，党的建设，既要当作重要和锐利的法宝来使用，也要作为系统和复杂的工程来推进。无论是革命、建设，还是改革开放、建设中国特色社会主义，党要不断经受时代发展、社会变迁和任务转换带来的考验，把党的伟大事业推向前进，就必须始终不断地把党的建设作为伟大工程向前推进。

95. 六个字展示新特点

党的十八大以来，习近平总书记明确提出“全面从严治党”的要求。党中央对如何全面从严治党作出了一系列部署，采取了一系列举措。这些部署和举措，坚持了长期以来党的建设的基本要求和基本格局，但也明显地表现出一些新的特点。这些特点可以从不同角度概括。但最为集中的，是表现在“全面、从严、治党”这六个字、三个词上。

第一个特点，是“全面”。

党的十八大以来，党的建设依然是全面推进，但这个“全面”有明显的重点，也有明显的特点。

一是以作风建设为引领，全面带动党风政风社会风气的净化。

党的十八大后，中央制定八项规定，以此作为突破口，狠抓作风建设，制定了改进作风、密切联系群众的很多制度规定。习近平总书记强调：作风问题是腐败的温床。要结合实际，找准“四风”的具体表现，突出重点加紧整改，尽快取得实效。中央八项规定出台后，全国查处了大量违规问题，处理了一大批干部。

狠抓作风建设，不仅使党风、政风发生了很大变化，也带动了社会风气的巨大变化，甚至已经逐步深入到社会习俗等方方面面，使社会的生产方式、生活方式发生了很大变化。比如,饮食习惯、海产养殖、节假日问候、生活消费品的生产……都已发生了一些重要的变化。

二是以教育活动为抓手,全面落实治党部署。

从 2013 年 6 月开始,全党自上而下分两批开展以为民务实清廉为主要内容的党的群众路线教育实践活动。后来又开展了“三严三实”教育、“两学一做”教育。对形式主义、官僚主义、享乐主义和奢靡之风进行了一次全面整治,解决了一批群众反映强烈的突出问题。

教育实践活动是专项活动,但在活动中,中央相继出台党政机关厉行节约反对浪费、国内公务接待管理、公务用车改革等一系列制度。各级根据中央八项规定精神,在联系服务群众、规范权力运行等方面制定和修订了一批工作制度和管理制度,带动了党的思想、组织、作风、反腐倡廉、制度等各方面的建设。

三是以惩治腐败为重点,全面展示从严治党决心。

2012 年一上任,习近平总书记就指出:“奢靡之始,危亡之渐。”大量事实告诉我们,腐败问题越演越烈,最终必然会亡党亡国!他表示,对一切违反党纪国法的行为都必须严惩不贷,决不能手软。措辞严厉,振聋发聩。

所以,党的十八大之后,查处腐败案件的力度和广度都空前未有。查处的副部级和军级以上干部,特别是中央委员和候补委员的数量,超过了革命战争年代牺牲的同级干部的数量,在全党全国形成了强大的震慑。

第二个特点,是“从严”。

治国必先治党,治党务必从严,这是党的十六大就提出的要求。党的十八大以来,以习近平同志为核心的党中央在“严”字上做了更多的文章。无论党内党外,能都感受到,党的十八大以来党的建设的一个最大的特点,是“严”字。

一是要求从严。

习近平总书记强调:世间事,做于细,成于严。从严是我们做好一切工作的重要保障。必须坚持言必信、行必果,认认真真管,实实在在严。严字当头,从严从实。要把“紧箍咒”自觉勒紧。

习近平总书记还直接列举了党内一系列不良现象，特别指出了“七个有之”。在领导干部的民主生活会上，所有的干部都要对这“七个有之”，对照检查。笼统地对照还不行，必须一条一条地对照检查。填写领导干部个人有关事项报告表时，都要在承诺书上签字，对所填内容的真实性、准确性和完整性作出郑重承诺。

二是措施从严。

严，不仅体现在要求上，更体现在一系列严格的措施上。习近平总书记指出，从严治党必须具体地而不是抽象地、认真地而不是敷衍地落实到位。因此，要以最严格的标准、最严厉的举措治理作风问题。坚持严的标准，采取严的举措，重要节点一环紧扣一环抓。坚持问题导向，从细处入手，向实处着力，一环紧着一环拧，一锤接着一锤敲。对整改项目，实行台账管理，完成一个销号一个。层层压紧，上下联动。让群众参与，让群众监督，请群众评判。加强舆论监督，注重对比宣传，既发挥先进典型示范引领作用，又发挥反面典型警示震慑作用。

三是查处从严。

党的十八大以来，中央按照从严治党的要求，打“老虎”，拍“苍蝇”。从中央到地方的纪检部门，查处了大量违纪案件和犯罪案件。查处的数量空前未有，查处的力度空前未有。习近平总书记要求，一定要严格执纪，铁面问责，将制度的笼子扎紧，架起制度的高压线，划出纪律的红线。严要求、动真格、真实抓、抓真实。

党中央一直持续保持从严惩治腐败的高压态势。重点查处党的十八大后不收敛不收手，问题反映线索集中、群众反映强烈，现处重要岗位且可能还要提拔使用的领导干部。中央强调，要利剑高悬、震慑常在，用最坚决的态度减少腐败存量，用最果断的措施遏制腐败增量。

第三个特点，是“治党”。

一是不仅建党，而且治病。

党的建设，历来重在“建”字上。但是，由于种种复杂的原因，党内的消极腐败现象愈演愈烈，病症日益扩散。因此，党的建设突出地集中在“治病”上。

习近平总书记以“猛药去疴、重典治乱”“刮骨疗毒、壮士断腕”来表示从严治党的勇气、决心与信心。

建党与治病是辩证的统一。建党是常态化的任务。治病是随时随地都可能遇到的事。只要有病，就要治疗。要治病，更要防病。防病治病的根本措施，还是要落在一个“建”字上。常态化的党的建设，要把建党与治病有机地结合起来。

二是落实治党责任。

习近平总书记部署的从严治党任务，第一个就是落实从严治党责任。中央要求，必须增强管党治党意识，落实管党治党责任。各级党委要把从严治党责任承担好、落实好，坚持党建工作和中心工作一起谋划、一起部署、一起考核，把每条战线、每个领域、每个环节的党建工作抓具体、抓深入，坚决防止“一手硬、一手软”。对各级各部门党组织负责人特别是党委（党组）书记的考核，首先要看抓党建的实效，考核其他党员领导干部工作也要加大这方面的权重。

三是治标与治本相结合。

反腐治病，既要治标，更要治本。习近平总书记指出，惩是为了治，要加大治本力度，选对人、用好人，深化改革，加强制度建设，强化日常管理和监督，完善激励和问责机制，逐步实现“不能”。最终靠坚定理想信念，增强宗旨意识，真正做到使之“不想”。

与查办案件相应，党的十八大以来，已经在进一步健全反腐倡廉建设的相关法规，采取改革的措施。包括抓好《建立健全惩治和预防腐败体系2013—2017年工作规划》的贯彻落实，修订颁发了《廉洁从政若干准则》《纪律处分条例》《巡视工作条例（试行）》等。健全了领导干部报告个人有关事项的抽查核实工作机制。特别是十八届六中全会审议通过了《关于新形势下党内政治生活的若干准则》和新修订的《中国共产党党内监督条例》两个重要文件。

《中共中央关于党的百年奋斗重大成就和历史经验的决议》指出，党的十八大以来，党坚持打铁必须自身硬，办好中国的事情，关键在党，关键在党要管党、全面从严治党。党以永远在路上的清醒和坚定，坚持严的主基调,突出抓住“关键少数”,落实主体责任和监督责任,强化监督执纪问责,把全面从严治党贯穿于党的建设各方面。党中央召开各领域党建工作会议作出有力部署,推动党的建设全面进步。

96. 新时代党的建设总要求

2017年10月25日上午11点57分,人民大会堂金色大厅,新当选的中共中央总书记和各位常委开始步入会场,同中外记者见面。59分,习近平总书记发表重要讲话。

在讲话中,他说道:“中国共产党是世界上最大的政党”。而大就要有大的样子。

什么样的样子呢?习近平总书记说:“中国共产党能够带领人民进行伟大的社会革命,也能够进行伟大的自我革命。我们要永葆蓬勃朝气,永远做人民公仆、时代先锋、民族脊梁。全面从严治党永远在路上,不能有任何喘口气、歇歇脚的念头。我们将继续清除一切侵蚀党的健康肌体的病毒,大力营造风清气正的政治生态,以全党的强大正能量在全社会凝聚起推动中国发展进步的磅礴力量。”

中国特色社会主义进入新时代,党要团结带领人民进行伟大斗争、推进伟大事业、实现伟大梦想,必须毫不动摇坚持和完善党的领导,毫不动摇把党建设得更加坚强有力。

因此,党的十九大根据新时代中国特色社会主义的形势、任务,提出了新时代党的建设的总要求。

这个总要求是:坚持和加强党的全面领导,坚持党要管党、全面从严治党,以加强党的长期执政能力建设、先进性和纯洁性建设为主线,以党的政治建设为统领,以坚定理想信念宗旨为根基,以调动全党积极性、主动性、创造性为着力点,全面推进党的政治建设、思想建设、组织建设、作风建设、纪律建设,把制度建设贯穿其中,深入推进反腐败斗争,不断提高党的建设质量,把党建设成为始终走在时代前列、人民衷心拥护、勇于自我革命、经得起各种风浪考验、朝气蓬勃的马克思主义执政党。

与此前党的建设总格局和其他要求相比，这个总要求，作了不少变动、调整和充实：

提出“加强党的全面领导”，突出了“全面”二字；同时，强调“全面从严治党”。一个全面领导，一个全面从严治党，两个都是“全面”。

在“加强党的长期执政能力建设、先进性和纯洁性建设”中，增写了“长期”两字。

不仅提出了多年未提的政治建设，而且明确提出“以党的政治建设为统领”，把政治建设放在党的各项建设的首位。

强调“以坚定理想信念宗旨为根基，以调动全党积极性、主动性、创造性为着力点”。一个是“根基”，一个是“着力点”。

要求“全面推进党的政治建设、思想建设、组织建设、作风建设、纪律建设，把制度建设贯穿其中，深入推进反腐败斗争”。不仅增加了政治建设，而且增加了纪律建设，将纪律建设与其他建设并列，显著突出了纪律的位置。将原来并列的制度建设改为“把制度建设贯穿其中”，把原来的反腐倡廉建设改为“深入推进反腐败斗争”。

第一次提出“不断提高党的建设质量”。

明确提出“把党建设成为始终走在时代前列、人民衷心拥护、勇于自我革命、经得起各种风浪考验、朝气蓬勃的马克思主义执政党”。

相应地，在修改后的党章中，关于党的建设的一段，增写了“两个一百年”“实现中华民族伟大复兴的中国梦”的现代化目标；增写了“坚持党要管党、全面从严治党”；增写了“以党的政治建设为统领”；增写和改写了“全面推进党的政治建设、思想建设、组织建设、作风建设、纪律建设，把制度建设贯穿其中，深入推进反腐败斗争”；增写了“不断增强自我净化、自我完善、自我革新、自我提高能力”。

在其他段落中，也相应作了修改。特别是将原来党的建设的基本要求，从四条扩充为五条，增加了一条。

党的十九大秘书处负责人就党的十九大通过的《中国共产党章程（修正案）》答新华社记者问时，对“党章修正案对党的建设总体要求调整充实了哪些内容”的问题，作出了完整的回答，指出：

党章修正案吸收习近平总书记全面从严治党思想和党的十八大以来党的建设实践创新成果，对总纲原第二十三至第二十七自然段进行了适当修改。

一是明确提出坚持党要管党、全面从严治党这一党的建设指导方针，将加强党的执政能力建设、先进性和纯洁性建设修改为加强党的长期执政能力建设、先进性和纯洁性建设。

二是根据党的十九大报告的表述，把政治建设、纪律建设纳入党的建设总体布局，并且凸显了党的政治建设在党的建设中的统领地位。同时，增写不断增强自我净化、自我完善、自我革新、自我提高能力的内容。

三是在党的建设基本要求第一项坚持党的基本路线中，增写用习近平新时代中国特色社会主义思想统一思想、统一行动的内容；将选拔使用在改革开放和社会主义现代化建设中政绩突出、群众信任的干部修改为培养选拔党和人民需要的好干部；将党的基本理论、基本路线、基本纲领、基本经验修改为党的基本理论、基本路线、基本方略，删去全面执行党在社会主义初级阶段的基本纲领的内容。

四是在党的建设基本要求第四项坚持民主集中制中，增写牢固树立政治意识、大局意识、核心意识、看齐意识，坚定维护以习近平同志为核心的党中央权威和集中统一领导，加强和规范党内政治生活，增强党内政治生活的政治性、时代性、原则性、战斗性，发展积极健康的党内政治文化，营造风清气正的良好政治生态等内容。

五是增写坚持从严管党治党的基本要求，将党的建设的基本要求从四项扩展为五项。

“作这样的修改，进一步明确了党的建设指导方针，使党的建设目标更加清晰、布局更加完善、要求更加全面，有利于全党以更加科学的思路、更加有效的举措推进党的建设，不断提高党的建设质量。”

党章条文也相应作了不少修改。大会关于党章修正案的决议，概括了这些修改的内容及其原因和必要性。主要有：

认真学习习近平新时代中国特色社会主义思想,自觉遵守党的政治纪律和政治规矩,勇于揭露和纠正违反党的原则的言行,带头实践社会主义核心价值观,弘扬中华民族传统美德,是广大党员应尽的义务;

把政治标准放在首位,是发展党员必须坚持的重要原则;

实现巡视全覆盖,开展中央单位巡视、市县巡察,是巡视工作实践经验的总结,必须加以坚持和发展;

明确中央军事委员会实行主席负责制,明确中央军事委员会负责军队中党的工作和政治工作,反映了军队改革后的中央军委履行管党治党责任的现实需要;

调整党的总支部委员会、支部委员会每届任期期限,推进"两学一做"学习教育常态化制度化,明确国有企业党组织的地位和作用,增写社会组织中党的基层组织的功能定位和职责任务,明确各级党和国家机关中党的基层组织的职责,明确党支部的地位和作用,充实干部选拔条件和要求,调整和充实党的纪律、党的纪律检查机关部分的相关内容,等等。

党的二十大进一步要求:"深入推进新时代党的建设新的伟大工程"。

二十大报告党的建设部分的标题是:"坚定不移全面从严治党,深入推进新时代党的建设新的伟大工程"。报告对坚定不移全面从严治党、深入推进新时代党的建设新的伟大工程作出了全面部署,提出了明确要求。强调必须持之以恒推进全面从严治党,深入推进新时代党的建设新的伟大工程,以党的自我革命引领社会革命。

97. 弘扬伟大建党精神

党的二十大的主题明确要求:"弘扬伟大建党精神"。

1921 年 7 月下旬至 8 月初,中国共产党第一次全国代表大会在上海和南湖的召开,宣告了中国共产党的正式成立,开启了此后 100 多年的历史。

2005年6月21日，时任浙江省委书记的习近平在《光明日报》发表文章《弘扬“红船精神” 走在时代前列》，首次提出“红船精神”，阐述了中国共产党的精神源头。

2021年，在庆祝中国共产党成立100周年大会上，习近平总书记回顾百年奋斗的光辉历程，明确指出：

“一百年前，中国共产党的先驱们创建了中国共产党，形成了坚持真理、坚守理想，践行初心、担当使命，不怕牺牲、英勇斗争，对党忠诚、不负人民的伟大建党精神，这是中国共产党的精神之源。”

“一百年来，中国共产党弘扬伟大建党精神，在长期奋斗中构建起中国共产党人的精神谱系，锤炼出鲜明的政治品格。历史川流不息，精神代代相传。我们要继续弘扬光荣传统、赓续红色血脉，永远把伟大建党精神继承下去、发扬光大！”

《中共中央关于党的百年奋斗重大成就和历史经验的决议》指出：一百年来，党坚持性质宗旨，坚持理想信念，坚守初心使命，勇于自我革命，在生死斗争和艰苦奋斗中经受住各种风险考验、付出巨大牺牲，锤炼出鲜明政治品格，形成了以伟大建党精神为源头的精神谱系，保持了党的先进性和纯洁性，党的执政能力和领导水平不断提高，正领导中国人民在中国特色社会主义道路上不可逆转地走向中华民族伟大复兴，无愧为伟大光荣正确的党。

党中央号召：“大力弘扬伟大建党精神，勿忘昨天的苦难辉煌，无愧今天的使命担当，不负明天的伟大梦想，以史为鉴、开创未来，埋头苦干、勇毅前行，为实现第二个百年奋斗目标、实现中华民族伟大复兴的中国梦而不懈奋斗。”

党的二十大总结十年来的成就，其中包括：“号召全党学习和践行伟大建党精神，在新的征程上更加坚定、更加自觉地牢记初心使命、开创美好未来。”大会再一次强调和要求：“弘扬以伟大建党精神为源头的中国共产党人精神谱系”。

党的二十大还要求，用好红色资源，深入开展社会主义核心价值观宣传教育。

精神谱系，是一个重要的概念。20 世纪 80 年代，我在组织翻译一本外文著作时，就使用了“谱系”这个概念。2018 年，在浙江嘉兴举行的“红船精神研讨会”上，我从革命精神的角度使用了“谱系”概念。

所谓精神谱系，就是指具有内在统一性和连贯性的一系列精神类型的序列。

精神，从广义上来说，是指人类的心理状态、观念意识。从哲学层面来说，精神与存在、物质相对应。党史上所说的精神，主要指党在实践活动中表现出的观念、气质、信念、意志、风范等非物质现象；也特指各种精神类型，即在一定时期、一定环境下形成的，具有特定内涵外延以及种种特点的某种精神类型。

习近平总书记在党史学习教育动员大会上指出：在一百年的非凡奋斗历程中，一代又一代中国共产党人顽强拼搏、不懈奋斗，涌现了一大批视死如归的革命烈士、一大批顽强奋斗的英雄人物、一大批忘我奉献的先进模范，形成了一系列伟大精神，构筑起了中国共产党人的精神谱系，为我们立党兴党强党提供了丰厚滋养。

在庆祝中国共产党成立 100 周年大会上，习近平总书记提炼、概括和强调了伟大建党精神，并指出这是中国共产党的精神之源。

100 多年来，以伟大建党精神为源头，我们党培育形成了一系列展现中国共产党人精神风貌的各种精神。它们集中体现了党的光荣传统和优良作风，构成了中国共产党人特有的精神标识，为中华民族精神注入了丰富内涵。

在 2021 年 2 月 20 日的党史学习教育动员大会上，习近平总书记列举了一系列伟大精神。

2021 年 9 月 29 日，中宣部公布了经党中央批准第一批纳入中国共产党人精神谱系的精神，它们是：

建党精神；

井冈山精神、苏区精神、长征精神、遵义会议精神、延安精神、抗战精神、红岩精神、西柏坡精神、照金精神、东北抗联精神、南泥湾精神、太行精神（吕梁精神）、大别山精神、沂蒙精神、老区精神、张思德精神；

抗美援朝精神、“两弹一星”精神、雷锋精神、焦裕禄精神、大庆精神（铁人精神）、红旗渠精神、北大荒精神、塞罕坝精神、“两路”精神、老西藏精神（孔繁森精神）、西迁精神、王杰精神；

改革开放精神、特区精神、抗洪精神、抗击“非典”精神、抗震救灾精神、载人航天精神、劳模精神（劳动精神、工匠精神）、青藏铁路精神、女排精神；

脱贫攻坚精神、抗疫精神、“三牛”精神、科学家精神、企业家精神、探月精神、新时代北斗精神、丝路精神。

这些精神，集中彰显了中华民族和中国人民长期以来形成的伟大创造精神、伟大奋斗精神、伟大团结精神、伟大梦想精神，彰显了一代又一代中国共产党人“为有牺牲多壮志，敢教日月换新天”的奋斗精神。

党的二十大充分肯定五年来“在全党开展党史学习教育，建成中国共产党历史展览馆，号召全党学习和践行伟大建党精神，在新的征程上更加坚定、更加自觉地牢记初心使命、开创美好未来”。

同时，围绕“弘扬以伟大建党精神为源头的中国共产党人精神谱系”这个总的要求，提出了一系列精神和精神要求，如奋发有为的精神，斗争精神，整风精神，钉钉子精神，担当精神，实干精神，奋斗精神，主动精神，创造精神，以真理的精神追求真理，弘扬企业家精神，弘扬科学家精神，弘扬社会主义法治精神，在全社会弘扬劳动精神、奋斗精神、奉献精神、创造精神、勤俭节约精神。

报告强调，物质富足、精神富有是社会主义现代化的根本要求。物质贫困不是社会主义，精神贫乏也不是社会主义。

报告还对弘扬以伟大建党精神为源头的中国共产党人精神谱系、增强实现中华民族伟大复兴的精神力量提出了多方面的要求，如丰富人民精神世界、满足人民日益增长的精神文化需求，发挥党和国家功勋荣誉表彰的精神引领、典型示范作用，推出更多增强人民精神力量的优秀作品，提炼展示中华文明的精神标识和文化精髓，重视心理健康和精神卫生，强化战斗精神培育，增强爱国精神，加强干部斗争精神和斗争本领养成，尊重人民首创精神，锲而不舍落实中央八项规定精神等。

98. 全面从严治党永远在路上

党的二十大在总结党的建设成就、分析新时代新征程面临的形势和挑战基础上，鲜明地强调："全党必须牢记，全面从严治党永远在路上，党的自我革命永远在路上，决不能有松劲歇脚、疲劳厌战的情绪，必须持之以恒推进全面从严治党，深入推进新时代党的建设新的伟大工程，以党的自我革命引领社会革命。"

"在路上"三个字，形象生动，通俗易懂，非常贴切地契合了马克思主义一个非常重要的"过程论"思想。

恩格斯在《费尔巴哈论》里论述马克思对黑格尔辩证法所作的变革的时候，曾经指出："世界不是既成事物的集合体，而是过程的集合体，其中各个似乎稳定的事物同它们在我们头脑中的思想映象即概念一样都处在生成和灭亡的不断变化中，在这种变化中，尽管有种种表面的偶然性，尽管有种种暂时的倒退，前进的发展终究会实现。"

恩格斯认为，这是一个"伟大的基本思想"。① 在这种思想面前，"不存在任何最终的东西、绝对的东西、神圣的东西；它指出所有一切事物的暂时性；在它面前，除了生成和灭亡的不断过程、无止境地由低级上升到高级的不断过程，什么都不存在。"②

马克思、恩格斯的这一思想告诉我们，整个世界，无论自然物质，还是人类自身；无论社会生活，还是意识观念，说到底，都是作为一种过程而存在的。从诞生、发展，到成熟、鼎盛，再到衰落、消失。任何事物，都会经历这样一个发展演化的过程。一个过程完结了，另一个过程又会开始。无数的过程相互交织，此伏彼起，前后相继，推陈出新。世界就在这无数过程的演化中，经历着无限的新陈代谢的生命运动。

世界是一个过程，中国的革命、建设、改革也是一个过程。当年，毛泽东

① 《马克思恩格斯选集》第4卷，人民出版社2013年版，第244页。

② 《马克思恩格斯选集》第4卷，人民出版社2013年版，第217页。

把中国革命的历程比作万里长征。今天，我们全面从严治党、以中国式现代化全面推进中华民族伟大复兴也是一个过程、一次新的万里长征。

在这个过程中，我们处在什么方位呢？最贴切的一个词，就是“在路上”。成绩，是在路上；不足，也是在路上。无论其中每一个节点处于什么样的状态，归根结底，都是“在路上”。过去“在路上”，现在“在路上”，将来仍然“在路上”。在路上，就没有终点，也没有顶峰。

进入新时代以来，习近平总书记一再强调，作风建设在路上。

依据这一论断，我也多次提出，党的事业在路上，党的建设在路上，中华民族伟大复兴也一直在路上。

在庆祝中国共产党成立 100 周年大会上，习近平总书记要求增强全面从严治党永远在路上的政治自觉，以党的政治建设为统领，继续推进新时代党的建设新的伟大工程。

《中共中央关于党的百年奋斗重大成就和历史经验的决议》充分肯定，新时代“党以永远在路上的清醒和坚定”，推动党的建设全面进步。

根据中央纪委向党的二十大的工作报告，五年来，中央纪委国家监委立案审查调查中管干部 261 人。全国纪检监察机关共立案 306.6 万件，处分 299.2 万人；立案审查调查行贿人员 4.8 万人，移送检察机关 1.3 万人。在高压震慑和政策感召下，8.1 万人向纪检监察机关主动投案，2020 年以来 21.6 万人主动交代问题。

五年来，“天网行动”追回外逃人员 7089 人，其中党员和国家工作人员 1992 人，追回赃款 352.4 亿元，“百名红通人员”已有 61 人归案。

持之以恒加固中央八项规定堤坝。中央纪委国家监委连续 108 个月公布查处违反中央八项规定精神问题数据，五年来通报 23 批 169 起典型案例。全国纪检监察机关共查处享乐主义、奢靡之风问题 28.6 万个，批评教育帮助和处理 39.8 万人，其中给予党纪政务处分 28.5 万人。

成绩引人注目，但任务依然艰巨。所以党的二十大进一步强调了两个“在路上”：“全面从严治党永远在路上，党的自我革命永远在路上”。

在路上，就不能松劲歇脚；在路上，就不能疲劳厌战。必须持之以恒推进全面从严治党，深入推进新时代党的建设新的伟大工程，使党永葆生机活力，走好新的赶考之路。

为此，党的二十大部署了七个方面的任务：

坚持和加强党中央集中统一领导，确保全党在政治立场、政治方向、政治原则、政治道路上同党中央保持高度一致，确保党的团结统一；

坚持不懈用新时代中国特色社会主义思想凝心铸魂，把党的创新理论转化为坚定理想、锤炼党性和指导实践、推动工作的强大力量；

完善党的自我革命制度规范体系，坚持制度治党、依规治党，形成坚持真理、修正错误，发现问题、纠正偏差的机制；

建设堪当民族复兴重任的高素质干部队伍，树立选人用人正确导向，选拔忠诚干净担当的高素质专业化干部，选优配强各级领导班子，抓好后继有人这个根本大计；

增强党组织政治功能和组织功能，各级党组织要履行党章赋予的各项职责，把党的路线方针政策和党中央决策部署贯彻落实好，把各领域广大群众组织凝聚好；

坚持以严的基调强化正风肃纪，锲而不舍落实中央八项规定精神，把握作风建设地区性、行业性、阶段性特点，推进作风建设常态化长效化，全面加强党的纪律建设，督促领导干部特别是高级干部严于律己、严负其责、严管所辖；

坚决打赢反腐败斗争攻坚战持久战，坚持不敢腐、不能腐、不想腐一体推进，同时发力、同向发力、综合发力，坚决防止领导干部成为利益集团和权势团体的代言人、代理人。

贯彻这些部署，一定要弘扬伟大建党精神，结合伟大斗争、伟大事业、伟大梦想的实践，抓住关键重点，形成整体态势，认真贯彻落实。

要全面提高新时代党的建设新的伟大工程质量。坚持强根固魂，坚持守正创新，坚持问题导向，坚持系统观念，为全面建设社会主义现代化国家提供坚强保证。

党的二十大要求完善党的自我革命制度规范体系。坚持制度治党、依规治党，以党章为根本，以民主集中制为核心，完善党内法规制度体系，增强党内法规权威性和执行力，形成坚持真理、修正错误，发现问题、纠正偏差的机制。健全党统一领导、全面覆盖、权威高效的监督体系,完善权力监督制约机制,以党内监督为主导,促进各类监督贯通协调,让权力在阳光下运行。推进政治监督具体化、精准化、常态化,增强对"一把手"和领导班子监督实效。发挥政治巡视利剑作用,加强巡视整改和成果运用。落实全面从严治党政治责任,用好问责利器。

在二十届中共中央政治局常委同中外记者见面时,习近平总书记强调,新征程上,我们要始终推进党的自我革命。一个饱经沧桑而初心不改的党,才能基业常青;一个铸就辉煌仍勇于自我革命的党,才能无坚不摧。百年栉风沐雨、淬火成钢,特别是新时代10年革命性锻造,中国共产党更加坚强有力、更加充满活力。面对新征程上的新挑战新考验,我们必须高度警省,永远保持赶考的清醒和谨慎,驰而不息推进全面从严治党,使百年大党在自我革命中不断焕发蓬勃生机,始终成为中国人民最可靠、最坚强的主心骨。

99. "天问"之思之答

中国古代最伟大的浪漫主义诗人屈原,在其不朽诗篇《天问》中,用373句1560字,向天地、自然和人世等一切事物现象提出了170多个问题。

上下未形,何由考之?
冥昭瞢暗,谁能极之?
冯翼惟象,何以识之?
明明暗暗,惟时何为?
……

翻译过来,就是:

远古开始时,谁将此态流传导引给后代?
天地尚未成形前,又从哪里得以产生?
明暗不分混沌一片,谁能够探究其中原因?
大气一团迷蒙无物,凭什么将它识别认清?

……

这些问题，范围之广、所问之奇，令人叹为观止。“天地万象之理，存亡兴废之端，贤凶善恶之报，神奇鬼怪之说”，他似乎都希望求得一个解答。

这些问题，有的已经回答，有的难以回答，有的甚至到今天都无法回答。这些问题，表现出诗人非凡的学识和超卓的想象力。

其实，人类社会的发展，就是一个不断地提出问题、不断地思考问题、不断地回答和解决问题的过程。

无论是改革开放，还是建设中国特色社会主义，何尝不是一个不断地问天、问人、问自己，又不断地探索和回答这些问题的过程？

在不同的发展阶段，我们先后提出了什么是社会主义、怎样建设社会主义，建设一个什么样的党、怎样建设党，实现什么样的发展、怎样发展的问题，并相继作出回答，从而先后形成了邓小平理论、“三个代表”重要思想、科学发展观，并在党章中将它们作为中国共产党的指导思想。

在中国共产党的生存和发展问题上，还始终面对着一个历史性的“天问”，这就是如何跳出历史周期率问题。

1945 年 7 月，黄炎培等 6 位国民参政员到达延安访问并商谈国事。在与毛泽东的交谈中，黄炎培感慨地说：“我生六十多年，耳闻的不说，所亲眼看到的，真所谓‘其兴也浡焉’，‘其亡也忽焉’，一人，一家，一团体，一地方，乃至一国，不少单位都没有能跳出这周期率的支配力。”①

“一部历史，‘政怠宦成’的也有，‘人亡政息’的也有，‘求荣取辱’的也有，总之没有能跳出这周期率。中共诸君从过去到现在，我略略了解的了，就是希望找出一条新路，来跳出这周期率的支配。”②

毛泽东回答说：“我们已经找到新路，我们能跳出这周期率。这条新路，就是民主。只有让人民来监督政府，政府才不敢松懈。只有人人起来

---

① 中共中央文献研究室编：《毛泽东年谱（1893—1949）》中卷，中央文献出版社 2013 年版，第 610 页。

② 中共中央文献研究室编：《毛泽东年谱（1893—1949）》中卷，中央文献出版社 2013 年版，第 610—611 页。

负责，才不会人亡政息。”①

这段对话具有深邃的历史内涵，经常被称作“延安窑洞对”。其实，称其为“天问”更为确切。

2018 年 1 月 5 日，在新进中央委员会的委员、候补委员和省部级主要领导干部学习贯彻习近平新时代中国特色社会主义思想和党的十九大精神研讨班开班式上，习近平总书记重提这个周期率问题：“回顾封建王朝的兴衰更替史，不难看出：有些封建王朝开始时顺乎潮流、民心归附，尚能励精图治、以图中兴，遂致功业大成、天下太平，但都未能摆脱盛极而衰的历史悲剧。”

习近平总书记指出：“我们党和国家的性质宗旨同封建王朝、农民起义军有着本质区别，不可简单类比，但以史为鉴可以知兴替。功成名就时做到居安思危、保持创业初期那种励精图治的精神状态不容易，执掌政权后做到节俭内敛、敬终如始不容易，承平时期严以治吏、防腐戒奢不容易，重大变革关头顺乎潮流、顺应民心不容易。”

怎样跳出历史周期率？习近平总书记强调：“古往今来，世界上的大国崩溃或者衰败，其中一个普遍的原因就是中央权威丧失、国家无法集中统一。”因此，“党的政治建设的首要任务，就是保证全党服从中央，坚持党中央权威和集中统一领导，绝不能有丝毫含糊和动摇。”②

在十九届六中全会上，习近平总书记专门提到了“窑洞对”。习近平总书记指出，我们党历史这么长、规模这么大、执政这么久，如何跳出治乱兴衰的历史周期率？毛泽东同志在延安窑洞里给出了第一个答案，这就是“只有让人民来监督政府，政府才不敢松懈”。经过百年奋斗特别是党的十八大以来新的实践，我们党又给出了第二个答案，这就是自我革命。

革命，是一个既古老又现代的概念。本意是变革天命、改朝换代。近代以来的革命，多指自然、社会或思想领域发展过程中产生的深刻质变。

---

① 中共中央文献研究室编：《毛泽东年谱（1893—1949）》中卷，中央文献出版社 2013 年版，第 611 页。

② 习近平：《推进党的建设新的伟大工程要一以贯之》，《求是》2019 年第 19 期。

中国共产党从成立开始，就举起了革命的旗帜。并先后领导了新民主主义革命和社会主义革命，取得了伟大的成功。后曾一度提出“无产阶级专政下继续革命”，但被实践证明是错误的。

改革开放，是中国共产党在新的时代条件下带领人民进行的新的伟大革命。“改革是中国的第二次革命”。这场新的革命，是社会主义制度的自我完善和发展。

党的十八大以来，习近平总书记提出了自我革命的重要思想，强调打铁必须自身硬，办好中国的事情，关键在党，关键在党要管党、全面从严治党。必须以加强党的长期执政能力建设、先进性和纯洁性建设为主线，以党的政治建设为统领，以坚定理想信念宗旨为根基，以调动全党积极性、主动性、创造性为着力点，不断提高党的建设质量，把党建设成为始终走在时代前列、人民衷心拥护、勇于自我革命、经得起各种风浪考验、朝气蓬勃的马克思主义执政党。

习近平总书记所说的自我革命，主要指党的自我净化、自我完善、自我革新、自我提高，完善党的自我革命制度规范体系。

《中共中央关于党的百年奋斗重大成就和历史经验的决议》总结的百年奋斗宝贵经验的第十条就是：

“坚持自我革命。勇于自我革命是中国共产党区别于其他政党的显著标志。自我革命精神是党永葆青春活力的强大支撑。先进的马克思主义政党不是天生的，而是在不断自我革命中淬炼而成的。党历经百年沧桑更加充满活力，其奥秘就在于始终坚持真理、修正错误。党的伟大不在于不犯错误，而在于从不讳疾忌医，积极开展批评和自我批评，敢于直面问题，勇于自我革命。只要我们不断清除一切损害党的先进性和纯洁性的因素，不断清除一切侵蚀党的健康肌体的病毒，就一定能够确保党不变质、不变色、不变味，确保党在新时代坚持和发展中国特色社会主义的历史进程中始终成为坚强领导核心。”①

① 《中共中央关于党的百年奋斗重大成就和历史经验的决议》，《人民日报》2021年11月17日。

党的二十大明确宣告:“经过不懈努力,党找到了自我革命这一跳出治乱兴衰历史周期率的第二个答案”。

党的二十大报告5次使用了“自我革命”这个重要概念。除了“党找到了自我革命这一跳出治乱兴衰历史周期率的第二个答案外,还有“党的自我革命永远在路上”“以党的自我革命引领社会革命”“完善党的自我革命制度规范体系”“反腐败是最彻底的自我革命”。

党的自我革命与社会革命是密切联系的。社会革命需要党的坚强领导。没有党的领导,就不会有革命的胜利。党在社会革命中必须始终发挥领导核心的作用。党要领导社会革命,就必须实行自我革命,不断进行自我净化、自我完善、自我革新、自我提高,特别是把反腐败作为最彻底的自我革命,确保党不变质、不变色、不变味,确保党在新时代坚持和发展中国特色社会主义的历史进程中始终成为坚强领导核心。党的自我革命对社会革命起着引领的作用。新时代新征程上,党要始终以党的自我革命引领社会革命。

自我革命精神是党永葆青春活力的强大支撑。先进的马克思主义政党不是天生的,而是在不断自我革命中淬炼而成的。党历经百年沧桑更加充满活力,其奥秘就在于始终坚持真理、修正错误。

党的伟大不在于不犯错误,而在于从不讳疾忌医,积极开展批评和自我批评,敢于直面问题,勇于自我革命。

中国共产党历经百年、成就辉煌,党内党外、国内国外赞扬声很多。越是这样越要发扬自我革命精神,千万不能在一片喝彩声中迷失自我。

十六、执政大业

100. 走向法治之路

改革开放以来,随着对法治认识的逐渐深化,党章中明确规定:要“依法治国”,“健全社会主义法制,建设社会主义法治国家”,“完善中国特色社会主义法律体系,加强法律实施工作,实现国家各项工作法治化”。

这样的规定和要求,是漫长探索过程的宝贵成果。

如果说古代中国是一个没有民主政治的国家,这个结论基本正确。但如果说古代中国是一个没有法律制度的国家,那就不太正确了。古代中国,确实缺乏民主,乃至没有古希腊、罗马那样的民主政治,这是事实。但是,并不缺少法律制度。

早在公元前21世纪,中国就已经产生了习惯法。春秋战国时期(公元前770—前221年),中国开始制定成文法,出现了自成体系的成文法典。第一部封建法典《法经》,为公元前5世纪时魏国著名政治家、法学家李悝所著。唐朝(618—907年)时,中国形成了较为完备的封建法典,并为以后历代封建王朝所传承和发展。中华法系成为世界独树一帜的法系,古老的中国为人类法制文明作出了重要贡献。

中国古代的法律制度兼具法家和儒家学说的典型特色。其主要弊端在于,一方面,某些刑法非常残酷,漠视人道人权;另一方面,以德驭法,人治色彩非常严重。尤其是,这种法律制度归根结底是专为皇帝一人一家服务的。每一个王朝,都是某一个家族的天下,作为天子的皇帝,以言为法,以言代法。法律用于治理百姓,但皇上却几乎根本不受法律的约束。经常有“礼不下庶民,刑不上大夫”的做法,使法律的适用受到封建专制等级制度的限制。所以,在这种制度下,很难谈得上依法治国。也可以说,本质上是人治,但多少有一些法制;有一些法制,但本质上不是法治。

中国共产党成立之后，对法律还是有一定的认识的。如中共二大制定的民主革命纲领中，就一方面要求“废除一切束缚女子的法律”，另一方面也要求“制定关于工人和农人以及妇女的法律”。

1931 年在江西瑞金成立的中华苏维埃共和国，虽然还只是中国共产党在局部地区执政的尝试，但已对法制建设给予了必要的重视，制定了《中华苏维埃共和国宪法大纲》、土地法令、劳动法等。

中华人民共和国的成立，开启了中国法治建设的新步伐。从 1949 年到 1954 年，颁布实施了具有临时宪法性质的《中国人民政治协商会议共同纲领》，制定了中央人民政府组织法、工会法、婚姻法、土地改革法、全国人民代表大会和地方各级人民代表大会选举法等一系列法律、法令。1954 年，一届全国人大一次会议通过中国第一部社会主义性质的宪法——《中华人民共和国宪法》。1956 年至 1966 年，国家立法机关共制定法律、法令 130 多部，奠定了新中国社会主义法律制度的初步基础，也为后来建设中国特色社会主义法律体系提供了宝贵经验。

但从 1957 年开始，法制建设遇到重大困难，社会主义法制的一些正确原则受到质疑和批判。从 1959 年底开始，法制建设处于半停滞状态。“文化大革命”期间，中国的民主法制建设遭到严重破坏，立法工作几乎陷于停顿，新中国成立初期建立的法制体系遭到严重破坏。

1978 年的十一届三中全会，总结历史的经验教训，特别是汲取“文化大革命”的惨痛教训，提出：“为了保障人民民主，必须加强社会主义法制，使民主制度化、法律化，使这种制度和法律具有稳定性、连续性和极大的权威”①，使之“不因领导人的改变而改变，不因领导人的看法和注意力的改变而改变”，“做到有法可依，有法必依，执法必严，违法必究”②。

改革开放开创了中国法制建设的新时代。发展民主，健全法制，成为十一届三中全会以来党和国家坚定不移的基本方针。

1979 年 6 月，邓小平提出两手抓的思想，最初所说的两手，就是民主

---

① 《中国共产党第十一届中央委员会第三次全体会议公报》，人民出版社 1978 年版，第 12 页。

② 《邓小平文选》第 2 卷，人民出版社 1983 年版，第 147 页。

与法制。

1982年12月，五届全国人大五次会议通过了第四部《中华人民共和国宪法》，即1982年宪法，标志着中国开始迈出健全和完善社会主义法制的步伐。全国人大及其常委会进行了大规模的立法活动。中国的法制建设全面恢复，并进入快速发展阶段。

1992年，党的十四大作出建立社会主义市场经济体制的重大战略决策，明确提出社会主义市场经济体制的建立和完善必须有完备的法制来规范和保障。

1996年，在中共中央举办的法制讲座上，江泽民首次提出依法治国的要求。八届全国人大四次会议通过的《中华人民共和国国民经济和社会发展"九五"计划和2010年远景目标纲要》，明确把"依法治国，建设社会主义法治国家"作为中国民主法制建设的远景目标。

1997年9月，党的十五大对依法治国作出进一步阐述，把依法治国确定为治理国家的基本方略，并明确提出到2010年形成中国特色社会主义法律体系。强调依法治国是党领导人民治理国家的基本方略，是发展社会主义市场经济的客观需要，是社会文明进步的重要标志，是国家长治久安的重要保障。

1999年3月，依法治国的基本方略和奋斗目标写入宪法。

进入21世纪，为使依法治国基本方略得到全面落实，国家立法机关进一步加强立法工作，同时集中开展了对法律法规的全面清理工作。

2002年，党的十六大提出，发展社会主义民主政治，最根本的是要把坚持党的领导、人民当家作主和依法治国有机统一起来。

2007年，党的十七大提出，依法治国是社会主义民主政治的基本要求，强调要全面落实依法治国基本方略，加快建设社会主义法治国家。

经过改革开放以来40年左右的努力，中国的立法工作取得了举世瞩目的成就。截至2012年12月底，中国已制定现行宪法和有效法律共244部、行政法规721部、地方性法规8600多部，涵盖社会关系各个方面的法律部门已经齐全，各个法律部门中基本的、主要的法律已经制定，相应的行政法规和地方性法规比较完备，法律体系内部总体做到科学和谐统一。

2008 年 3 月，时任全国人大常委会委员长吴邦国在十一届全国人大一次会议上指出：以宪法为核心，以法律为主干，包括行政法规、地方性法规等规范性文件在内的，由七个法律部门、三个层次法律规范构成的中国特色社会主义法律体系已经基本形成。2011 年，在十一届全国人大四次会议期间，吴邦国进一步指出，“党的十五大提出到 2010 年形成中国特色社会主义法律体系的立法工作目标如期完成”。

2012 年，党的十八大提出，法治是治国理政的基本方式，要加快建设社会主义法治国家，全面推进依法治国。要求到 2020 年，依法治国基本方略全面落实，法治政府基本建成，司法公信力不断提高，人权得到切实尊重和保障。

十八届三中全会进一步提出，建设法治中国，必须坚持依法治国、依法执政、依法行政共同推进，坚持法治国家、法治政府、法治社会一体建设。

2014 年 10 月的十八届四中全会，把法治建设作为中央全会的专门议题，讨论通过了《关于全面推进依法治国若干重大问题的决定》，对全面推进依法治国作出了系统部署，从而标志着中国的法治建设进入了一个新阶段。

2017 年，党的十九大将“坚持全面依法治国”作为坚持和发展中国特色社会主义的一条基本方略。强调“全面依法治国是国家治理的一场深刻革命”，要求深化依法治国实践。坚持厉行法治，推进科学立法、严格执法、公正司法、全民守法。中央还专门成立了全面依法治国委员会。

2020 年 11 月 16 日至 17 日，中央召开全面依法治国工作会议。习近平总书记在讲话中对当前和今后一个时期推进全面依法治国要重点抓好的工作提出了 11 个方面的要求。

党的二十大把法治建设单列出来，设置专门一个部分，论述“坚持全面依法治国，推进法治中国建设”问题。

党的二十大指出：“全面依法治国是国家治理的一场深刻革命，关系党执政兴国,关系人民幸福安康,关系党和国家长治久安。必须更好发挥法治固根本、稳预期、利长远的保障作用,在法治轨道上全面建设社会主义现代化国家。”

党的二十大要求:我们要坚持走中国特色社会主义法治道路,建设中国特色社会主义法治体系、建设社会主义法治国家,围绕保障和促进社会公平正义,坚持依法治国、依法执政、依法行政共同推进,坚持法治国家、法治政府、法治社会一体建设,全面推进科学立法、严格执法、公正司法、全民守法,全面推进国家各方面工作法治化。

101. 权力 +Y=X

党章专门用一段文字,论述和规定了党如何执政、如何对政府机构和其他团体实施领导,以及如何提高执政能力的问题。1982 年的党章最早写上了这一段,以后,随着对执政问题的认识不断提高、党的执政方式不断改进,又陆续增加了不少主张和规定。到党的十九大,又作了新的重大的修改。

综览世界各国的政治舞台,不同的政党,紧盯政权,上上下下,退退进进,几年河东,几年河西。谋政,给人以希望;当政,给人以欣喜;离政,又给人以痛苦。就在这“你方唱罢我登场”的过程中,许许多多的政党,都不能不思考如何执政的问题。提高执政能力,自然也成为它们极力关注的目标之一。

论执政的实践,中国共产党还是比较丰富的。早在 1931 年,就在中央根据地建立了中华苏维埃共和国临时中央政府。抗日战争时期,又建立了一系列抗日民主根据地。陕甘宁边区等曾经通过民主选举建立了各级人民政府,实施了施政纲领,在一定范围内行使了权力。到解放战争时期,由中国共产党控制的解放区日益扩大,在新中国成立之前,还建立了华北、东北、内蒙古自治区等若干地方人民政府。

1949 年新中国的成立,使中国共产党坐到了掌握全国性政权的位置上,成了执政党。

执政，是好事，但也是难事。

早在新中国成立之初，邓小平就指出："我们党成为执政党，这是一件值得高兴的事情。但是，执政党也不是很容易当的。执了政，党的责任就加重了，共产党员的责任就加重了，我们领导干部的责任就加重了。我们要负担什么责任呢？在过去我们无非是闹革命，革命胜利以后，我们党执了政，掌了权，就要担负起把国家引导到社会主义道路去和进行建设的艰巨任务。"

对于执政能力和执政方式，党的八大就有所认识和分析。在如何执政问题上，曾经进行了长期的探索，也走过了艰难曲折的历程。

过去很长一段时间，党治理国家曾较多地倚重于政策，习惯于发红头文件，讲领导指示，搞思想教育。这是在特定的历史条件下形成的，曾经发挥过重要作用。即使到今天，也自有其灵活、实际、管用、有效的一面。但从科学性、规范性、稳定性的角度来看，这种做法当然就有很多缺陷。特别是，它往往会随着领导人的改变而改变，随着领导人看法和注意力的改变而改变，造成政策多变的情况，甚至发生以人代法、以言代法的现象。

到改革开放后，党才逐步认识到，治理国家，到底用什么方式？这是政党执政和国家治理的一个最基本的问题，也是判断一个国家基本性质的重要标准。

总结历史的经验教训，党的十五大第一次提出："共产党执政就是领导和支持人民掌握管理国家的权力，实行民主选举、民主决策、民主管理和民主监督，保证人民依法享有广泛的权利和自由，尊重和保障人权"。这里集中概括了"四个民主"，并且明确把"人权"与共产党执政联系起来，包含在其中。

党的十六大进一步规范了六种执政方式，即通过"制定大政方针，提出立法建议，推荐重要干部，进行思想宣传，发挥党组织和党员的作用，坚持依法执政"等，实施党对国家和社会的领导。

具体怎么操作？党的十六大要求按照总揽全局、协调各方的原则，规范党委与人大、政府、政协以及人民团体的关系。党委做到总揽而不包办，协调而不替代，各方的事由各方去办，各方之间的事由党委来协调。所以，十六大党章写进了“党必须按照总揽全局、协调各方的原则，在同级各种组织中发挥领导核心作用”。

2004年9月召开的十六届四中全会，在认真总结中国共产党长期执政经验的基础上，作出《中共中央关于加强党的执政能力建设的决定》，明确提出了加强执政能力建设、提高执政能力和水平的重大任务。

且不说那些政治论断和政策主张，就说《决定》中有关执政的范畴，就有30个左右。这些范畴，有的是此前已经使用的，有的则是四中全会第一次提出来的。它们围绕为谁执政、靠谁执政、怎样执政的问题，开始构建起中国特色执政的范畴体系，其中，基本范畴有：执政，执政党，执政地位，执政能力，执政水平；主体范畴有：执政使命，执政实践，执政经验，执政理论，执政意识；客体范畴有：执政体制，执政方略，执政方式，执政基础，执政规律；行为范畴有：执政兴国，执政为民，治国理政，科学执政，民主执政，依法执政；其他还有：依法施政，勤政廉政，为政之德，等等。

当然，全会的意义和贡献不是提出了多少概念、范畴，而是作为中国共产党历史上第一个专门关于执政问题的文件，全面系统地说明了提高执政能力的一系列问题，规划了执政能力建设的整体布局。

全会确定，党的执政能力建设的总体目标是，通过全党共同努力，使党始终成为立党为公、执政为民的执政党，成为科学执政、民主执政、依法执政的执政党，成为求真务实、开拓创新、勤政高效、清正廉洁的执政党，归根到底成为始终做到“三个代表”、永远保持先进性、经得住各种风浪考验的马克思主义执政党，带领全国各族人民实现国家富强、民族振兴、社会和谐、人民幸福。

全会还确定了加强党的执政能力建设的主要任务和各项部署，涵盖了党的全部工作，集中起来，主要是提高五大能力，即：驾驭社会主义市场经济的能力、发展社会主义民主政治的能力、建设社会主义先进文化的能力、构建社会主义和谐社会的能力、应对国际局势和处理国际事务的能力。

执政的核心问题，是怎么对待和运用权力问题。

所谓权力,简单地说,就是行为主体影响、制约行为客体态度和行为的能力。西方行为主义政治家把权力等同于强制力,认为权力就是一定的主体迫使客体按主体的意图去做哪怕该客体不愿意的事的能力。这种定义似乎不可思议,却直接触到了要害之处。所有的权力都是一种强制力,哪怕你不愿意,也只能被迫去干。如果不具有这种强制性,那可以是影响力,但未必是权力。

比如说,在车站的候车大厅里,熙熙攘攘,椅子上坐满了休息等车的旅客,还有很多老人孩子没有座位,只能站着。却有一个人(甲)躺在椅子上,一人占了好几个位置。

这时,有一个人(乙)请这个躺着的甲坐起来,把座位让给老人小孩。甲不愿意。乙也无可奈何。如果乙劝告甲,你这种做法不好,甚至是不道德的,甲听后终于坐了起来。这就是乙对甲施加了影响力。这是一种道德的影响力,但不是权力。乙对甲并没有让甲做不愿意做的事的权力。

但如果一位警察走过来,不用讲什么道理,直接命令甲坐起来,否则就要给予处罚。甲虽然不愿意,但也只能乖乖地坐起来。这个警察行使的,就是权力,即能够强制甲哪怕不愿意也得执行的一种力量。

同样,在一个单位里,上级要下级去做某件事。下级即使不愿意,也只能去做,就是因为这个上级对下级拥有支配性的权力。

权力可以是家族的权力、单位的权力、个人的权力、组织的权力、政党的权力,但最大、最严密、最系统、最强有力的权力,是国家的权力。国家权力就是国家机器所拥有的强制力,这种强制力以各种暴力手段为后盾,使国民按国家的意图去干哪怕这些国民不愿干的事情。

这种强制力是由什么决定的?根本上是由一定的物质基础决定的,直接是由国家机器掌握的暴力手段决定的。暴力手段的强弱,决定了强制力的大小。

但如果国家权力仅仅等同于强制力,并且这种强制力可以无所顾忌地违逆民意,迫使人们干不愿意的事情,那就必然成为一种恐怖的暴政。所以,政治文明的发展,就是要努力使这种强制力受到制约,不能无所顾忌地使用。倘若使用,也必须按法律规范进行,更多地遵从民意、顺应民意、体现民意。因此,一个国家政治文明的程度,是与权力受合理制约的程度成正比的。即一是要受制约,不受制约的权力必然是暴政,也必然腐败。二是这种制约要合理,不能妨碍权力正当而必要的使用。

对于掌握这种权力的统治者来说,如何认识和对待这种权力,也就成为一个巨大的课题。把这种权力用于为自身或少数统治者谋取利益,就必然损害大多数人的利益。把这种权力用于为广大人民谋利益,就必然要设定权力运用的范围、规则、程序和限度,防止自身权力的滥用。

于是,对权力,就必须附加各种条件。与不同的条件结合,就会产生不同的结果。

因此,围绕着权力,可以构成无数的方程式。这种方程式,表面上似乎很简单:权力 =X。在不附加任何条件的情况下,X 几乎可以是任何东西。但到底是什么呢?它其实是与不同的附加条件联系在一起的。

也就是说,实际的方程式应该是:权力 +Y=X。

这里的 Y 就是附加条件,它可以是为民,可以是奉献,可以是勤勉,可以是自律;也可以是苟且,可以是自私,可以是贪婪,可以是强暴。

其结果,亦即 X,也就必然会是不同的答案。可以是廉洁,也可以是腐败;可以是善治,也可以是破坏;可以是光明,也可以是黑暗;可以是辉煌,也可以是毁灭。

不同的人,不同的政治集团,以不同的方式,附加不同的条件,去解答它,就可以得出无数不同的结果。

提高执政能力,关键是如何正确掌握和运用国家权力。用形象的话来说,就好比是解方程。得出什么结果,全靠我们怎么去认识它、把握它、计算它、解答它。

102. “三个执政”

2016 年 2 月 26 日的北京,人民大会堂二楼的东大厅里,国徽高悬,国旗鲜艳夺目。按照《全国人民代表大会常务委员会关于实行宪法宣誓制度的决定》,新任命的全国人大有关专门委员会副主任委员、常委会工作委员会副主任等六名国家工作人员，在这里举行庄严的宪法宣誓。这是维护宪法权威、捍卫宪法尊严的新举措。

宣誓效忠宪法，这是世界很多有成文宪法国家所采取的一种制度。在 142 个有成文宪法的国家中，规定相关国家公职人员必须宣誓拥护或效忠宪法的有 97 个。宪法宣誓的主体、内容、程序，各国做法不尽相同，一般都在有关人员开始履行职务之前或就职时举行宣誓。

为了遵从宪法的权威，树立忠于宪法的意识，十八届三中全会决定建立宪法宣誓制度，规定凡经人大及其常委会选举或者决定任命的国家工作人员，在正式就职时，须公开向宪法宣誓。这样做，有利于彰显宪法权威，增强公职人员宪法观念，激励公职人员忠于和维护宪法，也有利于在全社会增强宪法意识、树立宪法权威。

宪法宣誓制度的建立，从一个侧面反映了中国共产党依法执政的决心。宪法是国家的根本大法，宪法的权威必须得到尊重，不能以任何个人的意志为转移，也不能把宪法当作花瓶仅仅用于装饰。制定宪法、尊重宪法、执行宪法、维护宪法，是中国共产党治国理政的重要任务和法治基础。

现行宪法规定："中华人民共和国实行依法治国，建设社会主义法治国家。"

中国共产党把"依法治国"写进了党章，并明确规定："党要适应改革开放和社会主义现代化建设的要求，坚持科学执政、民主执政、依法执政"。

党的十六届四中全会在《关于加强党的执政能力建设的决定》中，鲜明地提出了"科学执政、民主执政、依法执政"的要求。到十七大修改党章时，这"三个执政"加到关于党如何执政如何领导的一段内容中。到二十大，这"三个执政"依然保留在党章中。

这"三个执政"是在总结长期历史经验，深化对共产党执政规律认识的基础上，对中国共产党执政方略和执政方式的高度概括和要求，也是新形势下加强党的执政能力建设的一个重要原则和所要实现的目标。其中，"科学执政""民主执政"都是当时第一次使用。

第一，科学执政。

明确提出“科学执政”的要求，是十六届四中全会的重要创新。

执政，是掌握和运用国家机器，综合运用经济、政治、法律、行政等各种手段，领导、管理国家和社会事务的过程和活动。作为一项极为复杂和庞大的系统工程，它不是随意的、可以自行其是的。如同整个自然和社会一样，它也有着内在的规律性。这个规律，只能尊重它，运用它，而不能漠视它、违背它。正确认识和自觉运用共产党执政规律、社会主义建设规律和人类社会发展规律，对中国特色社会主义事业的兴旺发达具有决定性意义。

科学执政，就是严格按照执政规律的要求，用科学的思想理论作指导，以科学的精神、科学的态度、科学的体制和科学的方法，正确地掌握和运用国家政权，实行科学决策、科学管理，保证所有的执政活动都在科学的轨道上运行。

只有坚持科学执政，才能把尊重人民历史主体地位与尊重社会发展规律统一起来，把遵从人民意愿与顺应历史潮流统一起来，把为民办事、依法办事与按科学办事统一起来，掌握治国理政的主动权，逐步由必然王国进入自由王国。

第二，民主执政。

中国共产党代表人民执政。根本的基础是人民拥护，根本的目的是为了人民，根本的途径是依靠人民，根本的理念是人民至上。所以，坚持民主执政，是党执政应实施的最基本方略和方式。

党的十五大第一次明确提出：“共产党执政就是领导和支持人民掌握管理国家的权力，实行民主选举、民主决策、民主管理和民主监督，保证人民依法享有广泛的权利和自由，尊重和保障人权。”① 党的十六大继续强调：“共产党执政就是领导和支持人民当家作主，最广泛地动员和组织人民群众依法管理国家和社会事务，管理经济和文化事业，维护和实现人民群众的根本利益。”②

---

① 《中国共产党第十五次全国代表大会文件汇编》，人民出版社 1997 年版，第 32 页。

② 《中国共产党第十六次全国代表大会文件汇编》，人民出版社 2002 年版，第 31 页。

依据这个界定，无论是从执政的内涵还是本质，无论是从执政的过程还是执政的方式来说，中国共产党执政，都必须坚持和遵循民主的制度、民主的途径、民主的方式和民主的程序，一句话，必须坚持民主执政。也就是说，为人民执政，依靠人民执政，按照民主集中制的原则执政。

民主是社会主义的基本要求。没有民主就没有社会主义，就没有社会主义现代化。社会主义民主的本质是人民当家作主。中国共产党代表人民掌握国家政权，领导国家机关的工作，根本目的是为了实现好、维护好、发展好最广大人民的根本利益。因此，执政的过程也就必须紧紧依靠人民，通过民主的制度和方式，领导、支持、保证人民当家作主，使人民依照法律规定充分地行使管理国家和社会事务的最高权力。

第三，依法执政。

“没有规矩，不成方圆。”治国理政最重要的规矩，就是宪法和法律。为了保证一切国家事务都有章可循，为了保证所有国家机器都在规范的轨道上运行，为了保证一切执政活动都处在人民可以了解、控制和监督的范围内，就必须健全和完善社会主义法制，坚持依法治国、依法执政。

依法治国，崇尚法律在国家生活中的权威，不仅将法律手段作为治理国家的最基本方式之一，而且要求治理国家的行为本身都要有法律依据，严格遵照法律的规定进行。依法治国，把坚持党的领导、发扬人民民主和严格依法办事统一了起来，从制度和法律上保证党的基本路线基本方针的贯彻实施，保证党始终发挥总揽全局、协调各方的领导核心作用。

依法治国，并不仅仅是党所要抓的一项工作，更重要的，它也是对党的执政行为的一个根本保证、根本规范和根本要求。依法治国，关键是依法执政、依法行政、依法办事、公正司法。因此，要把依法执政作为党治国理政的一个基本方式。党坚持依法治国的方略，就必须坚持依法执政的方式。

坚持依法执政，就必须在宪法和法律的轨道上从事执政活动。严格依法办事，善于运用国家政权处理国家事务。党对国家政权机关的领导及其相应的程序和手续都要符合法律的规定。各级党委要当依法治国和依法执政的模范实践者。善于依照法定的程序来实现党的意志，善于把党的领导、人民民主和依法办事统一起来,善于通过党组的工作来实现党对国家机关的领导。

坚持“三个执政”,标志着中国共产党治国理政的理念进一步提高,标志着社会主义民主法治进入了一个新的层面。

103. 开创“第一”的中央全会

2014年10月23日,党的十八届四中全会胜利闭幕。经过出席全会的中央委员表决,一致通过了《中共中央关于全面推进依法治国若干重大问题的决定》。这是中国共产党依法治国的宣言,也是建设社会主义法治国家的号角。

这是中国共产党成立90多年、中华人民共和国成立60多年来,第一次专题研究法治建设的中央全会,全会的决定也是由中央全会通过的第一个关于加强法治建设的专门决定。因此,从历史的角度来说,十八届四中全会在中国建设社会主义法治国家的征程上树起了一座新的里程碑。

这个“第一”,充分表明了中国共产党推进依法治国的决心和勇气。

党的十八大闭幕不久的2012年12月4日,习近平总书记出席首都各界纪念现行宪法公布施行30周年大会,明确提出“坚持依法治国、依法执政、依法行政共同推进,坚持法治国家、法治政府、法治社会一体建设”的重大论断,强调:“依法治国是党领导人民治理国家的基本方略,法治是治国理政的基本方式。”

随着新一届党中央治国理政全面展开,特别是十八届三中全会作出全面深化改革重大部署后,如何把依法治国放在党和国家工作大局中来考虑、谋划和推进,成为党中央议事日程中的重要内容。

十八届三中全会进一步提出,建设法治中国,必须坚持依法治国、依法执政、依法行政共同推进,坚持法治国家、法治政府、法治社会一体建设。全面贯彻落实这些部署和要求,关系加快建设社会主义法治国家,关系落实全面深化改革顶层设计,关系中国特色社会主义事业长远发展。

因此,2014 年 1 月,中央政治局作出决定:党的十八届四中全会要重点研究全面推进依法治国问题。党中央遂成立文件起草组,由习近平总书记担任组长,张德江、王岐山担任副组长。

9 月 30 日,经过修改的全会决定稿提交中央政治局会议审议。会议认为文件基本成熟,决定提交党的十八届四中全会审议。

10 月 20 日至 23 日,中国共产党第十八届中央委员会第四次全体会议在北京举行。全会审议通过了《中共中央关于全面推进依法治国若干重大问题的决定》。习近平总书记就《决定(讨论稿)》向全会作了说明。

全会提出,全面推进依法治国,总目标是建设中国特色社会主义法治体系,建设社会主义法治国家。这就是,在中国共产党领导下,坚持中国特色社会主义制度,贯彻中国特色社会主义法治理论,形成完备的法律规范体系、高效的法治实施体系、严密的法治监督体系、有力的法治保障体系,形成完善的党内法规体系,坚持依法治国、依法执政、依法行政共同推进,坚持法治国家、法治政府、法治社会一体建设,实现科学立法、严格执法、公正司法、全民守法,促进国家治理体系和治理能力现代化。实现这个总目标,必须坚持中国共产党的领导,坚持人民主体地位,坚持法律面前人人平等,坚持依法治国和以德治国相结合,坚持从中国实际出发。

与此相应,全面依法治国的重大任务是:完善以宪法为核心的中国特色社会主义法律体系,加强宪法实施;深入推进依法行政,加快建设法治政府;保证公正司法,提高司法公信力;增强全民法治观念,推进法治社会建设;加强法治工作队伍建设;加强和改进党对全面推进依法治国的领导。

提出这个总目标和重大任务,既明确了全面推进依法治国的性质和方向,又突出了全面推进依法治国的工作重点和总抓手。《决定》中,提出了一系列新思想新观点,还提出了一系列重大改革举措,总计有 180 多项。

法律是治国之重器,法治是国家治理体系和治理能力的重要依托,是人类社会文明的重要内容。一个现代化的社会,必须是一个法治体系规范、严密、完备的社会。

治理国家是一项非常复杂的系统工程,需要运用多种手段和方式,如行政手段、经济手段、军事手段、文化手段、政策手段等。但所有这些手段,都必须以法治为基础,建立在法治的轨道之上,才能保证其规范性、合理性、统一性、稳定性、权威性。因此,治理国家的各种方式和手段是相辅相成的关系。而法治手段,由于它特有的规范性、强制性、统一性、权威性,已经无一例外地成为现代国家治理国家和社会的一种最普遍、最有效的方式。

把依法治国作为治国方略,标志着中国共产党的执政方式从主要依靠政策等手段转变为主要依靠法治等手段,把国家和社会的管理工作都纳入法治的范围,以法律为基础,将各种手段结合起来,形成完整、统一、和谐的管理机制和治理体系,共同维护国家的长治久安。

十八届四中全会第一次正式使用“中国特色社会主义法治体系”的概念。

习近平总书记说:“全面推进依法治国涉及很多方面,在实际工作中必须有一个总揽全局、牵引各方的总抓手,这个总抓手就是建设中国特色社会主义法治体系。依法治国各项工作都要围绕这个总抓手来谋划、来推进。”

从基本无法可依,到逐步有法可依;从建立法律体系,到建设法治体系,这样一条线索,从一个重要方面反映了改革开放以来我国法治建设的主要历程。

从“法律体系”到“法治体系”,虽然仅一字之差,但其范围大大扩大,系统更加完备,要求更加全面。因此,十八届四中全会在以往所提“法律体系”的基础上,进一步提出建设中国特色社会主义法治体系的目标,是中国共产党在法治建设理论和实践上的一个重大进步,标志中国法治建设进入了一个新的阶段,也标志中国特色社会主义法治建设实现了一步重大跨越。

十九届六中全会通过的《中共中央关于党的百年奋斗重大成就和历史经验的决议》指出:党的十八大以来,中国特色社会主义法治体系不断健全,法治中国建设迈出坚实步伐。包括通过宪法修正案,制定民法典、外商投资法、国家安全法、监察法等法律,修改立法法、国防法、环境保护法等法律，加强重点领域、新兴领域、涉外领域立法，加快完善以宪法为核心的中国特色社会主义法律体系。党领导深化以司法责任制为重点的司法体制改革，推进政法领域全面深化改革，加强对执法司法活动的监督制约，开展政法队伍教育整顿，依法纠正冤错案件，严厉惩治执法司法腐败，确保执法司法公正廉洁高效权威。

到 2022 年 8 月，十三届全国人大常委会共举行 36 次会议；十三届全国人大及其常委会通过宪法修正案，制定法律 45 件、修改法律 107 件、通过有关法律问题和重大问题的决定 51 件，我国现行有效法律共 293 件。

中国正在全面依法治国的道路上虽然艰难但却不断地前进。

104. 宪法法律与党章党规

党章明确规定："党必须在宪法和法律的范围内活动。"同时，党又要依据党章加强党的建设。

十八届四中全会把形成完善的党内法规体系明确地包含在依法治国的总目标内，强调："依法执政，既要求党依据宪法法律治国理政，也要求党依据党内法规管党治党。"这是四中全会一个重要的新思想。全面依法治国的"全面"，显然包含依法依规管党治党在内。

在现实生活中，各级党组织和党员干部，都会面对宪法法律和党规党纪两种规范的约束。因此，无论治国理政还是管党治党，都要进一步认识和处理宪法法律与党规党纪的关系。这种关系，可以从以下三个方面来认识：

第一，宪法法律和党规党纪在本质上是统一的。

社会主义法治必须坚持党的领导，党的领导必须依靠社会主义法治。宪法赋予党治国理政的责任和使命，党必须在法治的轨道上治理国家。依法执政是党治国理政的基本方式。党要把自己的主张通过法定程序转化为国家意志，成为全国人民共同遵守的法律，领导立法、保证执法、支持司法、带头守法。

党领导制定宪法和法律，同时也制定用以约束自己的党规党纪，两者都是由党统一领导和组织制定的。宪法法律和党规党纪的调整对象和适用范围不一样，强制力也不一样，但本质上是统一的，都是为了正确地治国理政，确保国家正常运行、人民幸福安康。宪法和法律，要在党的领导下制定，遵循全国各族人民的意志。党规党纪，除了遵循全党意志外，还必须符合宪法法律的规定。

全面依法治国，从严治党，必须始终保持宪法法律与党规党纪的统一性、协调性，发挥两者在不同领域、范围和对象中的作用，做到互相促进，而不能互相割裂，更不能互相取代。

第二，党规党纪必须符合宪法法律并与宪法法律相衔接。

宪法法律和党规党纪都有一个位阶问题，下位法不得与上位法相抵触。

中国宪法和有关法律规定："宪法具有最高的法律效力，一切法律、行政法规、地方性法规、自治条例和单行条例、规章都不得同宪法相抵触。""法律的效力高于行政法规、地方性法规、规章。"

《中国共产党章程》规定："党必须在宪法和法律的范围内活动。"《中国共产党党内法规制定条例》规定：制定党内法规，应当"遵守党必须在宪法和法律范围内活动的规定"。对党内法规草案，必须审核其"是否同宪法和法律不一致"。

因此，我们在任何工作中，包括在制定和执行党规党纪中，都必须坚持法治思维，增强宪法和法律意识，严格按照宪法和法律的规定办事。制定任何文件，作出任何决策，从事任何工作，都不能超出宪法法律的规定之外。党规党纪本身也不能违法。

按照十八届四中全会的规定，党内这类行为和文件，都要进行合法性审查。有关部门和单位，还要健全法律顾问制度，设立公职律师，防止任何违反宪法法律的现象发生。

第三，依照宪法法律和党规党纪从严管党治党。

治国必先治党，治党务必从严。党要依照宪法法律治理好国家，也要依照党规党纪治理好自身。如果党自身没有治理好，国家也很难治好。

宪法法律和党规党纪都是党治理国家的依据和手段,更是管党治党的依据和手段。治党治国,两套规范体系都要用好、遵循好。全体党员既要自觉遵守党规党纪,又要模范遵守国法政纪。遵守宪法法律也是党规党纪的要求。

就行为标准来说,党规党纪对党员的要求比法律更高。党的先进性决定了党规党纪严于国家法律。国法是所有公民的行为底线,党纪是对党组织和党员立的规矩。志愿加入共产党,就意味着要接受党规党纪的约束。对于领导干部来说,还要遵守行使权力实施管理的很多专门规范,等于要受三种约束。要求不仅比一般公民,而且比普通党员还高。

当然,对党员施行的党规党纪都必须符合宪法法律的规定。执行对党员的纪律,不能与宪法法律的规定相违背,而且要符合宪法法律规定的程序,不能随意剥夺党员作为国家公民按照宪法法律应该拥有的权利。

法治原则是当今时代衡量人类文明包括政治文明的一个重要尺度。按照全面依法治国的战略要求,就要进一步努力,形成完备的法律规范体系、高效的法治实施体系、严密的法治监督体系、有力的法治保障体系,还要形成完善的党内法规体系。坚持依法治国、依法执政、依法行政共同推进,坚持法治国家、法治政府、法治社会一体建设,实现科学立法、严格执法、公正司法、全民守法,促进国家治理体系和治理能力现代化。

习近平总书记指出:“党章是党的总章程,集中体现了党的性质和宗旨、党的理论和路线方针政策、党的重要主张,规定了党的重要制度和体制机制,是全党必须共同遵守的根本行为规范。”治国,要按宪法和法律办事;治党,还要按党章的规定办事。党的所有工作和所有文件,包括纪检、巡视工作,都要依照法律和党章进行。不学习法律和党章,就不可能做好工作,更不可能很好地治国理政。

新形势下,党要履行好执政兴国的重大职责,必须依据党章从严治党、依据宪法治国理政;党领导人民制定宪法和法律,党领导人民执行宪法和法律,党自身必须在宪法和法律范围内活动,真正做到党领导立法、保证执法、带头守法。无论治国理政,还是党员个人,都需要正确认识和把握宪法法律与党章党规这两套规范体系的关系。

105. 坚持和加强党的全面领导

“东西南北中”,后面紧跟的是一句什么话?答案——毛泽东说过的,习近平总书记重新强调的:“党是领导一切的。”

2017年10月27日,中共中央政治局会议审议通过《中共中央政治局关于加强和维护党中央集中统一领导的若干规定》,指出,中央政治局要带头树立“四个意识”,严格遵守党章和党内政治生活准则,全面落实党的十九大关于加强和维护党中央集中统一领导的各项要求,自觉在以习近平同志为核心的党中央集中统一领导下履行职责、开展工作,坚决维护习近平总书记作为党中央的核心、全党的核心地位。

根据《规定》,中央政治局全体同志每年向党中央和习近平总书记书面述职一次。

《中共中央关于党的百年奋斗重大成就和历史经验的决议》概括的习近平新时代中国特色社会主义思想的“十个明确”,第一个就是,“明确中国特色社会主义最本质的特征是中国共产党领导,中国特色社会主义制度的最大优势是中国共产党领导,中国共产党是最高政治领导力量,全党必须增强‘四个意识’、坚定‘四个自信’、做到‘两个维护’”。

中国共产党是中国特色社会主义事业的领导核心。十二大党章从改革开放一开始就规定:“党的领导主要是政治、思想和组织的领导。”这一规定,从十二大到十八大一直没有改变过。但到十九大,发生了重大的变化。

根据习近平新时代中国特色社会主义思想,十九大党章对这一部分的内容作了重大的修改:

一是强调:“中国共产党的领导是中国特色社会主义最本质的特征,是中国特色社会主义制度的最大优势。”

二是强调:“党政军民学,东西南北中,党是领导一切的。”

三是删去了原来“党的领导主要是政治、思想和组织的领导”一句话。

这一修改，充分体现了习近平总书记全面加强党的领导的重要思想：东西南北中，党必须领导一切；而且要“定于一尊”，任何人都不得“妄议”。

所以，东西南北中后面紧跟的，是7个字——“党是领导一切的”。这句话，六七十岁以上的人，应该记得很清楚，说起来也一定会很顺溜。

《中共中央关于党的百年奋斗重大成就和历史经验的决议》指出：“以习近平同志为核心的党中央旗帜鲜明提出，党的领导是党和国家的根本所在、命脉所在，是全国各族人民的利益所系、命运所系，全党必须自觉在思想上政治上行动上同党中央保持高度一致，提高科学执政、民主执政、依法执政水平，提高把方向、谋大局、定政策、促改革的能力，确保充分发挥党总揽全局、协调各方的领导核心作用。”

“党明确提出，党的领导是全面的、系统的、整体的，保证党的团结统一是党的生命；党中央集中统一领导是党的领导的最高原则，加强和维护党中央集中统一领导是全党共同的政治责任，坚持党的领导首先要旗帜鲜明讲政治，保证全党服从中央。”

党的十八大以来，以习近平同志为核心的党中央采取了一系列措施全面加强党的领导。

党的十八届六中全会通过《关于新形势下党内政治生活的若干准则》，党中央出台中央政治局关于加强和维护党中央集中统一领导的若干规定，严明党的政治纪律和政治规矩。

党中央要求党的领导干部提高政治判断力、政治领悟力、政治执行力，胸怀“国之大者”，对党忠诚、听党指挥、为党尽责。

健全党的领导制度体系，完善党领导人大、政府、政协、监察机关、审判机关、检察机关、武装力量、人民团体、企事业单位、基层群众性自治组织、社会组织等制度，确保党在各种组织中发挥领导作用。

建立健全党对重大工作的领导体制，强化党中央决策议事协调机构职能作用，完善推动党中央重大决策落实机制，严格执行向党中央请示报告制度。

强化政治监督，深化政治巡视，查处违背党的路线方针政策、破坏党的集中统一领导问题，清除“两面人”，保证全党在政治立场、政治方向、政治原则、政治道路上同党中央保持高度一致。

《中共中央关于党的百年奋斗重大成就和历史经验的决议》肯定：“党的十八大以来，党中央权威和集中统一领导得到有力保证，党的领导制度体系不断完善，党的领导方式更加科学，全党思想上更加统一、政治上更加团结、行动上更加一致，党的政治领导力、思想引领力、群众组织力、社会号召力显著增强。”①

在十九大党章较大幅度修改的基础上，党的二十大又进一步强化了有关内容。文字上，主要是增加了一句：“党是最高政治领导力量”。

秘书处负责人答记者问说，中国共产党是领导我们事业的核心力量。党的十九大以来，习近平总书记围绕坚持党的全面领导提出了一系列新观点新思想新论断，为加强和改善党的领导提供了根本遵循。党章修正案在总纲原第二十四自然段中增写坚持和加强党的全面领导的内容。在原第三十自然段中增写党是最高政治领导力量的内容。作这样的修改，有利于充分发挥党总揽全局、协调各方的领导核心作用，把党的领导落实到党和国家事业各领域各方面各环节。

党章修正案决议说，大会认为，中国共产党是领导我们事业的核心力量，党的领导是实现中华民族伟大复兴的根本保证。大会同意把党是最高政治领导力量，坚持和加强党的全面领导等内容写入党章。这有利于充分发挥党总揽全局、协调各方的领导核心作用，把党的领导落实到党和国家事业各领域各方面各环节。

---

① 《中共中央关于党的百年奋斗重大成就和历史经验的决议》，《人民日报》2021年11月17日。

十七、党员与干部

106. 殊为不易的“主体地位”

党是由全体党员组成的。党员是党的肌体的细胞和党的行为主体。

2007年6月25日，胡锦涛在中央党校的讲话中第一次使用“党员主体地位”的提法。党的十七大报告正式使用了“党员主体地位”的用语。党的十七届四中全会进一步要求：“保障党员主体地位和民主权利。”“充分发挥党员在党内生活中的主体作用。”①

党的十八大报告继续强调：“保障党员主体地位，健全党员民主权利保障制度，开展批评和自我批评，营造党内民主平等的同志关系、民主讨论的政治氛围、民主监督的制度环境，落实党员知情权、参与权、选举权、监督权。”②

所以，十八大修改后的党章，专门加写了一句“尊重党员主体地位”。

十九大党章仍然如此要求：“必须充分发扬党内民主，尊重党员主体地位，保障党员民主权利，发挥各级党组织和广大党员的积极性创造性。”③ 二十大党章继续保持了这一表述。

明确党员的主体地位，是党的建设理念的一个重大进步，对党的建设具有重要的意义。无论是要求和规范党员的行为，还是确定党的组织体系、权力结构，或者是规范党内政治生活、严格党的纪律，都要体现“党员是党的主体”的要求，不能忘了这一根本要求。

---

① 中共中央文献研究室编：《十七大以来重要文献选编》（中），中央文献出版社2011年版，第149页。

② 中共中央文献研究室编：《十八大以来重要文献选编》（上），中央文献出版社2014年版，第40页。

③ 《中国共产党第十九次全国代表大会文件汇编》，人民出版社2017年版，第77页。

所以,历来党章都是把党员摆在第一章。

2004年9月22日,中共中央印发《中国共产党党员权利保障条例》,对党章规定的党员权利作了更详尽更充分的规定,并明确规定了保障措施,实行责任追究。

2020年,中共中央印发修订后的《中国共产党党员权利保障条例》。将党章规定的8个方面党员权利进一步明确细化为党内知情权、接受党的教育培训权、党内参加讨论权、党内建议和倡议权、党内监督权、党内提出罢免撤换要求权、党内表决权、党内选举权和被选举权、党内申辩权、党内提出不同意见权、党内请求权、党内申诉权、党内控告权等13项具体权利。同时,划出权利边界,要求党员行使权利应当按照组织原则、符合有关程序等。

所有这些规定,都是党员主体地位的表现和展开,也是维护党员主体地位的保障。归根到底,党是全体党员的,而不是哪一个个人的。党的大事,归根到底,要由全体党员通过一定的程序和规则来决定。党的事业,也要由全体党员共同努力来实施和完成。

党员的主体地位,要通过各种制度和方式来保障实施。其中很重要的一条,就是要让人讲话,包括让持少数意见的人讲话。在党的七大关于修改党章的报告中,刘少奇曾特别指出:"在我们党内,少数服从多数,是绝对地必须遵守的。但少数人的正当权利,亦必须被尊重。少数人在声明服从多数决定的条件之下,有权在会议上发表他们与多数相反的意见和在表决时举反对之手,党的组织必须保证这少数人不致因此而遭到多数人任何不应有的打击与不幸。少数人的意见,如果他们自己不放弃,在服从多数决定的条件下,是有权保留的。"

为什么要作这种规定?刘少奇说:"保障少数人的这些基本权利,是党内民主所要求的,并且是不可缺少的。因为在某些情形下,真理并不一定在多数方面,而可能在少数方面。在通常情形下,多数人是对的,少数人是错了,我们给少数人以这种权利,就是给少数人以回旋余地,好让他们恰当地改正其不正确的意见。"①

---

① 中国革命博物馆:《中国共产党党章汇编》,人民出版社1979年版,第109—110页。

党员的主体地位是与人民的主体地位联系在一起的。中华人民共和国的国名,鲜明地包含了“人民”两个字。1949年制定的代行宪法的《共同纲领》,全文6200多个字,里面就有176个“人民”。2018年修订后的《中华人民共和国宪法》,有360多个“人民”,而且有四处地方用了“为人民服务”。

当然,实践证明,真正做到为人民服务是很不容易的。如果党的路线政策发生错误,就会严重损害人民群众的利益。所以,如何真正做到为人民服务,并且真正得到人民群众的肯定和赞扬,是一个需要不断努力的大课题。

浙江经济在中国的发展很有典型意义。它的特点不是国家给了它多少投资,设立了多少个项目,关键是改革开放一开始,放宽政策,让老百姓自己去创业、自己去从事各种各样的经济活动。老百姓的积极性发挥出来了,民营经济发展了,整个经济也就搞活了。习近平总书记概括中国的民营经济具有“五六七八九”的特征,就是贡献了50%以上的税收,60%以上的国内生产总值,70%以上的技术创新成果,80%以上的城镇劳动就业,90%以上的企业数量。

党员主体、人民主体。这两个主体真正做到了、真正发挥了主体作用,党和国家将会更加充满生机和活力。

107. 怎样才算合格?

党章规定:“中国共产党是中国工人阶级的先锋队,同时是中国人民和中华民族的先锋队。”这种先锋队性质,首先表现在党作为一个整体对于国家和社会所起的整合、凝聚、引导作用上,表现在党所制定的路线方针政策上,表现在党治国理政的执政能力上;同时,也表现在每一个个体即党员的素质和先锋模范作用的发挥上。党的先进性在相当程度上,要靠党员的先进性来体现。

恩格斯曾经讲过这样一个例子:马木留克骑兵,剽悍而善于单个格斗,但没有纪律;法国骑兵,骑术不精,但有密集的队形和组织,能有计划地统一行动。拿破仑两相比较，得出一个古怪的结论：“两个马木留克兵绝对能打赢三个法国兵；一百个法国兵与一百个马木留克兵势均力敌；三百个法国兵大都能战胜三百个马木留克兵，而一千个法国兵则总能打败一千五百个马木留克兵。”

恩格斯对拿破仑的结论颇为赞赏，用来论证协作、组织、合理的结构所起的作用。

其实，这样一个战斗力的比较还可以继续下去：如果法国兵既有严密的组织，又像马木留克兵那样骁勇善战；或者，骁勇善战的马木留克兵能够有法国兵那样的组织，结果又将会是什么样呢？

所以说，作为整体的组织和作为个体的党员，对于党的先锋队性质、对于党的先进性、对于党的领导作用的发挥，都起着十分重要的作用。

党员的作用表现在：

党作为整体的路线方针政策，是依据广大党员的思想共识来制定的，也是通过每一个党员的实践活动来贯彻的。

党对于各项事业的领导作用，是通过广大党员结成的组织体系来发挥的，也是通过每一个党员的模范作用来体现的。

党与人民群众的血肉联系，是以广大党员为桥梁来连接的，也是以每一个党员的形象来促进的。

党治国理政的全部活动及其能力，是由广大党员在不同岗位的执政行为组合起来的，也是由每一个党员的具体工作能力表现出来的。

因此，共产党员到底有什么样的标准？什么样的人才能参加共产党？什么样的党员才算合格？共产党员的先锋模范作用到底应该表现在哪里？就是党章所要回答的基础性问题。

党章第一条首先规定：“年满十八岁的中国工人、农民、军人、知识分子和其他社会阶层的先进分子，承认党的纲领和章程，愿意参加党的一个组织并在其中积极工作、执行党的决议和按期交纳党费的，可以申请加入中国共产党。”

这还仅仅是可以申请。申请了能否批准呢？那就还要有一定的标准。符合这些标准的，才能真正参加。

在早期的党章中，只规定承认党的纲领和章程，愿意参加党的一个组织并在其中积极工作就可以申请成为共产党员。但对于党员应有哪些标准，并没有明确规定。

到七大党章，第一次明确规定了党员的四项义务和四项权利。八大党章扩充了党员标准，对党员一共规定了十条义务，权利也扩充为七条。十二大制定的新党章，明确规定“中国共产党党员是中国工人阶级的有共产主义觉悟的先锋战士”。同时规定了党员的八条义务和八条权利。在党章的其他部分，对党员还提出了其他一些要求。它们共同构成共产党员的基本标准。

现行的党章第二条规定：“中国共产党党员是中国工人阶级的有共产主义觉悟的先锋战士。”“中国共产党党员必须全心全意为人民服务，不惜牺牲个人的一切，为实现共产主义奋斗终身。”“中国共产党党员永远是劳动人民的普通一员。除了法律和政策规定范围内的个人利益和工作职权以外，所有共产党员都不得谋求任何私利和特权。”

作为先锋队成员的共产党员，具体应该怎样去做？应该符合什么样的标准？党章第三条规定了党员必须履行下列义务：

（一）认真学习马克思列宁主义、毛泽东思想、邓小平理论、“三个代表”重要思想和科学发展观、习近平新时代中国特色社会主义思想，学习党的路线、方针、政策和决议，学习党的基本知识和党的历史，学习科学、文化、法律和业务知识，努力提高为人民服务的本领。

（二）增强“四个意识”、坚定“四个自信”、做到“两个维护”，贯彻执行党的基本路线和各项方针、政策，带头参加改革开放和社会主义现代化建设，带动群众为经济发展和社会进步艰苦奋斗，在生产、工作、学习和社会生活中起先锋模范作用。

（三）坚持党和人民的利益高于一切，个人利益服从党和人民的利益，吃苦在前，享受在后，克己奉公，多做贡献。

（四）自觉遵守党的纪律，首先是党的政治纪律和政治规矩，模范遵守国家的法律法规，严格保守党和国家的秘密，执行党的决定，服从组织分配，积极完成党的任务。

（五）维护党的团结和统一，对党忠诚老实，言行一致，坚决反对一切派别组织和小集团活动，反对阳奉阴违的两面派行为和一切阴谋诡计。

（六）切实开展批评和自我批评，勇于揭露和纠正违反党的原则的言行和工作中的缺点、错误，坚决同消极腐败现象作斗争。

（七）密切联系群众，向群众宣传党的主张，遇事同群众商量，及时向党反映群众的意见和要求，维护群众的正当利益。

（八）发扬社会主义新风尚，带头实践社会主义核心价值观和社会主义荣辱观，提倡共产主义道德，弘扬中华民族传统美德，为了保护国家和人民的利益，在一切困难和危险的时刻挺身而出，英勇斗争，不怕牺牲。

这就是共产党员的标准。如此党员，才算合格。当然，党章还规定了共产党员的权利。但那更主要的是对党组织的要求，是共产党员保护自己并更好地发挥作用的条件。

新形势下，党中央要求广大党员做到政治合格、执行纪律合格、品德合格、发挥作用合格。在政治合格方面，重点是坚定理想信念，正确把握政治方向，坚定站稳政治立场，坚决维护以习近平同志为核心的党中央权威和集中统一领导，不断增强中国特色社会主义道路自信、理论自信、制度自信、文化自信。在执行纪律合格方面，重点是增强组织纪律性，执行党的决定，服从组织分配，严守党的纪律特别是政治纪律和政治规矩。在品德合格方面，重点是继承发扬党的优良传统和作风，大力弘扬忠诚老实、光明坦荡、公道正派、实事求是、艰苦奋斗、清正廉洁等共产党人价值观，带头践行社会主义核心价值观。在发挥作用合格方面，重点是牢记党的根本宗旨，爱岗敬业、履职尽责，服务群众、奉献社会，敢担当、敢负责、敢作为，在促进改革发展稳定中作表率、当先锋。

共产党员的标准是随着历史条件的变化而在不变中又有变动和发展的。所以，坚持共产党员的标准，要坚持与时俱进的精神，善于准确把握时代特点和党的任务，用发展的眼光而不是僵化的标准认识共产党员的先进性。体现时代性，把握规律性，富于创造性。坚持解放思想、实事求是，与时俱进、求真务实。不断保持党的生命活力，使党员的先锋模范作用和党的先进性具有鲜明的时代特征，使党员和党都始终走在时代潮流的前列。

108. 闪光的“先锋模范”

党章关于党员标准的规定，对于共产党员应该发挥先锋模范作用的要求，是在实践的基础上逐渐形成的，也是广大共产党员实际行动的真实写照。

虽然最初的党章没有明确共产党员的具体标准，但党还是以不同的方式提出了一些实际的要求。

1922 年中共二大通过的《关于共产党的组织章程决议案》，对党员提出了七个方面的要求，并明确指出：我们党“应当是无产阶级中最有革命精神的大群众组织起来为无产阶级之利益而奋斗的政党，为无产阶级做革命运动的急先锋”。

1929 年 12 月毛泽东亲自起草的古田会议决议，首次规定了“新分子入党条件”：“（1）政治观念没有错误的（包括阶级觉悟）；（2）忠实；（3）有牺牲精神，能积极工作；（4）没有发洋财的观念；（5）不吃鸦片，不赌博。”①这几条，就是到今天，也仍然有很强的针对性。比如说，“没有发洋财的观念”。查处的腐败分子，不都是想发洋财吗？个别的还真有吸毒现象。至于赌博，那恐怕就更多了。2005 年，17 个省区市查处参加赌博的党员干部有 2635 人。

抗日战争时期，毛泽东把党的建设作为中国革命的三大法宝之一，提出党的建设伟大工程，号召建设一个全国范围的、广大群众性的、思想上政治上组织上完全巩固的党。

1938 年 10 月，在党的六届六中全会上，毛泽东提出共产党员应该成为英勇作战的模范，执行命令的模范，遵守纪律的模范，政治工作的模范，内部团结统一的模范，多做工作、少取报酬的模范，实事求是的模范，远见卓识的模范以及学习的模范，等等。一共列举了 6 个方面 11 个“模范”。

后来，毛泽东又撰写了《纪念白求恩》《为人民服务》等重要文章，

① 《毛泽东文集》第 1 卷，人民出版社 1993 年版，第 385 页。

其中的名言警句，比如："一个人的能力有大小，但只要有这种精神，就是一个高尚的人，一个纯粹的人，一个有道德的人，一个脱离了低级趣味的人，一个有益于人民的人"，等等，传诵至今，经久不衰。

周恩来撰写的《我的修养要则》《怎样做一个好的领导者》；陈云撰写的《怎样做一个共产党员》，特别是刘少奇的《论共产党员的修养》，也从不同方面论述了共产党员的先进性和模范作用问题。

总的来看，新民主主义革命时期，共产党员的先锋模范作用主要集中在"革命"上。为了民族的独立和人民的解放，冲锋在前，无私奉献，甚至直接经受生与死的考验。

中国共产党成立之初，虽然规模很小，但发挥先锋队作用，很快便掀起了工人运动的高潮。孙中山正是看到了共产党的力量和作用，才力邀实行国共合作，从而兴起了声势浩大的群众革命运动和北伐战争。叶挺独立团 2000 余人，85% 的士兵是中共党员、共青团员和拥护共产党的革命青年，连级以上的干部全是共产党员。

在那个年代，涌现出李大钊、夏明翰、方志敏、杨靖宇、张思德、刘胡兰、董存瑞等一大批优秀党员。他们的共同特点都是用自己的鲜血染红了"共产党员"的旗帜。

1940 年杨靖宇牺牲时，被日军割下头颅，剖开腹部，他的胃里竟然没有一粒粮食，只有一堆不能消化的树皮、草根和棉絮。

四川一位叫张光的共产党员，1931 年牺牲前在给妻子的遗书中写道："我为中华民族求解放、劳苦大众谋利益而死，死亦瞑目，请勿为我可惜，所惜者未亲见革命成功耳！"又说："我尸体运到后，不必更换衣服，用最小棺材，埋于宅后之山顶，垒一大土坟，立一丈方碑，大书'中国共产党员张光之墓'……"

在社会主义建设和改革开放事业中，广大共产党员也发挥了先锋模范作用。2005 年，在给中央政治局学习作讲解时，我们请有关部门统计了一些数据。从这些数据看出，各条战线各种岗位的骨干基本上都是共产党员。如：在到 2005 年初的 672 名中国科学院院士中，党员有 465 名，占 69.2%。在当时的 658 名中国工程院院士中，党员有 570 名，占 86.63%。

在人事部等七部委"百千万人才工程"国家级人选2216人中,党员有1618名,占到73.01%。

广大共产党员在不同的岗位上作出了突出的贡献。据有关部门统计,从1997年至2003年,全国受各级党组织表彰的党员共有2696.3万名,其中被授予优秀共产党员称号的有1448.7万名。在被授予"全国劳动模范"的2946人中,党员有2594人,占到88.05%;获得"全国五一劳动奖章"的5068人中,党员有4350人,占到85.83%。在国家级有突出贡献的5206位中青年专家中,党员有3879人,占到74.51%。在享受国务院政府特殊津贴的147827人中,党员有110981人,占到75.07%。

关键时刻,共产党员的表现尤其突出。在1998年抗洪抢险斗争中,有98名党员牺牲。在2003年抗击非典的斗争中,有65名党员以身殉职。2008年,在四川地震灾害中,共有17500多名副县级以上领导干部、2288000多名共产党员投身抗震救灾一线。他们视灾情如命令,把灾区当战场,挺身而出、身先士卒、靠前指挥,争分夺秒抢救被埋被困人员,救治受伤人员。灾区各级党组织组建各类"党员抢险队""党员突击队"1.82万多个,参与党员达118.3万余人,在救灾一线和灾民安置点组建临时党组织720多个。非灾区各级组织部门积极采取多种形式支援灾区,在全国组织系统和广大党员干部中广泛开展了自愿交纳"特殊党费"支援灾区活动,截至5月25日中午12时,全国共收到"特殊党费"17.73亿元。

在不同的历史时期,共产党员以他们的实际行动,铸就了一系列闪光的精神,发挥了先锋模范的重要作用。

109. 入党的程序和手续

参加中共一大的代表、当时已有的50多名党员,都是党的创始人,当时不存在办入党手续的问题。但此后,任何人入党,都免不了经过一定的程序,履行必要的手续。

100多年来,随着历史条件的变化,入党的程序和手续有过很复杂的变化过程。演化到现在，按二十大党章的规定，发展党员，必须把政治标准放在首位，经过党的支部，坚持个别吸收的原则。也就是说，支部是发展党员的基本单位。入党不能用集体入党方式，而必须个别吸收，个别履行手续。

按照党章的规定，并参照其他有关文件和精神，以及实际操作办法，入党的基本程序为：

（一）希望入党的党外群众，首先以适当方式向党组织表达愿望。

（二）党组织初步研究后，将其作为入党对象加以培养和考察。

其间，申请人要参加党组织安排的有关活动，参加对党的知识的学习培训，汇报本人的思想和有关情况，接受党组织的考察和审查。

（三）根据组织考虑和本人意愿，要确定两名正式党员做介绍人。

介绍人要在政治上、思想上对申请人给予关心、帮助、指导、教育。要认真了解申请人的思想、品质、经历和工作表现，向他解释党的纲领和党的章程，说明党员的条件、义务和权利，并向党组织作出负责的报告。

（四）填写入党志愿书。

申请人并不是一开始就填写入党志愿书。而是在以适当方式向党组织提出申请后，经过一段时间的帮助、考察，并经过专门的培训。党组织研究认为基本成熟，才发给志愿书，由本人填写。填写要忠诚老实，不得有任何隐瞒。

（五）党组织征求意见，并作严格审查。

党的支部委员会对申请入党的人，要征求党内外有关群众的意见，进行严格的审查，认为合格后再提交支部大会讨论。

（六）支部大会审查讨论，确定是否通过。

申请人必须出席会议并汇报本人情况和认识。介绍人要介绍申请人情况。其他党员对申请人的情况进行充分讨论，最后作出是否同意申请人入党的决议。

（七）报上级党组织批准。

上级党组织在批准申请人入党以前，要派人同他谈话，作进一步的了解，并帮助他提高对党的认识。

（八）上级党组织批准后，成为预备党员。

预备党员的预备期，从支部大会通过他为预备党员之日算起。

预备党员必须面向党旗进行入党宣誓。誓词为：我志愿加入中国共产党，拥护党的纲领，遵守党的章程，履行党员义务，执行党的决定，严守党的纪律，保守党的秘密，对党忠诚，积极工作，为共产主义奋斗终身，随时准备为党和人民牺牲一切，永不叛党。

（九）要经过预备期的考察。

预备党员的预备期为一年。党组织对预备党员应当认真教育和考察。预备党员的义务同正式党员一样。预备党员的权利，除了没有表决权、选举权和被选举权以外，也同正式党员一样。

（十）预备期满，经支部讨论通过并报上级批准，成为正式党员。

预备党员预备期满，党的支部应当及时讨论他能否转为正式党员。

认真履行党员义务，具备党员条件的，应当按期转为正式党员；需要继续考察和教育的，可以延长预备期，但不能超过一年；不履行党员义务，不具备党员条件的，应当取消预备党员资格。

预备党员转为正式党员，或延长预备期，或取消预备党员资格，都应当经支部大会讨论通过和上级党组织批准。

党员的党龄，从预备期满转为正式党员之日算起。

党章还规定，在特殊情况下，党的中央和省、自治区、直辖市委员会可以直接接收党员。

在这里，我们还可以对中外政党对于入党手续和程序做一点小小的比较，以便作为一个案例给大家以启示。

由于国外的共产主义政党发生了巨大的变化，现在已经非常复杂，所以，我选择20世纪80年代这些党的党章略作比较。

苏联共产党党章规定：转为正式党员的人，必须有三个五年以上党龄的人做介绍人。苏共中央委员和候补委员不得做介绍人。接受入党的决议，必须得到到会三分之二以上党员的赞成才算通过。捷克斯洛伐克和越南共产党也规定要三分之二。保加利亚共产党规定半数以上即可。

南斯拉夫共产主义者联盟章程规定:有些地方如没有共盟组织或者组织已经解散,共盟区代表会议、委员会及政治执行机构也可作出关于接纳盟员的决定。

捷克斯洛伐克共产党章程明确规定,申请人除了要提交申请书外,还要提交自传。

越南共产党的章程规定:必须征求群众对准备吸收入党者的意见。支部决定吸收新党员之后,除了必须保守秘密的特殊情况外,必须公布,使群众知道。

西班牙共产党规定,其他组织的部分成员可集体申请入党。

意大利共产党、法国共产党、西班牙共产党、瑞典共产党的章程没有规定入党要实行预备期。

意大利共产党章程规定:入党申请应向工作场所或者居住地区的基层组织提出。即也可在居住地区申请入党。

墨西哥统一社会党章程规定:党员的入党申请书,要由一个党组织通过。至于是什么党组织,什么地方的党组织,则没有规定。

110. 骨干的"骨感"

干部和干部制度,是党章的重要内容。

中国的"干部"一词来自日本,基本含义是指树干、主干,引申到政党、政府、军队、社会团体中,指其核心部分、骨干力量。而在英语中的cadre,多指军队中的骨干,一般不包括国家行政机关中的文官。汉语中的"干部"一词20世纪初从日本传入。

1922年,在中共二大制定的党章中首次使用"干部"一词。

当代中国"干部"一词的使用及干部管理受到苏联的影响。苏联将干部定义为:"党的、苏维埃的、经济的、工会的、共青团的和其他组织中的主要的、固定的、受过训练的工作人员,科学、文化、军队和国民经济所有部门受过训练的主要专业人员。"

受苏联影响,20世纪50年代,中国将干部定义为"社会主义国家党组织、政权组织、工会组织、共青团组织和其他社会组织中有一定训练的工作人员，以及科学和文化部门、武装部门、国民经济各部门各种专业人员中的常备人员”。这样的定义，显然是非常宽泛的。

改革开放以来，随着干部人事制度的改革，干部的范围有所缩小。目前的干部通常指在党和国家机关、军队、人民团体、科学、文化等部门和企事业单位中担任一定公职的人员，通称“国家干部”。从干部人事管理的角度，一般分为三大类：党政机关、国有企业和事业单位（军队干部除外）。

干部问题一直是中国共产党建设中极为重要的问题。战争年代，党逐渐形成了一些重要的干部人事工作原则和政策，主要有：①党管干部原则；②德才兼备原则；③民主集中制原则；④有关干部培养教育的政策。这些原则和政策对新中国成立以后的干部人事工作有着深远的影响。

过去的干部制度有其积极的一面，但也有很多弊端。所以，改革开放以来，政治体制或行政体制改革的一项重要内容就是干部制度的改革。

从党章来说，十二大之前的党章虽然包含了一些干部的内容，但都没有专章规范干部制度。1982 年的十二大党章第一次设立“党的干部”一章，对干部制度作出了明确的规定。此后就一直延续到现在。

十八大修改后的党章规定：“党的干部是党的事业的骨干，是人民的公仆。党按照德才兼备、以德为先的原则选拔干部，坚持五湖四海、任人唯贤，反对任人唯亲，努力实现干部队伍的革命化、年轻化、知识化、专业化。”与十七大党章相比，增加了“以德为先”和“坚持五湖四海”。

十九大修改后的党章，在十八大党章的基础上，又增写了领导干部“要做到忠诚干净担当”“坚持事业为上、公道正派”“信念坚定、为民服务、勤政务实、敢于担当、清正廉洁”等要求。

二十大修改后的党章，在领导干部的基本条件中又增加了少许内容。

在党章中，规定除了履行党员的各项义务外，党的干部还必须具备六项基本条件。

（一）具有履行职责所需要的马克思列宁主义、毛泽东思想、邓小平理论、“三个代表”重要思想、科学发展观的水平，带头贯彻落实习近平新时代中国特色社会主义思想，努力用马克思主义的立场、观点、方法分析和解决实际问题，坚持讲学习、讲政治、讲正气，经得起各种风浪的考验。

（二）具有共产主义远大理想和中国特色社会主义坚定信念，坚决执行党的基本路线和各项方针、政策，立志改革开放，献身现代化事业，在社会主义建设中艰苦创业，树立正确政绩观，做出经得起实践、人民、历史检验的实绩。

（三）坚持解放思想，实事求是，与时俱进，开拓创新，认真调查研究，能够把党的方针、政策同本地区、本部门的实际相结合，卓有成效地开展工作，讲实话，办实事，求实效。

（四）有强烈的革命事业心和政治责任感，有实践经验，有胜任领导工作的组织能力、文化水平和专业知识。

（五）正确行使人民赋予的权力，坚持原则，依法办事，清正廉洁，勤政为民，以身作则，艰苦朴素，密切联系群众，坚持党的群众路线，自觉地接受党和群众的批评和监督，加强道德修养，讲党性、重品行、作表率，做到自重、自省、自警、自励，反对形式主义、官僚主义、享乐主义和奢靡之风，反对特权思想和特权现象，反对任何滥用职权、谋求私利的行为。

（六）坚持和维护党的民主集中制，有民主作风，有全局观念，善于团结同志，包括团结同自己有不同意见的同志一道工作。

也许，这就是领导干部作为一种特殊的骨干而应具有的“骨感”。

党在选拔任用干部上，一直要求任人唯贤、德才兼备的原则。任人唯贤，就是选拔干部不分亲疏、地域、性别、门第，一视同仁，按德才兼备的标准择贤而用之。德才兼备是指党的干部必须具备德和才两个方面的条件，是党的各级组织选拔任用干部的基本原则。“德”是指政治标准，主要指干部的政治品质、纪律表现和道德品行；“才”是指业务标准，主要指干部的思想、政策、文化、专业水平、组织领导能力和实践工作经验。

由于一些干部在德上暴露出不少问题，所以党中央提出要“以德为先”。十七届四中全会通过的《关于加强和改进新形势下党的建设若干重大问题的决定》，进一步强调要“坚持德才兼备、以德为先用人标准”。十八大还将“以德为先”写进了党章。

中国共产党在长期探索过程中，建立了一整套系统的干部制度。其中非常重要的一条，就是党管干部原则。这一原则包括四个方面。①党制定干部人事工作的路线方针政策，并使其通过法定的程序上升为国家意志，以立法的形式颁布实施。②通过党组织的活动和党员的模范带头作用，带动广大干部群众，实现党的干部人事工作路线方针政策。③党组织向国家机关推荐重要领导干部，并负责组织对党员干部的考核。④党直接管理党组织的各级各类干部，管理群众团体干部。

全面从严治党，必须严格执行党章，并继续深化干部人事制度改革。

习近平总书记强调，能否正确用人，有着重大的导向作用。他说：“用一贤人则群贤毕至，见贤思齐则蔚然成风。”“选什么人就是风向标，就有什么样的干部作风，乃至就有什么样的党风。”用人不公平，就会助长各种歪风邪气，挫伤那些真正干工作、作贡献的人的积极性，从根本上危害党和国家的大局。所以，一定要掌握用人的标准和导向，要使德才兼备的干部得到褒奖和重用，使好大喜功、弄虚作假的干部受到批评和惩戒。要特别注意提高选拔任用干部的公信力。坚持准确地了解干部、公正地使用干部、科学地配置干部。鼓励干部正派做人、实在干事。要通过健全完善科学的机制和制度，使广大党员和领导干部永葆蓬勃朝气、昂扬锐气、浩然正气。

能不能说，这就是对于“骨感”的养成和锤炼呢？

111. 灵魂的修炼

坚持共产党员标准，做合格的共产党员，必须加强思想修养和思想教育。思想建设，是党章规定的党的建设的一个重要的方面。

思想上建党，是一种灵魂的修炼。

坚持从思想上建党，是中国共产党形成的优良传统。

中国是一个农民占人口绝大多数的国家。特别是土地革命时期，党的工作重点已经转移到农村，党员成分必然是农民占多数。工人所占的比例，1928 年 6 月是 10.9%，1929 年是 7%，1930 年 7 月是 5.5%，1931 年是 1.6%。即使到 1949 年以后，党的成分也很难做到工人出身的占多数。根据邓小平在八大修改党章报告中的数据，1956 年 6 月底，全党共有党员 10734384 人，占人口总数的 1.74%。其中工人党员 1502814 人，占党员总数的 14%；农民党员 7417459 人，占党员总数的 69.1%；知识分子党员 1255923 人，占党员总数的 11.7%。

面对这种状况，当年的共产国际坚持要中国共产党扩大工人成分。在做不到的情况下坚持要更多的由工人出身的干部担任党的高层领导。因此，1928 年在莫斯科召开的六大，选举了一批工人党员担任中央委员，特别是选举湖北总工会主席向忠发担任中央政治局及其常委会主席。但是很遗憾，他的工人身份并没有保证他的革命坚定性。1931 年，向忠发被捕，随即叛变。实践证明此路不通。

但是，以毛泽东为代表的中国共产党人创造了另外一条从思想上建党的道路。1929 年 12 月，毛泽东亲自起草的古田会议决议，首先提出了从思想上建党的方针，明确要求“从党内教育做起”，提高党内的政治水平。

古田会议决议还对如何开展党员教育、做好思想政治工作提出了许多重要的意见。并具体规定了党内教育的方法，如党报、简报、编制各种小册子、个别谈话、批评、小组会、支部会、党员大会、政治讨论会、参加实际工作等，共有 18 种之多。

1935 年的瓦窑堡会议提出：“应该使党变为一个共产主义的熔炉”。

1937 年 5 月在延安召开的党的苏区代表会议，制定了对广大党员干部进行马克思列宁主义教育的计划和方针，要求建立党内教育网络，办好党校、党报，出版党内教育课本和有关材料，把对干部的教育训练作为头等大事来抓。

1939 年 8 月 25 日，中共中央政治局作出关于巩固党的决定，指出："在思想上、政治上、组织上巩固党，成为我们今天极端严重的任务，成为完成党的政治任务的决定因素。"并强调：加强党内马克思列宁主义教育，阶级教育与党的教育，这是"巩固党的中心一环"。

延安时期，党举办了各种学校和训练班，如中国人民抗日军政大学、陕北公学等。抗大在抗日战争时期，共培养出 10 多万名干部，陕北公学在 4 年中共培养出 1.1 万多名学员。

1942—1945 年的延安整风运动，以反对主观主义、宗派主义和党八股为主要任务，使全党特别是党员领导干部受到一次普遍的、生动的马克思主义理论教育、党的路线教育和增强党性的教育。延安整风，是一次全党范围的思想建党活动，开创了保持党员先进性的新方法。

1945 年的七大上，毛泽东把理论和实践相结合的作风、和人民群众密切地联系在一起的作风以及自我批评的作风概括为中国共产党的三大作风。

新中国成立之后，我们仍然坚持思想建党的原则，采取了一系列加强党的思想理论建设的措施，取得了成绩，也有一些教训。

回顾和总结思想建党的历程，可以看出，思想建党对保持党的先进性、纯洁性具有十分重要的意义。习近平总书记说，思想上的滑坡是最严重的病变，"总开关"没拧紧，不能正确处理公私关系，缺乏正确的是非观、义利观、权力观、事业观，各种出轨越界、跑冒滴漏就在所难免了。思想上松一寸，行动上就会散一尺。思想认识问题一时解决了，不等于永远解决。就像房间需要经常打扫一样，思想上的灰尘也要经常打扫，镜子要经常照，衣冠要随时正，有灰尘就要洗洗澡，出毛病就要治治病。

思想建党包含多方面的内容，它要求全党正确对待马克思主义，从中国的实际出发，把马克思主义中国化；要求坚持科学的思想路线，坚持解放思想、实事求是、与时俱进、求真务实；要求对全体党员进行思想教育和理论培训，提高其政治素质和党性觉悟；要求每个党员特别是领导干部加强学习和思想改造，加强社会主义核心价值观建设，切实解决好世界观人生观价值观问题。推进思想建党，就要统筹做好这些事情。

习近平总书记要求，思想教育要突出重点，加强党性和道德教育，引导党员、干部坚定理想信念，坚守共产党人精神追求。党员、干部必须认真学习马克思列宁主义、毛泽东思想特别是中国特色社会主义理论体系，自觉用贯穿其中的立场、观点、方法武装头脑、指导实践、推动工作，始终不渝为中国特色社会主义共同理想而奋斗。要加强警示教育，让广大党员、干部受警醒、明底线、知敬畏，主动在思想上划出红线、在行为上明确界限，真正敬法畏纪、遵规守矩。

党的二十大要求：全面加强党的思想建设，坚持用新时代中国特色社会主义思想统一思想、统一意志、统一行动，组织实施党的创新理论学习教育计划，建设马克思主义学习型政党。

加强理想信念教育，引导全党牢记党的宗旨，解决好世界观、人生观、价值观这个"总开关"问题，自觉做共产主义远大理想和中国特色社会主义共同理想的坚定信仰者和忠实实践者。

坚持学思用贯通、知信行统一，把习近平新时代中国特色社会主义思想转化为坚定理想、锤炼党性和指导实践、推动工作的强大力量。

坚持理论武装同常态化长效化开展党史学习教育相结合，引导党员、干部不断学史明理、学史增信、学史崇德、学史力行，传承红色基因，赓续红色血脉。

以县处级以上领导干部为重点在全党深入开展主题教育。

思想建党必须一以贯之地坚持，同时也要辩证地处理好一系列关系。

一是要处理好思想建党与思想是非的关系，党必须始终坚持正确的思想理论。不能用错误的东西来教育人，也不能用错误的方法来对待人。过去"左"的一套，本身就错了，还要强制人们从思想上完全接受它、拥戴它，思想建党的路子就会走歪。这是我们必须引以为戒的。

二是要处理好开展思想建党与党内民主的关系。不能要求党员不问是非，禁止党员有独立思考，凡有不同意见都首先断定是党员个人错误，要党员先把自己狠批一顿。事实证明,如果党在思想理论和方针政策上犯了错误,不依靠党内民主及时设法纠正这种错误,还要党员盲目服从,那造成的危害更大。

三是思想建党要与制度建党相结合。思想理论和思想觉悟都非常重要,但也不是万能的。无数的经验教训都证明,要始终保持党的先进性,切实解决党内存在的各种问题,根本上还是要靠法治,靠制度。

十八、组织体系

112. 谁是最高领导机关?

中国共产党是由全体党员按照一定规则组织起来的统一的有机整体。党的组织从上而下分为中央、地方、基层三个层级。

党的中央组织是指中央一级党组织。根据现行党章规定,党的中央组织包括:党的全国代表大会和由它选举产生的中央委员会、中央纪律检查委员会;由中央委员会全体会议选举产生的中央政治局、中央政治局常务委员会;由中央委员会决定的中央军事委员会,以及由中央政治局常务委员会提名、中央委员会全体会议通过的中央书记处。

那么,谁是党的最高领导机关呢?

从1922年的二大党章开始,就规定:党的最高领导机关是全国代表大会,大会闭会期间,是大会选出的中央委员会(开始曾称作中央执行委员会)。这就是单一领导机关制。从1969年九大所通过的党章开始,又规定:党的最高领导机关,是全国代表大会和它产生的中央委员会。这就是所谓双领导机关制。这个规定一直延续到现在。

为什么会有这个改变?有很多原因。最直接的,与工作有关。

当然,不管是单一领导机关制,还是双领导机关制,全国代表大会作为党的最高领导机关的地位是确凿无疑的。

党的全国代表大会的职权,是在长期实践中逐渐完善起来的。从中共一大到四大,对全国代表大会的工作没有明确规定。1927年6月《中国共产党第三次修正章程决案》首次规定了全国代表大会的工作任务。此后历次党章均作出了规定。十二大通过的党章规定全国代表大会的职权有六项。对这六项职权的规定后来除中顾委的规定有个别调整外,基本上没有大的变化。

现行党章规定了党代会六个方面的职权：①听取和审查中央委员会的报告；②审查中央纪律检查委员会的报告；③讨论并决定党的重大问题；④修改党的章程；⑤选举中央委员会；⑥选举中央纪律检查委员会。归结起来，实际上就是一句话：研究和决定党的最重大事务。

党代会召开的时间，二大通过的第一个党章规定“全国代表大会每年由中央执行委员会定期召开一次”。七大改为3年。八大规定党代会任期5年，党代会会议则每年召开一次。现行党章规定：“党的全国代表大会每五年举行一次，由中央委员会召集。中央委员会认为有必要，或者有三分之一以上的省一级组织提出要求，全国代表大会可以提前举行；如无非常情况，不得延期举行。”

党代会是否能正常和如期召开，从一个侧面反映党所处的环境，反映党当时的政治状况和认识水平。从六大到七大，相隔了17年。从七大到八大，相隔了11年。从八大到九大，相隔了13年。改革开放之后，党代会召开的时间已经规范和固定为每5年一次。

由于党的全国代表大会是党的最高领导机关，所以，全党各个组织和全体党员必须服从全国代表大会。党的全国代表大会所通过的决议，所制定的路线、方针和政策，全党各个组织和党员都要无条件地贯彻执行。

在全国代表大会闭会期间，中央委员会执行全国代表大会的决议，领导党的全部工作，对外代表中国共产党。

根据工作需要，党还不定期地召开全国代表会议。

中共六大以前，对全国代表会议没有确定名称（一大党纲所称“全国代表会议”实为全国代表大会），大多是对临时大会或临时会议作出规定。六大党章专列“党的全国会议”一章，与“党的全国大会”相区别，是对全国代表会议最早的规定。七大党章对全国代表会议作出过明确规定，但此后八大至十一大历次党章均未对此作出规定。

直到十二大党章，在第十二条规定：“党的县级和县级以上委员会在必要时可以召集代表会议，讨论和决定需要及时解决的重大问题。代表会议代表的名额和产生办法，由召集代表会议的委员会决定。”

十三大党章修正案进一步规定全国代表会议的职权是：“讨论和决定

重大问题；调整和增选中央委员会、中央纪律检查委员会的部分成员。调整和增选中央委员及候补中央委员的数额，不得超过党的全国代表大会选出的中央委员及候补中央委员各自总数的五分之一。”这一规定一直沿用下来，没有改变。

党的代表会议与党的代表大会虽然仅有一字之差，但有较大区别。首先，职权任务不同。代表会议在召集会议的各级党委领导下举行，权力比代表大会小，它所作的决议只有得到该级党的委员会的批准才能生效，它只能调整和增选某一级党的委员会和纪律检查委员会的部分成员，并且有一定数额限制。其次，开会的期限不同。代表会议是在两次代表大会之间，根据工作需要随时安排举行。再次，代表产生的方法不同。代表会议的代表是由召集代表会议的该级党委决定。最后，开会的领导机构不同。代表会议不设主席团，会议有关工作由召开会议的该级党委领导。

党的历史上曾经召开过三次全国代表会议。

第一次是 1937 年 5 月在延安召开的中国共产党全国代表会议（当时亦称苏区代表会议），之后又召开了中国共产党白区代表会议。

第二次是 1955 年 3 月在北京召开的全国代表会议。主要是讨论通过了《关于中华人民共和国发展国民经济的第一个五年计划草案的决议》《关于高岗、饶漱石反党联盟的决议》和《关于成立党的中央和地方监察委员会的决议》。这些决议都由 1955 年 4 月 4 日召开的七届五中全会批准。

第三次是 1985 年 9 月在北京召开的全国代表会议。会议由 1985 年 9 月 16 日的十二届四中全会决定召开。主要是解决领导干部的新老交替问题。代表们就局部调整中央领导机构成员的问题进行了认真讨论。认为，为了使党的领导机构保持旺盛的活力和保证党的路线方针政策的连续性，进一步实现中央领导机构成员的新老交替，已经成为关系全局的重要问题。会上宣读并同意十二届四中全会《关于同意一部分老同志不再担任中央三个委员会成员的请求提请全国代表会议审议的报告》。会议同意叶剑英、邓颖超等 64 位同志不再担任中央委员、候补中央委员；李井泉、萧劲光等 36 位同志不再担任中央顾问委员会委员；黄克诚、王从吾等 31 位同志不再担任中央纪律检查委员会委员。会议增选了中央委员会委员

56 人，候补委员 35 人；增选了中央顾问委员会委员 56 人；增选了中央纪律检查委员会委员 31 人。23 日，会议通过了《中共中央关于制定国民经济和社会发展第七个五年计划的建议》。邓小平、陈云讲了话，李先念致闭幕词。

113. 中央委员会的沿革和地位

党代会和中央委员会都是党的最高领导机关。但中央委员会是由党代会选举产生的，所以，中央委员会仍然从属于党的代表大会，必须向党代会负责并报告工作。

中央委员会的前身是中央执行委员会。

中共一大规定设立中央执行委员会，但因党员人数还太少，故没有实际选举，只选举产生了一个中央局。从二大开始，每次党代会都要选举产生中央执行委员会。三大、四大也是如此。

1927 年的五大，将中央执行委员会改称为中央委员会，并第一次设立了中央政治局和中央政治局常务委员会。此后除了常务委员会有过变动外，中央委员会和中央委员会政治局的性质、职权、名称等一直延续到现在，没有大的变化。

1928 年在莫斯科召开的中共六大，对党章作了很大的修改。其中第一次单独设立了“中央委员会”一章，对有关中央委员会的问题作了更加系统的规定。

此后的党章，都是在党的中央组织一章中对中央委员会作出若干原则性规定。

按现行党章规定，中央委员会由党的全国代表大会选举产生，向党的全国代表大会负责并报告工作。全党各个组织和全体党员服从党的全国代表大会和中央委员会。

中央委员会每届任期 5 年。全国代表大会如提前或延期举行，它的任期相应地改变。

中央委员会委员和候补委员必须有 5 年以上的党龄。中央委员会委员和候补委员的名额，由全国代表大会决定。中央委员会委员出缺，由中央委员会候补委员按照得票多少依次递补。

中央委员会全体会议由中央政治局召集，每年至少举行一次。中央政治局向中央委员会全体会议报告工作，接受监督。

有关全国性的重大政策问题，只有党中央有权作出决定，各部门、各地方的党组织可以向中央提出建议，但不得擅自作出决定和对外发表主张。

1923 年的三大在党的历史上第一次制定了一个《中国共产党中央执行委员会组织法》。

2020 年 9 月 30 日，中共中央发布《中国共产党中央委员会工作条例》，对中央委员会的职权、地位和运行机制等作出了更加明确和具体的规定，而且比党章更加突出了中央委员会的地位和权限。

《工作条例》明确规定中央委员会的领导地位是[①]：

"中央委员会、中央政治局、中央政治局常务委员会是党的组织体系的大脑和中枢，在推进中国特色社会主义事业中把方向、谋大局、定政策、促改革。涉及全党全国性的重大方针政策问题，只有党中央有权作出决定和解释。"

"党中央重大决策部署，是全党全军全国各族人民统一思想、统一意志、统一行动的依据。"

"党中央统揽伟大斗争、伟大工程、伟大事业、伟大梦想，统筹推进'五位一体'总体布局、协调推进'四个全面'战略布局，全面领导改革发展稳定、内政外交国防、治党治国治军等各领域各方面工作，对党和国家事业发展重大工作实行集中统一领导。"

"各级人大、政府、政协、监察机关、审判机关、检察机关，武装力量，各民主党派和无党派人士，人民团体，企事业单位，基层群众性自治组织，社会组织等，都必须自觉接受党中央领导。"

---

① 本书有关《中国共产党中央委员会工作条例》的直接引文和间接引文，均见《人民日报》2020 年 10 月 13 日第二版。

“全党各个组织和全体党员必须自觉服从党中央,向党中央看齐,坚决维护党中央权威和集中统一领导,自觉在思想上政治上行动上同党中央保持高度一致。”

《工作条例》规定中央委员会的领导职权是:

在党的全国代表大会闭会期间,中央委员会执行全国代表大会的决议,行使以下职权:

(一)召集全国代表大会,决定全国代表大会代表的名额和选举办法;讨论中央委员会向全国代表大会的报告、中央纪律检查委员会向全国代表大会的报告、党章修正案,并决定提请全国代表大会审查和审议。必要时决定召开党的全国代表会议,决定全国代表会议代表的名额和产生办法。

(二)选举产生中央领导机构和中央委员会总书记,通过中央书记处成员,决定中央军事委员会组成人员,批准中央纪律检查委员会全体会议选举产生的常务委员会和书记、副书记;增选、增补中央领导机构成员,增补中央书记处成员、中央军事委员会组成人员。

(三)听取和讨论中央政治局工作报告。

(四)讨论和决定关系党和国家事业发展全局的重大问题。

(五)讨论决定国家主席、副主席推荐人选,全国人大常委会、国务院、全国政协、中央军事委员会、国家监察委员会、最高人民法院、最高人民检察院领导人员推荐人选。

(六)决定递补中央委员会委员;决定或者追认给以中央委员会委员、候补委员撤销党内职务、留党察看或者开除党籍的处分。

(七)讨论和决定党治国理政、管党治党中其他重大问题和事项。

中央委员会全体会议闭会期间,中央委员会的职权由中央政治局和它的常务委员会行使。

114. 中央领导机构

十二大党章规定,党的中央政治局、中央政治局常务委员会、中央书记处和中央委员会总书记,由中央委员会全体会议选举。1987年的十三大党章修正案对以上条款作出一些调整，即规定中央书记处不再由中央委员会全体会议选举产生。2007年的十七大党章修正案作了一点补充，即在党章第二十一条增写“中央政治局向中央委员会全体会议报告工作、接受监督”的内容。

现行党章规定：“每届中央委员会产生的中央领导机构和中央领导人，在下届全国代表大会开会期间，继续主持党的经常工作，直到下届中央委员会产生新的中央领导机构和中央领导人为止。”

1982年，胡乔木就党章修改问题答新华社记者问时介绍：新党章还规定，每届中央委员会产生的中央领导机构（政治局、政治局常委、书记处）和中央领导人，在下届全国代表大会开会期间，继续主持党的经常工作，直到下届中央委员会产生新的中央领导机构和中央领导人为止。对地方各级党委的常务委员会也作了相应的规定。这是为了从党的章程上保证党对经常工作的领导在任何时候都不致中断。这对于领导一个大国的政权的党是完全必要的，因为党的各级代表大会和它们的主席团都无法处理只有各级代表大会所选出的党的各级领导机构才能处理的大量经常工作①。

中央政治局及其常务委员会是党的中央组织和领导机构的重要组成部分。

1924年11月，中共中央首次设立政治局，由陈独秀、蔡和森、维经斯基三人组成。1927年的五大正式设立中央政治局及政治局常务委员会，随后《中国共产党第三次修正章程决案》规定：“中央委员会，选举正式中央委员一人为总书记及中央正式委员若干人组织中央政治局，指导全国一切政治工作”，“中央政治局互推若干人组织中央常务委员会处理党的日常事务”。此后，中央政治局一直存在于中央领导机构序列中，职能、地位没有变动。

中央政治局常务委员会的设置经历了发展变化的过程。继中共五大后，六大党章规定：中央委员会及政治局“选举常务委员会以进行日常工作”。六届一中全会选举产生中央政治局及其常务委员会。1934年1月，

---

① 《胡乔木文集》第二卷，人民出版社1993年版，第194—195页。

六届五中全会改选中央政治局，同时成立中央书记处。一般认为，当时的中央书记处事实上就是中央政治局常务委员会。但在一段时间内，对六届五中全会当选的中央书记处书记，党内仍习惯称为“政治局常委”或“中央常委”。如遵义会议增选毛泽东为中央政治局常委，即中央书记处书记。1938 年扩大的六届六中全会通过《关于中央委员会工作规则与纪律的决定》，其中规定了中央书记处的性质和工作，却未再提及政治局常委会，即以中央书记处取代常委会在党的文件中明确下来。

七大党章规定“由中央委员会全体会议选举中央政治局与中央书记处”。这种制度形式一直沿用到 1956 年党的八大。

党的八大对党的中央组织机构作出调整，恢复设立政治局常务委员会。八大党章规定：“党的中央委员会全体会议选举中央政治局、中央政治局的常务委员会和中央书记处，并且选举主席一名、副主席若干名和总书记一名”。“中央政治局和它的常务委员会在中央委员会全体会议闭会期间，行使中央委员会的职权”。而“中央书记处在中央政治局及其常务委员会领导之下，处理中央日常工作”。“文化大革命”开始后，中央政治局及其常委会、书记处都受到严重冲击。党的九大以后，政治局及其常务委员会恢复原有地位，但中央书记处在较长时期内不再设立。

十一届三中全会以来，中央政治局及其常务委员会作为中央领导机构的地位和作用没有发生变化。按照党章的有关规定和精神，中央政治局及其常务委员会都必须忠实地执行党的全国代表大会通过的路线、方针和政策，忠实地执行中央委员会全体会议的决议。中央政治局及其常务委员会实行集体领导原则，其成员都享有平等的权利。中央委员会总书记负责召集中央政治局会议和中央政治局常务委员会会议，并主持中央书记处的工作。

中央书记处是党的中央组织机构之一，其职能、地位也有一个变动过程。

1934 年 1 月六届五中全会设立中央书记处以后的一段时间内，中央书记处实际上就是中央政治局常务委员会。1938 年 9 月至 11 月扩大的六届六中全会后，正式以中央书记处替代中央政治局常务委员会。1941

年8月中央政治局会议决定建立中央书记处工作会议,对中央政治局负责,实际上负责中央日常工作。1943年3月中央作出《关于中央机构调整及精简的决定》,对书记处和政治局的职能、工作予以进一步明确。七大党章规定由中央委员会全体会议选举中央政治局与中央书记处,中央委员会主席即为中央政治局主席与中央书记处主席。中央书记处在中央政治局决议之下处理中央日常工作,这种规定和做法一直持续到八大。

党的八大重新设立中央政治局常务委员会替代原来中央书记处的职责,而设立新的中央书记处处理中央日常工作,并设立中央委员会总书记领导中央书记处的工作,确定了新的中央领导体制的基本架构。“文化大革命”发生后,中央书记处停止工作,从九大开始不再设立书记处机构。

1980年2月,十一届五中全会通过《关于成立中央书记处的决议》,恢复设立中央书记处,作为中央政治局及其常委会领导下的经常工作机构。书记处包括总书记一人、书记和候补书记若干人,均由中央委员会直接选举产生,实行集体领导、分工负责的制度。党的十二大再次将设立中央书记处写入党章,沿用十一届五中全会《决议》的规定,明确了中央书记处的设置、产生方式、职能。

十三大党章修正案对有关中央书记处设置的条文作了适当修改:从产生程序上,中央书记处“成员由中央政治局常务委员会提名,中央委员会全体会议通过”。从职能上,“中央书记处是中央政治局和它的常务委员会的办事机构”,中央委员会总书记“主持中央书记处的工作”。此后,对中央书记处的规定未再改变,一直延续至今。

党的中央军事委员会组成人员由中央委员会决定。中国人民解放军的党组织,根据中央委员会的指示进行工作。军队中党的组织体制和机构,由中央军事委员会作出规定。

关于主席一职。

六大党章取消了四大开始设立的总书记一职,也没有将瞿秋白已经担任的中央政治局主席和中央政治局常务委员会主席作为一种制度规定下来,只是在政治局内部分工时推举向忠发为中央政治局主席和中央政治局常务委员会主席。

党的七大正式设立了中央委员会主席一职。七大党章规定:“由中央委员会全体会议选举中央政治局与中央书记处,并选举中央委员会主席一人。”“中央委员会主席即为中央政治局主席与中央书记处主席。”七届一中全会选举毛泽东为中央委员会主席、中央政治局主席、中央书记处主席,从此正式确立了党中央的主席制。

党的八大规定在主席制之下,增设党的总书记。并第一次增设党的副主席,此后一共有 14 个人当过副主席。党章还规定必要时可设立名誉主席,原因是毛泽东主席当时曾想退居二线,一线由刘少奇等人负责。但后来毛泽东主席没有退,所以从来没有人当过名誉主席。

党的九大继续设中央委员会主席、副主席,但不再设总书记和中央书记处。1976 年到 1982 年间,华国锋和胡耀邦分别担任过一段时间的党中央主席。

1982 年,党的十二大决定党中央不设主席、副主席,只设总书记。

胡乔木对此作了说明。他说:在中央的组织制度里面有一个重要的改变,就是党中央只设总书记,不再设主席、副主席。总书记是中央政治局常务委员会的成员之一,负责召集政治局会议,召集政治局常务委员会会议,主持中央书记处的工作。很明显,召集和主持的作用是不一样的。这样,个人过分集权和个人专断的现象就很难再发生。

115. 党的地方组织

党章对党的地方组织作出了一系列规定。有的与中央组织有共性,所以一起规定。有的是地方组织单独规定。基本上都是参照中央组织的运行机制制定的。地方组织主要由选举产生。但所有地方组织都必须接受党中央的领导。

党的地方组织指某一区域党的组织。党的地方组织是适应党的组织建设和党的任务的需要,在长期实践过程中建立和发展起来的。地方组织有哪些层次和类型,不同时期有一些差别。但基本上都是按照行政区划的层级设置的。战争年代在多个行政区交界的区域设立了许多“边区”组织。

目前,党的地方组织包括地方省、自治区、直辖市,设区的市和自治州,县(旗)、自治县、不设区的市和市辖区三级地方的党组织。

地方党组织是党的组织系统中不可缺少的重要环节,发挥着承上启下的纽带作用。同时,地方党组织相对独立地负责和处理地方重大决策和事务,为地方政治、经济、文化和社会发展以及党的建设提供重要保证。

地方各级党组织的构成,均包括地方代表大会、同级党的委员会、常务委员会和书记。还包括经同级党代表大会选举产生的地方纪律检查委员会。

党的地方各级代表大会是一定区域范围内党的地方各级组织的领导机关和决策机关,地方各级代表大会选举产生同级委员会。

党章规定,党的省、自治区、直辖市、设区的市和自治州的代表大会,每五年举行一次。党的县(旗)、自治县、不设区的市和市辖区的代表大会,每五年举行一次。党的地方各级代表大会由同级党的委员会召集。在特殊情况下,可以提前或延期召开,但必须经上一级党的委员会批准。

党的地方各级代表大会的职权是:(一)听取和审查同级委员会的报告。(二)审查同级纪律检查委员会的报告。(三)讨论本地区范围内的重大问题并作出决议。(四)选举同级党的委员会,选举同级党的纪律检查委员会。

党的地方各级代表大会的代表,由党员选举产生,代表全体党员行使权力。2007年十七大党章修正案进一步明确党的各级代表大会代表实行任期制。

党的地方各级委员会是由各级代表大会选举产生,并报上级党的委员会批准的党的地方各级领导机关。包括党的省委、自治区委、直辖市委、设区的市委和自治州委,党的县(旗)委、不设区的市委和市辖区的区委。党章规定:党的地方各级委员会在代表大会闭会期间,执行上级党组织的指示和同级党代表大会的决议，领导本地方的工作，定期向上级党的委员会报告工作。

党章还规定了地方各级委员会的任期、组成、主要职责等。地方各级委员会的任期与中央委员会一样，现在都是五年，但与中央不完全相同的是，地方各级委员会全体会议，每年至少召开两次。

党的地方各级委员会全体会议，选举常务委员会和书记、副书记，并报上级党的委员会批准。党的地方各级委员会的常务委员会，在委员会全体会议闭会期间，行使委员会职权；在下届代表大会开会期间，继续主持经常工作，直到新的常务委员会产生为止。

党的地方各级委员会的常务委员会定期向委员会全体会议报告工作，接受监督。

党章还规定，党的地区委员会和相当于地区委员会的组织，是党的省、自治区委员会在几个县、自治县、市范围内派出的代表机关。它根据省、自治区委员会的授权，领导本地区的工作。

根据全党服从中央的原则，地方各级召开代表大会以及代表的名额和选举办法，由同级党的委员会决定，但均需经上一级委员会批准。地方各级委员会的委员和候补委员的名额，也要由上一级委员会决定。

在20世纪五六十年代，地方党委曾建立书记处制度。1955年6月，中共中央作出《关于建立省市委书记处的决定》，在省级党委建立书记处，在各级党委及其常委会领导下负责处理日常工作。根据有关规定，一些地、市甚至县级党委一度也曾设立书记处，但在20世纪60年代初即陆续撤销。地方党委设书记处制度到“文化大革命”开始后完全撤销，此后未再复设。

116. “基础不牢，地动山摇”

“基础不牢，地动山摇。”这里说的“基础”，就是党的基层组织。党的基层组织是党在社会基层组织中的战斗堡垒，是党的全部工作和战斗力的基础。

企业、农村、机关、学校、医院、科研院所、街道社区、社会组织、人民解放军连队和其他基层单位的党组织，均属于基层党组织。根据中组部 2022 年 6 月 29 日发布的《中国共产党党内统计公报》，截至 2022 年 6 月，全国的基层党组织有 493.6 万个。其中基层党委 27.8 万个，总支部 31.6 万个，支部 434.2 万个。

中国共产党从一开始就十分注重党的基层组织建设。中共二大规定，党的基层组织是“组”。1925 年的四大党章改为支部，到 1927 年五大后修订的党章第一次明确规定：“支部是党的基本组织”。

按照党章规定，凡是有正式党员三人以上的，都应当成立党的基层组织。基层组织根据工作需要和党员人数，经上级党组织批准，分别设立党的基层委员会、总支部委员会、支部委员会。

一般情况下，党员超过 100 人的基层单位，经上级党委批准，可设立党的基层委员会。部分对国计民生影响重大的科研院所、工矿企业、外交外贸机构和边防要塞机关，虽然党员不足 100 人，根据工作需要，经上一级党委批准，也可以建立党的基层委员会。基层委员会下可分设若干总支部或支部。

为了减少层次、利于工作，党的基层委员会一般不设常务委员会。在一些大型厂矿企业、大专院校，由于党员人数多，工作范围宽，有些单位驻地又比较分散，根据工作需要，经上级党委批准，可以设立党委常务委员会。

党的总支部，即党总支，一般情况下，有党员 50 人以上的基层单位，经上级党委批准，可建立党总支，在一些对国计民生影响重大的科研院所、工矿企业、外交外贸机构和边防要塞机关，虽然党员不足 50 人，根据工作需要、经上一级党委批准，也可建立党总支。党总支下可分设若干支部。

有正式党员三人以上的基层单位，应成立党支部。党支部委员会是支部党员大会闭会后支部的领导机关。支部委员会由支部党员大会选举产生，一般设书记、副书记、组织委员、宣传委员、纪律检查委员、保卫委员等。党员数量少（一般指七名以下）的党支部，不设支部委员会，由党员直接选举产生书记一名,必要时再选副书记一名。

由于正式党员不足三人或其他原因,没有单独成立党支部条件的基层单位,可与邻近单位的党员组成联合党支部,执行党章规定的党支部的任务和职能。临时党支部,是为执行某项任务而临时组建的党组织。临时党支部的职责与党支部(总支、党委)职责最大的不同是,它没有批准党员转正和发展党员的权力,只能将有关情况提供给原单位的党组织。临时党支部随临时单位的撤销,经批准后停止工作。

党的基层委员会每届任期三年至五年,总支部委员会、支部委员会原来规定每届任期两年或三年,党的十九大都改为了三年至五年。

按二十大党章的规定,党的基层组织的基本任务包含八个方面。

(一)宣传和执行党的路线、方针、政策,宣传和执行党中央、上级组织和本组织的决议,充分发挥党员的先锋模范作用,积极创先争优,团结、组织党内外的干部和群众,努力完成本单位所担负的任务。

(二)组织党员认真学习马克思列宁主义、毛泽东思想、邓小平理论、"三个代表"重要思想、科学发展观、习近平新时代中国特色社会主义思想,推进"两学一做"学习教育、党史学习教育常态化制度化,学习党的路线、方针、政策和决议,学习党的基本知识,学习科学、文化、法律和业务知识。

(三)对党员进行教育、管理、监督和服务,提高党员素质,坚定理想信念,增强党性,严格党的组织生活,开展批评和自我批评,维护和执行党的纪律,监督党员切实履行义务,保障党员的权利不受侵犯。加强和改进流动党员管理。

(四)密切联系群众,经常了解群众对党员、党的工作的批评和意见,维护群众的正当权利和利益,做好群众的思想政治工作。

(五)充分发挥党员和群众的积极性创造性,发现、培养和推荐他们中间的优秀人才,鼓励和支持他们在改革开放和社会主义现代化建设中贡献自己的聪明才智。

(六)对要求入党的积极分子进行教育和培养,做好经常性地发展党员工作,重视在生产、工作第一线和青年中发展党员。

（七）监督党员干部和其他任何工作人员严格遵守国家法律法规，严格遵守国家的财政经济法规和人事制度，不得侵占国家、集体和群众的利益。

（八）教育党员和群众自觉抵制不良倾向，坚决同各种违法犯罪行为作斗争。

随着改革开放的发展，不同类型的基层党组织，其任务和职能有所不同。

街道、乡、镇党的基层委员会和村、社区党组织，统一领导本地区基层各类组织和各项工作，加强基层社会治理，支持和保证行政组织、经济组织和群众自治组织充分行使职权。

国有企业党委（党组）发挥领导作用，把方向、管大局、保落实，依照规定讨论和决定企业重大事项。国有企业和集体企业中党的基层组织，围绕企业生产经营开展工作。保证监督党和国家的方针、政策在本企业的贯彻执行；支持股东会、董事会、监事会和经理（厂长）依法行使职权；全心全意依靠职工群众，支持职工代表大会开展工作；参与企业重大问题的决策；加强党组织的自身建设，领导思想政治工作、精神文明建设、统一战线工作和工会、共青团、妇女组织等群团组织。

非公有制经济组织中党的基层组织，在职工群众中发挥政治核心作用，在企业发展中发挥政治引领作用，贯彻党的方针政策，引导和监督企业遵守国家的法律法规，领导工会、共青团等群团组织，团结凝聚职工群众，维护各方的合法权益，促进企业健康发展。

社会组织中党的基层组织，宣传和执行党的路线、方针、政策，领导工会、共青团等群团组织，教育管理党员，引领服务群众，推动事业发展。

实行行政领导人负责制的事业单位中党的基层组织，发挥战斗堡垒作用。实行党委领导下的行政领导人负责制的事业单位中党的基层组织，对重大问题进行讨论和作出决定，同时保证行政领导人充分行使自己的职权。

各级党和国家机关中党的基层组织，支持和协助行政负责人完成本单位所担负的任务，改进工作，对包括行政负责人在内的每个党员进行教育、管理和监督,不领导本单位的业务工作。

十九大党章除对有关条文作了适当补充外,还专门加写了一条,作为新的第三十四条。规定:党支部是党的基础组织,担负直接教育党员、管理党员、监督党员和组织群众、宣传群众、凝聚群众、服务群众的职责。

二十大党章根据新时代的要求,对第五章“党的基层组织”又作了适当修改,在党的基层组织的范围中,增加了医院,形成更加全面的规定:“企业、农村、机关、学校、医院、科研院所、街道社区、社会组织、人民解放军连队和其他基层单位,凡是有正式党员三人以上的,都应当成立党的基层组织。”

增加“医院”,旨在“加强医院党的建设”。2018年,中办印发了《关于加强公立医院党的建设工作的意见》,明确公立医院实行党委领导下的院长负责制,明确院级党组织发挥把方向、管大局、作决策、促改革、保落实的领导作用。党的二十大秘书处负责人答记者问时说,在党的基层组织一章,着眼加强医院党的建设工作的实际需要,将医院明确列入第三十条第一款规定的基层单位类型。

与此同时,在党的基层组织的基本任务中,增加了“党史学习教育”的内容。

将街道、乡、镇党的基层委员会和村、社区党组织,“领导本地区的工作和基层社会治理”,改为“统一领导本地区基层各类组织和各项工作,加强基层社会治理”。增加了领导的范围、任务和权限。同时,将“群众自治组织”改为“群众性自治组织”。

规定“国有企业党委(党组)发挥领导作用”,“领导思想政治工作、精神文明建设、统一战线工作和工会、共青团、妇女组织等群团组织。”其中的“统一战线工作”和“妇女组织”是新增加的。

党的二十大关于《中国共产党章程(修正案)》的决议指出,“加强医院党的建设,明确街道、乡、镇和村、社区党组织的地位和作用,完善国有企业党委(党组)加强党组织自身建设的职责任务,是发挥基层党组织战斗堡垒作用的现实需要”。

117. 从党团到党组

设立党组，是加强党的领导的一个重要措施。2015 年 6 月，中共中央印发《中国共产党党组工作条例（试行）》。提高了党组工作的制度化、规范化、程序化水平。十九大党章修正案对党组职责作了充实，进一步明确了党组管党治党的政治责任。随后，2019 年 4 月，中共中央印发了修订后的《中国共产党党组工作条例》，并发出通知，要求各地区各部门认真遵照执行。

党组的来龙去脉很多人不太了解。有的报道说党组有 70 年历史。其实不止。

党组的前身是党团。1924 年 9 月，中共中央、青年团中央提出在国民党中 “合组党团”，以适应国共合作的需要，加强党在国民党中的影响和作用。中共四大关于组织问题的议决案规定：“吾党在国民党及其他有政治性质的重要团体中，应组织党团，从中支配该党和该团体的活动。” 党团构成人员，主要为党组织和团组织成员。党团隶属于各级党组织并接受领导。自此，党团成为一个具有特定含义的称谓和组织形态。

1927 年五大后的《中国共产党第三次修正章程决案》，第一次将党团列为专章，含九条，规定 “中央委员会经过党团指示政府及其他社会团体之工作方针”，省、市委亦照此方针办理。将党团作为党的组织制度和工作制度写入党章，标志着党团制度正式形成。

六大党章延续了党团制度。六大党章规定：党在政府、工会、农会、合作社及其他群众组织的领导机关中，凡有担任负责工作的党员三人以上者即成立党团；党团的任务是在各该组织的领导机关中指导党员为加强党的影响、实现党的政策而工作，以求保持党员在思想上行动上的一致。当时，党在中国左翼作家联盟、中国社会科学家联盟、全国互济总会等社会团体中曾建立党团。

七大党章将 “党团” 改称 “党组”。七大党章的第九章（含三条）就是 “党外组织中的党组”。其中规定：“在政府、工会、农会、合作社及其他群众组织的领导机关中,凡有担任负责工作的党员三人以上者,即成立党组。党组的任务,是在各该组织的领导机关中指导党员为加强党的影响,实现党的政策而工作。”

新中国刚刚成立,中共中央就于1949年11月作出《关于在中央人民政府内建立中国共产党党组的决定》。据此,政务院成立党组,最高人民法院和最高人民检察署成立联合党组,由中共中央政治局直接领导。政务院党组又分为政法、财经、文教、监察等分党组及各部、委、办的党组小组,并设党组干事会统一领导各党组的经常性工作。但到1953年,因毛泽东不满各部门党组只向政务院总党组汇报工作,而较少直接向党中央报告,政务院的总党组遂撤销,各部门的党组直接向党中央报告工作。

八大党章的第九章为“党外组织中的党组”,下分两条,规定“在国家机关和人民团体的领导机关中,凡是有担任负责工作的党员三人以上的,就应当成立党组。党组的任务是在这些组织中负责实现党的政策和决议,加强同非党干部的团结,密切同群众的联系,巩固党和国家的纪律,同官僚主义作斗争”。“党组的成员由相当的党的委员会指定。党组设书记一人,必要的时候加设副书记一人”。“党组必须在一切问题上服从相当的党的委员会的领导”。“文化大革命”开始不久,各部门的党组基本上被迫停止了工作。

九大党章没有关于党组的内容。十一大党章恢复了有关党组的规定。十二大党章专列“党组”一章共三条,对党组作了进一步规定。

1987年的十三大报告认为:“政府各部门现有的党组各自向批准它成立的党委负责,不利于政府工作的统一和效能,要逐步撤销。”1988年7月,中共中央转发中央组织部通知,要求逐步撤销国务院各部门的党组。但在实施过程中受到很多批评。1989年下半年,撤销了党组的国家机关、经济组织和文化组织,又将党组恢复起来。尚未撤销的则保留或调整了原有的党组。十四大党章专列“党组”一章共三条,恢复了十二大党章关于成立党组的规定。

十六大党章第一次明确规定“党组发挥领导核心作用”。这是一个很大的变化。对党组的任务也有新补充。除保留十四大、十五大党章提出的：党组主要是负责实现党的路线、方针、政策；讨论和决定本部门的重大问题；团结非党干部和群众，完成党和国家交给的任务；指导机关和直属单位党组织的工作外，新增加了“做好干部管理工作”。

关于党组的产生，十六大党章将十四大党章、十五大党章规定的“党组的成员，由批准成立党组的党的委员会指定”，“党组必须服从批准它成立的党的委员会领导”，改为“党组的成员，由批准成立党组的党组织决定”，“党组必须服从批准它成立的党组织领导”。

2015年颁发的党组工作条例（试行），充实和展开了党章的规定，对党组设立、职责、组织原则、议事决策等作出全面规范，对监督检查、责任追究提出明确要求，成为党组工作方面的基础主干党内法规，是党组设立的总依据总遵循，为做好党组工作、发挥党组作用提供了坚实的制度规范。

2019年修订后的《中国共产党党组工作条例》，按印发的通知所述，全面贯彻习近平新时代中国特色社会主义思想和党的十九大精神，以党章为根本遵循，充分体现近年来党组工作的理论、实践和制度创新成果，回应党组工作的新情况新问题新要求，实现党组制度的守正创新。

党组是党中央和各级党委在非党组织的领导机关中设立的领导机构，是实现党对非党组织领导的重要形式。按照党章规定，党组发挥领导作用。任务主要是负责贯彻执行党的路线、方针、政策，加强对本单位党的建设的领导，履行全面从严治党责任；讨论和决定本单位的重大问题；做好干部管理工作；讨论和决定基层党组织设置调整和发展党员、处分党员等重要事项；团结党外干部和群众，完成党和国家交给的任务；领导机关和直属单位党组织的工作。二十大党章将原先规定的党组发挥领导核心作用，改成了发挥领导作用，去掉了“核心”一词。

党章规定，在中央和地方国家机关、人民团体、经济组织、文化组织和其他非党组织的领导机关中，可以成立党组。此外，在对下属单位实行集中统一领导的国家工作部门和有关单位的领导机关中，可以建立党委。这是党组性质的党委。党组性质党委，由上级党组织直接批准设立，不同于由选举产生的地方党委和基层党委。

《中国共产党党组工作条例》规定：“党组发挥把方向、管大局、保落实的领导作用，全面履行领导责任，加强对本单位业务工作和党的建设的领导，推动党的主张和重大决策转化为法律法规、政策政令和社会共识，确保党的理论和路线方针政策的贯彻落实。”①

党组讨论和决定本单位下列重大问题：

（一）贯彻落实党中央以及上级党组织决策部署的重大举措；

（二）制定拟订法律法规规章和重要规范性文件中的重大事项；

（三）业务工作发展战略、重大部署和重大事项；

（四）重大改革事项；

（五）重要人事任免等事项；

（六）重大项目安排；

（七）大额资金使用、大额资产处置、预算安排；

（八）职能配置、机构设置、人员编制事项；

（九）审计、巡视巡察、督查检查、考核奖惩等重大事项；

（十）重大思想动态的政治引导；

（十一）党的建设方面的重大事项；

（十二）其他应当由党组讨论和决定的重大问题。

党组应当紧密结合本单位实际，对前款规定的重大问题进行明确细化、列出具体清单。清单内容根据需要动态调整。

“党中央和地方各级党委加强对党组工作的领导。党组必须服从批准其设立的党组织领导。”“党委组织部门负责党组设立审核、日常管理等方面的具体工作，纪检监察机关、党的机关工委和其他工作机关根据职责做好相关工作。”“变更、撤销党组的，由批准其设立的党组织作出决定。”

“党组书记一般由本单位领导班子主要负责人担任，主要负责人不是中共党员或者由上级领导兼任以及因其他情况不宜担任党组书记的，党组书记、主要负责人可以分设。党组其他成员一般由本单位领导班子成员中的党员干部、派驻本单位的纪检监察组组长担任，必要时也可以

---

① 《中国共产党党组工作条例》，《人民日报》2019 年 4 月 16 日。

由本单位重要职能部门或者下属单位党员主要负责人担任。”

“国有企业党组书记根据企业内部治理结构形式确定，建立董事会的一般由董事长担任，未建立董事会的一般由总经理担任。党组其他成员一般由进入董事会、监事会、经理层的党员领导人员和纪检监察组组长（派驻本企业的纪检监察组组长）根据工作需要担任。”①

党组实行集体领导制度。凡属党组职责范围内的事项，必须执行少数服从多数的原则，由党组成员集体讨论和决定，任何个人或者少数人无权擅自决定。

党组（党委）重大决策失误的，对参与决策的党组（党委）成员实行终身责任追究。

118. 解读民主集中制

“民主集中制”五个字，朗朗上口，内容丰富，在党章中占有重要的地位。但如何解读和表达其中的含义，在最初引进中国之时，却颇费踌躇。1922年9月，周恩来在《宗教精神与共产主义》一文中，简单表达了“民主主义的中央集权”制的含义。1923年5月，施存统的《本团的问题》将“民主主义的中央集权”制简称为“民主的集中制”并对其进行了阐释，还明确指出共产主义组织应该采取“民主的集中制”作为组织原则。1924年1月，刘仁静首次使用了“民主集中制”一词。

早在170多年前，马克思、恩格斯在他们指导制定的《共产主义者同盟章程》中规定：代表大会是全盟的最高权力机关；中央委员会是全盟的执行机关，向代表大会报告工作；各级委员会由选举产生，并可以随时撤换；盟员个人必须服从同盟的决议；等等。马克思、恩格斯设计这套制度，出发点是要打破原来正义者同盟带有的密谋、个人独裁以及半神秘主义的仪规的特点。他们没有使用过民主集中制的概念。但这些规定，按我们的说法，实际上已经初步形成了民主集中制的思想。

---

① 《中国共产党党组工作条例》，《人民日报》2019年4月16日。

列宁在创建新型的无产阶级政党的实践中，继承和发展了马克思、恩格斯的思想。从1899年至1905年，在建党过程中，分别提出了“民主制”和“集中制”两个概念。1905年12月，在塔墨尔福斯召开的俄国社会民主工党代表会议的决议中指出，“代表大会确认的民主集中制原则是不容争论的”。1906年4月，俄国社会民主工党第四次(统一)代表大会根据列宁的提议，第一次把民主集中制原则载入党的章程，规定：“党的一切组织是按照民主集中制原则建立起来的。”1920年，列宁又把这一原则作为加入共产国际的条件，指出：“加入共产国际的党，应该是按照民主集中制原则建立起来的。”从而最终确立了民主集中制原则在世界各国共产党中的地位。

中国共产党成立之初，曾经对民主集中制开展过讨论和争论。一大通过的党纲和二大通过的《中国共产党章程》，体现了民主集中制原则。

1927年6月，中央政治局根据五大委托制定的《中国共产党第三次修正章程决议案》正式规定：“党部的指导原则为民主集中制。”1928年的六大党章规定，“中国共产党与共产国际的其他支部一样，组织原则为民主集中制”。

1945年七大通过的党章指出，“中国共产党是按民主集中制组织起来的，是以自觉的、一切党员都要履行的纪律联结起来的统一的战斗组织”。“党的组织机构，是按照民主集中制建立起来的。民主集中制，即是在民主基础上的集中和在集中领导下的民主。”

1956年八大通过的党章，根据党执政以后的特点和新的形势、任务的要求，重申了七大党章关于民主集中制的规定，并提出了贯彻执行民主集中制的一些新的原则和要求。八大党章在总纲中规定：“中国共产党的组织原则是民主集中制。这就是在民主基础上的集中和在集中指导下的民主。”这里把“集中领导下的民主”改为了“集中指导下的民主”。

1969年的九大和1973年的十大，在党章总纲中没有提及民主集中制，仅在第二章中规定“党的组织原则是民主集中制”，着重重申了“四个服从”。

十一届三中全会后，民主集中制得到恢复和发展。党的十二大全面总结了实行民主集中制的经验和教训，对民主集中制的原则作了更为全面的概括，规定民主集中制是“在高度民主的基础上实行高度的集中”，强调集体领导制度，明确提出禁止任何形式的个人崇拜。党的十四大又将民主集中制概括为“民主集中制是民主基础上的集中和集中指导下的民主相结合”。这是迄今为止对民主集中制内涵最为权威的概括。后来的党章，都沿用了这个权威而严谨的表述。

党的组织体系和权力机构赖以运行的最重要原则是民主集中制。民主集中制正确反映了党内的各种关系，规定了党内政治生活、组织生活以及领导活动所应遵循的原则，是全党必须遵守的政治和组织纪律。

在党的长期实践中，民主集中制的内容不断丰富发展，所包含的基本原则逐步形成和发展。六大党章规定了三条原则，七大党章规定四条，八大党章规定六条。十二大党章在八大党章的基础上规定了民主集中制的六条基本原则，以后历次党的代表大会对这六条原则进行修改补充，使其更加丰富和完善。

对民主集中制，首先必须全面理解和把握。很多人直到今天，说到民主集中制时，都以为就是“四个服从”。其实，按照党章规定，党的民主集中制一共有六条基本原则。“四个服从”只是其中一条。除此之外，还有其他非常重要的五条。六条要全面把握，缺一不可。

第一条，“四个服从”。准确的表述是：党员个人服从党的组织，少数服从多数，下级组织服从上级组织，全党各个组织和全体党员服从党的全国代表大会和中央委员会。这是全党完整的权力结构和运行规则。有人经常脱口就说“全党服从中央”，这其实并不完整，因为在中央前面还有一个最重要的“党的全国代表大会”。

第二条，讲选举。党的各级领导机关，除它们派出的代表机关和在非党组织中的党组外，都由选举产生。选举是民主制度的第一个也是最基本的形式。党内民主首先要从选举做起。没有真正的选举，就谈不上民主，也谈不上民主集中制。

第三条，是各级领导机关与党代会的关系。也是对它们的权力及其相互关系的界定。党的最高领导机关，是党的全国代表大会和它所产生的中央委员会。党的地方各级领导机关，是党的地方各级代表大会和它们所产生的委员会。党章赋予了党代会以最高权力。党的各级委员会都要向同级代表大会负责并报告工作。

第四条，是上下级组织之间的关系。党的上级组织要经常听取下级组织和党员群众的意见，及时解决他们提出的问题。党的下级组织既要向上级组织请示和报告工作，又要独立负责地解决自己职责范围内的问题。上下级组织之间要互通情报、互相支持和互相监督。党的各级组织要按规定实行党务公开，使党员对党内事务有更多的了解和参与。

第五条，是党的各级委员会内部的权力关系及其运行机制。各级委员会实行集体领导和个人分工负责相结合的制度。凡属重大问题都要按照集体领导、民主集中、个别酝酿、会议决定的十六字原则，由党的委员会集体讨论，作出决定；委员会成员要根据集体的决定和分工，切实履行自己的职责。

第六条，是对党的领导人的规定。吸取历史的教训，规定禁止任何形式的个人崇拜。要保证党的领导人的活动处于党和人民的监督之下，同时维护一切代表党和人民利益的领导人的威信。

在民主集中制问题上，我们党积累了丰富的经验。1925 年 1 月召开的四大，先于 1924 年 8 月 31 日由中共中央向各地发了一封信，要求各级组织："对于本党一年来各种政策，工农、青年、国民党各种实际运动及党内教育上、组织上各种问题发表其意见，并于小组会议时提出讨论，以其结果报告中央。个人有特别意见者，指令其写成意见书，由委员会或组长汇寄中央局。"据现存的档案资料，当时就连远在莫斯科的中共旅莫支部，也给中央写来了专门的报告，不仅汇报了对各种问题的讨论情况，而且各种观点多少票都详详细细记录在案。

在党的八大上，除了毛泽东作开幕词、刘少奇作政治报告、邓小平作关于修改党的章程的报告、周恩来作关于发展国民经济第二个五年计划的建议的报告之外，还有 68 人在大会上作了发言，45 人作了书面发言。加起来是 113 人。这些发言提出了许多有价值的思想和观点。像陈云关于"三个主体、三个补充"的思想，就是在大会发言中提出的。

我们党和世界共产主义运动的历史经验都证明，民主集中制贯彻得好不好，关系党的事业的兴衰成败。中国共产党之所以有力量，一条基本经验，就是在组织上坚持实行民主集中制。党在历史上发生的重大失误，也无不同民主集中制受到削弱和破坏有直接关系。邓小平指出，民主集中制执行得不好，党是可以变质的，国家是可以变质的，社会主义也是可以变质的。干部可以变质，个人也可以变质。在改革开放和发展社会主义市场经济的条件下，民主集中制必须坚持、完善和发展。如何严格执行民主集中制，仍然是我们需要高度注意的大问题。

119.“两个确立”“两个维护”

2021年，十九届六中全会通过的《中共中央关于党的百年奋斗重大成就和历史经验的决议》，明确提出“两个确立”：“党确立习近平同志党中央的核心、全党的核心地位，确立习近平新时代中国特色社会主义思想的指导地位，反映了全党全军全国各族人民共同心愿，对新时代党和国家事业发展、对推进中华民族伟大复兴历史进程具有决定性意义。”①

党的二十届一中全会选举产生了以习近平同志为核心的新一届中央领导集体，习近平同志继续当选为中共中央总书记、中央军委主席。

《中国共产党第二十次全国代表大会关于十九届中央委员会报告的决议》指出：

大会强调，新时代十年的伟大变革，是在以习近平同志为核心的党中央坚强领导下、在习近平新时代中国特色社会主义思想指引下全党全国各族人民团结奋斗取得的。党确立习近平同志党中央的核心、全党的核心地位，确立习近平新时代中国特色社会主义思想的指导地位，反映了全党全军全国各族人民共同心愿，对新时代党和国家事业发展、对推进中华民族伟大复兴历史进程具有决定性意义。新时代新征程上把中国特色社会主

① 《中共中央关于党的百年奋斗重大成就和历史经验的决议》，人民出版社2021年版，第26页。

义事业推向前进，最紧要的是深刻领悟“两个确立”的决定性意义，增强“四个意识”、坚定“四个自信”、做到“两个维护”，自觉在思想上政治上行动上同以习近平同志为核心的党中央保持高度一致。

大会号召，全党全军全国各族人民紧密团结在以习近平同志为核心的党中央周围，牢记空谈误国、实干兴邦，坚定信心、同心同德，埋头苦干、奋勇前进，为全面建设社会主义现代化国家、全面推进中华民族伟大复兴而团结奋斗！

10月25日，二十届中央政治局召开会议，研究部署学习宣传贯彻党的二十大精神，审议《中共中央政治局关于加强和维护党中央集中统一领导的若干规定》《中共中央政治局贯彻落实中央八项规定实施细则》。

会议强调，坚持和加强党中央集中统一领导是全党共同的政治责任，首先是中央领导层的政治责任。中央政治局要带头严格遵守党章和党内政治生活准则，全面落实党的二十大关于坚持和加强党中央集中统一领导的各项要求，深刻领悟“两个确立”的决定性意义，增强“四个意识”、坚定“四个自信”、做到“两个维护”，带头全面贯彻习近平新时代中国特色社会主义思想，不断提高政治判断力、政治领悟力、政治执行力，自觉在思想上政治上行动上同以习近平同志为核心的党中央保持高度一致，带领全党全国各族人民为全面建设社会主义现代化国家、全面推进中华民族伟大复兴而团结奋斗。

《中共中央关于认真学习宣传贯彻党的二十大精神的决定》强调指出：

党确立习近平同志党中央的核心、全党的核心地位，确立习近平新时代中国特色社会主义思想的指导地位，反映了全党全军全国各族人民共同心愿，对新时代党和国家事业发展、对推进中华民族伟大复兴历史进程具有决定性意义。“两个确立”是党在新时代取得的重大政治成果，是推动党和国家事业取得历史性成就、发生历史性变革的决定性因素。

全党必须深刻领悟“两个确立”的决定性意义，更加自觉地维护习近平总书记党中央的核心、全党的核心地位，更加自觉地维护以习近平同志为核心的党中央权威和集中统一领导，全面贯彻习近平新时代中国特色社会主义思想，坚定不移在思想上政治上行动上同以习近平同志为核心的党中央保持高度一致。

学习宣传党的二十大精神，要把着力点聚焦到习近平总书记是党中央的核心、全党的核心，习近平新时代中国特色社会主义思想是党必须长期坚持的指导思想上；聚焦到以习近平同志为核心的新一届中央领导集体是深受全党全国各族人民拥护和信赖的领导集体上；聚焦到习近平总书记是全党拥护、人民爱戴、当之无愧的党的领袖上。

《中共中央关于认真学习宣传贯彻党的二十大精神的决定》要求坚决做到“两个维护”。学习宣传贯彻党的二十大精神，要推动全党深刻领悟“两个确立”的决定性意义，增强“四个意识”、坚定“四个自信”、做到“两个维护”，以实际行动践行对党忠诚。要健全总揽全局、协调各方的党的领导制度体系，完善党中央重大决策部署落实机制，确保全党在政治立场、政治方向、政治原则、政治道路上同党中央保持高度一致，确保党的团结统一。要加强党的政治建设，严明政治纪律和政治规矩，落实各级党委（党组）主体责任，提高各级党组织和党员干部政治判断力、政治领悟力、政治执行力。

十九、党的纪律

120.“铁”的纪律

党章中有一章，专门规定了“党的纪律”，强调“党的纪律是党的各级组织和全体党员必须遵守的行为规则，是维护党的团结统一、完成党的任务的保证。党组织必须严格执行和维护党的纪律，共产党员必须自觉接受党的纪律的约束”。

在很多会议上或领导人的讲话中，我们还经常能听到“铁的纪律”的用语。

“铁的纪律”从何而来？准确地说，从列宁、斯大林而来，从苏联共产党而来，从共产国际而来。

列宁创建布尔什维克党时，就非常强调党的集中制和党的纪律，并把纪律称作“铁的纪律”。列宁强调，为了完成我们的任务，“需要有铁一般的纪律，铁一般的组织”。“无产阶级实行无条件的集中制和极严格的纪律，是它战胜资产阶级的基本条件之一。”

斯大林的名字，在俄语里，恰好是“钢铁”的意思。在与反对派的斗争中，斯大林以铁一般的口气强调了铁一般的纪律，说道：“没有铁的纪律，无产阶级专政就不可思议。”但他所强调的纪律，后来发展为暴力化的强制，剥夺了党员很多应该拥有的权利，造成了大量冤假错案。

苏联共产党不仅将“铁的纪律”用于自己党内，还扩展到国际共产主义运动中，要求世界所有共产党都实行铁的纪律。在列宁起草的“加入共产国际的条件”中，第十三条明确规定：“加入共产国际的党，应该是按照民主集中制的原则建立起来的。在目前激烈的国内战争时代，共产党必须按照高度集中的方式组织起来，在党内实行像军事纪律那样的铁的纪律。”其中“民主集中制”中的“集中”二字，还专门用黑体加以强调。

中国共产党是在共产国际帮助下建立的，并且在二大时成为共产国际的一个支部，所以理所当然也遵循了共产国际的要求，高度重视党的纪律。

1922 年 7 月二大制定的第一个党章专门设立了纪律一章，明确规定九条纪律，并具体规定，党员言论行动违背党章，无故连续二次不到会，欠缴党费三个月，无故连续四个星期不为本党服务，留党察看期满而不改悟，泄露本党秘密等，犯有一条就可开除党籍。

中共二大在《关于共产党的组织章程决议案》中还规定，要实施“严密的、集权的、有纪律的组织与训练”，“要有集权精神与铁似的纪律”。“铁的纪律”自此在党的正式文件中开始使用。

中共五大后制定的党章修正案在“纪律”一章中明确规定：“严格党的纪律是全体党员及全体党部最初的最重要的义务”，还规定了违反纪律应给予的各种处罚。

1928 年 7 月，六大党章进一步强调：“严格的遵守党纪为所有党员及各级党部之最高责任。”

1938 年，毛泽东在六届六中全会的报告中，首次提出了“纪律是执行路线的保证”的论断。这次全会还根据毛泽东的建议，制定并通过了《关于中央委员会工作规则和纪律的决定》《关于各级党部工作规则和纪律的决定》。

1949 年至 1978 年，党开始探索执政条件下的纪律建设，建立起高度集中的领导体制，进一步强化党的纪律，也逐步形成政纪法纪，取得了很大成绩，但也经历了不少曲折。

“文化大革命”结束后，1977 年 8 月十一大通过的党章重新恢复了设置党的纪律检查委员会的条款。

总结历史教训，适应新的形势，1980 年 2 月，党的十一届五中全会制定了《关于党内政治生活的若干准则》。

1982 年，党的十二大制定的新党章，专门恢复“党的纪律”一章，把加强党的纪律放在重要位置，对党员规定了严格的纪律。以更准确的语言再次重申“四个服从”的表述，系统规定了党员的八条义务和八条权利。强调实行党的纪律面前人人平等的原则。

现行党章的第七章就是“党的纪律”，包含六条内容，分别规定了纪律的重要性，如何对待违纪问题，纪律处分的种类，实施纪律处分的程序，处分要实事求是，党组织违纪的处理。在这一章之后，还另设“党的纪律检查机关”，用三条文字详尽规定了纪律检查机关如何执行纪律。

党的纪律是多方面的，除了政治纪律、组织纪律外，还有财经纪律、宣传纪律、群众纪律、保密纪律、人事纪律、外事纪律、工作纪律、生活纪律，特别是廉洁从政纪律，等等。2016 年开始施行的新修改的《中国共产党纪律处分条例》把纪律归类为：政治纪律、组织纪律、廉洁纪律、群众纪律、工作纪律、生活纪律六类。

2016 年的十八届六中全会审议通过《关于新形势下党内政治生活的若干准则》和修订后的《中国共产党党内监督条例》，要求规范党内政治生活，建设良好的党内政治生态和政治文化。

以习近平同志为核心的党中央更加严格地强调纪律，一再强调纪律不是稻草人，而是“铁的纪律”。针对现实问题，习近平总书记特别强调了政治纪律、组织纪律和其他有关纪律。2013 年 1 月 22 日，习近平总书记在十八届中央纪委二次全会上强调，要“严明政治纪律，自觉维护党的团结统一”。在十八届中央纪委三次全会上，进一步强调了组织纪律。

在各种纪律中，政治纪律是第一位的纪律。严明政治纪律，最根本的是要严格遵守和维护党章。核心要求是坚持党的最基本的政治决定和政治规范。在组织关系上，要求同党中央保持高度一致。

根据党章的有关规定，在权力授受关系上，全体党员是党的主体，党员授权于党代会，党代会授权于中央委员会，中央委员会授权于政治局及其常委会。但在工作关系上，尤其是闭会期间，党中央就是党的领导机关，全体党员和各级党组织，都要服从党中央的领导。因此也就要在政治上、组织上与党中央保持一致。

在保持一致上有哪些纪律？在十八届中央纪委二中全会上，习近平总书记提出了三个“决不允许”和五个“不允许”：决不允许“上有政策、下有对策”,决不允许有令不行、有禁不止,决不允许在贯彻执行中央决策部署上打折扣、做选择、搞变通。对党的决议和政策如有不同意见,在坚决执行的前提下,可以声明保留,并且可以把自己的意见向党的上级组织直至中央提出,这是党员的权利。但是,不允许散布违背党的理论和路线方针政策的意见,不允许公开发表违背中央决定的言论,不允许泄露党和国家秘密,不允许参与各种非法组织和非法活动,不允许制造、传播政治谣言及丑化党和国家形象的言论。

习近平总书记在强调纪律时,还具体提出了很多重要的要求。比如,他强调,请示报告制度是组织纪律的一个重要方面。该请示的必须请示,该报告的必须报告。他说,这些年查处的领导干部中,有的不打招呼悄悄跑到千里之外会情人去了,有的神不知鬼不觉跑到境外赌博去了,有的不知哪来的神通,办了好几个身份证、违规办了因私护照甚至持有外国绿卡,有的有几本香港通行证,有的把老婆孩子都送到国外去了,根本没给组织上说一声,没把组织当回事！这些都要查,查出来就要处理,不搞下不为例。

2018 年 8 月,中共中央印发了修订后的《中国共产党纪律处分条例》,并发出通知,要求各地区各部门认真遵照执行。

通知强调,《条例》全面贯彻习近平新时代中国特色社会主义思想和党的十九大精神,以党章为根本遵循,将党的纪律建设的理论、实践和制度创新成果,以党规党纪形式固定下来,着力提高纪律建设的政治性、时代性、针对性。严明政治纪律和政治规矩,把坚决维护习近平总书记党中央的核心、全党的核心地位,坚决维护党中央权威和集中统一领导作为出发点和落脚点,将党章和《关于新形势下党内政治生活的若干准则》等党内法规的要求细化具体化。坚持问题导向,针对管党治党存在的突出问题扎紧笼子,实现制度的与时俱进,使全面从严治党的思路举措更加科学、更加严密、更加有效。

党的二十大要求:全面加强党的纪律建设,督促领导干部特别是高级干部严于律己、严负其责、严管所辖,对违反党纪的问题,发现一起坚决查处一起。

认真研究国际共产主义运动史，我们可以发现，纪律是与党的先进性联系在一起的，是与党的路线纲领方针政策是否正确联系在一起的。先进性是纪律的前提和基础。有了先进性，纪律才能发挥积极的作用。有了先进性，再加上纪律，这个党就会有很强的战斗力。没有先进性，光有纪律，战斗力可能很强，但起的作用可能是消极的。光有先进性，没有纪律，就没有战斗力。没有先进性，又没有纪律，那就更没有战斗力。所以，加强纪律建设，要始终以党的先进性建设为主线，以党的先进性建设带动党的纪律建设。

同时，我们还要正确认识和处理党的纪律建设中的各种辩证关系，要正确处理党的纪律与宪法法律的关系，正确处理严明党的纪律与尊重党员主体地位的关系，正确处理对下纪律要求与对上纪律要求的关系，正确处理党内不同意见与遵守组织纪律的关系。

121. 历史的警示

如何认识和执行纪律，历史提供了许多案例，可以给我们以各种启迪和警示。

中国共产党在筹备和成立过程中，就在纪律问题上发生过争论。李达、李汉俊、陈望道三人，都是中国共产党的创始人。陈望道还是《共产党宣言》最早的中文版全文的翻译者，习近平总书记专门讲过他蘸着墨汁吃粽子的故事。但三人都曾经反对“铁的纪律”，并甚而退党。

1921 年 2 月，陈独秀起草了一份党章草案，主张中央集权制。寄给在上海筹备一大的李汉俊，李汉俊看后认为陈独秀要在党内搞个人独裁，十分不满，便另外起草了一份党章，主张地方分权制。两人矛盾逐渐加深，在一大召开前，李汉俊愤而辞去了代理书记的职务，由李达接任。李汉俊和李达等人继续完成了一大筹备和召开的任务。但到 1923 年，李汉俊终于退党。1927 年，李汉俊因保护共产党人被国民党军阀杀害，1952 年被国家定为烈士。

李达是中共一大的主要组织者，应该说是中国共产党的第一任宣传部长，但他于1923年秋自行脱党，原因之一，也是不堪忍受陈独秀的家长制作风。后来，李达主要从事理论研究和教学，讲的基本上是马克思主义的内容。1948年，毛泽东带信给李达："吾兄系本公司发起人之一，现公司生意兴隆，望速前来参与经营。"李达遂于1949年5月抵达北平。经由毛泽东、刘少奇、李维汉等作为历史见证人，刘少奇做介绍人，重新入党。先任湖南大学校长，后长期任武汉大学校长，是著名的哲学家。李达后来承认退党是他一生中犯的"最大的错误"。但正由于有这件事情，1966年他被迫害致死。

广东的早期党员袁振英，曾在共产国际与陈独秀之间当翻译，译介了很多马列主义和苏俄的文献，参加了党的筹建工作。但1921年8月就离开了党，到法国留学去了。他自己归纳了两个原因，一个是对陈独秀的官僚主义、家长主义不满。一个是自己习性"爱自由"，受不了铁的纪律的约束。

后来的事实证明，陈独秀确有家长制作风，并对党的事业造成了严重影响。但党不能因个别人的错误和某些纪律的严苛而否定整个纪律的重要性。当时党内大多数人还是主张铁的纪律的。所以，1922年7月二大制定的第一个党章专门设立了纪律一章，明确规定了九条纪律，长期以来，党还是始终坚持了严格的组织原则和组织纪律。

比如，1922年，陈炯明炮轰孙中山的总统府。中共中央决定联孙反陈，并要求广州党组织断绝与陈炯明的联系。但当时任广东区委负责人的陈公博，因与陈炯明有私交，拒不执行中央决定。对此，中共中央给予严厉批评，并派张太雷到广州来做他的工作。但陈公博仍不改正，还给陈独秀写了一封信，宣称"今后独立行动，不受党的约束"。不久又在广州党的组织会上宣布："我不再履行党的任务。"自此脱离了共产党。鉴于他的这种违纪行为，1923年，中共中央按照党章规定给其留党察看处分，稍后又将他开除出党。陈公博也就成为我们所知第一个被开除出党的比较有影响的共产党员。

在新民主主义革命时期，党处于革命和战争状态，党的组织也基本上处于秘密状态，斗争非常尖锐，环境非常严酷。所以，这一时期党的纪律非常严格，甚至非常严酷。能否遵守纪律，事关重大。

如党史上最著名的叛徒顾顺章，曾与陈赓一起到苏联进行过秘密工作的培训，回国后担任中央政治保卫局局长，后还担任过中央政治局委员、候补委员，作为周恩来的副手主持中央特科的日常事务，处置过许多叛徒特务。1931 年，顾负责护送张国焘和陈昌浩去鄂豫皖苏区。回到武汉后，违反党的秘密工作规定，大白天在新世界游艺场公开表演魔术。结果被人认了出来。很快被捕并叛变，出卖了党的中央组织。

反过来看，国民党方面的保密工作也很差劲。顾顺章叛变后，声称能把中共中央机关一网打尽，但他要求到南京面见蒋介石时再说。他还特别交代，在他到达南京前，不要发电报说他被捕之事。但武汉特务机关为了邀功，给南京发电报报告了顾顺章被捕叛变的情况。顾顺章知道后连说："糟了，抓不住周恩来了。"特务问他为什么，他说："共产党有人在蒋介石那里当机要秘书。"这个秘书就是在徐恩曾身边工作的钱壮飞。

钱壮飞当天晚上连续收到来自武汉的六份绝密电报，估计出了大事，于是自行拆开，破译了电报内容，知道顾顺章叛变了。于是，立即派人赶赴上海报告中央。中央委托周恩来全权处理这一事件。周恩来在康生、陈云协助下，果断采取措施：①销毁大量机密文件，将中央主要领导人迅速转移，采取严密的保卫措施；②将可能被顾顺章出卖的干部迅速转移到安全地点或调离上海；③切断顾顺章在上海所能利用的所有重要关系；④废止顾顺章知道的一切秘密工作方法。当夜，中共中央、江苏省委、团中央、全总等以及共产国际远东局的机关安全转移，避免了党中央的重大破坏。但尽管如此，还是有 800 多名共产党员先后被捕。恽代英、蔡和森都是由于顾顺章的出卖而被害的。顾还审讯过陈赓，被陈赓大骂。这种惊心动魄的事件，可见纪律问题的重要性。

当年的中央特科，以及苏区时期的国家政治保卫总局，都曾清洗了很多叛徒甚至一般的可疑人员。由于环境的严酷，也由于党内"左"的错误，党内开展的历次大规模肃反，有的是必要的，也有的造成了不少冤假错案。

党的纪检监察机构，虽然不同时期名称不同，职责范围有所变化，但在保证和执行党的纪律方面都发挥过重要作用。如1935年11月，中央成立了以董必武为主任的五人党务委员会，较好地处理了陕北的错误肃反问题。当时，原红二十六军的一大批骨干已经被杀害，刘志丹、习仲勋等领导已经被捕，准备处决。党中央了解到情况，立即下令停止杀人，并决定派人调查处理。遂成立了一个博古指导下的五人党务委员会，由董必武任主任。委员会经过20天的调查，终于基本查清事实，宣告被捕的同志无罪并立即释放。

再进一步追问，为什么会认为刘志丹、习仲勋有罪，但实际上是无罪的呢？前些年，我负责对陕甘边根据地进行研究，并召开了多次研讨会。同时还参与负责筹备习仲勋同志诞辰100周年的纪念活动。我们发现，根本原因是当年由于与国民党拼死搏斗，统一战线被忽略，“左”倾教条主义更是“左”得很。但刘志丹、习仲勋并没有采取“左”的政策，而是坚持从陕北的实际出发，包括注意做好统一战线工作，处理好与地方实力派的关系，并利用他们的关系发展革命力量。这就被“左”倾教条主义者认为是右倾、投降了。事实证明，刘志丹、习仲勋等人的做法是正确的。习仲勋后来虽然被审查、监禁16年，但终其一生，最大的特点都是实事求是和从不整人。2001年10月15日，习仲勋88岁寿辰，习近平因公务未能回家祝寿，便以拜寿信代之。信中说道：“从父亲这里继承和吸取的高尚品质很多”。其中之一，就是“一辈子没有整过人和坚持真理不说假话，并一以贯之”。

122. 神威？神机关？

党章专门用一章规定了纪律检查委员会的职权、产生、与党委的关系、任务，以及办案中上下级之间的关系。

由于十八大后纪委系统在反腐败斗争中大显神威，因而纪委的知名度、影响力也大大增强。普罗大众对纪委的前世今生不免也增加了许多好奇之心。

我们中共中央党史研究室与湖北省委、武汉市委合作,共同推动了武汉的五大会址的保护、修复工程。我们中共中央党史研究室主要负责历史的考察、展陈大纲的审查等工作。我当时负责这方面工作。其中一项成果,就是通过对五大的研究及会址的确认,认定了中央纪委的前身就是五大成立的中央监察委员会。中央纪委对此非常高兴和满意。所以,在五大会址里,还建立了一个反腐倡廉的展览,后来又改为纪律建设展陈馆。

对纪委的历史沿革,我们可以梳理如下:

1927 年之前,部分省市地方,就有成立党的监察机构的尝试。1927 年 4 月,中共五大决定成立中央和省一级监察委员会,并选举产生了中央监察委员会,这是最早设立的纪律检查机构,也是纪委的前身。

五大党章对监委作出了有关规定。其中,第六十一条规定:“为巩固党的一致及权威起见,在全国代表大会及省代表大会选举中央及省监察委员会。”

第六十二条规定:“中央及省监察委员,不得以中央委员及省委员兼任。”

第六十三条规定:“中央及省监察委员,得参加中央及省委员会议,但只有发言权无表决权。遇必要时,得参加相当的党部之各种会议。”

第六十四条规定:“中央及省委员会,不得取消中央及省监察委员会之决议;但中央及省监察委员会之决议,必须得中央及省委员会之同意,方能生效与执行。遇中央或省监察委员会与中央或省委员会意见不同时,则移交至中央或省监察委员会与中央或省委员会联席会议,如联席会议再不能解决时,则移交省及全国代表大会或移交于高级监察委员会解决之。”①

这几条,基本上都是从联共(布)党章学来的。但需要提示大家注意,当时的监委与党委并不是谁完全服从谁的关系,而是互有制约。如果有不同意见,交双方的联席会议解决,再不行,则提交党代会决定。这种模

① 中国革命博物馆编:《中国共产党党章汇编》,人民出版社 1979 年版,第 30 页。

式，当然不是我们党的独创，而是 20 世纪 20 年代联共（布）的做法。论权力，当时的监委肯定比现在的纪委大多了。关键是，它多少可以监督同级的中央委员会或省级党委。

后来，联共（布）在取得党内斗争的胜利后，便改变了这种监委与党委几乎平起平坐的做法。1928 年 7 月，中国共产党在莫斯科召开的六大通过的党章，也就取消了监察委员会的条款，改为“审查委员会”一章，并选举产生了中央审查委员会。

审查委员会虽然仍由党代会选举产生，但主要职责仅是“监督各级党部的财政、会计及各机关之工作”。而“关于犯纪律的问题由党员大会或各级党部审定之。各级委员会得成立特别委员会以预先审查关于违犯党纪的问题，此种特别委员会之决议，经该级党部批准后，方发生效力”。

由于种种原因，1931 年 2 月曾设立中央监察委员会，但其成员很快牺牲或叛变。1933 年 9 月，中共中央通过《关于成立中央党务委员会及中央苏区省县监察委员会的决议》，提出“在党的中央监察委员会未正式成立以前，特设立中央党务委员会，各省县于最近召集的省县级党代表大会时选举省县级的监察委员，成立各省县监察委员会”。1934 年 1 月，六届五中全会成立中央党务委员会，履行党的纪律检查职能，担负执行党纪和加强党纪教育的任务。

由于处在战争环境下，党的纪律检查机构变动频繁，基本上未能真正开展工作，发挥应有作用，其机构、人员也很难保证。

七大党章对各级监察委员会机构设置、任务与职权作出了明确规定，但迫于形势，党的七大没有产生监察机关，执行党纪的工作由各级党委直接负责，而日常具体工作则由党委组织部门负责。

1949 年 11 月，中共中央决定成立中央及各级党的纪律检查委员会，中央副主席朱德兼任中央纪委书记。中央纪律检查委员会作为党中央工作机构在中央政治局领导之下进行工作，各级纪律检查委员会隶属同级党委领导。到 1950 年底，全国大部分地方党组织都建立了纪律检查委员会。

1955 年 3 月，为进一步加强党的纪律建设，保证党的团结统一，党的全国代表会议决定成立中央和地方各级监察委员会，代替各级纪律检查委员会。选举产生以中央政治局委员董必武为书记的中央监察委员会。

1956年9月，八大党章规定:“中央监察委员会由党的中央委员会全体会议选举。地方监察委员会由本级党的委员会全体会议选举，并且经过上一级党的委员会的批准。”“各级监察委员会在各级党的委员会领导下进行工作。”党的八大以后，各级监察委员会建立健全起来。

“文化大革命”开始后，党的纪检机构停止工作，纪检监察工作遭到全面破坏。九大和十大党章，都取消了关于党的纪律和监察机构的条款，彻底废止了党的纪律检查工作。

饱尝民主法制被践踏的严重后果，成立党的纪律检查委员会就成为“文化大革命”后全党的共识。1977年8月，党的十一大通过的党章重新恢复了设置党的纪律检查委员会的条款，但没有马上设立纪检机构。1978年12月，十一届三中全会选举产生了由陈云等100人组成的中央纪律检查委员会。党的纪检机构正式恢复重建。

十二大党章设立专章，对纪律检查机关的体系及其职权、任务等作出具体规定。此后，历次党代会又进行了一些补充、修订。党的十四大之后，党的纪律检查机关和政府行政监察机关实行合署办公。这是纪检体制的重大改革。

2002年十六大修改后的党章在“检查党的路线、方针、政策和决议的执行情况，协助党的委员会加强党风建设”之后，增加了“和组织协调反腐败工作”。以及“对党员领导干部行使权力进行监督”“保障党员的权利”等内容。

1997年2月，中共中央首次制定印发了《中国共产党纪律处分条例(试行)》。2003年12月又正式颁布实施《中国共产党纪律处分条例》。随后，制定了一系列有关党的纪律的各种规定。特别是大力开展反腐败斗争，在实践中逐步形成了党委统一领导、党政齐抓共管、纪委组织协调、部门各负其责、依靠群众支持和参与的反腐败领导体制和工作机制。

党的十七大第一次把反腐倡廉建设从作风建设中单列出来，与思想建设、组织建设、作风建设一起，确定为党的建设的基本任务。

党的十八大以来，以习近平同志为核心的党中央，坚持全面从严治党,坚决开展反腐败斗争,严明党的纪律,不断加强巡视工作和案件查处,维护了党纪国法的权威性和严肃性。

十八届三中全会对党的纪律检查制度作了一系列改革。要求推动党的纪律检查工作双重领导体制具体化、程序化、制度化,强化上级纪委对下级纪委的领导。查办腐败案件以上级纪委领导为主,线索处置和案件查办在向同级党委报告的同时必须向上级纪委报告。各级纪委书记、副书记的提名和考察以上级纪委会同组织部门为主。要求全面落实中央纪委向中央一级党和国家机关派驻纪检机构,实行统一名称、统一管理。派驻机构对派出机关负责,履行监督职责。改进中央和省区市巡视制度,做到对地方、部门、企事业单位全覆盖。

十八届六中全会在审议通过准则的同时,也审议通过了修订后的《中国共产党党内监督条例》。修订后的党内监督条例最大的特点,是构建了一整套党内监督体系。概括起来是:党中央统一领导,党委(党组)全面监督,纪律检查机关专责监督,党的工作部门职能监督,党的基层组织日常监督,党员民主监督。

对于地方各级纪律检查委员会,党章也作出了很多规定。基本参照中央纪律检查委员会的有关规定。但实行的是"双重领导体制",同时与政府监察部门实行"合署办公"。重大问题要向上级报告,经上级党委或纪委批准。如:各级纪委要把处理特别重要或复杂的案件中的问题和处理的结果,向同级党委报告。地方各级纪委和基层纪委要同时向上级纪委报告。各级纪律检查委员会发现同级党委委员有违犯党的纪律的行为,可以先进行初步核实,如果需要立案检查的,应当报同级党委批准,涉及常务委员的,经报告同级党委后报上一级纪律检查委员会批准。

派驻纪律检查组是纪律检查委员会向同级党和国家机关派驻的纪律检查机构。1962 年八届十中全会通过《关于加强党的监察机关的决定》,规定:中共中央监察委员会可以派出监察组常驻国务院所属各部门执行监察工作任务,办理违纪违法案件;各省、市、自治区党的监察委员会,在必要的时候,也可以派监察组驻省、市、自治区人民委员会所属各部门进行工作。党的十二大以来党章均规定,中央纪律检查委员会根据工作需要,可以向中央一级党和国家机关派驻纪律检查组或纪律检查员。纪律检查组组长或纪律检查员可以列席该机关党的领导组织的有关会议。他们的工作必须受到该机关党的领导组织的支持。此外,地方党委也可以向地方党和国家机关派驻纪律检查组,其职责任务同中央派驻纪律检查组相似。

十九大通过的党章修正案对有关纪律建设机关的条文作了较大的修改和增补。主要有:

“上级党的纪律检查委员会加强对下级纪律检查委员会的领导。”

“党的中央和地方纪律检查委员会向党和国家机关全面派驻党的纪律检查组。纪律检查组组长参加驻在部门党的领导组织的有关会议。”将原来的“可以”全都去掉,成为全面派驻、必须参加。

党的各级纪律检查委员会“是党内监督专责机关”。

协助党的委员会“推进全面从严治党”。

各级纪律检查委员会的“职责是监督、执纪、问责”。

对“党的组织”和党员领导干部履行职责、行使权力进行监督,“受理处置党员群众检举举报,开展谈话提醒、约谈函询”。

“进行问责或提出责任追究的建议”。

如果需要立案检查的,应当在向同级党的委员会报告的同时向上一级纪律检查委员会报告,涉及常务委员的,报告上一级纪律检查委员会,由上一级纪律检查委员会进行初步核实,需要审查的,由上一级纪律检查委员会报它的同级党的委员会批准。

党的二十大又对十九大党章的有关内容作了进一步的修改。主要有:

党的中央和地方纪律检查委员会“按照规定向有关国有企业、事业单位派驻党的纪律检查组”。

党的各级纪律检查委员会的任务中,增加了“推动完善党和国家监督体系”。

2021 年 12 月 24 日中共中央发布的《中国共产党纪律检查委员会工作条例》在“领导体制”中比党章更加具体地规定:

"党的中央纪律检查委员会(国家监察委员会)在党中央领导下进行工作,履行党的最高纪律检查机关(国家最高监察机关)职责。

"党的中央纪律检查委员会严格执行加强和维护党中央集中统一领导的各项制度要求,及时向中央政治局、中央政治局常务委员会请示汇报工作,研究重大事项、重要问题以及作出立案审查决定、给予党纪处分等事项向党中央请示报告。执行党中央重要决定的情况应当专题报告。"

"党的地方各级纪律检查委员会和基层纪律检查委员会在同级党的委员会和上级纪律检查委员会双重领导下进行工作。

"党的地方各级纪律检查委员会和基层纪律检查委员会应当落实同级党的委员会推进全面从严治党、加强党风廉政建设和反腐败工作的部署,执行同级党委作出的决定,及时向同级党委汇报工作,按照规定请示报告重大事项。"①

123. 组建监察委员会

监察委员会,是 2018 年开始正式设立的行使国家监察职能的专责机关,与中国共产党纪律检查委员会合署办公,履行纪检、监察两项职责,实行一套工作机构、两个机关名称,实现对所有行使公权力的公职人员监察全覆盖。

十九大修改后的党章,在总纲的最后一个段落中,增写了一个词:"监察",即在原来列举的"国家的立法、司法、行政机关,经济、文化组织和人民团体"中,增加了一个"监察机关"。

增加两个字,在十九大党章的修改中,似乎微不足道。很多人还没有注意到。但这却涉及一个重大的改革,即成立国家监察委员会问题。

在党章中写上监察机关,表明党代会已经确认这项改革。但由于这项改革还需要提交全国人民代表大会审议通过,在履行这个法律手续之前,党章还不能明确使用监察委员会这个机关名称。

---

① 《中国共产党纪律检查委员会工作条例》,《人民日报》2022 年 1 月 5 日。

而且，党章主要是对党本身加以规范，涉及法律的问题应该由宪法和法律来规范界定。所以，在党章里面，对监察委员会暂时也不能多说。等到国家监察委员会正式成立后，涉及党的问题，可以在下一次修改党章时加以补充。

党的十九大报告在总结五年成就时，指出“国家监察体制改革试点取得实效”。

在第十三部分“坚定不移全面从严治党，不断提高党的执政能力和领导水平”中，专门写了一条：“健全党和国家监督体系。”其中对这项重要的改革作了明确的说明：“深化国家监察体制改革，将试点工作在全国推开，组建国家、省、市、县监察委员会，同党的纪律检查机关合署办公，实现对所有行使公权力的公职人员监察全覆盖。制定国家监察法，依法赋予监察委员会职责权限和调查手段，用留置取代‘两规’措施。”

对国家监察体制改革问题，中央纪委有关负责同志作了必要的说明。

2017年10月26日，在党的十九大新闻中心召开的专题新闻发布会上，中央纪委副书记肖培在解读党的十九大有关精神时，介绍了监察体制改革问题。

澳门澳亚卫视记者问道：“我们注意到，纪委与监察委员会合署办公后，既执纪又执法，这是否意味着纪委的权力进一步扩大？”

对此，肖培作了比较详细的回答，他说，在3.2万字的报告中，总书记用了99个字讲监察体制改革。监察体制改革是以习近平同志为核心的党中央提出的一项重大的政治体制改革。

他提示，学习理解报告中这方面的内容，有四个关键词得抓住：

第一，合署办公。1993年，党中央作出决策，中央纪委和监察部合署办公，把分散的反腐败力量集合起来，由中央纪委行使党的纪律检查和行政监察两项职能，由中央纪委对党中央全面负责，这叫合署办公。

这次同样还是基于对形势的判断，总书记在报告中要求国家监察委员会与中央纪委合署办公。24年过去了，实践、历史都充分证明，党中央要求合署办公的决策是英明的、正确的，反腐败九龙治水不行，必须把拳头攥起来。这次深化国家监察体制改革，根本目的就是要加强党对反腐败斗争的统一领导，把党执纪与国家执法有机贯通起来，把过去分散的行政监察、预防腐败以及检察机关的反贪、反渎力量整合起来，攥成拳头。改革的本质是组织和制度创新，组织创新就是成立国家监察委员会，这是什么？总书记讲，这就是中国的反腐败机构。制度创新就是制定国家监察法，这是中国的反腐败国家立法之一。

第二个关键词就是职责权限。总书记在报告中强调，要依法赋予监察机关职责权限和调查手段，这几个字有着深刻而丰富的内涵，加强党对反腐败工作统一领导，要实现对所有行使公权力的公职人员监察全覆盖。因此，正在制定起草的国家监察法将赋予国家监察委员会以监督、调查、处置的职责权限。

第三个关键词是调查手段。去年全国人大常委会授权在北京、山西、浙江 3 个地方开展监察体制改革试点，赋予了 12 项调查措施，都没有扩大权力，都是实践中实际使用又比较成熟的权限。可以分两类：第一类就是现行的行政监察法中规定的监察机关的调查手段和权限，现在规定的是查询、复制、冻结、扣留、封存等手段。从全国人大去年的试点决定看，未来要把它修改完善为查询、冻结、调取、查封、扣押、勘验检查、鉴定等这样一些手段，都是现有手段。

第二就是把纪委实际使用的谈话、询问等措施确定为法定权限，写入法律。这样完善调查手段，把所有的调查手段法治化。同时法学界关注一个问题，技术侦查怎么办？技术侦查仍然按照现有规定，由严格的审批程序决定以后，交有关部门实施，监委不重复、不替代。

第四个关键词是留置调查。这回有一个词，用“留置”取代“两规”。“两规”是 1994 年的一部党内法规——《中国共产党纪律检查机关案件检查工作条例》第二十八条第三款所规定的。习近平总书记 2013 年参加十八届中央纪委二次全会时，提出要用法治思维、法治方式惩治腐败，为我们指明了方向。国家监察委员会不是司法机关，它的职责是监督、调查、处置，反腐败所涉及的重大职务犯罪也不同于一般的刑事犯罪，国家监察法因此就不能等同于刑事诉讼法，调查也就不能等同于侦查，所以不能将一般的对刑事犯罪的侦查等同于对腐败、贪污贿赂这种违法犯罪的调查。所以将要制定的国家监察法，对留置的审批程序、使用条件、措施采取的时限都会作出严格的法律规定，乃至于对调查过程的安全、医疗保障等都会作出相应的规定，这必将进一步推动反腐败工作法治化。

这些解读对我们理解监察委员会的职权和工作很有帮助。

从历史来看，早在 1927 年的中共五大，就第一次设立了中央监察委员会。这是后来中央纪律检查委员会的前身。后来监察委员会的名称和职权发生过多次变动。

1955 年 3 月，中国共产党全国代表会议通过《关于成立党的中央和地方监察委员会的决议》，决定成立党的中央和地方监察委员会，以取代党的纪律检查委员会。党的八大以后，各级监察委员会建立健全起来。九大和十大的党章，取消了关于党的纪律和监察机构的条款。

"文化大革命" 结束后，恢复设置了党的纪律检查委员会。同时，在国家机构中设立各级检察院，在政府机构中设置监察部门。有关机构分工合作，开展党内外公职人员的纪检监察工作。

2016 年，党中央提出建立覆盖国家机关和公务人员的国家监察体系。随后在 3 个省（市）进行试点，设立省、市、县三级监察委员会。

2017 年，党的十九大决定深化国家监察体制改革并作出部署。11 月 4 日，十二届全国人大常委会三十次会议通过在全国各地推开国家监察体制改革试点工作的决定。

2018 年 2 月，十九届三中全会审议通过《中共中央关于深化党和国家机构改革的决定》和《深化党和国家机构改革方案》。其中第一项改革内容，就是组建国家监察委员会。

3 月 11 日，十三届全国人大一次会议表决通过的《中华人民共和国宪法修正案》，有 11 条与国家监察体制改革相关，在第三章 "国家机构" 中新增 "监察委员会" 一节，确立了监察委员会作为国家机构的宪法地位。

3 月 20 日，十三届全国人大一次会议表决通过了《中华人民共和国监察法》。

修改后的宪法第一百二十四条规定："中华人民共和国设立国家监察

委员会和地方各级监察委员会。”

国家监察委员会是最高监察机关。国家监察委员会对全国人民代表大会和全国人民代表大会常务委员会负责。地方各级监察委员会对产生它的国家权力机关和上一级监察委员会负责。国家监察委员会领导地方各级监察委员会的工作,上级监察委员会领导下级监察委员会的工作。

监察委员会依照《中华人民共和国监察法》对所有行使公权力的公职人员进行监察,调查职务违法和职务犯罪,开展廉政建设和反腐败工作,维护宪法和法律的尊严。监察委员会依照《中华人民共和国监察法》和有关法律规定履行监督、调查、处置职责:(一)对公职人员开展廉政教育,对其依法履职、秉公用权、廉洁从政从业以及道德操守情况进行监督检查;(二)对涉嫌贪污贿赂、滥用职权、玩忽职守、权力寻租、利益输送、徇私舞弊以及浪费国家资财等职务违法和职务犯罪进行调查;(三)对违法的公职人员依法作出政务处分决定;对履行职责不力、失职失责的领导人员进行问责;对涉嫌职务犯罪的,将调查结果移送人民检察院依法审查、提起公诉;向监察对象所在单位提出监察建议。

监察机关对下列公职人员和有关人员进行监察:(一)中国共产党机关、人民代表大会及其常务委员会机关、人民政府、监察委员会、人民法院、人民检察院、中国人民政治协商会议各级委员会机关、民主党派机关和工商业联合会机关的公务员,以及参照《中华人民共和国公务员法》管理的人员;(二)法律、法规授权或者受国家机关依法委托管理公共事务的组织中从事公务的人员;(三)国有企业管理人员;(四)公办的教育、科研、文化、医疗卫生、体育等单位中从事管理的人员;(五)基层群众性自治组织中从事管理的人员;(六)其他依法履行公职的人员。各级监察机关按照管理权限管辖本辖区内公职人员所涉监察事项。

国家监察工作坚持标本兼治、综合治理,强化监督问责,严厉惩治腐败;深化改革、健全法治,有效制约和监督权力;加强法治道德教育,弘扬中华优秀传统文化,构建不敢腐、不能腐、不想腐的长效机制。

国家监察工作严格遵照宪法和法律,以事实为根据,以法律为准绳,在适用法律上一律平等;权责对等,从严监督;惩戒与教育相结合,宽严相济。

监察委员会依照法律规定独立行使监察权，不受行政机关、社会团体和个人的干涉。监察机关办理职务违法和职务犯罪案件，应当与审判机关、检察机关、执法部门互相配合，互相制约。

2021年12月24日中共中央发布的《中国共产党纪律检查委员会工作条例》在“领导体制”中比党章更加具体地规定了纪律检查委员会与监察委员会的关系：

“党的中央纪律检查委员会（国家监察委员会）在党中央领导下进行工作，履行党的最高纪律检查机关（国家最高监察机关）职责。

“党的中央纪律检查委员会与国家监察委员会合署办公，党的地方各级纪律检查委员会与地方各级监察委员会合署办公，实行一套工作机构、两个机关名称，履行党的纪律检查和国家监察两项职责，实现纪委监委领导体制和工作机制的统一融合，集中决策、一体运行，坚持纪严于法，执纪执法贯通。”①

十九届中央纪委向党的二十大报告，五年中，落实党中央要求，依照宪法规定，由各级人大产生国家、省、市、县四级监察委员会，同党的纪律检查委员会合署办公，一体履行纪检监察两项职责，实现对所有行使公权力的公职人员监察全覆盖。开展监察官等级确定工作，构建中国特色监察官制度。向乡镇（街道）派出监察机构或监察专员，强化对基层公职人员的监督。规范留置审批等程序，严格依法运用监察措施，确保监察权在法治轨道上运行。与政法机关共同完善问题线索移送、案件协调配合、涉案财物处置等对接机制，持续推进监察执法与刑事司法衔接。自上而下、依法有序开展各级监委向本级人大常委会报告专项工作，自觉接受人大监督。

124. 巡视全覆盖

党的十九大在对党章的修改中，除大部分是在原有条款中增写、改写外，还增写了两个条款，使党章由此前的53条增加为55条。

---

① 《中国共产党纪律检查委员会工作条例》，《人民日报》2022年1月5日。

其中一条,就是巡视制度。修正案将党章原来第十三条中的一句话,"党的中央和省、自治区、直辖市委员会实行巡视制度",单立出来,改写、增写为单独的一条,作为第十四条。后面其他条款的排列序号都一一顺延。

新增的第十四条规定:"党的中央和省、自治区、直辖市委员会实行巡视制度,在一届任期内,对所管理的地方、部门、企事业单位党组织实现巡视全覆盖。""中央有关部委和国家机关部门党组(党委)根据工作需要,开展巡视工作。""党的市(地、州、盟)和县(市、区、旗)委员会建立巡察制度。"

二十大党章依然如此规定,没有作新的修改。

巡视制度论历史,由来已久。

1925 年 10 月,为了加强对各地工作的指导,中共中央就决定"增加中央特派巡行的指导员"①。1927 年 11 月,中共中央决定从中央到地方建立并实行巡视制度。1928 年 10 月,专门制定了巡视条例。1929 年 6 月的六届二中全会把加紧巡视工作作为各省省委组织的中心工作和主要路线。1930 年的六届三中全会要求加紧巡视工作。1931 年的六届四中全会后,中央更加重视巡视工作。1931 年 5 月 1 日,中央通过《中央巡视条例》,1932 年 3 月 12 日中央组织局重新审查通过。

当时的巡视工作,主要是了解下级情况,传达上级指示,解决党内纠纷,整顿党的组织。巡视工作一度成为贯彻中央指示、指导下级工作的主要方式。巡视制度对指导各地工作发挥了重要作用。但当时正是"左"倾教条主义错误在党内统治的时期,因此巡视制度在一定程度上也强化了"左"倾错误。一些巡视员,下车伊始,哇啦哇啦,强力推行"左"倾教条主义,造成了很多危害特别是造成了肃反扩大化的问题。毛泽东一再批评的"钦差大臣",主要指的就是这种巡视员。

改革开放后,为了加强党风廉政建设,党开始恢复巡视制度。1990 年 3 月,十三届六中全会决定,中央和省区市党委可根据需要派出巡视工

---

① 中央档案馆编:《中共中央文件选集》第 1 册,中共中央党校出版社 1989 年版,第 473 页。

作小组。1996年1月，经中央批准，十四届中央纪委六次全会通过关于重申和建立巡视制度的决定。3月，中央纪委制定了《关于建立巡视制度的试行办法》，对巡视干部的选派、任务、职权、纪律、管理等方面作出明确规定。

党的十五大以后，中共中央共派出9批巡视组，对15个省（区）、6个中央和国家机关部门进行了巡视。

党的十六大明确提出“改革和完善党的纪律检查体制，建立和完善巡视制度”①。党的十六大以后，巡视工作进入全面开展阶段。2005年8月，中央批准单独设立中央纪委、中央组织部巡视工作办公室，为中央纪委内设正局级机构。

党的十七大提出“完善巡视制度”的要求，十七大党章把“党的中央和省、自治区、直辖市委员会实行巡视制度”纳入党的组织制度。2009年7月，中央颁布《中国共产党巡视工作条例（试行）》，对巡视工作的指导思想、基本原则、机构设置、工作程序、人员管理、纪律与责任等作出明确规定。

2009年11月，中央政治局常委会决定成立中央巡视工作领导小组，并将中央纪委、中央组织部巡视组和巡视工作办公室分别更名为中央巡视组和中央巡视工作领导小组办公室。各级巡视工作领导体制逐步建立，制度框架逐步形成，巡视领域不断拓展，监督力度不断加大。

党的十八大以后，进一步加强巡视工作。2015年8月3日，中共中央印发《中国共产党巡视工作条例》。2016年，十八届六中全会进一步强调，党委要在一届任期内实现巡视全覆盖。

在十八届任期内，党中央共开展12轮巡视，巡视277个地方、单位党组织，对16个省区市开展“回头看”，对4个单位进行“机动式”巡视，实现对省区市和新疆生产建设兵团、中央和国家机关、国有重要骨干企业、中央金融单位和中管高校的巡视全覆盖。

---

① 中共中央文献研究室编：《十六大以来重要文献选编》（上），中央文献出版社2011年版，第28页。

党的十九大以来的中央巡视工作，更加强调政治巡视，把“两个维护”作为根本任务，把发现问题、形成震慑作为主要任务，把推动改革、促进发展作为落脚点，取得了新的进展。

根据十九届中央纪委向党的二十大的报告，在十九大到二十大的5年间，习近平总书记亲自谋划部署，22次听取巡视汇报、发表重要讲话。中央巡视工作领导小组召开79次领导小组会议、9次中央巡视工作动员部署会议、4次全国巡视工作会议，组织开展了9轮巡视。

中央巡视组共巡视282个中央单位和地方党组织，各省区市党委完成对8194个党组织巡视，实现一届任期内中央巡视、省区市党委巡视全覆盖。实现有形覆盖与有效覆盖相统一。

各级巡视巡察机构共受理群众信访举报424.6万件次。中央巡视组与干部群众谈话5.8万人次，发现问题1.6万个，移交一批问题线索。

创新组织方式，有序推进常规巡视，有针对性地开展专项巡视、提级巡视和巡视“回头看”。建立巡视报告问题底稿制度、与被巡视单位主要负责人沟通机制、纪律作风后评估制度，确保精准发现问题、报告问题。

强化巡视整改和成果运用。制定巡视整改落实和成果运用意见，明确责任要求，完善制度机制，推动做好巡视“后半篇文章”。创新巡视反馈方式，实行集中反馈和“一对一”现场反馈相结合。压紧压实整改主体责任，推动党委（党组）把整改融入从严管党治党、融入深化改革、融入班子队伍建设、融入日常工作。

综合用好巡视成果，中央巡视组共形成专题报告84份，向党中央、国务院分管领导和有关职能部门通报巡视情况103次，向中央改革办提供专题报告44份。

开展联动整改、协同整改、集成整改，推动巡视与纪检监察、组织、审计等监督发现的问题一体整改，不断提高整改实效。推动建立整改评估机制，督促被巡视党组织公布整改情况、接受社会监督。

巡视制度主要在中央和省一级实行，省以下怎么办？中央提出了巡察制度。

2017 年 7 月，中共中央决定对《中国共产党巡视工作条例》加以修改，其中，在第二条中增加第三款："党的市（地、州、盟）和县（市、区、旗）委员会建立巡察制度，设立巡察机构，对所管理的党组织进行巡察监督。"

同时，将原第二款改为第四款，修改为："开展巡视巡察工作的党组织承担巡视巡察工作的主体责任。"

2017 年 7 月 1 日，中共中央印发了修改后的《中国共产党巡视工作条例》。

十九大党章规定："党的市（地、州、盟）和县（市、区、旗）委员会建立巡察制度。"

通过建立巡察制度，形成了巡视巡察上下联动的格局。

二十大党章未作改动。

党的十九大至二十大期间，建立健全巡视巡察上下联动格局。制定巡视巡察上下联动意见、中央单位巡视工作指导意见，推动巡视巡察与其他监督贯通融合，强化综合监督作用。中央、省、市、县四级全部建立巡视巡察制度，178 个中央单位开展内部巡视，各地探索提级巡察、交叉巡察、机动巡察等模式。

加强分类指导，对中央单位内部巡视加大推动力度，对省区市巡视工作现场指导督导，引导市县巡察向基层延伸，稳步开展对村（社区）巡察。中央单位共巡视 7836 个党组织，市县两级共巡察 88.2 万个党组织。

125. 一体推进不敢腐、不能腐、不想腐

党的二十大新修改的党章，在总纲关于党的建设的原先第五个、现在第六个基本要求中，将原来的"构建不敢腐、不能腐、不想腐的有效机制"，改成了"一体推进不敢腐、不能腐、不想腐"。

一体推进不敢腐、不能腐、不想腐，是反腐败斗争的基本方针和新时代全面从严治党的重要方略。

党的十八大以来，以习近平同志为核心的党中央作出坚决打赢反腐败这场硬仗的战略决断，并从标本兼治的高度，要求形成不敢腐、不能腐、

不想腐的机制。

党的十九大要求强化不敢腐的震慑，扎牢不能腐的笼子，增强不想腐的自觉，通过不懈努力换来海晏河清、朗朗乾坤①。十九大修改后的党章写进了“深入推进党风廉政建设和反腐败斗争，以零容忍态度惩治腐败，构建不敢腐、不能腐、不想腐的有效机制”。

中央纪委向党的十九大提出，未来五年工作的建议之一，是按照党的十九大的要求，推进标本兼治，靠加大惩治力度，形成持续震慑，巩固不敢腐；靠深化改革，健全制度，完善激励和约束机制，促进不能腐；靠坚定理想信念宗旨，选对人用好人，弘扬优秀传统文化，牢固树立“四个自信”，强化不想腐。

十九届四中全会通过的《中共中央关于坚持和完善中国特色社会主义制度、推进国家治理体系和治理能力现代化若干重大问题的决定》，要求构建一体推进不敢腐、不能腐、不想腐体制机制。深化标本兼治，推动审批监管、执法司法、工程建设、资源开发、金融信贷、公共资源交易、公共财政支出等重点领域监督机制改革和制度建设，推进反腐败国家立法，促进反腐败国际合作，加强思想道德和党纪国法教育，巩固和发展反腐败斗争压倒性胜利。

十九届六中全会通过的《中共中央关于党的百年奋斗重大成就和历史经验的决议》指出：党坚持不敢腐、不能腐、不想腐一体推进，惩治震慑、制度约束、提高觉悟一体发力，确保党和人民赋予的权力始终用来为人民谋幸福。

在此基础上，党的二十大报告指出：“坚持不敢腐、不能腐、不想腐一体推进，同时发力、同向发力、综合发力。”

《十九届中央纪律检查委员会向中国共产党第二十次全国代表大会的工作报告》总结的五年来的工作之一，就是“一体推进不敢腐、不能腐、不想腐，推动反腐败斗争取得压倒性胜利并全面巩固”，“以系统施治、标本

---

① 中共中央党史和文献研究院编：《十九大以来重要文献选编》（上），中央文献出版社2019年版，第47页。

兼治理念治理腐败，不断探索‘三不腐’协同联动的有效途径”。“惩治震慑、制度约束、提高觉悟一体发力，以发现问题推动查补漏洞，以查办案件促进整改整治，以典型案例开展警示教育。”

保持惩治腐败的强大力量。坚持无禁区、全覆盖、零容忍，坚持重遏制、强高压、长震慑，坚持受贿行贿一起查，坚持有案必查、有腐必惩，反腐败斗争一刻不停向纵深推进。对党的十八大后不收敛不收手，特别是党的十九大后仍不知止、胆大妄为的，发现一起查处一起。

坚决铲除重点领域腐败毒瘤。紧盯权力集中、资金密集、资源富集的部门、行业和领域，集中力量靶向治理。在金融领域，果断查处违背党中央战略决策、搞权钱交易幕后交易的腐败分子。

加强反腐败国际合作和追逃追赃。深度参与全球反腐败治理，持续开展“天网行动”，推动适用刑事缺席审判制度，加强国际司法执法合作，严厉打击涉腐洗钱犯罪，有效阻遏人员外逃和赃款外流。

深化以案为鉴、以案促改、以案促治。针对案件暴露的漏洞和短板，提出纪检监察建议，推动审批、监管、金融信贷、资源交易、财政支出、科研管理、公共卫生应急管理等领域制度建设，完善权力运行监督制约机制，推动形成比较完善的反腐败法律体系。

中央纪委本身，也“把不敢腐、不能腐、不想腐一体推进的理念贯穿自身建设，坚决防范不作为和乱作为两大风险，从严管理监督干部，严格组织授权，明确权力边界，完善内控机制，强化全过程监督”。

中央纪委工作报告的体会之一是：“坚持一体推进不敢腐、不能腐、不想腐，努力取得更多制度性成果和更大治理效能。”工作报告认为：“党员干部出问题，既有个人思想原因，也有制度漏洞、监督不力因素，需要系统施治、合力破解。必须打通不敢腐、不能腐、不想腐三者内在联系，坚持惩治、整改、治理结合，监督、办案、警示贯通，把查办违纪违法案件与深化改革、堵塞漏洞、强化监督、加强教育结合起来，不断提高治理腐败效能。”

中央纪委工作报告建议，未来五年要“提高一体推进不敢腐、不能腐、不想腐能力和水平，坚决打赢反腐败斗争攻坚战持久战”。“推动‘三不腐’同时发力、同向发力、综合发力，完善防治腐败滋生蔓延的体制机制。”

根据党的二十大报告和中央纪委工作报告的精神，当前和未来的任务，已经主要不是构建“三不腐”机制的问题，而是一体推进和提高一体推进水平的问题。所以，二十大党章就此作了适当修改。

《中国共产党第二十次全国代表大会关于十九届中央纪律检查委员会工作报告的决议》要求：“推动完善党的自我革命制度规范体系，坚持以严的基调强化正风肃纪，一体推进不敢腐、不能腐、不想腐，坚决打赢反腐败斗争攻坚战持久战，锻造忠诚干净担当的纪检监察队伍，为全面建设社会主义现代化国家、全面推进中华民族伟大复兴而团结奋斗”。

二十、党与共青团

126. 团组织的发展

现行党章第十章是“党和共产主义青年团的关系”。共两条。

第五十一条明确规定:“中国共产主义青年团,是中国共产党领导的先进青年的群团组织,是广大青年在实践中学习中国特色社会主义和共产主义的学校,是党的助手和后备军。”

世界上许多政党,为了争取青年,发挥青年的作用,都会帮助建立青年组织。中国共产党也不例外。

当年,27 岁的李大钊曾发表文章,号召青年“为世界进文明,为人类造幸福,以青春之我,创建青春之家庭,青春之国家,青春之民族,青春之人类,青春之地球,青春之宇宙,资以乐其无涯之生”。

1920 年 8 月,中国共产党在筹备建党的同时,首先在上海组织了社会主义青年团。其主要人物之一是俞秀松。俞秀松主持起草了社会主义青年团章程,发展了一批最早的团员,推动了多地团组织的创建。

1921 年 3 月,中国社会主义青年团临时中央执行委员会在上海成立。俞秀松任书记。

1922 年 5 月,在党的直接领导下,中国社会主义青年团在广州召开第一次全国代表大会,成立了全国统一的组织。

团的成立到底从哪一年开始算起?我曾经受命组织过这一问题的专门研究。在不同历史时期,党的领导人有过不同说法。一种是从在上海成立社会主义青年团开始,那就是 1920 年;还有一种,是从召开第一次全国代表大会算起,那就是 1922 年。如果从 1920 年算起,俞秀松就是团中央的第一任书记了。但最后确定从 1922 年算起,因此,第一任书记就是施存统(此前还有张太雷代理过)。

1925年1月,团的第三次全国代表大会决定将中国社会主义青年团改名为中国共产主义青年团。

1935年11月,党决定将共青团组织改造成为抗日救国的青年团体,先后成立了中华民族解放先锋队、青年救国会、青年抗日先锋队等组织。1946年10月,党中央提议建立民主青年团。1949年元旦,党中央作出建立中国新民主主义青年团的决议。

1949年4月,新民主主义青年团第一次全国代表大会宣告中国新民主主义青年团正式成立。1957年5月,召开第三次全国代表大会,决定把团的名称改为中国共产主义青年团。还决定把新中国成立前后的中国社会主义青年团、共产主义青年团和新民主主义青年团的历次代表大会衔接起来。1964年6月,召开了共青团第九次全国代表大会。

“文化大革命”期间,红卫兵大行其道,风光一时,团的组织被破坏,团的工作处于停顿状态。

1978年10月,中国共产主义青年团第十次全国代表大会召开,共青团进入了一个历史新时期。从1982年12月至2018年6月,共青团连续召开了从第十一次到第十八次全国代表大会。

1982年12月召开的第十一次全国代表大会通过《中国共产主义青年团章程》。

按照2018年7月通过的《中国共产主义青年团章程》,年龄在14周岁以上,28周岁以下的中国青年,承认团的章程,愿意参加团的一个组织并在其中积极工作、执行团的决议和按期交纳团费的,可以申请加入中国共产主义青年团。

团员年满28周岁,没有担任团内职务,应该办理离团手续。团员加入共产党以后仍保留团籍,年满28周岁,没有在团内担任职务,不再保留团籍。

团的全国领导机关是团的全国代表大会和它产生的中央委员会。团的全国代表大会每五年举行一次,由中央委员会召集,在特殊情况下,可以提前或延期举行。在全国代表大会闭会期间,中央委员会执行全国代表大会的决议,领导团的全部工作。

团的中央委员会全体会议选举常务委员若干人，组成常务委员会。选举第一书记1人和书记若干人，组成书记处。中央委员会全体会议由常务委员会召集，每年至少举行一次。中央委员会闭会期间，由它选出的常务委员会和中央书记处行使职权，负责全团的日常工作。

在全国（大陆）31个省、自治区、直辖市和解放军、武警、全国铁道、全国民航、中央和国家机关、中央金融、中央企业等都有团的省级及下属团的地方领导机关和基层组织。

企业、农村、机关、学校、医院、科研院所、街道社区、社会组织、人民解放军连队、人民武装警察部队中队和其他基层单位，凡是有团员三人以上的，都应当建立团的基层组织。

中国共产主义青年团受中国共产党的委托领导中国少年先锋队的工作。中国共产主义青年团是中华全国青年联合会的核心团体会员，发挥主导作用。中国共产主义青年团在中国共产党的领导下，指导中华全国学生联合会开展工作。

中国共产主义青年团坚决贯彻党的基本理论、基本路线、基本方略，解放思想，实事求是，与时俱进，求真务实，团结全国各族青年坚定不移跟党走，为把我国建设成为富强民主文明和谐美丽的社会主义现代化强国，为最终实现共产主义而奋斗。

2015年1月8日，中共中央印发《关于加强和改进党的群团工作的意见》。7月6日至7日，中央召开党的群团工作会议。这在党的历史上还是第一次。习近平总书记强调，工会、共青团、妇联等群团组织要切实保持和增强党的群团工作和群团组织的政治性、先进性、群众性，开创新形势下党的群团工作新局面。2015年7月9日，新华社授权发布《中共中央关于加强和改进党的群团工作的意见》。中央党的群团工作会议后，中共中央办公厅印发了《共青团中央改革方案》。

100多年来，在中国共产党领导下，共青团不忘初心、牢记使命，走在青年前列，组织引导一代又一代青年坚定信念、为争取民族独立、人民解放和实现国家富强、人民幸福而贡献力量，谱写了中华民族伟大复兴进程中激昂的青春乐章。在建立新中国，确立和巩固社会主义制度，发展社会主义的经济、政治、文化的进程中发挥了生力军和突击队作用，为党培养、输送了大批新生力量和工作骨干。十一届三中全会以来，共青团根据党的工作重心的转移，紧密围绕改革开放和经济建设开展工作，为推进社会主义现代化建设事业作出了重要贡献，促进了青年一代的健康成长。中国特色社会主义进入新时代，共青团紧扣时代主题，锐意改革创新，坚持从严治团，团结带领广大青年在党的领导下奋力投身伟大斗争、伟大工程、伟大事业、伟大梦想的生动实践。

127. 党对团组织的领导

如何处理党与团的关系，是党和团的建设中一个非常重要的问题。

中国社会主义青年团是在中国共产党的领导下成立的。1922 年中共二大的一项议程，就是听取施存统关于社会主义青年团第一次全国代表大会情况的报告。大会通过《关于少年运动问题的决议案》，规定"关于中国社会主义青年团对中国共产党的关系，在青年劳动者一切经济和教育利益奋斗的方面，中国社会主义青年团应是个独立的团体；关于普通政治运动方面，中国社会主义青年团则应当约束他与中国共产党协定之下"。"为了促进两团体关系的密切和协谋各种运动的顺利起见，大会认为两团体在各级组织中有互派代表的必要。"①

中共四大通过《对于青年运动之议决案》中，强调青年运动是共产主义运动中一部分重要的工作。青年运动必须在共产党指导之下，但应由青年自己担负。议决案具体阐述了党与团的关系，认为："青年运动是共产主义运动中一部分重要的工作，因共产党是这一般共产主义运动的总指挥，青年运动必须在共产党指导之下，是无疑的。""少年共产团在政治上是要

---

① 中共中央党史研究室、中央档案馆编：《中国共产党第二次全国代表大会档案文献选编》，中共党史出版社 2014 年版，第 23 页。

绝对的受党指导，而在青年工作范围以内是须有自由活动的可能。”①

五大党章第一次设立专章，把党与青年团的关系列入党章，规定：“凡年龄在二十岁以内而愿入党者，必须经过青年团；但青年军人不在此例。”

五大党章规定：“青年团中央，应派代表出席党的中央政治局会议，各级团部亦应派代表参加各级党部机关之常务委员会议，此等团部之出席代表应有表决权。”“党的中央委员会应派中央委员任青年团中央执行委员会委员，各级青年团执行委员会书记应为当地党的委员会委员。”“各地党部机关应派代表出席各级团部机关之会议。”②

中共六大的议程之一，是“中国共产主义青年团的工作”。六大通过的党章规定：“在党与青年团的各指导机关中（从支部至中央）均应互派代表交换发言权同表决权，同样青年团得以自己团员的数量为比例，选派代表出席党的一切代表大会。”③

中共六大《组织问题决议案提纲》中指出：“党与青年团的关系——党与团的各级指导机关均应按时相互派代表出席会议，互作报告，党除给团以政治上指导外，并应予物质上的帮助。——在党没有组织的地方，团得自己发展到成年群众中去，但其政治活动必须依据上级党部的政治路线，同时须介绍团员中的积极分子入党，以成立和发展党的组织——团应经常介绍其成年或非成年的积极分子入党，给党以干部人材，同时党应顾及团的工作，不应将团的得力党员调得太多，致减弱了团的指导力量。——党更应经常的指导兼团党员，经过他们在青年团中发生政治指导上的影响。”④

大会通过的《关于共产青年运动的决议案》，用一个部分专门规定了“建立正确的党团关系”，指出“党的组织与C.Y.的相当关系应当是

---

① 中共中央党史研究室、中央档案馆编：《中国共产党第四次全国代表大会档案文献选编》，中共党史出版社2014年版，第21页。

② 中国革命博物馆编：《中国共产党党章汇编》，人民出版社1979年版，第23、32—33页。

③ 中共中央党史研究室、中央档案馆编：《中国共产党第六次全国代表大会档案文献选编》，中共党史出版社2015年版，第910页。

④ 中共中央党史研究室、中央档案馆编：《中国共产党第六次全国代表大会档案文献选编》，中共党史出版社2015年版，第899页。

C.Y.在党的政治指导之下工作，同时有完全组织上的独立性”。决议案就此作出了7项具体的规定[①]。

八大党章规定：“中国共产主义青年团在中国共产党领导下进行自己的工作。青年团中央委员会受党中央委员会的领导。青年团的地方各级组织同时受同级党组织和青年团上级组织的领导。”

“共产主义青年团是党的助手。在社会主义事业的各个方面，青年团组织都应当是党的政策和决议的积极的宣传者和执行者。”[②]

“各级党组织应当密切地关怀青年团的思想工作和组织工作，领导青年团用共产主义精神和马克思列宁主义的理论教育全体团员，注意保持青年团同广大青年群众的密切的联系，并且经常注意青年团领导骨干的选拔。”[③]

十二大党章规定：“中国共产主义青年团是中国共产党领导的先进青年的群众组织，是广大青年在实践中学习共产主义的学校，是党的助手和后备军。共青团中央委员会受党中央委员会领导。共青团的地方各级组织受同级党的委员会领导，同时受共青团上级组织领导。”[④]

十六大党章将“是广大青年在实践中学习共产主义的学校”改为“是广大青年在实践中学习中国特色社会主义和共产主义的学校”。

十九大党章将“群众组织”改为“群团组织”。

经过历次党代会的修改和完善，现行党章第五十一条规定：“共青团中央委员会受党中央委员会领导。共青团的地方各级组织受同级党的委员会领导，同时受共青团上级组织领导。”

第五十二条规定：“党的各级委员会要加强对共青团的领导，注意团

---

① 中共中央党史研究室、中央档案馆编：《中国共产党第六次全国代表大会档案文献选编》，中共党史出版社2015年版，第912页。

② 中国革命博物馆编：《中国共产党党章汇编》，人民出版社1979年版，第165—166页。

③ 中国革命博物馆编：《中国共产党党章汇编》，人民出版社1979年版，第166页。

④ 中共中央文献研究室编：《十二大以来重要文献选编》（上），人民出版社1986年版，第89—90页。

的干部的选拔和培训。党要坚决支持共青团根据广大青年的特点和需要，生动活泼地、富于创造性地进行工作，充分发挥团的突击队作用和联系广大青年的桥梁作用。”

“团的县级和县级以下各级委员会书记，企业事业单位的团委员会书记，是党员的，可以列席同级党的委员会和常务委员会的会议。”

2018 年修改通过的《中国共产主义青年团章程》强调：中国共产党领导是中国特色社会主义最本质的特征，是中国特色社会主义制度的最大优势。中国共产主义青年团坚决拥护中国共产党的纲领，以马克思列宁主义、毛泽东思想、邓小平理论、“三个代表”重要思想、科学发展观、习近平新时代中国特色社会主义思想为行动指南。

中国共产主义青年团坚决贯彻党的基本理论、基本路线、基本方略，解放思想，实事求是，与时俱进，求真务实，团结全国各族青年坚定不移跟党走，为把我国建设成为富强民主文明和谐美丽的社会主义现代化强国，为最终实现共产主义而奋斗。

二十一、党徽党旗

128. 党徽党旗的由来

党的十六大前的党章,没有关于党旗和党徽的规定。但在100多年历程中,党徽、党旗有很长的历史,经历也比较复杂。

恩格斯当年说过,一个纲领就是一面公开竖起的旗帜。毛泽东青年时代也说过:“主义譬如一面旗子,旗子立起来了,大家才有所指望,才知所趋赴。”这说明了旗帜作为一种标识的重要性。

1922年,《中国共产党第二次全国代表大会宣言》多处说到“中国共产党的旗帜”,并充满激情地号召:“工人和贫农必定要环绕中国共产党旗帜之下再和小资产阶级联合着来奋斗呀!”“快聚集在共产党旗帜之下奋斗呀!”但这里只是指象征性的政治旗帜,而不是指直接、具体的党旗。

1927年的中共五大,第一次正式悬挂了中国共产党党旗。最近从俄罗斯查询到的五大主席台的照片,清晰地显示中国共产党党旗上的图案是镰刀加斧头。

浏览毛泽东早年的诗 词,可以经常看到“红旗”。

如:1928年秋的《西江月·井冈山》中,有“山下旌旗在望,山头鼓角相闻”。作者解释说,其实没有飘扬的旗帜,都是卷起的。

1929年秋的《清平乐·蒋桂战争》中,有“红旗跃过汀江,直下龙岩上杭”。说的是当年红四军进军闽西之事。

1930年1月的《如梦令·元旦》中,有“山下山下,风展红旗如画”。这里的“山”指的是福建的武夷山。

1930年2月的《减字木兰花·广昌路上》,有“头上高山,风卷红旗过大关”。

1931年春的《渔家傲·反第一次大"围剿"》中，有"唤起工农千百万，同心干，不周山下红旗乱"。

这些诗词所说的，都是当年创建和保卫中央苏区的故事。我在任中共中央党史研究室副主任时，曾专门组织处理和认定了当年中央苏区的准确范围，为中央实施原中央苏区振兴和发展规划提供了前提，所以，对这些地名很熟悉。这些地区的领导干部和广大群众，对毛泽东当年诗词中提到本地的很多地名，都感到非常光荣、非常振奋。

但这些旗帜到底是军旗，还是党旗呢？旗帜上的图案是什么呢？

我注意到毛泽东还另有一首被原中共中央文献研究室编入《毛泽东诗词全编鉴赏·副编》的《西江月·秋收起义》，写于1927年："军叫工农革命，旗号镰刀斧头。匡庐一带不停留，要向潇湘直进。地主重重压迫，农民个个同仇。秋收时节暮云愁，霹雳一声暴动。"

其中两句："军叫工农革命，旗号镰刀斧头。"首先肯定了一个史实：当时的起义部队，已称"工农革命军"。

1927年8月1日，南昌起义打响了反抗国民党反动派的第一枪。随后，按照八七会议确定的土地革命和武装起义的方针，党先后发动了秋收起义、广州起义、湘南起义。在1927年秋至1928年夏之间，总共举行了100多次武装起义。起义部队开始仍叫国民革命军，后来改称工农革命军，再后，改为中国工农红军。

有军，就要有军旗。所以，据有关资料，在毛泽东领导的秋收起义中，何长工受命制作了一面军旗。旗帜用一大块鲜艳的红布制作，中央缝着一个黄色的五角星，在五星的中心位置，画着象征工农的镰刀和斧头。在白色旗裤上，写着"中国工农革命军第一军第一师"。何长工后来回忆说："第一师成立后，我和杨立三同志负责筹办部队的印章、旗帜。这样，我们第一次打起了工农革命军的红旗。"

至于毛泽东词中"旗号镰刀斧头"一句，与现在的规定是不同的。但说明最初的图案确实有过"镰刀和斧头"。我还看到，当年中央苏区曾经有一种铁制的党徽，图案就是"镰刀和斧头"。

1927年10月15日，中共南方局、广东省委联席会议通过《中共广东省委通告14号——最近工作纲领》，明确指出："要坚决勇敢地树立工农革命的大旗……""一律废除青天白日旗，改使红旗，以斧镰为标志与国际旗同。"

此后，在很长的历史时期内，党旗党徽上的图案，既出现过"镰刀斧头"，也出现过"镰刀锤头"，一直处在变动的、不规范的状态中。

图案中的镰刀，当然代表农民。斧头和锤头呢？肯定是代表工人阶级。但仔细分析，斧头，更准确地说，是手工作坊的工具，还不是产业工人的工具。所以，后来，斧头便逐渐改为锤头，认为这样才更能代表工人阶级。

1933年4月，中共中央研究决定，把党旗党徽中的"斧头"调整为"锤子"。中华苏维埃共和国中央革命军事委员会颁布《苏维埃群众团体及红军旗帜印信式样》，规定军旗的右上方为一五角星，旗中间为交叉的"镰刀锤子"，旗的三边有旗须，旗杆处有二寸三分的白布书写部队番号。同时规定五角星和"镰刀锤子"一律用金黄色。这种军旗一般称为"三三式"军旗。

此后，中国工农红军军旗和中华苏维埃共和国临时中央政府和各级政府的旗帜，都相应地作了改变。不久，中央根据地第五次反"围剿"失败，中央红军被迫开始战略大转移，党旗党徽中"斧头"变"锤子"的决定并未在全党全军得到贯彻执行。以至于在长征路上、在陕北等各根据地，"斧头"与"锤子"仍然混用。

1943年4月28日，中共中央政治局会议在延安召开，对党旗式样作出决定："中共党旗式样，宽阔为三与二之比，左上角为黄色斧头镰刀，无五角星，旗底色为红色。委托中央办公厅制一批标准党旗，分发各主要机关。"这是中国共产党第一次正式确定党旗的式样。

1945年4月23日，党的七大在延安开幕。大会主席台幕布正中，悬挂着毛泽东和朱德的画像。画像下方的图案中，中间缀有中国共产党党徽：铁锤镰刀，稻穗和麦穗围绕着它。画像两边，分别斜插着六面红色的缀有铁锤镰刀的中国共产党党旗。

在此前后，各抗日根据地的中共党旗党徽图案，基本上都统一于"锤头镰刀”。红色旗面、黄色铁锤和镰刀组成的图案，构成了党旗的基本框架。

1949年3月，在七届二中全会召开前，中央有关同志曾经讨论，设计一面党旗，用红底衬金黄色镰刀锤头，加上“中国共产党”字样。会议按此布置会场。会议开幕时，会场的主席台中央，十分醒目地挂着两面党旗，旗上庄重地写着“中国共产党”五个大字。但会议期间，大家又认为加上“中国共产党”不太好。所以以后的党旗又去掉了这几个字。

在解放战争即将取得全面胜利之际，中央军委总政治部发布了《关于入党仪式所用党旗尺寸的规定》，对党旗的制作：“暂规定宽八十厘米，横一百二十厘米之红旗，左上角的中间为黄色镰刀、锤头，其直径为三十厘米。党旗旗杆左套为白色，宽为六点五厘米，亦即旗面横长十八分之一强。旗杆样式与矛头与军旗制法相同。”

同年10月11日，中共中央宣传部函复军委总政治部：“同意在党旗未统一规定前按暂行规定之样式试用”。

由于有人把党旗上的锤子和镰刀误作为斧头和镰刀。1951年，西北军区政治部就此转报军委总政宣传部，问：“我党党旗上是不是镰刀斧头？”军委总政宣传部的有关负责同志请示中央宣传部。后来，中央宣传部在华北局主办的刊物《华北建设》上作了公开答复，明确指出，我党党旗是“镰刀铁锤”，象征党领导下的工农联盟。

1951年6月17日，中央曾对华东局关于党旗式样的请示予以批复：“在党中央未正式规定出党旗的统一式样以前，在党的三十周年纪念时，各地可按旧例，一律采用红旗加镰刀锤头，不必在旗上加中国共产党等字。”

1952年9月，《中共中央办公厅关于党旗问题的批复》指出：“关于公布党旗的统一图案事，在去年我党卅周年纪念时，我们曾向中央提出过。中央同志意见，此事需全国代表大会决定，在此过渡期间，只能沿旧例仍用‘红旗左上角缀以鎚头镰刀’的样式。此外并无其他具体规定。”“按过去习惯，党旗上只有鎚头镰刀，并无五星（苏联国旗上有五星），此点请注意。

特覆。”[①]

此后几十年，都没有对党徽党旗作出正式的决定。

到党的十二大时，党章加写了一条规定：“预备党员必须面向党旗进行入党宣誓。”[②]但由于当时党旗的图案和制作标准未作统一规范，所以中央决定暂不将党旗写入党章，同时责成中央有关部门请专家设计。但这项工作没有取得明确的结果。

所以，党的十六大前的党章，一直没有关于党徽党旗的规定。

为了维护中国共产党党徽党旗的尊严，使党徽党旗的制作、使用规范化，1995年4月，中央责成中央组织部会同有关部门起草《中国共产党党旗党徽制作和使用的若干规定》。1996年9月，经中央批准，中央办公厅印发了这个《规定》。《规定》共12条，它对党旗党徽的性质、式样、规格、制作和使用等都作出了明确而具体的规定，并附有党旗党徽的标准图案和制法说明。

2001年，在中国共产党成立80周年前夕，中央组织部下发《关于进一步做好规范党旗党徽工作有关问题的通知》。

到2002年的十六大，在修改后的党章中，增写了“党徽党旗”一章，分别对党徽图案、党旗图案和党徽党旗的性质以及制作和使用党徽党旗等作了明确规定。这是维护党徽党旗尊严的重要举措，也是中国共产党成立80多年以来，在《中国共产党章程》中第一次写进关于党徽党旗的专章。

129. 庄严的标志

前些年，每年春节之前，都要举办一个军民联欢晚会，党和国家领导同志都要出席观看。在正式演出之前，会邀请一些部级干部先看一场预演，让大家提提意见。那一年，我也受邀参加了。其中有一个节目，内容

---

① 中央档案馆编：《中国共产党党旗档案》，中国文史出版社2011年版，第243页。书中是原件影印件，此处文字是按影印件录入。

② 中共中央文献研究室编：《十二大以来重要文献选编》（上），人民出版社1986年版，第71页。

涉及党徽，主持人说的是“镰刀和斧头”，屏幕上打出的文字是“镰刀和斧头”，连歌词里唱的也是“镰刀和斧头”。我感觉不对劲，就对旁边的总政有关负责同志说：好像不对。以前这样说过，但现在不是。你们查一查党章，看是不是“镰刀和斧头”？

答案当然不是“镰刀和斧头”，而是“镰刀和锤头”。

现行党章第十一章的标题是：“党徽党旗”。里面有三条，分别是：

第五十一条　中国共产党党徽为镰刀和锤头组成的图案。

第五十二条　中国共产党党旗为旗面缀有金黄色党徽图案的红旗。

第五十三条　中国共产党的党徽党旗是中国共产党的象征和标志。党的各级组织和每一个党员都要维护党徽党旗的尊严。要按照规定制作和使用党徽党旗。

因此，不管过去怎么演变，现在我们党徽的图案，按照党章规定，是“镰刀和锤头”。每一个共产党员都应该知道这个规定。因为从十二大党章开始，就明确规定：“预备党员必须面向党旗进行入党宣誓。”面对庄严的党旗进行庄严的宣誓，结果却不知道其上的图案是什么，这种差距是难以想象的。

但在实际生活中，还是经常有人把它搞错，不经意就会说出‘镰刀和斧头”来。这是需要注意的。

为了维护中国共产党党旗党徽的尊严，使党旗党徽的制作、使用规范化，1995 年 4 月，中央责成中央组织部会同有关部门起草《中国共产党党旗党徽制作和使用的若干规定》。1996 年 9 月，经中央批准，中央办公厅印发了这个《规定》。

《规定》强调，中国共产党的党旗党徽是中国共产党的象征和标志。党的各级组织和每一个党员，都应当尊重和爱护党旗党徽。

《规定》明确规定：“中国共产党党旗为旗面缀有金黄色党徽图案的红旗。中国共产党党徽为镰刀和锤头组成的图案。”

《规定》第六条详细说明了党旗的使用范围为三种情况：

一是召开党的基层代表大会，举行新党员入党宣誓仪式；

二是党内举行重大庆祝、纪念活动，党日活动；

三是党的委员会及其工作部门、党的中央和地方委员会派出的代表机关及其工作部门、党的纪律检查机关的会议室，可以悬挂党旗。

按照国旗法规定应升挂国旗的场所，一般不同时悬挂党旗。

《规定》第七条详细说明了党徽的使用范围为四种情况：

一是党的委员会及其工作部门、党的中央和地方委员会派出的代表机关及其工作部门、党的纪律检查机关和党组的印章（印模）中间应当刻有党徽图案；

二是召开党的全国代表大会、代表会议和地方各级代表大会、代表会议，应当悬挂党徽，并在党徽两侧各布五面红旗；

三是党的各级组织颁发的奖状、证书和其他荣誉性文书、证件上，可以印党徽图案；

四是党内出版物上可以印党徽图案。

《规定》还强调：

悬挂党旗党徽，应当置于显著位置。使用党旗党徽及其图案，应当严肃、庄重。

不得使用破损、污损、褪色或不符合制作规定的党旗党徽。

党旗、党徽及其图案不得用作商标和广告。

党的各级组织应对本规定的执行情况经常进行监督检查，对违反本规定的党组织和党员应进行批评教育，情节严重的应给予当事人党的纪律处分。

到党的十六大，在修改后的党章中，增写了“党徽党旗”一章。

党徽党旗是中国共产党的象征和标志。对党徽党旗作出统一的规定，并写入党章，这是改革开放以来党的建设走向规范化而提出的要求。把党徽党旗写进党章，有力地推进了党徽党旗的规范制作和使用工作。经过几年的努力，现在，党徽党旗制度已基本健全，党徽党旗的生产、销售和配备、使用已基本规范。

通过党章的形式，规范党徽党旗的图案，规范党徽党旗的制作和使用，这对于维护党徽党旗的尊严，发挥党徽党旗的感召力，对于增强党员的光荣感、使命感，增强党的凝聚力和影响力，起到了十分重要的作用。

2021年6月26日，中共中央发布《中国共产党党徽党旗条例》，这是我们党历史上第一部关于党徽党旗的基础主干法规，是党徽党旗制作、使用、管理的基本遵循。

《条例》涵盖党徽党旗生产制作、使用管理、监督问责等方面。主要包括5个方面内容：

一是对《条例》制定的目的依据、党徽党旗的图案、内涵和工作原则作出规定，强调党的各级组织和每一个党员都要维护党徽党旗的尊严。

二是分别对党徽、党旗的通用尺度、应当使用情形、可以使用情形以及禁止使用和网络使用情形等作出规定。

三是明确党徽党旗知识应当作为党史学习教育、党员教育培训、入党积极分子培训等的重要内容，并对各级党组织和新闻、出版单位作出相应规定。

四是对党徽党旗生产企业作出规定，明确制作企业由省（自治区、直辖市）党委组织部在具有生产资质的企业中确定。

五是对党徽党旗的配发管理、生产监管、监督问责等作出规定。同时，还以附件形式提供了中国共产党党徽和党旗的制法说明。

《条例》以党章为根本遵循，继承已有好做法，吸收实践新经验，对党徽党旗工作作出全面规范。《条例》的制定和实施，对于充分发挥党徽党旗的政治功能，增强党的凝聚力、战斗力，激发党员党的意识，激励全党不忘初心、牢记使命，坚定理想信念，团结带领全国各族人民在党的旗帜下奋勇前进，具有十分重要的意义。